동료 코칭수퍼비전

Peer Supervision in Coaching and Mentoring

First published 2018
by Routledge
2 Park Square, Milton Park, Abingdon, Oxon OX14 4RN
and by Routledge
605 Third Avenue, New York, NY 10017
Routledge is an imprint of the Taylor & Francis Group, an informa business

© 2018 Tammy Turner, Michelle Lucas, Carol Whitaker

The right of Tammy Turner, Michelle Lucas, Carol Whitaker to be identified as authors of this work has been asserted by them in accordance with sections 77 and 78 of the Copyright, Designs and Patents Act 1988.
All rights reserved. No part of this book may be reprinted or reproduced or utilised in any form or by any electronic, mechanical, or other means, now known or hereafter invented, including photocopying and recording, or in any information storage or retrieval system, without permission in writing from the publishers.
Trademark notice: Product or corporate names may be trademarks or registered trademarks, and are used only for identification and explanation without intent to infringe.
British Library Cataloguing-in-Publication Data
A catalogue record for this book is available from the British Library

PEER SUPERVISION IN COACHING AND MENTORING
Copyright © 2018 by Tammy Turner, Michelle Lucas, Carol Whitaker
Authorised translation from the English language edition published by Routledge,
a member of the Taylor & Francis Group
All rights reserved.

Korean Translation Copyright © 2025 by Korea Coaching Supervision Academy
Korean edition is published by arrangement with Taylor & Francis Group
through Imprima Korea Agency

이 책의 한국어판 저작권은 Imprima Korea Agency를 통해
Taylor & Francis Group과의 독점 계약으로 한국코칭수퍼비전아카데미에 있습니다.
저작권법에 의해 한국 내에서 보호를 받는 저작물이므로
무단전재와 무단복제를 금합니다.

호모코치쿠스 59

동료 코칭수퍼비전
성찰적 실천을 위한 다양한 지침

Peer Supervision in Coaching and Mentoring
A Versatile Guide for Reflective Practice

태미 터너, 미셸 루카스, 캐롤 휘태커 편저
김현주, 박정화, 이서우, 정혜선, 허영숙 옮김

코칭북스

코칭과 멘토링의 동료 코칭수퍼비전

코치와 멘토의 전문성 개발을 위해 수퍼비전에 대한 요구가 점점 더 많아지고 있다. 동료와 함께 성찰적 실천에 참여하는 일은 이런 요구를 충족하는 귀중한 방법이다. 그렇지만 동료 코칭수퍼비전은 공모할 가능성이나 공유된 개발 수준에서 정체될 가능성이 크다. 이는 고유한 도전과제이다. 이 책은 동료 코칭수퍼비전에 직접 참여하여 코치와 멘토 공동체를 교육하는 현직 전문 수퍼바이저가 집필했다. 프랙티셔너들이 전문 수퍼비전으로 다양한 개인 및 집단의 성찰적 실천 활동을 개발하고 통합할 수 있도록 안내한다. 필수 이론과 방법론을 바탕으로, 동료 코칭수퍼비전에서 직면하는 도전과 윤리적 딜레마를 탐구하고, 구체적인 지침과 유용한 기법 및 유용한 템플릿을 제공한다.

이 안내서는 개인 코칭 및 멘토링 프랙티셔너와 공동체, 대학과 교육 프로그램을 포함한 동료 학습 그룹의 필수적인 참고 자료이다. 또한 코칭 문화를 발전시키는 전문 수퍼바이저와 조직에도 도움이 된다.

태미 터너 Tammy Turner는 호주 시드니Sydney에 거주하며, 국제적으로 리더와 코칭 전문가를 양성하고 있다. ICF 호주 전문가 표준 설계의 책임자를 역임했으며, 코칭수퍼비전에 관한 ICF의 글로벌 태스크포스를 이끌었다.

미셸 루카스 Michelle Lucas는 영국 웨이머스Weymouth에 거주하며, 코칭과 코칭수퍼비전, 조직 내부 코치 개발에 중점을 두고 있다. 코칭 협회(AC)의 수퍼비전 교육 책임자이다.

캐롤 휘태커 Carol Whitaker는 영국 옥스퍼드Oxford에 거주하며, 경영진 및 팀 코칭, 수퍼비전, 멘토링을 전문으로 하며, 옥스퍼드 브룩스 비즈니스 스쿨Oxford Brookes Business School의 선임 부강사로 활동하고 있다.

목차

서문	10
감사의 글	17
약어	19
역자 서문	20
소개 (역자: 박정화)	27
1장. 동료 수퍼비전 정의하기 (역자: 박정화)	37
2장. 성찰적 실천 이해 (역자: 박정화)	71
3장. 일대일 동료 수퍼비전 (역자: 허영숙)	107
4장. 그룹 동료 수퍼비전 (역자: 이서우)	155
5장. 계약서 작성 및 계약 체결의 간소화 (역자: 정혜선)	209
6장. 코칭과 멘토링 딜레마 탐색하기 (역자: 김현주)	237
7장. 윤리: 방 안의 코끼리 (역자: 정혜선)	295
8장. 잠재적 함정 다루기 (역자: 허영숙)	325
9장. 전문 수퍼비전 접근 (역자: 이서우)	365
마치며 (역자: 정혜선)	393
권말 부록	406
색인	420
저자 및 역자 소개	430
발간사	444

그림 목차

1.1 수퍼비전의 집	······ 45
2.1 성찰적 실천 모델	······ 82
2.2 조하리 창	······ 90
2.3 코칭 회기 회고 양식	······ 101
2.4 글쓰기 중	······ 106
2.5 글쓰기 후	······ 106
3.1 일곱 눈 모델을 도식화한 예시	······ 148
3.2 일곱 눈 모델 도식화	······ 152
4.1 계약을 위한 동료 수퍼비전 구성원 세부 정보	······ 193
5.1 공유된 결과 모델	······ 225

표 목차

1.1 전문 수퍼비전과 동료 수퍼비전 선택에 영향을 미치는 요인	······ 59
1.2 호주 표준 핸드북에서 발췌한 내용	······ 64
2.1 CPD와 3C 프레임워크 매핑	······ 78
3.1 일대일 동료 수퍼비전의 장점과 한계	······ 109
3.2 대화에서 나타나는 힌트: 동료 수퍼비전 범위를 넘어서는 주제들	······ 117
3.3 동료 수퍼비전의 개별 목표 템플릿	······ 138
4.1 그룹 동료 수퍼비전의 장점과 한계	······ 156
4.2 동료 수퍼비전 이외의 영역이 다루어지고 있음을 알려주는 대화 단서	······ 169
5.1 동료 수퍼비전 계약을 위한 다섯 가지 영역 및 결정 사항	······ 212
5.2 논의할 실천 사항: 빈도	······ 214
5.3 논의할 실천 사항: 시간 관리	······ 214

5.4 논의할 실천 사항: 위치 ⋯⋯ 215

5.5 논의할 실천 사항: 경계 설정 ⋯⋯ 216

5.6 논의할 실천 사항: 비밀 유지 ⋯⋯ 217

5.7 논의할 실천 사항: 개방성과 신뢰 ⋯⋯ 219

5.8 논의할 실천 사항: 피드백 관리 ⋯⋯ 219

5.9 논의할 실무 사항: 동료 비교 관리 ⋯⋯ 220

5.10 논의할 실천 사항: 권력 불균형 ⋯⋯ 221

5.11 논의할 실천 사항: 무의식적 편향 ⋯⋯ 222

5.12 계약 논의가 필요하다는 단서 ⋯⋯ 228

5.13 선 아래와 선 위 피드백 사이의 언어적 차이 ⋯⋯ 229

5.14 동료 수퍼비전 계약 기술 개발을 위한 힌트와 팁 ⋯⋯ 231

6.1 독립 코치 - 기밀 유지: 상황에 맞는 적절한 접근법은? ⋯⋯ 243

6.2 독립 코치 - 경계 설정: 코치인가, 컨설턴트인가? ⋯⋯ 246

6.3 독립 코치 - 이해 상충: 진짜 이슈는 무엇인가? ⋯⋯ 249

6.4 독립 코치 - 이중 관계: 누가 무엇을 말했는가? ⋯⋯ 252

6.5 내부 코치 - 기밀 유지: 빙산의 일각인가? ⋯⋯ 255

6.6 내부 코치 - 경계 설정: 부적절한 접촉인가, 아니면 단순히 다른 문화적 관행인가? ⋯⋯ 258

6.7 내부 코치 - 이해 상충: 준비, 출발 … 그런데 멈춰야 할까? ⋯⋯ 260

6.8 내부 코치 - 이중 관계: 당신이 잘 아는 사람을 코치할 수 있는가? ⋯⋯ 264

6.9 직속 상사이면서 코치 - 기밀 유지: 약간의 지식이 위험한 것일 수 있는가? ⋯⋯ 267

6.10 직속 상사이면서 코치 - 경계 설정: 언제 선을 넘는 것일까? ⋯⋯ 271

6.11 직속 상사이면서 코치 - 이해 상충: 어떻게 인식을 관리할 것인가? ⋯⋯ 273

6.12 직속 상사이면서 코치 - 이중 관계: 어느 정도가 적당한가? ⋯⋯ 278

6.13 멘토 - 기밀 유지: 모든 것이 비밀인가, 아닌 것이 있는가? ⋯⋯ 281

6.14 멘토 - 경계 설정: 어떻게 문화적 차이와 개인적 가치를 수용할 것
　　인가? ⋯⋯ 284

6.15 멘토 - 이해 상충: 정말 무슨 일이 벌어지고 있는 걸까? ⋯⋯ 287

6.16 멘토 - 이중 관계: 멘토도 친구가 될 수 있는가? ⋯⋯ 290

8.1 동료와 함께 일하는 동기와 잠재적 함정 ⋯⋯ 326

8.2 동료 수퍼바이지 발달 단계 ⋯⋯ 358

8.3 코치 성숙도 4단계 ⋯⋯ 360

8.4 코치 개발 계획을 세울 때 고려해야 할 핵심 영역 및 질문 ⋯⋯ 361

9.1 동료 및 전문 수퍼비전 비교 ⋯⋯ 372

서문

역자: 박정화

코칭과 멘토링의 동료 코칭수퍼비전
: 성찰적 실천을 위한 다양한 지침

이처럼 절실히 필요한 책의 서문을 쓰게 되어 매우 기쁘다. 물론 독자들은 왜 또 다른 수퍼비전에 관한 책이 필요한지 묻고 싶을지 모른다. 지난 세기 동안, 조력 전문직에 종사하는 사람들을 위한 임상 수퍼비전에 관한 책들이 많이 나왔다. 내가 아는 한, 이 책은 오로지 동료 코칭수퍼비전에 초점을 맞춘 최초의 책이다. 이는 수퍼비전 프랙티스의 폭과 역할에 대한 우리의 이해에 크게 도움을 준다.

그렇다면 이 책은 수퍼비전의 역사에서 어떤 위치를 차지하는가? 화이트White와 윈스턴리Winstanley(2014)는 조력 전문직에서 수퍼비전의 기원을 적어도 1788년 함부르크Hamburg 사회 사업의 빈민 서비스 관리로

거슬러 올라갔다. 그러나 우리가 아는 수퍼비전은 1920년대 정신분석에서 시작되어 그 이후로 등장한 심리치료와 사회사업 전통의 증가로 확장되었다. 지금까지 코칭과 멘토링은 이 전통의 수혜자였다.

이런 전통에서, 수퍼비전 모델은 본질에서 치료적 접근법의 핵심 모델과 프랙티스를 적용하고 확장한 것이다(Bernard, 2006). 현대적 수퍼비전은 주로 멘토링이나 훈련생이 수퍼바이저와 수퍼비전 대상자가 속한 특정 전통의 프랙티스로 들어가는 과정으로 간주되어 왔다. 이런 접근 방식은 그 분야의 인간에 관한 이해가 내재하여 있다. 그 사람의 건강과 성장을 구성하는 요소에 대한 특정 견해를 가지고 있다.

이 책은 동료 코칭수퍼비전에 관한 최초의 책이라는 점 외에도, 임상 또는 치료 분야에서 내려온 훈련생 모델 이상의 수퍼비전을 상상했다는 점에서 독특하다. 우리는 서로의 성장을 위해 헌신하는 두 명 이상의 동료 프랙티셔너 간의 '공동 창작 여정' 또는 '발견의 춤'에서 많은 바를 얻을 수 있음을 안다. 이는 수퍼비전의 가능성을 넓히고 치료 전통이 오히려 이를 배울 수 있는 모델을 제공한다. 이 의미는 새로운 비전의 뼈에는 실질적인 살이 붙어 있다는 데 있다. 책 전체에 실용적인 모델, 팁, 그리고 숙고할 만한 질문들이 가득하다는 점이 그 증거이다.

저자들은 전통적인 수퍼비전 방식의 많은 중요한 우려사항에도 세심한 주의를 기울였다. 여기서 동료 코칭수퍼비전은 단순히 두 명의 코치가 서로의 작업 수행 능력을 향상하기 위해 서로를 코칭하는 것이 아니다. 동료 코칭수퍼비전의 핵심 초점은 파트너 개인의 발전에 있지만, 이 책은 수퍼바이지의 고객(그리고 궁극적으로는 수퍼바이지의 보호)의 이익을 보장하는 전통을 이어가고 있다.

이 책은 또한 수퍼비전이 전문적인 과정이라는 점에 대한 논의를 보강하는 데 기여하고 있다. 수퍼비전은 그 자체로 의도적인 과정 intentional process이며, 그 과정에는 고유한 기술과 요구 사항이 있다. 전문 수퍼비전을 전담하는 기관(예: 코칭 수퍼바이저 협회AOCS와 전문 경영 코치 및 수퍼바이저 협회APECS)의 출현과 수퍼비전을 직접적으로 겨냥한 역량 모델 그리고 윤리 강령의 개발이 이러한 성숙의 증거이다.

수퍼비전의 전문화는 부분적으로 1976 타라소프 사건Tarasoff vs. the Regents of the University of California[1]과 같은 법적 판례에 의해 추진되어 왔다. 이 사건은 잠재적으로 위험에 처한 사람들을 보호할 의무를 캘리포니아 대법원이 법적으로 확립했다. 사건으로 인해 야기된 불안, 더 많은 보고와 연결성, 그리고 사회 전반에 걸친 불안의 증가는 전문적인 위험을 관리하는 중요한 방법으로 수퍼비전에 초점을 맞추게 했다.

또 다른 영향이 작용하고 있을 가능성도 있다. 현대 사회에서 삶의 복잡성이 증가하면서 수퍼비전의 전문화가 촉진되고 있다. 세상이 똑같이 깔끔한 직업군들이 관장하는 명확한 영역으로 나눌 수 있다는 개념은 비판을 받는다. 우리가 직면한 문제는 단일한 정의와 단 하나의 '전문가 제공'이나 해결방안에 점점 더 저항하고 있으며, 이에 따라 해당 직업군의 전문성이 약화하고 있다. 이러한 복잡성을 해결하기 위해서는 더 많은 성찰과 다학제적 관점의 필요성이 점점 더 커진다.

---

[1] [역자] 일명 타라소프 사건으로 살해 희생자가 된 타라소프에게 사전 경고를 하지 않은 상담사에게 법적 책임이 있음을 판결한 사건이다. (상담학 사전. 학지사 참조)

10여 년 전, 나는 코칭 분야의 수퍼비전에 관한 패널 토론에 세 명의 동료와 함께 참여하도록 요청 받았다. 이 세 분은 모두 해당 분야에서 인정받는 전문가들이었다. 각 패널은 몇 분 동안 발언하도록 요청 받았다. 나를 포함한 처음 세 명의 연사는 저마다 개인적인 발전 과정에서 수퍼비전이 수행한 역할과 우리의 역량을 고려하여, 우리가 적절하게 수행하고 있는지 확인하는 데 수퍼비전이 중요하다는 것을 이야기했다. 마지막으로 연설한 사람은 존 프랭클린 박사였다. 그는 풍부한 경험과 지혜, 그리고 배움을 갖춘 코칭 심리학자이다. 실제로 그는 코칭과 임상심리학 모두에서 변화를 위한 중요한 개입을 개발했다. 그는 이렇게 말했다. "아시다시피, 제가 고객 앞에 앉을 때마다 제 능력의 한계에 다다른 것 같은 느낌이 듭니다. 사람들은 복잡하기 때문입니다."

그 간단하고 솔직한 말과 그 후 몇 분 동안의 대화는 나에게 큰 영향을 미쳤다. 지금까지도 나는 함께 일하는 사람들의 새로움, 풍부함, 복잡성을 끊임없이 보도록 나에게 도전한다. 수퍼비전의 진정한 중요성은 고객을 돕는 '올바른 방법'에 대한 명확성을 얻는 방법을 제공한다는 점이다. 이는 혼란, 불확실성, 긴장을 피하는 바가 아니다. 오히려 혼란, 불확실성, 긴장감은 더 큰 관점으로 나아가는 중요한 관문이며, 그곳에서 여행의 다음 단계를 밟을 수 있다.

너무 오랫동안 우리는 예측 가능성, 안정성, 반복 가능성, 그리고 확립된 과정에 따른 순응성을 엄격함과 혼동해 왔다. 이러한 사항들이 때로는 중요하지만, 동시에 엄격함의 상징이 될 수도 있다. 코치가 자신의 일을 수행하는 세계의 역동성dynamic과 돌발성emergent은 코칭 자체가 역동적이고 반응성이 있는 과정이어야 한다는 점을 의미한다. 코칭수퍼비전은 코치가 자신의 실천을 성찰하는 방법과 관계의 집합체로서, 코치와 고객의 요구에 부응하기 위해서는 이러한 다양성과도 일치해야 한다.

수퍼비전은 잘 수행될 때, 불안정하고 불확실하며 복잡하고 모호한 세상에서 '적시just in time' 처리를 위한 성찰 공간을 제공한다. 이 책은 수퍼비전에 다양한 관점이 필요하다는 점을 인정한다. 수퍼비전 차원(동료/전문가, 일대일/그룹)의 각 변형은 성찰적 실천 '장소'를 가지고 있다. 저자들은 동료 코칭수퍼비전을 현대 프랙티스의 복잡성을 해결하는 하나의 훌륭한 해결책으로 제시하지는 않는다. 이들은 급속하게 변화하고, 불확실하며, 때때로 혼란스러운 공간에서 효과적으로 일하기 위해서는 다양한 방식이 필요하다는 점을 안다. 저자들은 조하리창(2장)과 각 장에서 성찰적 질문을 사용하여 이를 증명한다.

이 책은 수퍼비전에 필요한 다양성을 더해주는 반가운 책이다. 동료 코칭수퍼비전에 대한 관심이 부족한 점은 두 가지 관점에서 우려할 만한 일이다. 첫째, 동료 코칭수퍼비전의 역동을 이해하고 탐구하지 못한다는 점은 이 수퍼비전 과정이 지닌 잠재적 이점을 많이 개발하지 못한다는 점을 의미한다. 둘째, 이 접근 방식의 잠재적 위험과 함정이 숨겨져 있다는 점을 의미하기도 한다. 이 책에서 기회와 함정이 모두 명시적으로 다루어지고 있다는 점은 신선한 일이다.

수퍼비전의 중심에는 긴장감이 존재한다. 이는 수퍼바이지의 지속적인 발전과 위험의 동적 관리 사이의 긴장이다. 프랙티셔너로서 우리의 지속적인 발전은 우리가 편안한 영역을 벗어나, 혼란스럽고 놀랍고 겸허한 상황에 맞서야 한다. 이는 실패와 부적절함에 직면하게 한다. 전문가로서 우리는 고객을 돌볼 의무가 있다(고객을 보호하기 위해 우리의 역량을 최대한 발휘해야 한다는 명령으로 설명할 수 있다). 이 두 가지 중요한 목표를 달성하는 방법은 도전과 지원 사이의 긴장감을 유지하는 과정에 참여하는 데 있다. 수퍼비전이 이러한 역동적인 긴장감 속에서 춤을 추도록 가능하게 한다. 이는 발전적이며 윤리적임을 약속할 수 있다.

　이 같은 이해는 동료 코칭수퍼비전의 춤에 참여하는 각 개인의 책임도 강조한다. 이 책이 계약에 주목하는 점은 이런 역동성을 존중하기 위해서이다. 계약과 수퍼비전의 행정적 요소는 춤을 추는 공간을 만들어 주는 구조가 된다. 탐색에 사용되는 과정은 안무가 된다. 그리고 무엇보다도, 수퍼비전에 참여하는 각 당사자는 춤의 각 단계에 대한 적합성을 반영하고 점검할 수 있어야 한다.

　그렇다면 이 책이 왜 필요한가? 이 책은 춤 무대의 새로운 영역을 명확하게 탐구하고, 이 새로운 춤의 실용적인 단계를 조명하기 위해 필요하다. 동료 코칭수퍼비전의 탐구가 완전한가? 물론 아니다. 어떤 작품도 완벽할 수는 없다. 그러나 이 책은 지금까지 가장 포괄적인 탐구이며, 이 분야에 중요한 기여를 하고 있다. 이 책의 저자들을 축하한다. 남아 있는 도전과제 가운데 하나는 실증적 도전과제이다. 동료 코칭수퍼비전의 한계를 어떻게 점검할 수 있는가? 동료 코칭이 고객과의 코칭에 더 효과적으로 들어갈 수 있도록 돕는다는 점을 어떻게 증명하고, 수집하고, 유지하며, 적용할 수 있는가? 이 책이 이 중요한 프랙티스 영역에 대한 토론, 연구, 성찰을 촉진할 수 있기를 바란다.

마이클 캐버나 Michael Cavanagh
시드니대학교 Unit University of Sydney 코칭심리학과 Coaching Psychology
2017년 11월 25일

참고 문헌

- Mernard, J.M. (2006) Tracing the development of clinical supervision. *The Clinical Supervisor*, 24(1-2), pp. 3-21.
- White, E. and Winstanley, J. (2014) Clinical supervision and the helping professions: An interpretation of history. *The Clinical Supervisor*, 33(1), pp. 3-25, DOI: 10.1080/07325223. 2014.t0522

감사의 글

이 책은 진정한 협업의 결과물이다. 원고를 완성하는 데 도움을 주신 분들께 감사의 말씀을 전한다.

코칭과 멘토링 업계에 오랜 기간 열정적으로 기여해 주신 데이비드 클러터벅 교수님께 감사드린다. 데이비드 교수는 내용의 일관성에 대한 조언과 내부 편집자로서의 지원을 통해 이 책에 대한 우리의 야망을 뒷받침해 주었다.

이 책의 원작인 ICF 뉴질랜드 북부 챕터의 동료 코칭수퍼비전 공동체를 위한 동료 수퍼비전 핸드북을 공동 집필한 샐리 웹Sally Webb, ONZM에게 감사의 말씀을 전한다.

또한 이 장에 귀중한 의견과 영감을 제공해 주신 크리스티나 이오르다노우Christiana Iordanou, 공인 심리학자, 드라마 치료사, 작가에게도 감사의 말씀을 전한다.

호주 표준Australian Standards의 『조직 내 코칭 핸드북Coaching in Organisations handbook』이라는 중요한 출판물을 편찬하고, 서문에서 코칭 산업에 대한 생각을 공유한 마이클 캐버나Michael Cavanagh 교수에게 특별한 감사의 말씀을 전한다.

자원 봉사 리더로서 뉴질랜드 북부 지부의 동료 수퍼비전 공동체 성장을 지원한 퍼포먼스 임팩트Performance Impact의 앨리슨 켈러Alyson Keller에게 특별한 감사의 말씀을 전한다.

또한 720 컨설팅의 캐스 윌슨Cath Wilson, 크리스틴 비츠툼 코칭Christine Vitzthum Coaching의 크리스틴 비츠툼Christine Vitzthum, 그리고 Amanda Horne Pty Ltd.의 아만다 혼Amanda Horne이 대상 독자의 역할을 맡아 최종 초안을 검토하고 각 장의 마지막에 핵심 학습 중점을 제공하여 명확성을 더해 주었다.

약어

약어	전체 명칭
AC	Association for Coaching
APECS	Association for Professional Executive Coaches and Supervisors
CFO	Chief Financial Officer
CPD	continuing professional development
EMCC	European Mentoring and Coaching Council
GCoE	Global Code of Ethics
HR	human resources
ICF	International Coaching Federation
NZN	New Zealand Northern
360 feedback	360 degree feedback

역자 서문

1장은 동료 수퍼비전에 대한 정의을 내린다. 코칭 및 멘토링 맥락에서 수퍼비전 정의하기와 전문 수퍼비전과 동료 수퍼비전이 어떻게 다른가를 제시한다. 동료 수퍼비전이 아닌 몇 가지 혼동 사례들을 구분하여 비교해 준다. 또한 동료 수퍼비전의 이점과 한계를 명확히 제시해주며, 전문성의 지속적 개발(CPD) 차원에서 동료 수퍼비전의 가치와 중요성을 인식하게 해준다.

  2장은 성찰적 실천에 대한 정의와 각자에게 맞는 방법 설계와 숙련의 길을 탐색하도록 돕는다. 역량, 실천능력, 수용력이라는 숙련된 기술 3C를 통해 어떻게 발전시킬지를 제시한다. 또한 실천에 대한 성찰과 실천 중 성찰의 구분을 통한 성찰적 실천 모델을 소개한다. 무엇보다 지금 이 순간에 일하는 마음챙김 성찰을 제시한다.

  3장에서는 일대일 동료 수퍼비전을 다룬다. 두 전문가가 상호 지원하는 과정에서 경력과 기대를 공유하고 실습과 피드백을 통해 신뢰를 구축하며, 초기 계약으로 구체적인 실행 방안을 마련한다. 그런 다음 정기 리뷰를 통해 지속해서 발전시켜 나가는 관계 형성에 대해 차근차근 설명하고 있다. 어떻게 상대를 찾을지 처음 연락하는 단계부터 서로 어떻게 경계를 설정하고 준비하며 계약서 작성을 어떻게 할지까지, 그리고 서로의 동료협업 관계를 어떻게 마무리 지을 것인가까지 보여준다.

4장에서는 그룹 동료 수퍼비전이 무엇이며, 어떻게 구성이 되고 어떤 프로세스가 있는지 상세하게 안내한다. 가입부터 탈퇴까지의 가이드라인, 수퍼비전에서 각 참여자의 역할과 책임, 지속적인 학습 및 개발, 계약서 샘플 등의 내용이 포함되어 있어 그룹 동료 수퍼비전을 시작하려는 사람들에게는 쉽게 접근할 수 있게 돕고, 이미 그룹으로 동료 수퍼비전을 하는 사람들에게는 보완할 부분을 찾을 수 있도록 돕는다.

5장에서는 계약의 중요성과 효과적인 계약 체결 기술에 대해 논의한다. 계약서는 작업에 대한 합의 조건을 포함하는 문서로, 계약 체결은 동사인 동시에 계약서를 작성하는 데 필요한 기술이기도 하다. 오해를 피하기 위해 시간 엄수와 같은 상식적인 주제도 포함해야 하며, 이는 불필요한 긴장을 줄이는 데 도움이 된다. 계약을 주기적으로 검토하는 것은 자신의 관행을 점검하고 동료 관계를 강화하는 기회가 된다. 동료 수퍼비전 계약은 공동으로 작성되어야 하며, 새로운 멤버가 들어오거나 기존 멤버가 떠날 때는 재검토하는 것이 유용하다는 점을 강조한다.

6장에서는 지속적인 성장을 위한 동료 수퍼비전에서 논의할 주요 주제들을 탐색할 수 있다. 특히 코칭과 멘토링 현장에서 직면할 수 있는 윤리적 딜레마 상황에 관한 다양한 선택지를 제시하며, 가장 적절한 해결 방법을 모색할 기회를 제공한다. 코칭을 수행하는 다양한 역할(독립 코치, 내부 코치, 직속상사이면서 코치, 멘토)의 관점에서 기밀 유지, 경계 설정, 이해 상충, 이중 관계라는 네 가지의 주요 윤리적 범주를 살펴본다. 이 장은 옳고 그른 이분법적 시각보다는 상황에 따라 가장 적합한 선택을 검토하고, 이를 통해 최적의 결정을 내릴 수 있는 기회를 제공한다.

7장에서는 우리가 어떻게 살아가고 행동할지를 결정하는 개인의 도덕적 원칙인 윤리에 대해 다룬다. 이는 코칭과 멘토링 과정에서도 항상 존재하는 문제로, 흔히 눈치 채고 있지만 말하지는 않는 '방 안의 코끼리' 같은 역할로 표현된다. 윤리적 판단이나 편향을 자각하는 일은 내적 성찰을 돕고, 자신이 내리는 결정과 행동을 명확히 하는 데 필수적이다. 동료 수퍼비전을 통해 자신의 윤리적 신념과 편향을 인식하고, 이를 개방적으로 논의하면 고객과 업무, 코칭 산업 전체에 긍정적으로 기여할 수 있다. 이렇게 할 때 우리 안의 코끼리는 자신의 존재를 드러낸다고 말한다.

8장에서 동료 협업의 장단점을 다룬다. 동료협업을 통해 깊은 성찰과 사고 패턴을 파악할 수 있다는 장점이 있지만, 제한된 관점과 상호의존 위험은 단점으로 지적한다. 서로 호흡이 잘 맞는다고 여기는 것은 안전감에 치우쳐 도전과 성장 기회를 제한하는 함정에 빠질 가능성을 지닌다. 이러한 함정을 어떻게 다룰지를 설명하는 8장은 동료 간 수퍼비전과 그룹 형태 동료 수퍼비전의 두 회기로 나눠져 있다. 개별적인 진행에서는 합의, 혼란, 자기 경험 무시, 관계 의존, 과도한 경쟁 등 10가지 함정을 드러내고, 동료들의 그룹 수퍼비전에서는 집단 사고, 경험 차이, 인내심 부족, 권력 역동 등을 살펴본다.

9장에서는 동료 수퍼비전과 전문 수퍼비전이 어떻게 다른지, 전문 수퍼비전이 왜 중요한지와 두가지 모두를 활용할 땐 언제인지 안내하고 있다. 동료 수퍼비전과 전문 수퍼비전의 차이를 규범적 기능, 형성적 기능, 회복적 기능으로 구별하여 설명하고 있어서 코칭 실천에서 적용하는 데 도움이 된다. 전문 수퍼비전이 꼭 필요할 때는 언제인지, 자신에게 맞는 수퍼바이저는 어떻게 알 수 있는지도 제시된다. 또 전문 수퍼비전의 의미와 필요성을 이야기하면서 현재 코칭 수퍼비전이 당면한 과제와 도전도 언급한다.

"동료 수퍼비전은 일대일 수퍼비전과는 다른 역동을 느낄 수 있는 소중한 학습의 장이다. 같은 시선을 가진 동료들이 서로 다른 관점에서 내 코칭을 바라봐 주는 든든한 지원군이 되어 준다. 동료 수퍼비전을 경험하면서 내가 미처 생각하지 못했던 새로운 것을 발견하게 되고, 나와는 다른 의견을 들으며 긍정적 자극을 받게 된다. 또한 동료의 사례를 통해 새로운 코칭 세계를 경험하고 학습하게 된다. 이러한 동료 수퍼비전이 더욱 활성화되기를 기대하며, 코칭의 현장에서 만나는 다양한 도전 과제들을 함께 헤쳐나가는 날개가 되어 주기를 바라는 마

음이다." (김현주 코치)

"동료 수퍼비전이라는 새로운 수퍼비전의 장으로 초대하는 이 책은 분명 향후 국내 코칭과 수퍼비전의 성장을 돕는 데 매우 의미있는 징검다리가 되리라 기대가 된다. 실제로 팀코칭을 함께 학습하는 동료들과 동료 수퍼비전을 하면서, 많은 성찰의 시간을 가졌던 경험이 있다. 전문 수퍼바이저와는 또 다르게 동료 학습의 역동은 코치로 하여금 프랙티셔너로서 수련의 길을 기쁘게 걸어가게 한다. 그러나 공모와 같은 함정에 빠질 수 있다는 사실도 경고한다. 더 많이 도전하고, 성찰하는 이 여정에 감사하고, 숙련된 코치와 수퍼바이저로서 항해에 조금 더 속도를 내보고자 한다." (박정화 코치)

"동료 수퍼비전이라는 새로운 영역을 매우 밀도 있고 실제적으로 안내하는 책이다. 아기 걸음 걷듯 한걸음 한걸음 차곡차곡 걸어 갈 수 있도록 친절하게, 동료가 이야기해주듯 편안하고 자세하게 안내해준다. 번역하면서 동료 수퍼비전에 대한 이해와 더불어 매력적인 영역이라는 생각을 품게 되었다. 이 길을 걷고 싶은 사람이라면 꼭 참고해 보길 권하고 싶다." (이서우 코치)

"동료 수퍼비전이라는 말을 듣고 눈이 번쩍 뜨였다. 고객의 기밀 유지를 약속하고서는 남편에게조차 어디의 누구라고 말 못하고 그저 이런 일이 있었는데…. 시작했다가 관두고… 하기를 반복하며 답답해했다. 이걸 어쩐다? 싶을 때는 친한 친구가 코치라 그나마 무슨 일이 있었는지, 어떻게 하면 더 나은 코칭이 될지를 좀 편하게 나눌 수는 있었다. 그런데 그것이 바로 동료 수퍼비전이라는 공식적인 제목을 달고 나타나다니! 그 사이 전문 수퍼비전을 받으며 숨통도 트이고 수퍼비전에 대해 비전을 품기도 하던 중에 반갑게 만난 책이다. 조만간 저자들이 몸소 겪었던 '학습 공동체'라고 부르는 그룹 동료 수퍼비전의 실현을 꿈꿔 본다." (정혜선 코치)

"우리가 동료 수퍼비전을 함께하면서 정기 리뷰 과정을 통해 상호 성장할 수 있음은 인식하고 있지만 어떻게 시작해야 할지 알기 어려워 선뜻 시작하지 못할 때 이렇게 챙겨주는 체크리스트를 발견한 것은 코치로서 행운이었다는 생각을 했다. 어떤 준비가 필요하고 관련 계약은 어떤 내용으로 체결할지 짚어주는 3장과, 그냥 지나치면서도 늘 마음속 불편감을 줄 수 있는 다양한 형태의 함정들을 정리해준 8장의 내용은 내게 큰 도움이 되었다. 번역하며 품게 된 세 분의 저자들에 대한 감사함을 동료 코치들과 나누고 싶다." (허영숙 코치)

2025년 3월
동료 코칭수퍼비전의 발전을 기원하며
역자 김현주, 박정화, 이서우, 정혜선, 허영숙 일동

소개

역자: 박정화

세 저자의 공통된 믿음은 코칭과 멘토링 수퍼비전이 우리의 성찰적 실천을 향상시켜 프랙티셔너의 역량competency, 실천능력capability, 수용력capacity을 증가시킨다는 데 있다. 코칭과 멘토링 시장이 국제적으로 성숙해짐에 따라, 일관된 전달을 향한 추진력을 발견했다. 그 결과, 모든 주요 전문 코칭 및 멘토링 기관은 역량 프레임워크를 갖추고 있다. 일부는 이제 복잡성이 증가하는 네 가지 수준으로 구분한다. 이와 함께 전문 기관, 코칭 및 멘토링 서비스 공급업체, 코치 및 멘토 교육 제공업체는 프랙티셔너가 수퍼비전에 참여하도록 요구하고 있다. 정기적인 수퍼비전이 향후 업계 표준이 된다고 예상되지만, 실제로는 얼마나 널리 보급되어 있는가?

전 세계적 규모의 코칭과 멘토링 수퍼비전

수퍼비전의 필요성, 목적, 수용은 국제적으로 일관성이 없다. 그 이유 가운데 하나는 수퍼비전에 대한 다양한 전문 기관의 입장 및 지리적 영향력의 차이 때문이다. 전 세계적으로 수퍼비전에 대한 수용이 높은 시장은 영국과 유럽과 같이 더 성숙한 시장인 듯하다. 이는 인증accreditation 목적으로 수퍼비전을 요구하는 유럽 전문 기관의 영향 때문일 수 있다. 호주, 미국, 브라질, 멕시코와 같은 신흥 시장의 프랙티셔너들에게는 코치와 멘토가 유럽에 기반을 두지 않은 전문 기관에 소속되어 있거나, 전문 코칭 수퍼바이저가 부족한 곳에서, 그 수용이 소극적이다.

추가적인 불일치inconsistencies는 용어terminology에 대한 오해 때문이다. 예를 들어, 일부 프랙티셔너들에게 수퍼비전은 모니터링과 동일하게 여겨진다. 전문 기관의 구성원들에게는 명칭과 개발 요구 사항이 양립할 수 없다. 수퍼비전 인증을 요구하는 조직(코칭협회 Association for Coaching(AC), 유럽멘토링코칭협회European Mentoring and Coaching Council(EMCC), 전문 경영자 코칭 및 수퍼비전 협회Association for Professional Executive Coaching and Supervision(APECS) 대비 자격 증명credentialing 목적의 멘토 코칭(국제코칭연맹International Coaching Federation(ICF))을 보자. ICF는 자격증 취득을 목적으로 멘토 코칭을 위해 특별히 수퍼비전을 배제한다. 그 배경에는 ICF 11가지 핵심 역량(역자주: 현재는 8가지 핵심 역량)의 일관된 기술 적용이 ICF 자격증을 취득한 코치가 코치의 작업에 더 효과적이라는 생각이 있다. 이에 비해 수퍼비전은 복잡한 코칭 작업을 수행할 수 있는 코치의 정서 지능emotional intelligence과 지혜wisdom를 개발하고, 코치를 위한 수용력capacity to coach을 개발할 때 고려된다.

  코칭수퍼비전이 무엇인지, 어떻게 준비해야 하는지, 어떤 결과를 기대할 수 있는지는 명확성clarity이 부족하다. 일관성 없는 이해와 경제적 요인도 있을 수 있다. 코칭과 멘토링 비용이 낮은 시장에서 코칭을 시작하는 프랙티셔너들은 전문 수퍼비전을 받지 못하는 경우가 많다. 교육 과정에서는 교육 기간 동안 수퍼비전을 받을 수 있지만, 과정을 마쳤거나 다음 단계의 인증을 받은 후에는 수퍼비전을 받지 않는다. 때때로 수퍼비전 및 기타 형태의 개발 비용은 이들의 수수료 체계에 포함되지 않는다.

  전문 수퍼비전은 자격을 갖춘 수퍼바이저에 의해 제공되는 유료 서비스이므로 독립적인 프랙티셔너나 조직 내부 코치가 있는 조직 모두이 투자에 대해 상업적인 결정을 내린다. 많은 대학과 교육 기관이 수퍼비전에 전념하고 있지만, 앞서 언급한 바와 같이 프로그램의 일부로 수퍼비전을 제공하는 데 드는 비용이 너무 비싸서, 주로 기술에 초점을 맞춘 학습 모임learning circles이 우세하다. 이러한 복잡성이 결합되어, 프랙티셔너들이 자신의 업무에 대해 성찰하고, 다른 형태의 지원에 참여하게 된다. 즉 동료 코칭수퍼비전은 일반적인 해결책이다.

동료 코칭수퍼비전의 단점

'동료들과 함께 일하기'는 맹점blind spots, 공모collusion, 공통의 발달 수준 common developmental level에 머물러 있을 가능성 등 특별한 도전과제를 지닌다. 또한, 고객의 보호보다 프랙티셔너의 발달 요구를 우선시할 수 있다. 교육 또는 훈련 환경에서는 학생들이 코칭 기술 학습과 동료 수퍼비전을 모두 다루어야 하므로 특히 어려울 수 있다.

일관된 동료 코칭수퍼비전의 한계는 다음과 같다.

- 많은 코치가 수퍼비전을 받는 방법을 모른다. 코치 또는 멘토 교육 과정 중 수퍼비전을 받는 방법에 대한 모듈이 있는 경우는 거의 없다.
- 전문 수퍼비전의 작업이 어떤 가치를 가져올 수 있는지에 대한 이해가 부족하므로 이는 수익에 영향을 미치는 또 다른 비용으로 간주된다. 비교 대상이 없으면, 프랙티셔너는 동료와 함께 일하는 점이 전문 수퍼비전만큼 비용 효율적이고, '똑같이 좋은' 일이라고 생각할 수 있다.
- 열정적인 코치와 멘토는 코칭과 멘토링 수퍼비전이라고 생각하는 일에 기꺼이 참여하지만, 실제로는 고객에게 서비스 제공이 아니라, 코치의 개발 요구를 강조하는 '코치를 코칭하기coaching the coach' 틀에서 활동한다.
- 동료 코칭수퍼비전 프로세스의 부족은 공모, 경쟁, 윤리 또는 그

룹 역동 탐구와 같은 어려운 주제를 피하게 한다.
- 동료 코칭수퍼비전은 코치의 효율성을 제한하고, 코칭과 멘토링이 전문적인 산업으로 인식되는 데 부정적인 영향을 미칠 수 있다.
- 프랙티셔너들은 훈련을 받지 않았거나, 기술이 부족하거나, 성찰적 실천에 무엇이 유용한지 확신하지 못한다. 동료들은 코칭이나 멘토링 관계에서 발생하는 시스템적 문제와 심리 역동을 인식할 가능성이 작다.
- 동료들 간의 공모 이슈는 문제가 된다. 일부 주제는 금기시될 수 있다. 어떤 성찰적 실천은 없는 것보다 낫겠지만, 동료들과 함께 잘 일하기 위해서는 상당한 구조와 능력이 필요하다고 생각한다. 따라서 동료 코칭수퍼비전은 신중하고 협력적인 노력일 때, 가장 잘 작동한다. 동료들은 자신의 역할과 과정에 대해 명확히 알고 있어야 하며, 복잡성이 증가함에 따라 명확성을 위해 지속해서 계약을 체결해야 한다.

이 책이 적합한 분야

우리의 의도는 다음과 같이 성찰적 실천의 혜택을 원하는 다양한 프랙티셔너들을 위한 다목적 안내서를 제공하는 데 있다.

- 자격증을 소지한 코치

- 자격증을 소지한 멘토
- 코칭 기술을 사용하는 기타 전문가
- 프랙티스 훈련 과정을 수강하는 사람들

이 책이 기존의 전문 수퍼비전 관계에 추가적인 보증이 되고, 코칭 문화를 만들고자 하거나 지원하고자 하는 조직에 유용하게 쓰이기를 바란다.

따라서 이 안내서는 프랙티셔너용 매뉴얼로 작성되었으며, 두 부분으로 구성되어 있다. 책의 전반부는 일대일 및 집단 동료 코칭수퍼비전을 설정하고 운영하는 데 초점을 맞추고 있다. 후반부는 기존 관계를 더욱 잘 유지하고, 그 유용성을 확장하는 데 도움이 된다. 9개의 장은 각각 다음과 같은 구체적인 목표를 갖고 있다.

1. 코칭수퍼비전이 무엇인지에 대한 기본적인 설명을 통해 프랙티셔너들이 다른 '도움의 대화'와 어떻게 다른지 이해할 수 있도록 돕기 위해서이다.
2. 동료 수퍼비전을 성찰적 실천의 맥락에서 찾는 것이다. 여기에는 성찰적 프랙티셔너가 되는 방법에 대한 지침이 포함된다.
3. 동료들과 일대일로 고객 작업을 반영하는 방법에 대한 지침을 제공한다. 여기에는 일대일 동료 코칭수퍼비전 관계의 모든 단계에서 사용할 수 있는 기술과 실용적인 정보tip가 포함된다.
4. 동료 그룹과 일대일로 고객 작업을 성찰하는 방법에 대한 지침을

제공한다. 여기에는 동료 그룹 코칭수퍼비전 관계의 모든 단계에서 사용할 수 있는 기술과 실용적인 정보가 포함된다.

5. 동료 코칭수퍼비전 계약을 체결하는 데 도움이 되는 일련의 토론 주제를 제공한다. 또한 정기적인 프로세스 검토와 즉각적인 피드백의 일환으로 계약 기술을 개발하는 데 도움이 되는 단서hint와 정보를 제공한다.

6. 상황에 대처하는 방법과 함께 짧은 사례 연구 형식으로 코칭 및 멘토링의 딜레마를 제공한다. 이를 통해 프랙티셔너의 사고를 넓힐 수 있을 뿐 아니라 동료 코칭수퍼비전에서 토론할 자료도 제공된다.

7. 동료 코칭수퍼비전 내에서 발생할 수 있는 윤리적 고려사항에 관한 일련의 토론 주제를 제공한다.

8. 동료들과 함께 작업할 때, 발생할 수 있는 잠재적 함정을 파악하고, 이를 발견하고, 논의하고, 해결하는 방법에 대한 지침을 제공한다.

9. 동료 코칭수퍼비전이 언제 확장될 수 있는지, 또는 충분하지 않은지, 그리고 전문 수퍼바이저가 필요한지, 아니면 전문 수퍼비전이 추가적으로 필요한지를 파악한다.

이 책은 교육 프로그램과 동료 학습 그룹을 위한 자료로 추천한다. 우리의 목표는 전문 수퍼바이저들이 이 책을 자신의 수퍼바이지들에게 추천하여 수퍼바이지들의 동료 코칭수퍼비전을 강화하고, 이들의 인식을 높이고, 전문 수퍼비전이 이들의 업무에 어떻게 도움이 되는지 더 잘 인식할 수 있도록 하는 데 있다. 또한, 코칭 문화를 만들고자 하거나 지원하고자 하는 조직을 위한 지침서 역할도 한다.

우리는 동료 코칭수퍼비전의 맥락에서 구체적인 특징에 대해 다음과 같은 가정을 했다.

- 코치와 멘토로서 활동하는 사람들, 즉 서비스에 대한 보상을 받는 사람들(무료 또는 물물교환 포함)
- 코칭 또는 멘토링이 작업 포트폴리오의 전부 또는 일부에 해당할 수 있다.
- 고객 작업 초점은 개인 코칭에서 조직 코칭에 이르기까지 다양할 수 있으며, 여기에는 멘토링도 포함된다.
- 고객은 취약한 사람 vulnerable person이 아니다. 예를 들어, 젊은 사람, 임상적 또는 정신 건강 문제가 있는 고객, 고객이나 프랙티셔너가 위험에 처한 상황의 고객은 취약한 고객 그룹에 해당한다. 취약한 고객 vulnerable client 그룹의 경우 전문적인 수퍼비전 받기를 추천한다.
- 이 책은 전문 수퍼바이저를 위한 책이 아니지만, 동료 코칭수퍼비전 관계에 종사할 수도 있음을 인정한다.

프랙티셔너의 기본 지식과 경험의 성격:

- 코치(또는 멘토)로서 특별히 훈련받았거나, 훈련받는 과정에 있는 경우이다.
- 코치 또는 멘토 훈련은 어떤 이론적 입장에서든 받을 수 있다.
- 경험의 깊이는 완전한 초보부터 노련한 프랙티셔너에 이르기까지 다양할 수 있다.
- 코치 수퍼바이저 또는 다른 직업의 수퍼바이저로 훈련받지 않은 경우이다.

마치는 글

우리의 의도는 최고의 코칭과 멘토링에 대한 성찰적 실천과 토론을 위한 강력한 기반을 제공하는 데 있다. 우리는 개인 프랙티셔너들이 동료 코칭수퍼비전에 들어가기 전에 이 안내서를 참고하길 원한다. 이 안내서의 목표는 교육적이지만, 이 안내서가 수퍼비전 훈련을 대신할 수 있다고 제안하지 않는다. 또 이 안내서가 기존의 동료 수퍼비전 관계와 과정을 검토하는 데 유용한 참고 자료가 될 수 있다. 훈련 제공자들이 이 책의 내용을 기존 프로그램에 추가하고 보완하도록 권장한다. 동료 코칭수퍼비전이 전문 수퍼비전을 대신할 수 없다고 보는 것은 중요하다. 마찬가지로, 이 책을 읽고 동료 코칭수퍼비전 작업에 모든 제안을 적용한다고 해도, 수퍼비전 훈련을 대신할 수 있다고 생각하지 않는다. 고객 관계의 복잡성을 감안할 때, 전문 수퍼비전의 유용성을 과소평가해서는 안 된다. 실제로 이 책의 목표는 프랙티셔너들이 동료 코칭수퍼비전과 전문 수퍼비전을 서로 보완하고, 자신과 고객 모두에게 이익이 되는 지속 가능한 작업 방식을 창출하는 데 어떻게 활용할 수 있을지 고려하도록 하는 데 있다.

  이 책을 즐겁게 읽으면서, 유용하게 활용하여 작업 능력이 향상되기를 바란다. 가장 관심이 있는 장부터 시작해서, 부족한 부분을 채워 가면서 읽었으면 한다. 이 책을 한 번에 다 읽도록 기대하지 않는다. 필요할 때 찾아보면서 참고할 책이 되길 바란다. 혹시 이해가 잘 안 되는 부분이 있거나, 자신만의 노하우를 공유하고 싶다면 언제든지 연락 주기 바란다.

태미Tammy, 미셸Michelle과 캐롤Carol

태미: tammy@developingcoaching.com.au
미셸: michelle@greenfieldsconsultancy.co.uk
캐롤: carol@whitaker-consulting.co.uk

1장 동료 수퍼비전 정의하기

역자: 박정화

정의: 동료 수퍼비전peer supervision은 동업자fellow 코치, 멘토 또는 기타 전문가(프랙티셔너practitioner) 간에 이루어지는 협력적 학습 환경이다. 이는 관련된 프랙티셔너에게 상호 유익이 될 뿐만 아니라, 고객과 더 넓은 시스템을 이해하는 데 도움이 된다. 동료 코치는 대개 비슷한 수준의 전문성을 갖추고 있으며, 수퍼비전 교육을 받지 않은 경우가 많다. 일반적으로 돈money보다는 시간time이 주요 교환 대상인 자기 관리형 계약self-managed arrangement이다. 중요한 점은 호혜적reciprocal이며, 함께 실천practice에 대해 성찰하는 힘을 만들어 내고, 동료들이 취약성vulnerability과 지원support을 동등하게 공유한다는 점이다.

동료 수퍼비전의 의미는 무엇인가?

코칭과 멘토링이 전 세계적으로 확산되고, 많은 프랙티셔너가 20년 이상의 경력을 쌓으면서, 모든 수퍼비전은 업계의 전문성의 지속적 개발continuous professional development(CPD)의 일부가 되어야 한다는 주장이 제기되고 있다. 이 책의 범위는 수퍼비전을 처음 접하는 사람뿐 아니라, 동료 수퍼비전 실천을 심화하려는 사람에게도 지침을 제공하는 데 있다. 이 책의 범위와 적용을 고려해, 우리는 동료 수퍼비전의 더 실용적인 적용으로 제한한다.

이 장에서는 코치와 멘토를 위한 수퍼비전의 기존 정의를 상기하면서 시작하고자 한다. 이 책의 중심 목적은 '동료들peers'이 수퍼비전에 참여할 수 있도록 '동료peer'라는 용어의 정확한 의미도 검토한다. 프랙티셔너들이 동료 수퍼비전을 어떻게 활용하는지 살펴본다. 이를 통해, '동료 수퍼비전peer supervision'과 전문 수퍼비전professional supervision 사이에 어떤 차이점이 있는지 탐색한다. 우리는 두 가지 주요 차별화 요소key differentiators, 즉 수퍼비전 지식의 유무와 관계에서 힘power이 경험되는 방식에 영향을 미치는 관계의 호혜성reciprocal nature을 확인한다. 이를 기초로 우리는 동료 수퍼비전으로 오해되는 다른 활동들을 탐구하고, 왜 우리가 이들을 다르다고 보는지 설명한다. 또한 우리는 서로 다른 맥락이 동료 수퍼비전을 활용하는 데 어떤 영향을 미치는지 검토한다. 요약하면, 프랙티셔너들이 동료 수퍼비전을 긍정적인 선택으로 보는 가장 일반적인 이유를 정리하고, 몇 가지 주의 사항도 제시한다.

코칭 및 멘토링 맥락 내에서 수퍼비전 정의하기

코칭수퍼비전에 대한 정의는 여러 가지가 있으나 가장 일반적으로 언급되는 정의는 다음과 같다.

- "코칭수퍼비전coaching supervision은 전문적인 지원을 위한 공식적인 과정으로, 상호작용적interactive 성찰, 해석적 평가, 전문성의 공유로 코치의 지속적 발전과 코칭 프랙티스의 효과성을 보장한다."

  － 바흐키로바Bachkirova, 스티븐스Stevens와 윌리스Willis(2005)

- "두 전문가 간의 협력적 관계로, 코치가 자신의 업무에 대한 설명을 제공하고, 이에 대해 성찰하고, 피드백을 받고, 적절한 경우 지침guidance을 받는다."

  － 인스키프Inskipp와 프록터Proctor(1993)

- "수퍼비전은 코치/멘토/컨설턴트가 고객과 직접 일하지 않는 수퍼바이저의 도움을 받아, 고객 시스템과 자신을 고객-코치/멘토 시스템의 일부로 더 잘 이해하고, 업무를 변화시킬 수 있도록 하는 과정이다."

  － 호킨스Hawkins와 스미스Smith(2006)

- "코칭수퍼비전은 코치와 수퍼바이지supervisee가 함께 만들어가는 학습 관계로서, 수퍼바이지가 개인적으로나 직업적으로 성장하도록 지원하고, 수퍼바이지가 고객에게 최선의 서비스를 제공하도록 한다. 수퍼바이지는 수퍼비전 과정에서 자신의 업무에 대해 성

찰하는 과정에서 자신의 업무를 검토하고 발전시키며, 새로운 활력을 얻는다. 또한, 코칭수퍼비전은 수퍼바이지의 정서적, 직업적 웰빙과 성장을 위한 포럼을 제공한다. 이 동맹 관계와 대화를 통해, 코치들은 피드백을 받고, 관점을 넓히며, 새로운 아이디어를 창출하고, 효과적인 프랙티스의 기준을 유지한다."

- 호지Hodge(2016)

- "수퍼비전은 누군가를 자신의 생각으로 되돌려 놓을 기회이며, 이들이 얼마나 훌륭한지 보여줄 기회이다."

- 클라인Kline(1999)

- "수퍼바이저는 멘토의 멘토이고, 멘토가 자신의 멘토링 경험을 지원받고, 성찰적 대화와 협력적 학습을 통해 개발을 돕는 장소를 제공한다. 이는 때때로 최소한의 영향과 위험으로 잠재적인 걸림돌과 장애물을 극복하거나 피하는 안전망으로 간주된다."

(OCM, 2017)

이처럼 확립된 정의를 요약하면, 수퍼비전 관계의 협력적 성격에 중점을 두고 있음을 알게 된다. 흥미롭게도 이러한 정의는 일반적이며 전문 수퍼바이저의 수퍼비전이나 동료 간의 수퍼비전에도 동일하게 적용된다. 일반적으로 전문 수퍼바이저는 자신이 수퍼비전하는 사람보다 경험이 많거나 더 깊다고 가정한다. 그러나 인용된 정의에는 이러한 가정이 반드시 사실이어야 한다는 내용은 없다. 따라서 동료 수퍼비전을 정의하기 전에 다음과 같은 전문 수퍼비전의 정의를 제시하며, 이에 대해서는 9장에서 자세히 살펴본다.

전문 수퍼비전은 수퍼바이지가 고용한 수퍼바이저가 작업이 수행되는 전체 시스템을 구체적으로 살펴볼 자격을 갖춘 성찰적 학습 환경 reflective learning environment이다. 성찰적 공간reflective space은 공동 창조되지만, 전문 수퍼바이저는 수퍼바이지와 그 고객, 그리고 더 넓은 시스템에 서비스를 제공하기 위해 존재한다. 중요한 점은 수퍼바이저의 의도가 프랙티셔너의 역량을 개발하여 자신의 작업에 대한 성찰적 프랙티셔너가 되도록 하는 데 있다.

동료 수퍼비전 정의하기

그렇다면 '동료 수퍼비전'이란 정확히 무엇인가? 이 저서를 위한 연구에서 우리는 이 용어를 구체적으로 설명하는 정의를 찾으려고 노력했지만, 찾기가 어렵다는 사실을 발견했다!

결국 우리는 동료 수퍼비전의 장점과 한계에 대한 탐구의 일환으로 호주 표준(Standards Australia, 2011)에서 다음과 같은 설명을 찾아냈다.

> 동료 수퍼비전에서는 두 명 이상의 코치가 사례별 및 코치별 성찰을 포함하여 서로의 프랙티스를 성찰하는 데 도움을 주고받는다.

또한 네덜란드와 스위스에서 사용되는 동료 학습$^{peer\ learning}$의 한 형태도 발견했는데, 이는 우리 상황에 유용하다.

바로 인터비전^{intervision}이다. 동일한 전문적인 초점을 가진 동료 그룹이 참여하는 수퍼비전 프로세스로, 공유된 구조적 설계 내에서 해결책을 찾기 위한 목표 중심 프로세스로 협력한다. 상호 책임감 있는 지원자들은 보상 없이 학습과 가르침을 주고받는다.

에프레히트^{Epprecht}(2011), 립만^{Lippmann}(2009) 인용

인터비전의 개념과 규제되지 않은 시장에서 자신의 업무를 검토하는 개인의 책임이 강조되는 점 사이에는 분명 유사점이 있다. 두 명의 네덜란드 경영 컨설턴트인 벨러슨^{Bellerson}과 콜만^{Kohlmann}(2016, p.9)에 따르면 다음과 같이 말한다.

인터비전은 자기 행동에 대한 궁극적인 책임은 궁극적으로 자신에게 있다는 생각에 기반을 둔다. 여러분은 자신과 자신이 하는 일을 다르게 바라보고 개선할 점을 찾는 방법을 배우게 된다. 인터비전에서는 자신의 전문성 개발, 해당 분야의 전문성, 다른 사람과 협력하는 방식, 개인 성과에 대해 스스로 책임진다.

벨러슨과 콜만(2016, p.13)이 인터비전에 대해 설명한 과정은 집단 동료 수퍼비전에 관한 장에서 설명한 기법을 반영한다. "5~8명의 참여자로 구성된 그룹이 한 명의 참여자인 사례 제공자가 제출한 문제를

풀어간다. 참여자들은 해결책을 제시하지 않고, 질문을 통해 사례 제공자가 스스로 답과 해결책을 생각하도록 이끈다." 이들은 계속 작업하며 "인터비전을 통해 각자의 스타일과 업무에 대한 개인적인 견해를 알게 되고, 인터비전 회기에서 서로를 도와, 숨겨진 동기 요인drivers을 발견하고, 명확히 하여 개선점을 찾고 개선할 수 있다."

따라서 이 저자들이 설명하는 인터비전은 프랙티셔너의 업무 효율성에 주된 초점을 맞추고 있다고 보인다. 이에 비해, 아래에 설명된 동료 수퍼비전은 이보다 더 광범위한 의도와 영향력을 갖고 있다.

이 책을 위한 연구에서 흥미로운 점은 코칭과 멘토링과 관련된 '동료 수퍼비전'의 정의를 찾기 어렵다는 점이다. 먼저 '동료peer'가 무엇을 의미하는지에 대해 잠시 생각해 보겠다. 옥스퍼드 사전의 정의는 '다른 특정인과 같은 나이, 지위 또는 능력을 가진 사람'이다. 그러나 코칭과 멘토링의 맥락에서 두 명의 코치가 정확히 '같은same' 사람은 없다. 일반적으로 각 사람은 자신의 업무에 영향을 주는 자신만의 특별한 경험을 축적한다. 또한 코치의 성과 가운데 많은 부분이 고객의 역량과 각자가 일하는 맥락과 연관되어 있기에, '능력ability'을 비교하는 일은 매우 어렵다. 이 책의 맥락에서 더 유용한 점은 아마도 '동등한equal', '동업자fellow', '협업자co-worker'와 동의어일 듯하다. 이 단어들은 관계의 동료적 성격을 나타낸다. 이 단어가 훨씬 더 유용하게 느껴진다. 두 사람이 '동료peers'로 함께 일할 때, 이들의 직업적 프로필은 매우 비슷할 수 있고 다를 수도 있다. 5장에서는 이 스펙트럼에 따른 짝맞추기pairings의 장점과 어려움에 대해 설명한다.

전문 수퍼비전과 동료 수퍼비전은 어떻게 다른가?

위에서 설명한 유사점을 고려할 때, '동료 수퍼비전'이 전문 수퍼비전과 다른 점이 있는지 여부로 질문이 이어진다. 호킨스Hawkins와 스미스Smith(2006)는 수퍼비전에는 일반적으로 발달적developmental, 행정적administrative 및 자원적resourcing 요소로 설명되는 세 가지 핵심 이유가 있음을 인정한다. 이전에 상담 분야에서 일했던 프록토Proctor(1986)는 형성적formative, 규범적normative, 회복적restorative 세 가지 요소를 확인했다. 이 책에서는 이 세 가지 용어를 같은 의미로 사용하고 있음을 알 수 있다. 2015년에 루카스는 이를 바탕으로 '수퍼비전의 집House of Supervision'이라는 개념을 정립했다. [그림 1.1]에서 보듯이 수퍼비전의 이 세 가지 기둥은 수퍼바이저가 선택한 윤리 강령에 기반을 두고 있으며, 업무를 수행할 수 있는 역량을 키우는 성찰적 실천 활동을 통해 하나로 통합되어 있다.

이 책을 위한 연구에서 우리는 많은 프랙티셔너에게 동료 수퍼비전 관계를 어떤 용도로 활용했는지 설명해 달라고 요청했다.

> 동료 수퍼비전은 코칭 회기에서 직면할 수 있는 도전에 대해 이야기하고 동료들의 피드백을 받을 때 이루어진다. 때때로 주제를 정하고 각자가 주제에 대한 지식과 경험, 직면한 어려움, 전략을 제공할 수 있다. 그러면 동료 수퍼바이저는 동료들의 다양한 관점을 통해 도움을 받을 수 있다.
>
> – 롤라 체티Lola Chetti,
> 변화 컨설턴트 및 임원 코치, 홀딩 스페이스 코칭 및 컨설팅, 홍콩

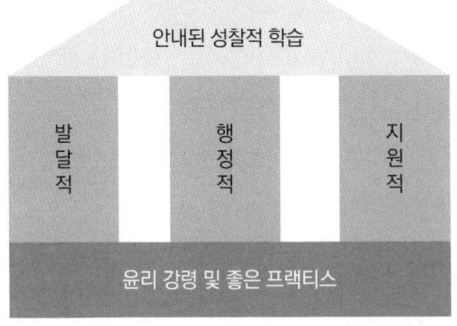

[그림 1.1] 수퍼비전의 집, 루카스Lucas(2015) 개발

동료들과 협력하고 피드백을 구하고 전달하여, 항상 최고의 성과를 내도록 하는 일이다. 이는 비공식적이거나 공식적일 수 있으며, 코치 및 리더십 전문가로서 우리가 하는 일의 지속적인 부분이다.

— 리즈 라이더Liz Rider, 비즈니스 및 코칭 심리학자, 스웨덴

나는 동료 수퍼비전을 코칭 동료와 함께 만들어가는 파트너십으로 생각하며, 관계의 초점은 각자가 자신의 고객 업무와 개인 개발을 탐구할 수 있는 지지적이고 성찰적인 공간을 제공하는 데 있다.

— 사라 해먼드Sarah Hammond, 코치, 수퍼바이저, 마음챙김 교사, 영국

국제적인 화상 동료 수퍼비전 그룹은 코칭 공동체와 소통하고, 자기-알아차림을 높이거나, 다른 관점에서 현재 상황을 인식하기 위해, 스스로에게 물어볼 수 있는 질문들을 듣도록 하는 데 매우 접근하기 쉬운 방법이다.

— 네린 지에텔Nerine Gietel, 경영진 코치, 홍콩

경험이 풍부한 두 코치 또는 경험이 적은 코치와 경험이 많은 코치 간의 학습 대화로, 고객 사례 또는 코치 자신의 개발 및 복지와 관련된 문제 탐구하기를 목표로 한다. 효과적인 동료 수퍼비전 관계는 양쪽 모두에게 깊은 성찰과 생산적인 도전을 자극한다.

- 데이비드 클러터벅^{David Clutterbuck}, 멘토

수퍼비전을 위해 돈을 받지 않는 동등한 사람 또는 동등한 그룹에 의한 수퍼비전, 동료가 관찰과 안내를 제공한다.

- 프리타 쿨리^{Preeta Cooley}, 경영진 코치, 영국

전문 수퍼비전과 동료 수퍼비전이 비슷한 근거를 다룰 수는 있지만, 그런데도 동료 수퍼비전과 전문 수퍼비전은 서로 구별된다는 점이 우리의 생각이다. 우리는 다음과 같은 두 가지 차별화 요소를 확인한다.

1. 수퍼비전을 하는 개인이 수퍼비전을 할 수 있는 적절한 자격을 갖추고 있는지와 그 결과 프랙티셔너의 역량^{competence}, 실천능력 capability 및 수용력^{capacity}을 효과적으로 개발하여, 자신의 업무에 대한 성찰적 프랙티셔너가 될 수 있는지 여부
2. 수퍼비전이 상호적으로 되는지 또는 서비스와 금전적 대가가 교환되는지 여부

그렇다면 특정 코칭수퍼비전 훈련이 중요한 이유는 무엇인가?

이 책에서 계속 언급하겠지만, 코칭과 멘토링 시장은 아직 규제가 없다unregulated. 따라서 코칭 수퍼바이저로 일하는 데 필요한 약력profile에 대한 명확한 규칙rules이 없다. 그러나 우리는 고객 관계의 상호작용이 다층적multi-layered임을 안다. 예를 들어, 수퍼비전에서 우리는 활용된 거래를 분석하고, 고객과 프랙티셔너 간의 관계를 검토하며, 더 넓은 시스템이 양 당사자에게 어떤 영향을 미치는지 탐색하게 된다. 또한, 이러한 영향 가운데 일부는 의식적 알아차림으로 있고 일부는 무의식 속에 있다는 점도 알아야 한다.

수퍼바이저로서, 수퍼비전 교육을 받지 않은 프랙티셔너가 수퍼비전을 제공할 경우, 고객-프랙티셔너 개입에만 집중하는 경향이 있음을 안다. 경험상, 매우 경험이 많은 프랙티셔너만이 평행 과정parallel process에 대한 실천적 지식을 갖고 있고, 전이transference 및 역전이countertransference 이슈를 구별하는 데 능숙할 가능성이 크다. 마지막으로, 윤리적 이슈에는 수퍼바이저가 식별하고 고려하도록 훈련된 미묘함과 뉘앙스가 있다. 윤리적 이슈의 매우 구체적인 특성 때문에, 일반 코치나 멘토 교육에서 다루지 않을 가능성이 크다. 이를 염두에 두고, 우리는 전문적이고 자격을 갖춘 수퍼바이저와 가장 적절하게 논의할 이슈 유형을 고려하는 데 9장을 할애했다.

우리는 상당한 수준의 수퍼비전이 특정 훈련(이상적으로는 60시간 이상)을 받는 일이 중요하다고 생각하며, 바흐키로바Bachkirova, 잭슨Jackson, 클러터벅Clutterbuck(2011)의 의견에 동의한다. 수퍼비전 기술은 경험이 풍부한 코치의 기술과 다르다는 데 있다. 이들은 수퍼비전의 동료가 최소한 다음의 여섯 가지 영역에서 숙련되어 있어야 한다고 제안한다.

코칭의 효과적인 수퍼비전을 위해 중요하고 구체적으로 고려되는 영역은 다음과 같다.

1. 다양한 맥락에서 코칭의 법적, 윤리적 계약과 관련된 계약 및 이슈
2. 기본 이론적 배경을 가진 수퍼비전 모델
3. 코칭 및 수퍼비전의 권력 문제를 포함하여 수퍼비전 맥락에서 일대일 관계의 본질, 모델 및 역동 관계
4. 코치 개발을 포함하여 다양한 맥락에서의 개인 개발 모델 및 이론
5. 코칭의 맥락과 특성에 따른 코칭 과정의 평가와 다양한 접근 방식
6. 윤리, 정신 건강, 다양성 관련 이슈를 포함한 복잡한 코칭 상황에 대한 수퍼비전

바흐키로바 등(2011), p.233

개인적으로 수퍼비전을 제공하는 사람이 이 분야에 대한 지식을 입증할 수 없다면(그리고 우리는 이 목록에 '시스템적 이해'를 추가한다), 우리는 이들이 전문 수퍼비전이 아닌 '동료' 수퍼비전을 제공하고 있다고 간주한다.

그렇다면 관계의 호혜적 특성reciprocal nature이 중요한 이유는 무엇인가?

돈보다는 시간을 교환하고, 접근성을 높인다는 실용성practicalities은 물론 동료 수퍼비전의 분명한 특징이다. 이러한 실용성practicalities 외에도 관계의 상호성mutuality은 권력을 경험하는 방식에 영향을 미친다. 2002년 길리안 프록터Gillian Proctor는 『상담 및 심리치료에서 권력의 역동The Dynamics of Power in Counseling &Psychotherapy』이라는 저서를 통해, 우리 사회에서 특정 역할이 그 역할을 맡은 개인의 실제 행동 방식과 관계없이, 어느 정도 권력을 부여받게 되는 방식의 몇 가지 중요한 점을 지적했다. 그녀는 '역할 권력role power'은 치료사에게 부여되며, 우리의 맥락에서는 코칭 수퍼바이저의 역할에도 비슷한 역할 권력이 부여된다고 말한다. 이는 수퍼바이저가 보수를 받거나, 인증 또는 CPD 목적의 근거를 제공하도록 요청받을 때 더욱 구체화된다.

그러나 프록터의 주장대로 수퍼비전 역할이 사실이라면, 수퍼비전 관계가 단방향적인 경우, 수퍼비전을 제공하거나 수퍼바이저 역할을 하는 사람은 상대방에 대해 암묵적 수준의 권력을 갖게 된다. 불평등in-equality을 완화할 수 있는 유일한 방법은 역할에 부여된 권한이 개인의 행동으로 되돌릴 수 없기에 관계가 호혜적reciprocal이어야 한다는 데 있다.

호혜적 관계reciprocal relationship에서는 최소한 두 사람 모두 상대방에 대한 권력을 갖게 되므로 균형감을 유지할 수 있다. 동료 관계에서 공모collusion의 위험이 있지만, 예를 들어, 당신이 나에게 도전하지 않는다면, 나는 당신에게 도전하지 않는다(자세한 내용은 8장 참조). 그렇지만 동등한 두 사람이 동료 수퍼비전을 위해 함께 일할 때, 새로운 종류의 권력을 창출할 수 있다는 점이 이상적ideally이다. 프렌치French(1985)는 이런 종류의 공동 창출된 권력을 '지향 권력power-to'라고 부른다. 이는 개인의 힘과 공동체의 지원이 결합된 종류의 힘으로 설명된다. '지향 권력'의 기회는 관련된 모든 당사자에게서 창출된다.

일부 코칭 공동체에서는 수퍼비전을 연결 고리chain로 구성하기도 한다. 예를 들어, A가 B를 수퍼비전하고, B가 C를 수퍼비전하며, C가 A를 수퍼비전하는 식으로, 일정 기간 함께 일한 후 연결 고리가 바뀌면서 사람들이 공동체의 다른 구성원과 함께 일하게 된다. 이 방식에서는 수퍼비전이 직접적으로 호혜적이지 않지만, 연결 고리는 호혜성을 기반으로 작동한다. 이러한 연결고리 배열의 작업 방식에 대한 더 많은 글이 작성되어 있다. 예를 들어, Coaching at Work(2015)의 도구함toolbox 저술 '주고 받기to give is to receive'를 참조하라.

동료 수퍼비전이 아닌 경우: 몇 가지 일반적인 혼동

공동 코칭과 혼동하는 경우

많은 프랙티셔너가 공동 코칭co-coaching에 참여하면서, 이를 동료 수퍼비전과 동일하다고 생각할 수 있다. 둘 다 공통된 개발 의도를 공유하지만, 몇 가지 뚜렷한 차이점이 있다.

- 공동 코칭을 하는 주된 이유는 '코치'가 안전한 환경에서 훈련을 통해 코칭 기법technique을 연마하기 위해서이다. 이러한 이유로 공동 코칭 삼각구도co-coaching triads는 교육 프로그램에 새로운 접근을 도입하기 위해 자주 사용하는 방식이다. 이 개입은 '고객 코치client coach'가 이슈를 해결하도록 설계되지 않는다(물론 유용한 부산물이기는 하지만).
- 공동 코칭은 때때로 한 사람이 '관찰자observer' 역할이고, 다른 당사자에게 피드백을 제공하는 삼각구도triads 형태로 진행된다. 동료 수퍼비전에서는 모든 사람이 수퍼비전 이슈에 참여하도록 권장되므로 일반적으로 관찰자가 없다.
- 공동 코칭은 때때로 네트워킹이나 공동체 모임의 맥락에서 수행된다. 때로는 전체 그룹이 실행된 접근 방식을 제안한다. 따라서 개인이 무엇을 가져올지 결정할 책임이 있는 동료 수퍼비전과 비교할 때, 모든 당사자의 자율성 수준이 떨어진다.

'코치를 코칭하기coaching the coach'와 혼동하는 경우

우리는 코치들이 자기 계발을 위해 동료들과 교류한다는 사실을 잘 안다. 일반적인 동기는 다음과 같다.

- 고객을 유치하고 유지하는 방법 배우기
- 동료들에게 자신의 작업이 '괜찮다'라는 인정을 받기 위해
- 코칭 역량을 확장하는 데 도움이 되는 다양한 기술을 모으기 위해
- 독립적 프랙티스를 구축하거나, 일과 사내 코치internal coach를 병행할 때 발생하는 자기 의문self-doubt에 대한 공유

위의 목록에서 보듯이, 프랙티셔너는 개인적 또는 전문적 삶의 모든 부분에서 해결해야 할 이슈를 가져올 수 있다. 이는 수퍼비전의 규범적normative이고 회복적restorative 요소와 비슷한 맥락으로, 수퍼바이저가 고객과 함께 일할 수 있는 좋은 에너지를 갖도록 돕는다는 점에서 비슷하다.

그렇지만 동료 수퍼비전과 뚜렷한 차이점은 다음과 같다.

- 코칭 주제를 선택하는 주된 동기는 각자의 개인적 목표이다. 반면, 동료 수퍼비전에서는 주제의 동기가 코치와 고객 사이에서 또는 코치와 고객 환경 사이에서 일어나는(또는 일어나지 않는) 일과 더 구체적으로 연결된다. 동료 코칭 환경은 때때로 동료의 검증이 필요한 곳에서 비롯된다.
- '고객 코치'가 어떤 해결이나 행동을 달성하면, 공동 코치는 '고객 코치'가 자신의 통찰을 코칭 프랙티스에 미치는 영향과 연결할 수 있도록 도와주지 않는다. 동료 수퍼비전에서는 이러한 연결이 명시적으로 이루어진다고 기대할 수 있다.

- 프랙티셔너가 사용하는 기본 도구와 기법 모음은 코칭수퍼비전 모델을 의도적으로 가져오기보다는 기본 교육에서 비롯되었을 가능성이 높다. 개인이 특별히 수퍼비전 접근법을 사용한다면, 이러한 상황에서 코칭은 동료 수퍼비전이 된다.

코치 멘토링과 혼동하는 경우

'멘토 코치 mentor coach'라는 용어는 국제코칭연맹(ICF)에서 자격증을 취득하려는 회원에게 이미 자격증을 취득한 다른 회원, 즉 '멘토 코치'와 일정 시간을 함께 보내도록 요구하는 사항과 가장 자주 연관되어 있다. 멘토 코치라는 단어에 대한 이러한 해석은 ICF 맥락에 비추어 보면 고유하며, 일반적으로 주류 멘토링에서 암시되는 일과는 다른 역할을 반영한다.

ICF 맥락에서 지원 구성원은 자격을 갖춘 수퍼바이저일 필요는 없지만, 동일하거나 그 이상의 ICF 자격 수준을 갱신해야 한다. 여기에는 동료 수퍼비전과 분명 유사한 점이 있다. 그렇지만 더 구체적으로 이 관계의 목적은 ICF 핵심 역량을 기준점으로 삼아 코치의 현재 발달에 초점을 맞추는 데 있다. 수퍼비전의 회복적 및 규범적 요소는 멘토-코치 관계에 대한 ICF의 정의에서 제외되어 있다.

그러나 이러한 접근 방식은 일부 프랙티셔너들이 역량 프레임워크를 사용하여 자신의 업무에 대한 피드백을 제공하는 동료 그룹을 구성하는 데 영감을 주었다.

발달 지향적 공동 코칭 삼각구도의 한 사례이다.

클레어Clare의 제안으로, 객관적인 역량에 기반한 피드백을 제공하는 데 능숙하고 서로가 상대방을 '나만큼, 또는 나보다 더 나은 코치'라고 인식하는 두 명의 다른 코치와 함께 일하기 위해 삼인조가 구성되었다. 클레어는 다이앤Diane을 알고 있었고, 다이앤은 클레어를 베르나데트Bernadette에게 소개해 주었다. 세 사람 모두 같은 트레이너에게 트레이닝을 받았고, 삼삼오오 짝을 지어 일하는 관례가 있었다. 다음은 이들의 이야기이다.

먼저 일주일에 한 시간씩 함께 일하기로 합의했다. 잡담으로 시간을 낭비할 필요 없이, 바로 작업에 집중하기로 했다. 누가 코치, 고객, 관찰자가 될지 결정하기로 했다. 각 회의에서 우리는 검토하고 성찰할 역량을 선택했다. 코칭 회기를 시작하기 전에, 코치는 연구한 역량에 대한 구체적인 피드백을 위해 관찰자와 계약을 맺는다. 코치와 고객은 30~40분 동안 함께 작업하고, 나머지 시간은 객관적인 역량 기반 피드백에 할애한다. 우리는 증거에 기반한 피드백을 주고받으며, 이를 통해 잘한 점을 성찰하고, 다른 사람의 해석을 듣고, 배운 점과 다음에는 어떻게 다르게 할 수 있는지 알아차린다.

코치로서 경험이 쌓이고 피드백을 제공하며 함께 일하는 방식은 시간이 지나면서 발전해 왔다. 우리는 함께 핵심 코칭 역량에 대해 더 깊이 이해하게 되었고, 결과적으로 코칭 스킬도 더 깊어졌다.

시간이 지나면서, 우리는 서로를 잘 알게 되었고, 서로의 차이점을 소중히 여기며, 서로의 전문 분야(예: 교류분석TA, MBTI 등)에 기반한 의견을 요청할 수 있게 되었다. 이제 우리는 ICF 마스터 공인 코치(MCC) 역량을 갖추고 일하고 있다. 세 사람 모두 무언의, 약간의 주저함hesitations과 추론inferences을 포착하고, 실제로 일어난 일, 말 한 바, 말하지 않은 바의 미세한 뉘앙스nuances를 탐구할 수 있는 지점에 이르렀다. 이를 통해, 우리는 자신의 취약점vulnerabilities에 대해 솔직하게 말할 수 있는 안전한 환경에서 진정으로 자기 성찰과 개발을 심화할 수 있었다. 이는 개인적, 전문적 학습을 위한 특별한 기회이다.

이 접근 방식을 채택한 이후, 수많은 아하aha의 순간이 있었다. 우리는 의식적인 역량에 관한 점임을 발견했다. 물론 여러분은 MCC가 된다는 일은 더 생각할 필요 없이 무의식적인 역량을 지닌다고 내가 잘못 썼다고 생각할 수 있다.

코칭이 우리 안에 뿌리 깊게 자리 잡고 있어서, 다음에 해야 할 일이나 말을 본능적으로 느낄 수 있다는 점은 부분적으로 사실이다. 그렇지만 어떤 분야에서든 무의식적인 역량을 지닌 유능한 많은 프랙티셔너가 그러하듯 우리도 자신의 프랙티스를 성찰하지 않으면, 학습과 발전의 몇 가지 가장 귀중한 기회를 놓칠 위험이 있다. 우리에게 이는 최고의 날을 위한 전문성의 지속적 개발이다. 우리는 끊임없이 기준을 높이고, 더 높은 코칭 숙련도proficiency에 도달하기 위해 서로에게 도전하고 있다. 그래서 이 글을 공유하고자 한다. 단순하게 들릴지 모르지만 실제로 상당히 심오한 내용이다.

— 클레어 노먼Clare Norman, 다이앤 클러터벅Diane Clutterbuck, 베르나데트 카스Bernadette Cass(2017년 5월)

위의 사례 연구에서 보았듯이, 관련자들은 이 접근 방식을 통해 많은 이점을 얻고 있으며, 이들이 이미 경험이 많은 코치라는 사실도 놀랍지 않다. 그러나 코칭의 주된 목적은 코치가 프랙티셔너로서의 역량을 평가하는 데 있다. 코칭받는 개인은 개인적인 발전을 이루며, 시간이 지남에 따라 그룹이 다양한 작업 방식을 경험하면서 자신에게 '좋은 프랙티스good practice'가 무엇인지 토론하는 기회를 갖게 된다. 그렇지만 이러한 혜택은 부산물에 불과하다.

주된 초점은 프랙티셔너의 스킬skill과 자기 계발self-development이다. 마찬가지로 고객도 나중에 혜택을 받게 되지만, 고객이 수퍼바이저의 주된 초점은 아니다. 흥미롭게도 대부분 수퍼바이저는 수퍼바이지가 코칭을 제공하는 일을 실제로 경험하지 않으며, 이 사례를 통해 동료 수퍼비전이라는 상황이 실제로 유용한 추가 요소가 될 수 있음을 알게 된다.

자격없는 수퍼바이저가 제공하는 수퍼비전과 혼동되는 경우

현재 시장에서는 위에서 설명한대로, 코칭 수퍼바이저로 승격하는 promote 데 필요한 특별한 특성characteristics이 없으며, 마찬가지로 프랙티셔너는 자신의 상황에 맞는 수퍼비전 구성을 자유롭게 선택할 수 있다. 이에 따라, '구매자 주의buyer beware' 시장이 형성된다.

프랙티셔너가 수퍼비전 관련 교육을 받지 않고, 수퍼바이저와 함께 일하기로 한 경우, 이러한 동료 프랙티셔너는 '동료'로 간주한다. 그러나 책임이 관계 내에서 한 사람에게만 명확히 일방적으로 있는 경우(특히 수수료가 부과되는 경우)에는 이를 전문 수퍼비전 관계로 간주한다. 위에서 설명했듯이 관계가 상호호혜적이지 않으면, 코칭 수퍼바이저 역할에 부여된 권한이 효과적인 동료 수퍼비전 관계에 필요한 형평성을 저해하기 때문이다. 현학적pedantic으로 말한다면, 구체적인 코칭수퍼비전 교육이 없는 상황에서 이런 종류의 관계에 대한 더 정확한 설명은 안내된 성찰적 실천reflective practice이라고 주장한다.

조직 내에서는 또 다른 잠재적 혼동이 발생할 수 있다. 예를 들어, 사내 코치가 같은 조직 또는 관련된allied 조직에서 더 많은 코칭 시간을 가진 다른 코치와 버디buddy를 맺을 수 있다. 이 시나리오에서 [직장] 동료colleague는 [비슷한] '동료peer'로 인식될 수 있으며, 고객 작업에 관한 논의가 대화로 포함될 수 있다. 그러나 이는 동료 수퍼비전 관계가 되지 않는다고 생각한다. 우리는 이를 멘토링 관계에 더 가깝다고 생각한다. 동료 수퍼비전과 달리 이러한 유형의 버디 관계는 일반적으로 경험이 적은 프랙티셔너의 유익을 위해 설정된다. 버디도 이 관계가 유익하다고 생각할 수 있지만, 이러한 상호성mutuality은 원래의 목적이 아니다.

안내된 성찰적 실천은 구성이 다양하며, 모두 가치를 가져올 수 있다. 이 부분에 관심이 있다면, 2장에서 몇 가지 제안을 했다. 그렇지만 여기서 확인된 잠재적 혼동potential confusions을 통해, 개인이 어떤 종류의 수퍼비전 관계에 참여하고 있는지, 그리고 수퍼비전의 목적을 정확히 파악하는 일이 중요함을 강조하고자 한다.

지리적 위치가 동료 수퍼비전에 미치는 영향

이 책을 연구하면서 왜 일부 시장에서는 수퍼비전을 수용하고, 다른 시장에서는 저항하는지 뒷받침하는 연구는 거의 찾아보기 어려웠다. 우리 경험에 따르면, CPD의 일부로서 수퍼비전의 가치는 코치의 지리적 위치$^{geographical\ location}$, '수퍼비전'에 대한 이해도 및/또는 훈련의 일부로 수퍼비전이 필요한지 여부에 따라 크게 영향을 받는다. 또한 수퍼비전이 제공하는 가치를 인정받는 데 필요한 시장 성숙도 ^{marketmaturity} 수준도 관련 있다(Lawrence & Whyte, 2014).

많은 코치가 직접 대면하고 싶은 욕구가 있다. 수퍼비전이 화상으로 가능하다는 사실에도 공동체에 대한 욕구^{need}가 있다. 앞서 언급했듯이, 일부 시장에서는 인증을 위해 또는 조직 내에서 코칭의 성공 여부를 수퍼비전하기 위해 수퍼비전이 필요하다. 다른 시장에서는 코칭 수퍼비전이 가치를 더한다기보다, 경험 많은 코치가 돈을 버는 활동이라는 편견이 있을 수도 있다. 이러한 요인들이 코치가 전문 수퍼비전 비용을 지불하거나, 동료와 상호 협력할지에 영향을 미친다고 생각한다. 다음 [표 1.1]을 참조한다.

[표 1.1] 전문 수퍼비전과 동료 수퍼비전 선택에 영향을 미치는 요인

전문 수퍼비전을 선택할 가능성이 더 큰 경우	동료 수퍼비전을 선택할 가능성이 더 큰 경우
화상 기술에 익숙한 경우	대면 커뮤니케이션을 선호하는 경우
성숙한 코칭 시장에서 일하거나 수년간 훈련한 경우	덜 성숙한 시장에서 일하는 경우
전문 수퍼비전이 가치를 더하고 비용을 지불할 가치가 있는 경우	현지에서 전문 수퍼바이저에 대한 접근성이 제한되는 경우
	전문 수퍼비전은 경험이 많은 코치들의 돈벌이 활동으로 간주되는 경우

맥락이 동료 수퍼비전에 미치는 영향

이 책은 작업 환경에 관계없이 프랙티셔너를 지원하기 위해 집필되었다. 전 세계적으로 인사 및 조직 관리자는 코치 교육을 받아 다른 사람을 고객으로 구체적으로 코칭하거나 리더로서 코칭 커뮤니케이션 기술을 활용한다. 교육을 받은 사내 코치는 동료 또는 직원과 여러 관계를 맺고 있는 경우가 많다. 수퍼비전은 윤리적 딜레마, 프랙티셔너의 사각지대, 공모 및 편견을 볼 수 있는 고유한 위치에 있다고 생각한다.

또한 사내 코치는 대부분 독립적인 프랙티셔너보다 비공식적으로 동료의 조언을 구할 수 있는 기회가 더 많다. 이 책의 일부 프로세스는 동료 수퍼비전 그룹에 유용할 수 있지만, 특히 복잡한 환경을 고려할 때, 전문 수퍼비전 받기가 더 바람직하다. 이에 대해서는 9장에서 더 자세히 다룬다. 또한 캐서린 세인트 존 브룩스Katherine St. John Brooks(St.

John Brooks, 2014)는 사내 코칭 풀internal coaching pools의 복잡한 세계에 대한 실용적인 관점을 제공하는 책인 『사내 코칭Internal Coaching』을 저술했다.

인증 목적의 동료 수퍼비전 현황

인증 절차의 일부로 수퍼비전 보고서를 제공하기 위해 참여하는 수퍼바이저의 필수 특성을 명시하는 정도는 여러 전문 기관마다 다르다. 각 전문 기관의 요구 사항은 다양하고 최신화될 수 있으므로, 인증을 위해 동료 수퍼비전을 사용할지 여부를 결정하기 전에 해당 전문 기관에 문의하면 좋다.

프랙티스에서의 동료 수퍼비전

이 책을 집필하면서 우리는 사람들이 동료 수퍼비전을 주된 수퍼비전의 원천으로 또는 혼합의 일부로 찾게 되는 이유가 무엇인지에 대해 질문했다. 이러한 논의를 통해, 다음과 같은 이유로 동료 수퍼비전이 가장 자주 활용된다는 사실을 발견했다.

- 비용cost: 전문 수퍼비전 대신 동료 수퍼비전을 선택하는 이유로

자주 언급되는 이유이다. 대개는 상호 교환이 이루어지므로 프랙티셔너가 부담하는 유일한 '비용'은 시간뿐이다. 이는 이제 막 비즈니스를 시작한 독립 활동가, 주로 프로보노 고객을 보유한 활동가 또는 코칭 작업이 전체 중 적은 활동가에게 현실적인 문제가 된다. 마찬가지로 비용도 조직에서 고려해야 할 사항이다. 때로는 사내 코칭 프로그램은 증가했지만, 외부에서 진행하는 수퍼비전에 대한 예산은 늘지 않는 경우가 많다. 전문 수퍼비전이 제한적이거나 제공되지 않는 경우, 동료 집단 수퍼비전이 해결책이 되는 경우가 많다.

- 자신감confidence: '수퍼비전'이라는 단어는 때때로 관리적인 느낌이 강하고, 일부 직업이나 전문 기관의 의무적인 특성으로 인해 평가적인 느낌이 강할 수 있다는 한탄이 많다. 따라서 코칭 프랙티셔너로서 아직 자신감을 키우고 있는 사람들은 자신보다 경험이 많은 사람에게 자신의 작업을 점검받기를 꺼린다. 이런 사람들은 비슷한 발달 단계에 있고, 자기 의문과 관련하여 비슷한 어려움을 겪는다고 예상되는 동료와 자신의 어려움에 대해 더 편안하고 솔직하게 이야기한다.

- 수치심shame: 위에서 언급했듯이 전문 수퍼비전은 힘의 불균형을 초래하는 경향이 있다. 흥미롭게도 많은 프랙티셔너는 수퍼비전이 주로 우리가 저지른 '실수'를 지적한다고 생각한다(물론 성공할 기회라고 생각하지만). 이를 위해, 우리 자신의 취약성을 어느 정도 편안하게 인정해야 한다. 이는 양측 모두 자신의 맹점을 가

져온다고 인식될 때, 더 잘 이루어진다. 전문적인 수퍼비전 관계는 수퍼바이지만 자신의 취약점을 드러내도록 요청받는다는 점에서 불평등하게 느껴질 수 있다.

- 편의성convenience: 자격을 갖춘 수퍼바이저의 수가 계속 증가하고 있으며, 전 세계의 코치 및 멘토의 수도 증가하고 있다. 또한 '적시에just in time' 지원이라는 문제question도 있다. 따라서 즉각적인 탐색과 성찰이 필요한 일이 발생했을 때, 동료는 때때로 누구든, 언제, 어디서 활용할 수 있는 단순한 물류적 선택logistical choice일 수 있다.

- 기밀 유지confidentiality: 일부 시장에서는 코칭과 멘토링이 틈새 활동으로 자리 잡고 있으며, 관련 일자리에 대한 경쟁이 치열하다. 자신의 조직이 아닌 다른 사람에게 전문 수퍼비전을 구하는 일은 비즈니스의 특성상 상업적으로 위험할 수 있다. 예를 들어, 브라질의 프랙티셔너들은 수퍼바이저를 개인적으로 알지 못하는 경우, 기밀 유지가 지켜지리라 믿기 어렵다고 추측한다. 이러한 상황에서 프랙티셔너들은 대신, 자신이 속한 컨설팅 회사 내에서 동료 수퍼비전을 받기로 선택한다.

- 감각 확인sense-checking: 대부분 전문 수퍼비전 관계는 특정 리듬에 맞춰 미리 계획된 회기를 기반으로 이루어지는 경향이 있다. 그러나 때때로 프랙티셔너는 무엇이 자신을 괴롭히는지 명확하게 표현하는 데 도움이 필요하다. 이런 경우, 비공식적 대화는 전문 수퍼비전 회기가 필요한 사항과 비교하여 자연스럽게 해결될 이슈

와 더 큰 이슈를 선별하는 데 유용한 방법이 된다.
- 학습, 기술 향상 study and/or skills-enhancement: 교육 중이나 교육이 끝난 후에도 동료 그룹을 형성하여 자신의 발전을 도모할 안전한 장소를 마련하는 경우가 많다. 이러한 동료 그룹은 때때로 수퍼비전의 세 가지 목적을 달성한다. 예를 들어, 이들은 때로는 특정 기술을 계속 연습하고(개발적 developmental), 코칭 작업을 구축하는 과정에서 겪은 어려움과 성공을 공유하며(회복적 restorative), 현실 세계에서 윤리 규범을 어떻게 적용하는지 질문을 한다(규범적 normative).

동료 수퍼비전에 일상적으로 참여하는 보상

개별 프랙티셔너의 관점에서 볼 때, 동료 수퍼비전은 성찰적 프랙티셔너가 되기 위한 기본 요소이며, 이에 대해서는 2장에서 자세히 살펴본다. 또한 글로벌 프랙티스 공동체를 고려할 때, 동료 수퍼비전은 전문성 개발과 회원 성장을 모두 촉진하는 역할을 한다. 이 책의 주요 영감은 아래 글에서 살펴보듯이, ICF 뉴질랜드 북부 지부의 경험에서 비롯되었다. 이 책이 전 세계의 다른 프랙티스 공동체에도 영감을 줄 수 있기를 바란다.

3년의 회장 임기 동안, 뉴질랜드에서 동료 수퍼비전이 긍정적인 영향을 미치고 있는 모습을 보고 매우 기뻤다. 코칭 공동체 내에서 신뢰성, 전문성, 감사함appreciation이 쌓인다고 느낀다. 동료 수퍼비전은 코치들의 프랙티스를 향상시키는 데 필수적이며 매우 유익하다. 일부 코치들이 동료 수퍼비전 그룹에 접근하기 위한 주된 동기와 목적으로 ICF에 가입하고 있다는 최근의 피드백을 통해, 이러한 사실을 더욱 뒷받침하고 있다.

- 알리슨 켈러Alyson Keller, ICF 뉴질랜드 전임 회장

몇 가지 주의 사항

호주 표준 핸드북Standards Australia Handbook '조직 내 코칭Coaching in Organisations'에는 동료 수퍼비전의 장점과 한계에 대한 몇 가지 흥미로운 주장이 나와 있다. 아래 [표 1.2]를 참조하라.

[표 1.2] 호주 표준 핸드북에서 발췌한 내용

동료 수퍼비전의 이점	동료 수퍼비전에서는 두 명 이상의 코치가 사례별 및 코치별 성찰을 포함하여 서로의 프랙티스를 성찰하는 데 도움을 주고 받는다. 동료 수퍼비전의 광범위한 목표는 일대일 수퍼비전의 목표와 유사하다. 그러나 동료 수퍼비전은 코치가 다양한 관점을 수퍼비전에 반영할 수 있을 때 가장 효과적이다. 따라서 경력을 시작하는 코치보다는 경험이 풍부한 코치에게 더 적합하다.
동료 수퍼비전의 한계	참여하는 코치의 경험이 부족하면 동료 수퍼비전의 질이 떨어질 수 있다. 경험이 풍부한 코치가 참여하더라도 동료 수퍼비전이 효과적이려면, 잘 구조화되고 규율화되어야 한다. 동료 수퍼비전은 불필요한 상업적 고려와 동료들 간의 개인적인 이슈에 대해 논의하기를 꺼려할 수 있다.

출처: 호주 표준협회(2011), p. 63

호주 표준 핸드북은 프랙티셔너의 경험에 대한 주장은 바흐키로바 등Bachkirova et al.(2011, p.232)의 주장을 반영하였으며, 동료 수퍼비전에 참여하는 사람은 경험이 풍부한 코치여야 하고, 초보자에게는 잘못된 안전감을 줄 수 있으므로 사용해서는 안 된다고 제안하고 있다. 그러나 우리는 전적으로 동의하지 않는다. 이 이슈는 경험 수준보다는 동료들이 함께 수퍼비전에 접근하는 엄격성rigor에 더 관련이 있다.

이 책의 정확한 의도는 동료 수퍼비전이 제대로 수행되도록 접근 가능한 방식으로 그 엄격함을 제공하는 데 있다. 그런데도 유럽에서는 임원 코칭 서비스를 구매하는 조직들 사이에서 전문 수퍼비전에 대한 기대가 기본이다. 따라서 동료 수퍼비전에만 참여하는 사람들은 특정 이해관계자 그룹이 이러한 형태의 수퍼비전을 덜 권위 있다고 간주할 수 있음을 인식해야 한다. 동료 수퍼바이저로 일할 때는 분명히 몇 가지 함정이 있으며, 대부분 함정을 예상하게 된다. 실제로 이 주제에 대해 전체 장(8장)을 할애하여 이 함정이 무엇이고 어떻게 관리해야 하는지 '가볍게 경고한다.'

이 두 내용은 모두 동료 수퍼비전이 단독으로 수행된다고 추론하는 듯하다. 반대로, 이 책이 프랙티셔너들이 동료 수퍼비전과 전문 수퍼비전의 조합이 자신의 특정 업무에 적합할 때 얻게 되는 급격한 exponential 이점을 이해하는 데 도움이 되기를 바란다.

마치는 글

동료들은 수십 년 동안 특히 상담과 교육 분야에서 기술과 이해를 개발하는 데 서로를 지원해 왔다. 코칭수퍼비전은 코칭과 멘토링의 증가와 같은 속도로 성장하지 못했다. 따라서 바흐키로바 등(2011, p.230)은 다음과 같이 말했다. "동료 또는 동료-집단 수퍼비전은 코칭 공동체에서 인기 있는 수퍼비전 방식이 되고 있다. 이는 전문성의 지속적 개발CPD의 가치와 중요성에 대한 코치들의 알아차림이 높아지고 있다는 신호이다."

우리의 정의에 따르면, 동료 수퍼비전 관계의 호혜적 특성이 건설적인 학습 환경을 조성하는 데 도움이 된다. 우리는 동료 수퍼비전의 질quality은 개인의 엄격함rigor에 달려있다고 생각한다. 이 책의 목적은 프랙티셔너에게 전문 수퍼비전을 제공하는 포괄적 교육을 제공하거나 전문 수퍼비전 교육을 대체하기 위함이 아니다. 또한 무료 CPD 선택사항으로서 동료 및 전문 수퍼비전의 가능성을 배제하지 않는다. 우리의 희망은 코칭수퍼비전에 대한 깊은 기초 지식이 없는 상황에서 동료로서 효과적이고 엄격하게 일하는 방법에 대한 지침을 제공하는 데 있다.

주요 학습 포인트

1. 코칭 또는 멘토링 맥락의 동료 수퍼비전은 수퍼비전 접근법을 사용

하여 이슈를 논의하고 프랙티셔너, 고객 및 더 넓은 맥락에 상호 이익이 되는 해결책을 찾는 자기-관리self-managed 학습 환경이다.
2. 동료는 동등한 관계로 간주되어야 하며, 이들의 관계는 호혜적 성격을 띠어야 한다. 이러한 점과 금전이 교환되지 않는다는 점이 동료 수퍼비전과 전문 수퍼비전을 구분한다.
3. 전문수퍼비전은 전체 고객 시스템과 함께 일하도록 의도적으로 선택된 사람이 돈을 받고 제공하는 단방향 수퍼비전이다. 현재 의무적인 코칭수퍼비전 교육에 대한 구체적인 업계 표준은 없으며, 적절한 지원을 제공하기 위해 일정 시간의 수퍼비전 교육 시간을 이수하도록 권장한다.
4. 동료 수퍼비전이 성공적으로 이루어지려면, 정기적 검토를 포함해 엄격하게 수행되어야 한다. 더 광범위한 이슈들을 다루기 위해, 동료 수퍼비전과 전문 수퍼비전을 병행하면 좋다.

[역자] 동료 수퍼비전 질문(예시)

Q1. 동료 수퍼비전을 통해 다루고 싶은 이슈는 무엇인가요?

Q2. 동료 수퍼비전을 마쳤을 때, 어떻게 되길 바라나요? 수퍼비전에 대해 어떤 기대를 갖고 있나요?

Q3. 코칭 장면을 떠올리면, 무엇이 가장 아쉬운가요? 또는 무엇이 가장 기억에 남나요?

Q4. 그때 실제로 무슨 일이 일어났나요?

Q5. 그때 그 상황을 지금 여기에 초대한다면, 무엇이 떠오르나요?

Q6. 지금 이순간 그 코칭 장면과 고객을 떠올리면, 어떤 감정이 올라오나요?

Q7. 무엇을 조금 더 깊게 다루면, 동료 수퍼비전이 유익할까요?

Q8. 그때 그 상황으로 돌아간다면, 어떤 비유와 은유가 떠오르나요? 더 자세히 이야기한다면?

Q9. 그때 어떤 코치로서 고객에게 개입하고 있었나요?

Q10. 지금 다시 그 코칭을 해본다면, 어떤 부분을 다르게 해보고 싶은가요?

Q11. 지금 여기에서, 그때 그곳을 바라보면, 어떤 점이 새롭게 발견되나요?

Q12. 어떤 코치가 되고 싶기에, 이 이슈를 동료들과 함께 고민하고 있나요?

Q13. 우리가 향후 코치로서 성장하고자 탐색한다면, 무엇을 더 다루어 볼 수 있나요?

Q14. 동료 수퍼비전 중에 혹시 놓친 부분이 있다면 무엇이 있나요?

Q15. 코치로서 표현된, 또는 숨기는, 말하지 못하는 코치의 의도를 어떻게 더 표현하도록, 더 잘 개방하도록 우리는 무엇을 함께 탐색해 볼 수 있을까요?

참고 문헌

- Bachkirova,T., Stevens, P. and Willis, P. (2005) *Coaching Supervision*. Oxford: Oxford Brookes Coaching & Mentoring Society.
- Bachkirova,T., Jackson, P. and Clutterbuck, D. (2011) Peer supervision for coaching and mentoring. In: T. Bachkirova, P. Jackson and D.Clutterbuck (eds), *Coaching & Mentoring Supervision: Theory and practice*. Maidenhead, UK: McGraw-Hill, Ch. 18.
- Bellersen, M. and Kohlmann, I. (2016) *Intervision. Dialogue methods in Action Learning*. [online]www.vakmedianetshop.nl/wp-content/uploads/2016/06/Intervision_Preview.pdf [accessed 8 September 2017].
- Coaching at Work (2015) To give is to receive. *Coaching at Work, 10 (2)*, pp. 47-49.
- Epprecht, C.(2011) "Intervision": A group-based peer-supervision project by EMCC Switzerland. In: T. Bachkirova, P. Jackson and D. Clutterbuck (eds), *Coaching & Mentoring Supervision: Theory and practice*. Maidenhead, UK: McGraw-Hill, Ch. 22.
- French, M.(1985) *Beyond Power: On women, men and morals*. London: Jonathan Cape.
- Hawkins, P. and Smith, N. (2006) *Coaching, Mentoring and Organizational Consultancy: Supervision and development*. Maidenhead, UK: Open University Press.
- Hodge, A.(2016) The value of coaching supervision as a development process: Contribution to continued professional and personalwellbeing for executive coaches. *The International Journal of Evidence Based Coaching and Mentoring*, 14(2), pp. 87-106.
- Inskipp, F. and Proctor, B.(1993) *The Art, Craft & Tasks of Counseling Supervision, Part 1: Making the most of supervision*. Twickenham, UK: Cascade.
- Kline, N. (1ttt) *Timeto Think: Listening to ignite the human mind*. London: Ward Lock.

- Lawrence, P. and Whyte, A.(2014). What is coaching supervision and is it important? *Coaching: An International Journal of Theory, Research and Practice*. 7(1),pp.1-6.
- Lucas, M.(2015) *What's so Super about Supervision?* Association for Coaching: Member to Member Guide.
- OCM *Mentoring supervision: What is it and why should organizations invest?* [online] www.theocm.co.uk/case-studies/mentoring-supervision-what-it-and-why-should-organisations-invest [accessed 1t September 2017].
- Proctor, B. (1986) Supervision: A co-operative exercisein accountability. In M.Marken and M. Payne (eds), *Enabling and Ensuring*. Leicester, UK: Leicester National Youth Bureau and Council for Education and Training in Youth and Community Work.
- Proctor, G. (2002). *The Dynamics of Power in Counseling and Psychotherapy: Ethics, politics and practice* (6th edn). Ross-on-Wye, UK: PCCS.
- St John Brooks, K.(2014) *Internal Coaching: The inside story*. London: Karnac.
- Standards Australia(2011) *HB 332-2011 Coaching in Organizations*. Sydney, Australia: SAI Global.

2장 성찰적 실천 이해

역자: 박정화

정의: 성찰적 실천reflective practice 개념은 인증의 일부이거나 상담과 같은 조력 전문직helping profession 프랙티셔너들에게 친숙하다(일부 모임에서는 집단적으로 하품을 유발할 수도 있다). 이 개념에 익숙하지 않은 사람들을 위해, **옥스포드 사전**Oxford Dictionary을 보면 성찰적 실천을 '자신의 실천과 결정의 이유를 명확히 하고 이로부터 배우기 위해 자신의 전문적 성과를 회고적으로 검토하는 과정'이라고 설명한다. 성찰적 실천을 "업무에서 한 발 물러나서 작업과 작업 시스템 내에서 패턴, 습관, 강점, 한계 등을 구별하는 능력이며, 이는 수퍼비전의 기초가 된다."라고 정의한다.

성찰적 실천이란 무엇인가

이 책의 대부분은 동료 수퍼비전이 무엇이고, 동료 수퍼비전을 잘 수행하기 위해 복잡한 과정을 어떻게 헤쳐 나갈 수 있는지에 초점을 맞추고 있다. 그러나 이 장은 동료 수퍼비전이 고립된 활동이 아니라, 훨씬 더 큰 성찰적 실천reflective practice의 일부이므로 성찰적 실천과 수퍼비전의 공생에 초점을 맞추고 있다는 점에서 독특하다. 물론 성찰적 실천은 단독으로 존재하지 않는다. 사실 우리는 여러분의 성찰적 실천을 다른 사람들과 공유하는 일은 여러분 자신과 여러분의 선호도를 더 잘 이해할 수 있는 의미 있고 흥미로운 방법이 된다고 생각한다. 우리는 성찰적 실천과 수퍼비전을 통해, 여러분 자신의 내적 나침반internal compass을 개발할 수 있다고 믿는다. 이 나침반은 시간이 지남에 따라, 여러분의 숙련도를 높이는 데 도움이 된다.

캐롤Carrol과 길버트Gilbert(2011)는 성찰이 코칭에서 한 발 물러나서, 새로운, 어쩌면 다른 관점을 얻게 한다고 언급했다. 성찰적 실천의 이점은 "일과 자기의 경계에 대해 비판적이고 시스템적으로 성찰할 수 있는 실천능력capability을 갖추어, 개인적 알아차림과 회복력을 키울 수 있다."라는 데 있다(Gillmer & Marckus, 2003, p.23). 우리는 자기 이해self-understanding에 대한 지속적인 노력과 일하는 방식에 미치는 영향이 숙련mastery을 만들어 낸다고 생각한다.

성찰적 실천이 어떻게 인식되는지에 관한 전문 기관들 사이에 긴장이 있다. 유럽의 전문 기관에서는 성찰적 실천을 성인 학습adult learning의 일부로 받아들인다. 좀 더 세계적인 전문 기관에서는 성찰적 실천이 프랙티셔너를 좀 더 심리적, 치료적 노력으로 이끌 수 있다는 데 주저하는 태도를 보인다. 이는 불러일으킬 수 있는invoke 잠재적 정치성

potential politics을 피하면서, 우리는 성찰적 실천이 어떻게 창조적 경험이 될 수 있는지 개인 경험을 제공한다. 성찰적 실천과 수퍼비전으로 지속적 개선에 참여하는 프랙티셔너들은 숙련을 위해 노력하고, 그 과정에서 약간의 즐거움도 누리고자 하는 야망이 있음을 알게 된다!

이러한 정신을 바탕으로, 이 장에서는 성찰적 실천을 일관된 발전의 기초적인 초석으로 만드는 방법을 살펴본다. 이 장을 시작하면서, 우리는 탁월한 프랙티셔너가 됨이 무엇을 의미하는지 생각해 본다. 우리는 3C(Competency, Capability, Capacity)(Broussine, 1998)를 소개하고, 동료 및 전문가의 수퍼비전이 어떻게 여러분의 역량을 개발하는 데 도움이 될 수 있는지에 대해 설명한다. 그러나 어떤 종류의 수퍼비전이든 그 핵심은 프랙티셔너가 독립적으로 그리고 다른 사람들과 함께 성찰하는 능력이다. 우리는 여러분들이 어떻게 마음챙김을 통한 성찰을 발전시킬 수 있는지를 알려드리고자 한다. 이 장을 통해 여러분들이 자신에게 맞는 성찰적 실천 방법을 설계하고, 숙련의 길을 탐색하는 데 도움이 되는 자원을 찾을 수 있기를 바란다.

탁월한 프랙티셔너가 된다는 것은 무엇을 의미하는가?

특히 이 업계에 처음 발을 들여놓은 사람에게는 훌륭한 코치로 성장하는 일이 벅차게 느껴질 수 있다. 업계 표준, 관행, 방식이 통일되어 있지 않기 때문에 어렵다. 우리가 일하는 방식은 매우 다양하고 복잡하며, 일하는 사람들도 매우 다양한다. 일반적으로 전문 기관은 마스터 코칭을 일관된 기술 적용, 최소 코칭 고객 시간, 그리고 지속적인 훈련을 통해 가능하다고 정의한다. 역량 기반 접근법competency-based approach을 사용하면 핵심 기술을 정의하고 가르치며, 진행 상황을 측정하기가 더 쉽다. 그러나 각 전문 기관은 자체적인 역량 프레임워크를 가지고 있으며, 전 세계 대부분 대학은 협소하게 정의된 전문 기관의 기준을 따르지 않고, "**역량 프레임워크에 의존하는 일은 코칭 프랙티스와 전문성을 지나치게 단순화한다.**"라고 생각한다(Bachkirova & Lawton Smith, 2015, p.128).

업계 표준을 통합하려는 첫 번째 시도 가운데 하나는 Standards Australia HB 332-2011: Coaching in Organizations(2011)이다. 업계 최초로 조직 코칭을 교육, 구매, 전달하는 데 관여하는 35개 조직으로 구성된 위원회가 성찰적 실천과 품질 보증을 위한 필수 과정을 설명했다. 복잡한 세상에서 고객의 요구를 충족시키기 위해, '코칭의 효과를 발휘하는 경험과 지식에 대한 성찰과 적용의 규율'(Standards Australia, p.47)이다.

2016년 코칭협회(AC), 국제코칭연맹(ICF)-영국 챕터, 유럽멘토링코칭협회(EMCC)-영국은 '전문 코치가 되기: 발전의 길'이라는 기사에서 다음과 같은 입장을 표명했다. "훈련을 마친 후에는 개인이 프랙티스 경험, 추가 학습(전문성의 지속적 개발CPD), 성찰적 실천을 통해, 자신의 역량을 계속 개발하는 일이 필수적이다. 이들은 독립적인 전문 기관 가운데 하나에 의해 인증 또는 자격 인정을 받기 위해 필요한 요소들이다"(AC, ICF 및 EMCC, 2016).

 이 방법은 실력을 증명하는 실용적인 방법일 수 있지만, 우리는 코칭을 탁월하게 만드는 근본적인 자질이 빠져 있다고 생각한다. 이 단순한 측정 방법은 숙련된 기술의 본질essence of mastery, 즉 회기가 어떻게든 시간 속에 멈춰 있는 듯한 품질을 놓치고 있다. 고객과 코치는 서로를 의식하지 않는 파트너십을 통해, 서로 조화를 이루고, 이 의식하지 않는 파트너십을 통해 함께 대화를 만들어 낸다. 우리의 견해로는, 코칭의 정점에 도달하기 위해서는 코치가 파트너십에 온전히 참여해야 한다고 생각한다. 기술 훈련, 인증 또는 자격 취득은 초기 개발에 필수적이지만, 일관된 자원을 확보하기 위해서는 수년 동안 다양한 개발을 거쳐, 자신과 자신의 작업에 대해 객관적으로 성찰할 수 있는 능력이 필요하다고 생각한다. 그렇다면 어떻게 시작해야 하는가?

숙련된 기술: 3C

전문 기관의 요구 사항에만 의존하는 대신, 3C를 통해 여러분의 발전을 더 자세히 살펴보는 일이 특히 유용함을 알게 되었다. 마이크 브루신Mike Broussine(1998)은 처음에 경영 개발management development이라는 개념을 만들었다. 그 이후, 코칭과 멘토링 분야의 많은 저자가 이 개념을 참고하고, 이를 바탕으로 작업해 왔다. 이 개념이 코칭과 멘토링에 어떻게 적용될 수 있는지를 살펴보기 전에, 좀 더 보편적인 사례인 '운전

배우기Learning to Drive'를 통해 3C가 어떻게 작용할 수 있는지 살펴보자.

- **역량**Competency – 도로 규칙을 알고, 시험에 합격하고, 자격증을 받는 일이다.
- **실천능력**Capability – 다양한 조건에서 사고 없이 알려진 경로와 알려지지 않은 경로를 혼자서 운전할 수 있는 기술과 자신감을 보여준다.
- **수용력**Capacity – 안전을 위해 휴식을 취해야 할 때까지 운전할 수 있는 시간을 스스로 판단할 수 있는 지혜를 갖는다.

이제 코칭과 멘토링에서 3C가 어떻게 나타나는지 살펴보겠다.

역량Competency은 주어진 일을 완수하기 위한 기본 지식과 능력을 모두 갖추는 데 있다. 일반적으로 전문 기관들은 역량 기반의 틀을 사용하여, '좋아 보이는 모습what good looks like'을 측정한다(물론 다른 역량도 있지만!). 다시 말해, 여러분은 유능한 프랙티셔너가 되기 위해 필요한 기술을 갖추고 있는가? 역량 개발은 교육, 기술 기반 워크숍, 코칭 및/또는 기술 적용에 대한 피드백의 형태로 이루어진다.

실천능력Capability은 코칭 기술을 지속해서 적용하고, 그 순간에 필요한 일에 적응하며, 자신과 고객 사이에 공동 창조된 관계적 공간relational space에서 확고하게 기반을 유지하는 프랙티셔너의 능력을 측정한다. 실천능력 개발은 맞춤형 개별 지원(사례: 멘토, 멘토 코치, 공동 코칭 또는 동료 및 자격을 갖춘 수퍼바이저와의 수퍼비전)을 통해 가장 잘 달성된다.

수용력Capacity은 고객과 함께 원하는 결과를 만들어내기 위해, 그 순간에 필요한 기능적 측면과 관계적 측면 사이를 민첩하게 오갈 수 있는 정서지능emotional intelligence이다. 전문 기관의 마스터 코칭 자격증에서 알 수 있듯이, 수용력이 있으면 코칭 프레즌스coaching presence와 유연성fluidity이 향상된다. 수용력을 정의하고 측정하는 일은 다소 어려울 수 있지만, 수용력을 개발하는 방법은 우리 업무와 우리 자신에 대해 깊이 있고 솔직하게 성찰하는 데 있다. 수용력을 개발하기 위한 유용한 활동은 지속적인 성찰적 실천, 마음챙김mindfulness, 동료 및 전문가의 수퍼비전이다.

학습을 향한 탐구는 짜릿할 수 있고 선택의 폭은 무궁무진하지만, 결과는 반응적일 수 있다. 흥미진진하게 들리는 컨퍼런스에 등록하거나, 다음 단계의 학습과정에 등록하거나, 동료 그룹에 가입하는 일은 주로 잘 고려된 초대라기보다, 초대가 되었으므로 진행된다. 그 대신 우리가 권장하는 바는 역량, 실천능력, 수용력 측면을 개발 계획의 일부로 신중하게 고려하는 데 있다. 물론, 이 선택들 가운데 일부는 유익할 수 있지만, 다른 점들은 시간이나 돈을 가장 잘 활용하는 방법이 아닐 수도 있다. 그렇다면, 어떻게 해야 전문성 개발에 좀 더 집중할 수 있는가? 앞서 언급한 3C 항목에 학습 기회가 어떻게 맞을 수 있는지 여기에 몇 가지 제안을 제공한다([표 2.1] 참조).

표에서 볼 수 있듯이, 역량과 실천능력을 개발하는 데는 여러 가지 방법이 있다. 이는 기술 개발에 중요하다. 반면, 수용력을 개발하는 데

[표 2.1] CPD와 3C 프레임워크 매핑

	역량	실천능력	수용력
공식적 훈련, 자격 및/또는 인증	×		
지속적인 교육과 기술 향상	×	잠재 가능	
연구, 동료 문헌 검토 및 교육	×		
비즈니스 코칭 및/또는 멘토링	×	×	
개인, 그룹 및/또는 공동 코칭 또는 멘토링	×	×	잠재 가능
인증을 위한 멘토 코칭(ICF 자격 취득을 위한) 및 수퍼비전	×	×	잠재 가능
동료 수퍼비전과 성찰적 실천	×	×	잠재 가능
전문 수퍼비전과 성찰적 실천	×	×	×

는 지속적인 개인 성찰적 실천이 필요하다. 역량, 실천능력, 수용력을 개발하고 숙련된 기술의 정점summit of mastery에 도달하려면, 방향 감각 sense of direction과 계획적 실천dedication이 필요하다. 때로는 독립적인 성찰이 어려울 수 있다. 무엇인가를 볼 수 있지만, 더 많은 사항을 볼 수 없다는 점도 안다. 우리는 통찰력을 넓히고, 새로운 사고 방식을 촉진하며, 그 과정에서 우리의 노력을 칭찬할 수 있는 다른 사람들과 함께 숙련을 향한 탐구가 가장 좋다고 믿는다. 이런 이유로 우리는 성찰적 실천의 일환으로 수퍼비전에 참여한다. 우리는 캐롤Carrol과 길버트Gilbert의 의견에 동의한다. "수퍼비전은 학습을 촉진하는 대화의 한 형태이다." 수퍼비전은 다음을 제공한다.

- 성찰을 위한 포럼
- 책임감을 위한 포럼
- 체험적 학습에 초점
- 업무의 맥락에서 우리 자신에 대한 이해의 향상

(Carrol & Gilbert, 2005에서 인용)

동료 수퍼비전과 전문 수퍼비전 모두 여러분의 역량, 실천능력, 수용력을 키우는 데 도움이 된다. 자신의 통찰력을 가진 자료를 더 많은 청중에게 제공하여 일반적으로 더 큰 통찰력을 얻는다.

성찰적 실천에 동료 수퍼비전을 포함시키기

"함께 연습을 되돌아보고 동료들이 취약성을 공유하고 동등한 수준으로 서로를 지원한다."라는 점을 감안할 때(1장), 동료 수퍼비전은 잠재적으로 이 3C를 모두 개발하고 성찰적 실천을 향상할 기회를 제공한다. 동료 수퍼비전의 상호적이고 경험적인 특성 때문에, 적합한 사람을 찾고, 시간 투자로 무엇을 얻고 싶은지 명확히 하는 바도 중요하다. 개인 또는 그룹 포럼이 성찰을 위한 더 나은 학습 환경인가의 결정은 다음 단계이다.

성찰적 실천에 전문 수퍼비전을 포함시키기

1장에서 정의한 바와 같이, **전문 수퍼비전**은 프랙티셔너가 고용한 수퍼바이저가 작업이 수행되는 전체 시스템을 구체적으로 살펴보는, 자격이 있는 성찰적 학습 환경이다. 성찰적 공간은 공동으로 만들어지지만, 전문 수퍼바이저는 수퍼바이지, 수퍼바이지의 고객, 더 넓은 시스템에 서비스를 제공하기 위해 존재한다. 중요한 점은 수퍼바이저의 의도가 프랙티셔너의 역량을 개발하여 자신의 일에 대해 성찰하는 프랙티셔너가 되도록 하는 데 있다. 전문 수퍼바이저는 자신의 일에 대해 성찰하는 프랙티셔너가 되도록 프랙티셔너의 역량, 실천능력, 수용력을 개발할 자격을 갖추고 있으므로 지속적인 개발의 일환으로 전문 수퍼비전을 받기가 좋다. 전문 수퍼바이저를 선택하여 성찰적 실천을 심화시키는 일은 중요하며, 자세한 내용은 9장을 읽어 보기 바란다.

성찰적 실천은 개인의 책임이며, 다른 사람들을 통해 향상될 수 있다. 그러나 우리는 수동적으로 수퍼비전을 받는 사람이 아니다. 성찰적 프랙티셔너 되기는 동료 및 전문가의 수퍼비전의 가치를 극대화한다.

성찰적 프랙티셔너 되기

'작업에서 벗어나 작업 및/또는 작업에 사용되는 시스템의 패턴, 습관, 강점, 약점을 식별하는 능력'을 개발하는 일은 성찰적 실천에 참여하여 달성하며, 모든 형태의 수퍼비전에 가장 중요하다. 그렇다면 어떻게 하면 성찰적 프랙티셔너가 될 수 있는가?

이 점에서 쇤Schön(1983)의 작업이 도움이 된다. 그는 '실천에 대한 성찰reflection on action'과 '실천 중 성찰reflection in action'을 구분한다. 첫 번째는 일어난 일을 되돌아보며, '성찰reflection'이라는 용어로 가장 일반적으로 이해되는 일이다. 실천에 대한 성찰에는 여러 가지 방법이 있다. 일반적으로 저널링journaling의 모든 변형이 있으며, 아래에 나열되어 있다. 실천에 대한 성찰은 달성하기가 더 어렵다. 후자의 경우, 두 가지 주의할 흐름을 동시에 다루면서, 일어나는 일을 충분히 유동적으로 평가하고, 그 순간에 하고 있는 일을 재조정할 수 있다. 성찰은 실천에 대한 성찰을 훈련할 때까지는 불가능하다고 생각한다. 습관과 패턴, 유발 요인 및 반응을 알고 있어야만 그 순간에 작업을 조정할 수 있는 충분한 알아차림을 가질 수 있다. 따라서 성찰하는 실천을 어떻게 개발할 수 있는지 살펴보는 일부터 시작해 보겠다.

'실천에 대한 성찰reflection on action' 개발

프랙티셔너로서 여러분은 아마도 이미 성찰적 실천을 하고 있다. 비록 그렇게 부르지 않더라도 말이다. 고객 회기를 마친 후, 여러분은 무엇이 효과가 있었고, 무엇이 효과가 없었는지 생각하며, 다음에 시도해 볼 방법들에 대해 생각하고, 다음에 새로운 아이디어를 실천해 본다.

이 기술을 개발하는 한 가지 방법은 깁스Gibbs(1988)가 제시한 모델을 따른다.

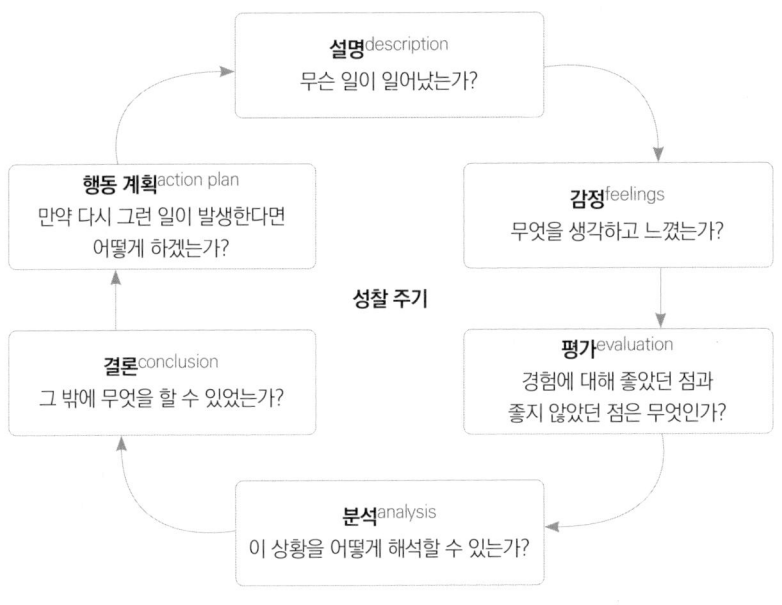

[그림 2.1] 성찰적 실천 모델(Gibbs, 1988)

성찰하는 습관 만들기

성찰 주기reflective cycle를 작업 방식에 포함하도록 방법을 찾는 일은 성찰 습관을 발전시키는 데 확실한 첫걸음이다. 이는 생각보다 어려울 수 있다. 예를 들어, 우리는 각 고객과의 회기가 끝난 직후 성찰하기도 하고, 심지어 성찰을 위한 특정 시간을 할당할 수도 있다. 그러나 회기가 초과, 또는 중요한 작업의 우선, 무슨 일이 있었는지 단순히 이해하는 데 더 많은 시간이 필요할 때, 성찰 시간은 사라진다. 끈기 있게 노력하다 보면, 자신에게 맞는 시간대를 자주 발견하게 된다. 예를 들어, 어떤 사람은 하루 일과를 마친 후 기차 여행을 이용하여 최근 고객과의 회기에 대해 되돌아보는 시간을 갖는다. 또 다른 사람은 고객 포트폴리오 전체의 패턴을 발견하려는 목적으로 걷기 시간을 별도로 갖는다. 정기적으로 되돌아보는 시간을 확보하게 되면, 그 시간을 활용하여 되돌아보는 시간을 심화시킬 수 있다.

독립된 성찰

사람들이 자신의 생각을 기록하는 가장 일반적인 방법은 메모를 작성하고 일기를 쓰는 일이다. 전문 기관은 인증에 필요한 메모 내용 및/또는 성찰할 만한 내용에 대한 지침이 있다. 이 지침을 참고하면 좋은 출발점이 될 수 있다.

- Q. 회기의 주제는 무엇이었는가?
- Q. 얼마나 잘 협력했는가?
- Q. 어떤 개입 방법(모델, 기법, 역량, 도구 등)을 사용했는가?
- Q. 회기 결과를 어떻게 설정하고 고객이 그 결과에 집중하도록 했는가?
- Q. 무엇이 효과가 있었는가?

Q. 무엇이 효과가 없었는가?

Q. 다음 회기에 무엇을 탐구해 보고 싶은가?

이 질문들은 프랙티셔너, 고객과 개입에 초점을 맞추고 있다. 이러한 질문들은 개발의 초기 단계, 개별 기록, 공동 코칭과 동료 수퍼비전 회기 준비에 유용하다. 양식과 추가 사례는 부록을 참조하라.

회기에서 발생된 일에 대해 성찰하기

먼저 작업에 익숙해지면, 성공적으로 자주 사용한 개입 방법을 확장할 준비가 된다. 회기에서 나타나는 바의 이면에 있는 심리를 더 깊이 파고들 수 있는 질문을 할 준비가 된다. 몇 가지 사례를 들면 다음과 같다.

Q. 고객이 말하는 동안 나는 무슨 생각을 하고 있는가?

Q. 고객에 대해 생각할 때 어떤 감정이 떠오르는가?

Q. 고객과 고객의 상황에 대해 어떤 가정을 하고 있는가? 고객의 환경에 있는 다른 사람들(상사, 동료, 자녀, 배우자 등)은 어떠했는가?

Q. 고객과 함께 훌륭한 일을 하도록 돕거나 방해하는 요소는 무엇인가?

Q. 고객의 가치와 신념은 무엇인가? 이는 고객의 실천을 이끄는 요인이라고 생각하는가?

Q. 고객은 자신의 상황, 선택, 그리고/또는 겪고 있는 변화에 대해 어떻게 느끼고 있는가?

Q. 이 계약에서 어떤 패턴 그리고/또는 장애물이 눈에 보이는가?

상호작용과 더 넓은 시스템에 대한 성찰

경험이 쌓이면, 그 성찰의 대상은 자신과 고객, 다른 사람들, 그리고 우리가 수행하는 시스템 사이의 역동 관계로 확장될 수 있다. 이는 바로 피터 블루커트Peter Bluckert가 말하는 심리적 마음가짐psychological mindedness이다. 이는 프랙티셔너의 '자신과 타인, 그리고 이들 사이의 관계에 대한 성찰하는 수용력capacity to reflect on'을 포함한다(Bluckert, 2006, p. 87). 고려해야 할 질문들은 다음과 같다(Cooper, 2017).

Q. 우리 사이의 역동 관계는 무엇인가? 고객 스폰서와 나 사이의 역동 관계는 무엇인가? 고객 스폰서와 고객 사이의 역동 관계는 무엇인가?

Q. 시스템이 고객에게 미치는 영향은 무엇인가?

Q. 고객과 시스템에 영향을 미칠 수 있는 정치적, 사회적, 가족적, 문화적, 환경적 영향은 무엇인가? 고객과 이들의 환경이 나에게 어떤 영향을 미치는가?

Q. 고객과 이들의 환경에 대해 나는 어떤 느낌, 생각, 가정을 갖고 있는가?

Q. 이 환경에서 핵심 이해관계자는 누구인가? 이들과 고객, 다른 사람들과의 상호작용은 어떤가?

Q. 내 직감은 어떤가?

Q. 이 시스템에서 나는 다른 사람들과 비교했을 때 어떤 식으로 다르게 느껴지는가?

대안의 성찰적 기법

성찰적 글쓰기 기법은 단순히 자신의 생각을 일기에 쓰기보다 훨씬 더 다양하다는 점을 기억한다. 예를 들어, 글쓰기 작업은 내러티브 스타일로 할 필요가 없다. 이 목적을 위해 마인드맵 기법을 사용할 수 있다. 만약 청각적 학습자auditory learner라면, 장치에 대고 말하고 동료 수퍼비전 회의에 자신의 생각을 전달해 본다. 마찬가지로, 외향적 사고extroverted thinker를 하는 사람이라면, 이 방법이 매력적일 수 있고, 다른 코치와 짝을 지어 자신의 생각을 '말해' 본다(코치가 코멘트를 할 필요는 없다). 어떤 사람들은 걷기를 하면서 자신의 일에 대해 생각하기를 성찰적 훈련의 일부로 선호한다. 다른 사람들은 고객, 고객의 주요 이해관계자, 고객들의 이슈와 목표를 포스트잇에 적어 종이나 화이트보드에 붙여 놓고 이동시키기도 한다. 창의적인 측면은 무한하다!

경험적 글쓰기

어떤 사람들은 단순히 연필을 집어 들거나, 저자 가운데 한 사람은 색연필을 사용하여 자신의 경험을 직접 손으로 쓰는 일이 성찰 과정에 도움이 된다고 생각한다. 경험적 글쓰기를 열정적으로 지지하는 잭키 홀더Jackee Holder는 성찰적 글쓰기가 이성적, 논리적 사고를 방해하고, 때로는 예상치 못한 곳으로 우리를 인도한다고 주장한다. 그녀의 '미로Labyrinth' 글쓰기 도구(Holder, 2013)는 더 많은 통찰력을 얻는 데 유용한 방법이다. 그녀는 '미로' 템플릿을 두 개 사용하라고 제안한다. 하나는 '글쓰기 중writing in'이라고 표시하고, 다른 하나는 '글쓰기 후writing out'라고 표시한다(부록 2.5 참조).

1. 미로 입구에서 '쓰기' 템플릿을 사용하여 프로세스를 시작하고, 이슈 자체에 대한 글쓰기에 대한 생각과 감정을 포함하여 성찰해야 할 이슈에 대한 모든 세부 사항을 경로를 따라 작성한다. 중앙으로 가는 길을 따라, 가능한 한 멀리까지 글을 쓴다. 글을 다 썼으면, 연필을 들고 미로의 중앙에 선을 그어 본다.
2. 이제 '쓰기'라고 적힌 '미로'를 한 장 더 가져가되, 이번에는 중앙부터 시작하여 통로에 자신의 생각과 해결책을 적는다. 생각을 다 적었다면, 연필을 들고 입구에 선을 긋는다.
3. 한 걸음 물러서서 자신을 돌아본다. 성찰을 통해 어떤 새로운 알아차림을 얻었는가?

문제에 대한 글쓰기와 결합된 이러한 사고 과정은 선택의 폭을 넓히고, 새롭고 어쩌면 숨겨진 해결책을 제시해 준다. 글을 쓰는 행위는 무의식적인 생각을 풀어준다. 연필 선으로 프로세스를 완성하는 일은 무엇인가를 끝냈다는 만족감과 앞으로 나아갈 힘을 준다. 끝을 염두에 두고 시작하는 두 번 째에서는 완성에 집중하고, 해결 중심의 사고 solution focused thinking를 사용하는 데 도움이 된다. 같은 이슈에 대해 두 가지 접근법을 함께 사용하면, 서로 다른 결과를 얻게 된다.

실천에 대한 지속적인 성찰은 생성적 과정generative process이다. 위의 아이디어는 결코 완전하지 않다. 어떤 기법을 사용하든, 그 순간에 일어난 일에 대해 당시에는 알지 못했던 더 많은 정보를 발견하게 된다. 이는 더 많은 선택지를 제공한다. 다음에 비슷한 상황에 직면했을 때, 이전보다 더 많은 선택지가 준비되어 있게 된다. 중요한 점은 일상적으로 훈련을 되돌아보면, 주제와 패턴이 보이기 시작한다는 데 있다. 예를 들어, 무엇이 여러분에게 저항을 일으킬 가능성이 가장 큰가? 지시적이지 않은 모드에서 벗어나게 하는 가장 큰 요인은 무엇인가?

다른 사람들과 함께 성찰하기

공동 코칭 및/또는 동료 멘토링 활용하기

1장에서 살펴본 바와 같이, 코칭은 피드백을 목적으로 코치, 고객, 관찰자가 삼위일체가 되어 진행하는 동료 실천 학습 활동peer action learning activity이다. 엄밀히 말하면, 코칭은 성찰적 실천으로 정의되지 않는다. 그렇지만 많은 프랙티셔너에게는 다른 사람과 함께 성찰하는 첫 경험이다. 역할의 순환을 통해 다른 사람들과 함께 자신의 작업을 검토하는 독특한 동료 환경을 조성하게 된다. 일반적으로 특정 기술의 개발에 초점을 맞추거나, 핵심 역량에 대한 피드백을 위한 자격 인증 목적으로 사용된다.

피드백을 구성하는 일반적인 방법은 코치에게 잘한 점과 더 잘하고 싶은 점을 평가해 달라고 요청하는 데 있다. 이후, 고객은 코치의 작업을 어떻게 경험했는지, 마지막으로 관찰자는 새로운 정보와 함께 이미 제기된 사항에 대해 추가적인 관점을 제시한다. 그룹 구성원들이 피드백을 주고, 강점이나 발전 영역에 대한 구체적인 사례를 공유하는 데 능숙한 경우, 이를 통해 실천에 대한 성찰 능력ability to reflect on action도 성장하게 된다. 그러나 자신이 '좋은 코치good coach'라는 피드백만 받거나, 그룹에서 다른 작업 방식을 찾을 수 없다면, 전문 코치 멘토나 수퍼바이저를 참여시키는 일이 더 나은 선택이 된다.

코칭은 가치가 있지만, 이 책에서 설명하는 동료 수퍼비전 접근 방식과는 다르다. 동료 또는 전문 수퍼비전을 잘 활용하려면, 먼저 수퍼비전의 사용 목적을 잘 파악해야 한다. 이를 위해, 약간의 준비가 필요한데, 일반적으로 독립적 성찰에서 시작된다. 많은 사람이 수퍼비전 회의 전에 성찰문 작성을 선호하며, 위에서 살펴본 바와 같이 다양한 접근 방식 중에서 선택하게 된다. 그러나 접근 방식의 중요성은 탐구의 질만큼 중요하지 않다. 숙달을 향해 나아갈 때, 흔히 겪는 좌절은 우리가 일상적으로 무엇을 모르는지를 모른다는 데 있다! 이때, 다른 사람들과 함께 성찰하면, 사각지대blind spots, 실천 패턴, 개선할 강점을 파악하여 독립적 성찰을 가속화하게 된다.

	자신에게 알려진	자신에게 알려지지 않은
다른 사람에게 알려진	1. 경기장arena	2. 사각지대blind spot
다른 사람에게 알려지지 않은	2. 외벽façade	3. 미지의 영역unknown

[그림 2.2] 조하리 창, Luft & Ingham(1955)에서 수정

성찰적 실천을 위한 조하리 창 사용하기

그렇다면 이러한 강점과 개발 영역이 무엇인지 어떻게 판단하는가? [그림 2.2]의 조하리 창Johari window(Luft & Ingham, 1955)에 익숙하다면, 성찰적 실천의 범위를 어떻게 늘릴지 고려하는 데 유용한 프레임워크를 제공한다.

조하리 창을 사용하면, 1사분면: 경기장arena의 크기를 늘리는 일이 전반적인 목표이다. 경기장에 있는 정보는 자신과 다른 사람들에게 모두 알려지므로, 토론에 사용하게 된다. 논리적으로 창이 클수록, 작업해야 할 정보가 많아지고, 성찰적 실천과 고객 작업 모두에서 더 능숙해지게 된다.

동료 및 전문 수퍼비전을 받는 동안, 자신의 작업을 되돌아보면 다른 사람들이 우리가 보지 못한 바를 보게 된다. 이를 통해, 이전에는 2사분면: 사각지대에 위치했을 때 정보를 얻게 된다. 수퍼비전의 안전성과 타인의 피드백의 가치를 인식하여, 정보가 사각지대에서 벗어나 창으로 이동한다. 피드백을 받고 우리의 자기 알아차림과 일치할 때, 우리는 자기를 긍정하게 된다. 우리는 피드백을 현재 작업 방식에 대한 이해에 통합할 가능성이 크다. 그 결과, 우리의 이해는 더욱 풍부해지고 미묘한 차이가 생긴다. 피드백의 전체 또는 일부가 다른 경우, 피드백은 그러한 차이에 대해 성찰하도록 초대한다. 우리는 무엇을 받아들일지, 그리고 무엇을 향후 고려를 위해 한쪽으로 치워둘지 자유롭게 결정하게 된다. 수퍼비전 관계가 발전할수록, 우리 자신에 대해 더 깊이 성찰할 용기가 생긴다. 처음에 숨겨왔던 자기에 대해 더 많이 공유할 용기가 생긴다. 이를 통해, 3사분면: 외벽façade의 정보가 창으로 이동하여 토론하게 된다. 더 많이 공유할수록 더 많은 피드백을 받는다. 또한 이 과정은 양방향 프로세스이다. 피드백을 제공할 때, 더 많이 숙련되고 용감한 동료가 될수록 이들도 경험을 통해 성장하여 프로세스에 참여하는 모든 사람이 발전하게 한다.

이름에서 알 수 있듯이, 4사분면: 미지의 영역unknown에는 환상적인 특성이 있다. 이는 우리의 의식적 알아차림 밖에 있는 정보, 즉 '수퍼 사각지대super blind spot'와 관련된다. 따라서 이곳에 있는 정보는 개인의 성찰적 실천이나 동료 수퍼비전에서 자주 드러나지 않는다. 그렇지만 때때로 전문 수퍼비전을 통해, 이 영역에 대한 정보를 엿보게 된다. 예를 들어, 고객과 함께 일하면서 경험하는 평행 과정parallel process이나 전이transference 및 역전이countertransference는 우리 자신에 대한 정보를 담고 있다. 전문 수퍼비전을 통해 자격을 갖춘 수퍼바이저와 협력하면, 미지의 영역에서 1사분면: 경기장으로 정보를 옮기는 방법을 이해하는 데 유용하고 새로운 정보를 얻게 된다.

'실천 중 성찰' 개발

위에서 언급했듯이 실천 중 성찰reflection in action은 실천에 대한 성찰reflection on action에서 자연스럽게 이어지는 과정이다. 지금까지 안내한 내용을 따라, 자신의 습관habits과 선호도preferences, 유발triggers과 응답responses, 그리고 아직 지속적인 개인 개발과 고객 업무에 영향을 미칠 요소에 대한 알아차림이 높아졌기를 바란다. 다음 단계는 순간에 대한 알아차림을 개발시키는 데 있으며, 마음챙김 프랙티스는 이와 관련해 유용하다.

마음챙김 사용하기

마음챙김mindfulness은 내적 과정 속에서 어떤 일이 일어나고 있는지 알아차리는 데 도움이 된다. 이 프랙티스는 존 카밧진Jon Kabat-Zinn이 마음챙김 기반 스트레스 감소 프로그램을 개발하는 과정에서 비롯되었다

(Kabat-Zinn, 1990). 마음챙김은 존재의 방식이며, 현재 무슨 일이 일어나고 있는지 알아차리는 데 도움이 된다. 싱Singh(2010)은 다음과 같이 정의한다. "마음챙김은 순간순간의 알아차림이다. 이는 우리가 평소에 한순간도 생각하지 않는 점들에 의도적으로 주의를 기울이면서 길러진다. 마음챙김은 이완relaxation, 주의집중paying attention, 알아차림awareness, 통찰력insight을 위한 우리의 내면의 실천능력inner capacities을 바탕으로, 우리 삶에서 새로운 종류의 통제력과 지혜를 개발하기 위한 시스템적 접근 방식이다." 마음챙김 프랙티스는 삶의 모든 측면을 향상시킨다. 더 많은 바를 알고 싶다면, 저서 『마음챙김Mindfulnes』(Williams & Penman, 2014)에서 8주 과정의 단계별 과정을 확인하라.

지금 이 순간에 일하기working in the moment

마음챙김을 훈련하면, 자신의 기본 프레즌스 표시presence manifests가 어떻게 나타나는지 이해하게 된다. 예를 들어, 업무 능력이 뛰어나고 최선을 다할 준비가 되어 있을 때, 고객 업무에서 어떻게 나타나는가? 여기에 사전 학습 자료를 추가하면, 기본 프레즌스 표시에서 벗어나고 있다는 신호에 대한 정보를 마음대로 활용하게 된다. 시간이 지남에 따라, 고객과의 대화에 주의를 기울이고, 변화하는 자신의 감각에 주의를 기울이는 방법을 배우게 된다. 처음에 이러한 경험을 회기에서 완전히 이해하지 못할 수도 있다. 그렇지만 추가 탐색을 위해 수퍼비전으로 가져갈 훌륭한 자료가 된다.

경험을 통해, 마음챙김 성찰은 그 순간에 더 많은 선택지를 제공하는 정보를 제공한다. 자신이 경험하고 있는 바를 더 완전히 이해하면, 회기 중에 고객에게 도움이 되는 방식으로 자신의 경험을 명확하게 표현할 수 있는 자신감confidence을 가질 가능성이 커진다. 마지막으로 마음챙김을 통한 성찰을 통해, 자신의 실천action을 미세하게 조정할 수 있을 때, 숙련된 수준level of mastery으로 일하고 있다고 생각한다. EMCC에서는 이를 다음과 같이 정의한다.

> 고객과의 상호작용과 코칭을 성찰하고 의식적으로 접근한다.
>
> EMCC 역량 프레임워크 2015
> 마스터 수준에서 자기 이해하기

여기서 프랙티셔너의 업무와 유사한 점은 성장 경험을 성찰하고 공유하며, 이를 통해 배워야만 숙련된 수준mastery에 이를 수 있다는 데 있다. 이러한 지속적인 개선 프로세스에 전념하면, 다음에 비슷한 일이 발생했을 때, 더 큰 자원을 확보하게 된다. 실천, 성찰(개인, 동료, 전문 수퍼비전), 학습을 끊임없이 반복하여, 다른 실천으로 이어지는 경험의 정점은 숙련으로 이끄는 일종의 성찰적 실천이다. 그렇지만 실천에 대한 성찰이 숙달되었다고 해서, 성찰적 실천이 끝났다는 의미는 아니다. 오히려 그 반대이다! 더 숙련된 수준이 되면, 더 복잡하고 도전적인 과제를 수행할 가능성이 커지므로 지속적인 학습 사이클이 이어진다.

마치는 글

이 장을 통해 숙련된 수준을 향한 여정을 폭넓게 생각하는 데 도움이 되었기를 바란다. 전문 기관에서는 코칭 역량과 실천능력, 그리고 시간 목록을 성공의 척도로 삼는 경우가 많다. 그렇지만 우리의 경험에 따르면, 다양한 형태의 성찰적 실천이 여러분의 예술성과 프랙티셔너로서의 고유성unique signature을 개발하는 데 도움이 된다. 규제가 없는 시장에서 일한다는 점은 동료나 전문가의 수퍼비전이 필요하지 않음을 의미한다. 따라서 성찰적 실천은 단순히 실행 목록을 확인하는 행위가 아니다. 이는 우리 각자가 어떻게 일하는지 더 깊은 이해를 촉진하는 데 있다. 그 이상으로 여러분의 역량, 실천능력, 수용력을 동등하게 향상시켜, 장기적으로 경력을 지속 가능하게 해준다. 이 장을 통해, 성찰적 실천의 개념이 이해되었기를 바라며, 여기에는 독립적 성찰, 동료 및 전문 수퍼비전이 포함된다. 순간순간 유동적으로 일하고, 업무를 재조정할 수 있게 되면, 마음챙김 프랙티스의 정점에 도달했음을 알게 된다. 이는 우리가 모두 최고의 자리에 오르기 위해 필요한 전문성을 보여주는, 고려된 CPD 전략의 일부를 구성하게 된다. 시간이 지남에 따라, 숙련된 수준을 향한 여정에서 프랙티셔너로서 여러분에게 도움이 되며, 중요한 점은 여러분의 고객도 마찬가지로 그렇게 할 수 있는 가장 강력한 위치에 서게 해준다는 데 있다.

주요 학습 포인트

1. 자기 이해를 위한 지속적인 노력인 수퍼비전과 성찰적 실천은 모두 숙련도mastery를 높이는 데 도움이 되는 내면의 나침반internal personal compass을 개발한다.
2. 개인 개발을 점검하고, 숙련의 정상에 도달하는 길은 3C이다.
   - 역량competency: 유능한 프랙티셔너가 되기 위한 기술로, 교육 등을 통해 개발된다.
   - 실천능력capability: 개별 지원을 통해 습득한 기술을 적용하고 적응할 수 있는 능력
   - 수용력capacity: 성찰적 실천 및/또는 수퍼비전을 통해 개발되는 코칭 참여의 기능적 요구사항과 관계적 요구사항 사이를 오가는 정서 지능emotional intelligence이다.
3. 성찰적 실천은 우리 개인의 책임이며, 동료 및 전문 수퍼비전의 가치를 극대화한다. 일상적으로 수행하면, 주제와 실천 패턴을 파악하는 데 도움이 된다.
4. 쇤Schön(1983)은 실천에 대한 성찰과 실천 중 성찰reflection on and in action을 구분한다. 실천에 대한 성찰reflection on action은 다양한 형태의 기록, 일기, 경험적 글쓰기, 코칭, 수퍼비전 또는 조하리 창과 같은 도구를 통해, 어떤 일이 왜 일어났는지 뒤늦게 살펴보는 바를 말한다. 더 복잡한 실천 중 성찰은 실천이 일어나는 순간에, 자신의 실천을 성찰하고 조정하는 실천에 대한 성찰에서 자연스럽게 발전한

다. 실천 중 성찰은 마음챙김을 통해, 내면의 과정에 대한 알아차림을 높이면서 향상된다.

참고 문헌

- AC (2016) Developing your Coaching through Reflective Practice [pdf]. Available from: http://c.ymcdn.com/sites/associationforcoaching.site-ym.com/resource/resmgr/Articles_ &_Handy_Guides/Coaches/Handy_Guides/ac_member_to_member_-__refle.pdf [accessed 1 September 2017].
- AC and EMCC (2016) Global Code of Ethics for Coaches and Mentors [pdf]. Available from: https://actoonline.org/wp-content/uploads/2016/10/Global-Code-of-Ethics_2016.pdf [accessed 1 May 2017].
- AC, ICF and EMCC (2016) Becoming a Professional Coach: The Development Path [pdf]. Available from: www.coachfederation.org.uk/wp-content/uploads/2015/07/The-Development-Path.pdf [accessed 12 August 2017].
- Bachkirova, T. and Lawton Smith, C. (2015) From competencies to capabilities in the assessment and accreditation of coaches. *International Journal of Evidence Based Coaching and Mentoring*, 13(2), p. 123.
- Bluckert, P. (2006) *Psychological Dimensions of Executive Coaching*. Berkshire, UK: Open University.
- Broussine, M. (1tt8) *The Society of Local Authority Chief Executives and Senior Managers (SOLACE): A scheme for continuous learning for SOLACE members*. Bristol, UK: University of the West of England.
- Carrol, M. and Gilbert, M.C. (2011) *On Being a Supervisee: Creating learning partnerships* (2nd edn). Kew, Australia: PsychOz.

- Cooper, L. (2017) Developing your coaching through reflective practice. *Association for Coaching: Member to Member*, CS1/052015, pp. 1–3.
- EMCC (2015) EMCC competence Framework v2 [pdf]. Available from: www.emccouncil.org/ webimages/EU/EIA/emcc-competence-framework-v2.pdf [accessed 20 August 2017].
- Gibbs, G. (1t88) *Learning by Doing*. Oxford: Oxford Polytechnic.
- Gillmer, B. and Marckus, R. (2003) Personal professional development in clinical psychology training: Surveying reflective practice. *Clinical Psychology*, 27, pp. 20–23.
- Holder, J. (2013) *49 Ways to Write Yourself Well: The science and wisdom of writing and journaling*. Brighton, UK: Stepbeach Press.
- Kabat-Zinn, J. (1990) *Full Catastrophe Living: Using the wisdom of your body & mind to face stress, pain & illness*. New York: Delacorte.
- Luft, J. and Ingham, H. (1955) The Johari window: A graphic model of interpersonal awareness. *Proceedings of the Western Training Laboratory in Group Development*. Los Angeles: University of California.
- Oxford Dictionary [Online]. Available from: www.oxforddictionaries.com [accessed 16 August 2017].
- Schön, D. (1983) *The Refiective Practitioner: How professionals think in action*. London: Temple Smith.
- Singh, N.N. (2010) Mindfulness: A finger pointing to the Moon 1:1 [Online]. Available from: https://doi.org/10.1007/s12671-010-000t-2 [accessed 12 August 2017].
- Standards Australia (2011) *HB 332–2011: Coaching in Organisations*. Sydney: SAI Global.
- Williams, J. and Cowley, P. (2004) Reflective Practice Form. Mid Devon Working Group Approved DMT.
- Williams, M. and Penman, D. (2014) *Mindfulness: A practical guide to finding peace in a frantic world*. London: Piatkus.

부록 2.1 성찰적 실천 양식

성찰적 실천

회기 날짜:

성찰 날짜:

이 모든 질문을 원하는 순서대로 생각해본다. 학습에 도움이 되는 관련 질문에 답한다.

어떤 행사였는가?

내가 기대했던 점은 무엇이었는가?

실제로 무슨 일이 일어났는가?

무엇을 배웠는가?

이 학습이 나에게 중요한 이유는 무엇인가?

이 학습이 내 프랙티스에 어떤 변화를 가져오는가?

그 일에 대해 나는 어떤 감정을 느꼈는가?

잘된 점은 무엇인가?

알고 있거나 상상하는 다른 사람의 감정은 어떠했는가?

내 감정을 뒷받침하거나 반박하는 증거는 무엇인가?

* Adapted from Williams, J. and Cowley, P. (2004) Reflective Practice Form: Mid Devon Working Group Approved DMT.

참고 문헌

- Turner, T. (2014) Reflective learning form [pdf]. Available from: www.developingcoaching. com.au/wp-content/uploads/Reflective-learning-form.pdf [accessed 7 September 2017].

부록 2.2 코칭 회기 회고 양식

코칭 회기 회고 양식

고객:	회기 일자:	회기 횟수:
잘된 점		아쉬운 점
배운 점		미래를 위한 피드백

[그림 2.3] 코칭 회기 회고 양식

참고 문헌

- Lucas, M. (2006) Coaching session review form [pdf]. Available from: www.greenfields consultancy.co.uk/gf/wp-content/uploads/2018/01/COACHING-SESSION-REVIEW- FORM.pdf [accessed 24 January 2018].

부록 2.3 서정적 Lyrical 성찰 안내*

문장을 '올바르게' 작성하는 방법에는 문장 구조에 관한 수많은 관습 conventions이 있다. 때로는 이러한 관습이 탐구를 방해하고 더 합리적인 표현으로 우리를 이끌기도 한다. 다음은 이러한 관습을 깨고 더 자유롭게 자신을 표현하도록 하는 세 가지 접근 방식이다.

1. 시 쓰기: 먼저 시는 운율이 맞지 않아도 괜찮다는 점을 기억하라! 일반적으로 시는 일련의 생각으로 쓰여진다. 그 생각들 가운데 일부는 하나의 아이디어를 담은 짧은 구절이고, 다른 일부는 일반적인 문장보다 훨씬 길고 많은 아이디어를 담고 있다. 상관없다! 내용이 여기저기 옮겨 다녀도 괜찮다. 연속성이나 논리적인 정보의 제시가 필요하지 않다. 재미있게 해 보라. 여기에는 옳고 그름이 없다.

2. 노래 가사 만들기: 이는 시 쓰기와 매우 유사하다. 그러나 청각적 감각이 뛰어난 사람들에게는 어떤 음악 장르가 상황에 가장 잘 맞을지 고려하는 일이 도움이 된다. 헤비메탈 공연인가? 아니면 힙합 랩인가? 재즈? 팝? 무엇이 여러분의 상상력을 자극하는가? 대부분 음악은 독특한 비트가 있다. 리듬감이 느껴질 때 가사를 만들어 보라. 시와 마찬가지로 가사의 구조에 신경 쓸 필요가 거의 없다.

3. 알파벳 시 만들기: 이는 자신만의 암기법을 만드는 바와 같다. 먼

저 여러분의 '뮤즈' 역할을 할 단어를 찾아낸다. 예를 들어, '성찰'이라는 단어를 사용해 본다. 이 단어를 페이지 왼쪽 아래의 한 칸에 적는다. 이후, 각 글자를 작업 중인 상황에 대해 자신에게 맞는 내용을 적을 단서로 삼는다. 예를 들어, 다음과 같이 시작한다.

R – 무슨 일이 일어나고 있는지 더 깊이 이해하기 위해 무엇을 써야 할지 고민하고 있다.

E – 다른 사람들은 이해한 듯 한데, 왜 나는 이해가 안 되는가?

F – 내가 다르다는 느낌이 들어 방해가 되고 있다. 이는 나에 관한 일이 아니라 내 고객에 관한 일이다.

L – 코칭이나 멘토링 회기에서 일어난 일을 되돌아보니, 나는…

그리고 계속된다. 이 작업을 얼마나 오래 할지는 여러분에게 달려 있다. 예를 들어 마지막 글자에 도달했는데도 할 말이 더 있다고 느껴지면, 첫 글자로 돌아가서 또 다른 작업을 반복해본다. 아니면 다른 단어를 선택하고, 다시 시작한다. 억지로 시작하지 않는 점이 중요하다. 영감이 떨어지면, 원할 때 언제든지 중단한다! 때로는 알파 시^{alpha} $_{poem}$만으로도 시작하는 경우가 있다. 이후 더 완벽하게 반영하기 위해 다른 방법을 사용해 본다.

* Influenced by Holder, J. (2017) Reflective practice and journaling for coaches and coach supervisors [web presentation]. Global Supervisors' Network [delivered 6 October 2017].

참고 문헌

- Lucas, M. (2017) Lyrical reflection guide [pdf]. Available from: www.greenfieldsconsultancy.co.uk/gf/wp-content/uploads/2018/01/lyrical-reflection-guide.pdf [accessed 24 January 2018].

부록 2.4 은유를 통한 성찰

'사막 섬 환상'

이 접근법은 좀 더 창의적이고 시각적인 작업 방식을 선호하거나 단순히 성찰에 새로운 요소를 추가하고자 할 때 유용하다.

가장 좋아하는 비유는 자신과 고객을 무인도에서 상상하고 무인도를 '뮤즈muse'로 삼아 상황을 그려내면서 이야기를 전달하는 점이다. 이야기를 다 끝낸 듯 하면, 잠시 멈추고 그림에 추가할 다른 요소(사람, 사물, 방해 요소, 촉진 요소)가 있는지 생각해 본다.

이 기법을 사용하면서 긴장을 풀고 즐기는 일이 중요하다. 너무 깊이 생각하지 마라. 우리의 희망은 이보다 창의적인 접근 방식이 전통적인 합리적이고 논리적인 접근 방식을 사용할 때, 놓칠 수 있는 미묘한 차이를 포착하기를 바란다.

생각의 폭을 넓히기 위해, 여러분이 만든 바를 다른 관점에서 보도록 그림을 움직인다.

이 기법을 사용하여, 추가적인 통찰력을 얻게 되면, 이를 포착하는 최선의 방법을 고려해 본다. 이를 말로 표현하는 일이 유용하기도 하고, 그림 자체에 그 통찰력을 담을 수도 있다. 무인도라는 아이디어가 마음에 들지 않는다면, 이를 '장면'을 만들 어떤 상황으로 대체해 본다. 예를 들어, 무대나 영화 세트에서 시작하거나 스포츠 비유를 선택한다. 그냥 실험해 보라. 어떤 부분이 효과가 있는지 확인해 보라.

참고 문헌

- Lucas, M. (2016) Reflecting through metaphor [pdf]. Available from: www.greenfields consultancy.co.uk/gf/wp-content/uploads/2018/01/reflecting-through-metaphor.pdf [accessed 24 January 2018].

부록 2.5 미로 글쓰기

Holder, J. (2013)

[그림 2.4] 글쓰기 중

[그림 2.5] 글쓰기 후

3장 일대일 동료 수퍼비전

역자: 허영숙

정의: 일대일 동료 수퍼비전은 코치, 멘토 또는 프랙티셔너 한 명이 동료 한 명과 함께 만들어가는 협업 학습 환경이다.

일대일 동료 수퍼비전의 의미

이 책에서는 동료 수퍼바이저로 정식 훈련을 받지 않은 두 프랙티셔너가 맺는 관계를 일대일 동료 수퍼비전이라고 부른다. 이들은 각자의 사고를 자극하는 방식으로 함께 작업을 탐색함으로써 자신의 발전은 물론 고객과 더 넓은 시스템에 도움이 되도록 진행한다.

일반적으로 이들이 서로에게 제공하는 주요 '교환 가치^{currency}'는 시간이다. 즉 각 프랙티셔너가 상대방에게 동일한 분량의 지원을 제공하는 형태다. 학습 환경은 동료적 특성^{collegiate nature}을 지니며, 동료들이 어떻게, 얼마나 자주 함께 작업할지는 각자의 요구사항에 맞춰 협의해

결정한다.

동료 수퍼비전은 대면으로, 전화로, 또는 다양한 온라인 매체를 통해 이뤄질 수 있다. 어떤 매체를 택할지는 개인 취향, 수퍼비전이 얼마나 긴급한지, 그리고 두 사람이 동시에 시간을 낼 수 있는지 등을 종합적으로 고려해 결정한다.

이 장에서는 먼저 일대일 수퍼비전의 장점과 한계를 살펴본 뒤, 실제로 일대일 동료 수퍼비전 관계를 어떻게 구축할 수 있는지 안내한다(함께 작업할 동료를 찾는 방법에 대한 힌트도 포함). 그런 다음, 동료 수퍼비전 모임에서 활용할 수 있는 구조와 기법techniques을 제시함으로써, 고객 코칭을 함께 탐색해 볼 수 있도록 돕는다. 또한 일대일 동료 수퍼비전을 생산적으로 유지하기 위해, 동료 관계를 어떻게 점검하고 지속하며 종료할 수 있는지에 대한 방법도 소개한다. 마지막으로 일대일 동료 수퍼비전에 참여할 때 발생할 수 있는 위험 요소를 상기시키고자 한다. 좀 더 자세한 내용은 8장에 있다.

일대일 동료 수퍼비전의 장단점은 무엇일까? 클러터벅, 휘태커, 루카스(Clutterbuck, Whitaker, Lucas, 2016)는 전문 수퍼바이저와 함께하는 일대일 및 집단 수퍼비전을 비교한 내용을 제시했다(24쪽 참고).[1] [표 3.1]은 그 내용을 바탕으로, 동료 간 수퍼비전을 진행할 때 나타나는 차이를 살펴본 것이다.

---

1) 『코칭수퍼비전 실천 가이드』 데이비드 클러터벅, 캐롤 휘태커, 미셸 루카스 지음, 김상복 옮김. 코칭북스. 2025.

[표 3.1] 일대일 동료 수퍼비전의 장점과 한계

일대일 동료 수퍼비전
장점

- 매번 누가 '안아주는 역할holding the space'을 담당하는지 명확하다.
- 누가 '고객' 역할을 할지, 그리고 시간 사용 방법을 결정할 책임은 고객에게 있다는 것이 명확하다.
- 개인적 성찰을 위한 전용 시간이 마련되며, 일반적으로 깊이 있는 탐색을 유도한다.
- 경험이 쌓이면 동료의 사고 패턴을 의도적으로 살펴보고, 시간이 흐르며 나타나는 발전 양상을 인지할 수 있게 된다.
- 긴급하게 수퍼비전이 필요할 때, 비교적 '임시ad hoc'방식으로 쉽게 조정하여 진행하기가 수월하다.

한계

- 진행자는 선호하는 철학이나 접근방식이 있을 수 있으므로, 다양한 관점을 폭넓게 제시하기 어려울 수 있다.
- 개별 관계가 지나치게 밀착되면 상호 의존 관계가 형성될 수 있고, 이를 적절히 관리하지 않으면 건강하지 않은 상태로 이어질 수 있다.
- 외부 지원이나 피드백 없이 진행하면 유익하지 않은 패턴을 알아채지 못하고 넘어갈 수 있다.
- 동료 가운데 한 사람이 기술 전문성이나 피드백 능력, 대인관계 역동을 다루는 역량 등을 충분히 갖추지 못했다면, 두 사람 간 경험이 균형을 잃을 수 있다.
- 동료 수퍼비전 과정을 통해 다른 형태의 동료 수퍼비전이나 전문 수퍼비전이 더 필요없다고 여겨질 위험이 있다.

섹션 1: 일대일 동료 수퍼비전 관계 형성하기

일대일이면서 상호적인 동료 수퍼비전 관계를 시작할 때 고려해볼 수 있는 출발점은 크게 두 가지가 있다. 첫 번째는 이미 상대방을 알고 있지만, 아직 동료 수퍼비전 관계를 맺지 않은 경우이고, 두 번째는 동료 수퍼비전 관계를 맺으려는 목적을 가지고 새롭게 누군가를 찾아야 하는 경우다. 어떤 경우든 일대일 동료 수퍼비전을 원만하게 출발하고 싶다면, 아래 제안하는 접근 방식을 통해 성공적인 관계를 구축하는 것이 좋다.

1단계: 연락하기

다른 프랙티셔너에게 다가가서, 동료 수퍼비전 관계를 맺는 데 관심이 있는지 알아본다.

논의할 내용

- 현재 어떤 형태의 수퍼비전을 받고 있는가? 그 방식이 본인에게 얼마나 잘 맞는가?
- 동료 수퍼비전에 참여해 본 적이 있는가? 어떤 점이 도움이 되었는가?
- 동료 수퍼바이저에게 어떤 자질이 있으면 좋겠다고 생각하는가?
- 동료 수퍼비전 관계를 새로 만들어보고 싶은데, 관심이 있는가? 또는 같은 관심을 가진 다른 분을 알고 있는가?

2단계: 연결하기

함께하고 싶어 하는 사람이 생겼다면, 직접 만나거나 온라인으로 대화를 나누며 서로를 제대로 알아가는 시간을 갖는다.

논의할 내용

- 이 분야에서 일한 지 얼마나 되었으며, 어떤 교육 과정을 이수하였는가?
- 동시에 몇 명의 고객과 일하는가? 이 인원이 동료 수퍼비전을 얼마나 자주 받고 싶은지에 어떤 영향을 미치는가?
- 동료 수퍼비전에서 주로 다루고 싶은 주제는 어떤 것인가?
- 현재 가입해 있는 전문기관이나 협회가 있는가? 해당 기관의 윤리 강령이 실천에 어떤 영향을 주고 있는가?

3단계: 함께 작업해보기

두세 번의 연습 회기 일정을 잡아 서로에게 퍼실리테이터 역할과 동료 수퍼바이지 역할을 모두 경험해볼 기회를 준다.

논의할 내용

- 직접 대면과 온라인 방식 가운데 어느 쪽을 더 선호하는가? 연습 회기에서는 어떤 식으로 진행되는가? 회기 시간은 어느 정도가 좋은가?

- 함께 작업하기 전에 어떤 정보를 미리 공유하는 게 좋은가? 예를 들어, 서로의 약력을 교환하거나 링크드인LinkedIn 프로필을 확인해보는 것이 좋다.
- 연습 회기 이후에 리뷰를 언제, 어떻게 진행할지 일정을 합의한다. 연습 회기 직후보다는, 경험을 돌아볼 시간이 좀 필요하다.
- 리뷰 때 참고할 수 있도록, 연습 회기를 녹음하거나 녹화해두는 게 도움이 될 것인가?

4단계: 일시 정지 후 검토

시범으로 진행한 동료 수퍼비전 회기에 대해 리뷰를 진행한다.

논의할 내용

- 시범 회기를 통해 얻은 배움이 고객과의 실제 작업에 어떤 영향을 줄 수 있는가?
- 상호적인 동료 수퍼비전 방식에 대해 배운 점은 무엇인가? 잘된 부분과 덜 효과적이었던 부분이 무엇인가?
- 우리의 관계는 어떻게 발전하고 있는가? 신뢰감은 어느 정도인가? 의견 차이나 갈등을 어떻게 다룰 수 있을지, 쉽게 그려지는가? 지금 얼마나 솔직하게 의견을 주고받을 수 있다고 느끼는가?

5단계 (a): 계약 준비 대화

앞서 서로에게 충분히 공통점이 있다고 느껴 관계를 이어가기로 했다면, 추가로 공유할 자료나 정보를 합의한다. - 예를 들면 더 상세한 접근 방식, 심리검사 결과 교환, 작업에서 사용하는 일반적인 서류 양식 등을 들 수 있다. 그리고 이 자료를 논의할 별도 모임을 잡는다.

> **논의할 내용**
>
> - 관련 정보는 외부에 돌리지 않고 기밀로 유지하기로 합의하는 것에 동의한다.
> - 서로의 접근 방식은 어떤 공통점과 차이점이 있는가? 그것이 동료 수퍼비전 관계에 어떤 의미를 가지는가?
> - 앞으로 1년 동안 동료 수퍼비전을 통해 어떤 목표(전문적 영역과 사업적 영역의 성장을 모두 다룰 수도 있음)를 달성하고 싶은가?

5단계 (b): 추가로 함께 작업해 보기

서로의 접근 방식에 큰 차이가 있다고 느끼거나, 공유하는 정보가 너무 많아 부담스럽다면, 계약 과정을 서두르기보다는 또 한 번 시범 회기를 진행해 보는 것도 방법이다. 추가 회기를 통해 관계의 잠재적 가치를 더 명확히 느낄 수도, 또는 그렇지 않을 수도 있다.

6단계: 초기 일대일 동료 수퍼비전 계약 마련하기

여기까지 진행했다면, 양측 모두 동료 관계가 서로에게 유익하다고 확신하게 된다. 호킨스와 스미스(Hawkins & Smith, 2006, 154~155쪽)는 동료 수퍼비전 계약에서 다뤄야 할 다섯 가지 핵심 영역을 제시하는데, 아래에서는 이 구조를 활용했다. 이 단계에 이르는 과정에서 이미 일부 항목들에 대한 합의점이 자연스럽게 도출되었을 가능성이 크다.

실천적인 사항 합의하기

만나는 빈도 결정하기

새롭게 동료 수퍼비전 관계를 시작할 때, 얼마나 자주 만나는 것이 좋을지 판단하기가 쉽지 않다. 먼저 한 달에 한 번씩 만나보면서, 그 빈도가 서로에게 적절한지 모니터링하는 방식을 권장한다. 그러나 최소한의 기준으로는 분기(3개월)에 한 번 이상 만나는 것이 좋다. 그보다 더 드물게 만나면 서로의 연결감이 떨어지고, 논의하기에 적절했던 주제도 시간이 흐르며 흐릿해질 수 있다.

회기 시간 길이 결정하기

각자 퍼실리테이터로서 1시간씩 맡아 진행하는 것을 추천한다. 그 뒤 이 시간이 적절한지 살펴보고 조정하면 된다. 다만 최소한으로는 30분 이상을 확보해야, 이슈를 충분히 탐색할 시간을 가질 수 있다. 반대로 최대한의 경우에는 2시간을 넘기지 않는 편이 좋다. 그 이상이 되면 정신적 피로가 쌓여 생산성이 떨어질 수 있다.

어디에서 만날지 결정하기

많은 사람이 대면 방식으로 작업하기를 선호하지만, 적절한 장소를 찾는 것이 만만치 않을 때가 있다. 가능한 한 방해 요소가 없고, 기밀이 보장되는 공간이 이상적이다. 이런 관점에서 카페는 최적의 공간이라 보기 어렵다. 동등한 입장을 유지하려면, 서로 번갈아 사무실을 사용하는 것도 한 방법이다. 그러나 누군가는 자기 공간에서 더 편안함을 느끼거나('홈그라운드 이점'), 반대로 방해받기 쉬울 가능성이 있다. 그렇기에 비용이 들더라도 양측 모두에게 편리한 '유료 장소'를 찾는 것이 도움이 될 때도 있다.

위와 같은 복잡성을 고려할 때, 전화나 스카이프(또는 유사한 온라인 매체)를 활용해 원격으로 진행하는 방법도 유용하다. 비용이 들지 않고, 각자 원하는 공간을 선택해 일할 수 있기 때문이다. 원격으로 작업할 경우에는 배경 소음을 비롯해 타인에게 대화가 들릴 가능성 등을 어떻게 관리할지 미리 정해야 한다. 기술적 문제가 생겼을 때의 대안 계획도 마련해둘 필요가 있다. 원격 수퍼비전을 기본으로 하더라도, 지역적으로 가능하다면 1년에 한 번 정도는 대면으로 만나서 연결감을 높이는 것이 좋다.

경계 설정하기

동료 수퍼비전에서 다룰 주제 정하기

경험상, 동료 수퍼비전에서 주요 논의 거리로는 '고객 사례'를 중심에 두는 것이 효과적이다. 예를 들어 다음과 같은 내용을 탐색해볼 수 있다.

(a) 잘 진행된 고객 사례는 무엇인가
(b) 난관에 부딪힌 부분은 무엇인가
(c) 앞으로 대비하면 좋을 것들은 무엇인가
(d) 나 스스로 내놓고 싶지 않아 하는 게 있지는 않은가

여기에는 의도적으로 '영리적인 질문'은 포함하지 않았다. 예를 들어, '고객을 더 많이 확보하는 방법'이나 '얼마를 청구해야 하는지' 같은 주제는 동료 수퍼비전보다는 다른 프랙티셔너에게 자문받는 것이 낫다. 이 구분을 강조하는 이유는 동료 수퍼비전의 주된 동기가 '고객에게 도움이 되는 방식으로 개선하는 것'이길 바라기 때문이다. 이런 식으로 관계를 시작하면, 동료 수퍼비전 상황에서 서로 형성되는 에너지를 명확히 인식할 수 있고, 만약 다른 영역으로 벗어나려 할 때도 그 변화를 쉽게 알아차릴 수 있다.

동료 수퍼비전 범위를 벗어나는 것 결정하기

전문적인 관계에서도 그렇듯, 어떤 상황에서는 상대방과 계속 진행하

기에 적합하지 않을 수 있다. [표 3.2]에 제시된 내용은 대화 중 특정 시점이 오면, 논의를 마무리하고 다른 프랙티셔너에게 연계를 제안하는 편이 낫다는 신호들을 보여준다.

이는 각 개인이 적절한 경계를 지키고, 이를 미리 대비하도록 다른 지원 체계를 갖출 필요가 있음을 시사한다.

[표 3.2] 대화에서 나타나는 힌트clues: 동료 수퍼비전 범위를 넘어서는 주제들

대화에 나타나는 힌트	가장 유력한 영역
당신은 이런 경우 어떻게 해봤나요?	코치 멘토
이거 어떻게 생각하세요?	전문적 의견 교환
이 얘기로 시간을 너무 뺏는 것 같아 미안해요.	카운슬러
이 부분이 잘 해결이 안 되네요.	카운슬러
저만 그렇게 느끼나요?	비판적 친구
최근 X와 진행한 회기에서 뭔가 찜찜한 부분이 있었는데요….	동료 수퍼바이저

다른 형태의 수퍼비전 활용 방안 결정하기

일부 프랙티셔너는 여러 수퍼비전을 병행하기를 원하기도 한다. 따라서 동료 수퍼비전 외에 다른 동료 수퍼비전 파트너가 있거나, 전문 수퍼바이저에게 수퍼비전을 받는 경우도 있을 수 있다. 이는 개인 선택 사항이므로, 파트너마다 방식이 다를 수도 있다. 그러나 중요한 것은, "무엇을 어디에 가져가서 논의하는가"를 서로 투명하게 공유하는 것이다. 9장에서는 전문 자격을 갖춘 수퍼바이저의 서비스를 활용하면 동료 관계에 어떤 가치를 더할 수 있는지에 대한 아이디어를 제시하고 있다.

작업 동맹working alliance 합의하기

기밀성 관리 방안 결정하기

대체로 서로 기밀성을 지키기로 합의하는 건 어렵지 않지만, 이 개념이 워낙 자주 쓰이다 보니 구체적으로 무엇을 의미하는지 깊이 고민하지 못할 때가 있다. 기밀성은 정보를 제공하는 사람과 받는 사람이 함께 책임진다는 점을 기억하면 좋다. 대부분은 정보를 받는 사람이 외부에 누설하지 않는 데 초점을 맞추지만, 사실 정보를 주는 쪽도 어떤 내용을 공유할지 주의 깊게 결정해야 한다. 현실적으로 기밀성을 100% 보장할 수는 없기 때문이다.

> **논의할 내용**
>
> - 우리가 말하는 '기밀'이란 단어에 대해, 각각 어떻게 이해하고 있는가?
> - 어떤 상황에서 기밀성을 어길 수 있다고 생각하는가?
> - 만약 상대방이 기밀 사항을 침해했다고 의심되면(우리 사이든, 고객과의 기밀이든), 우리는 어떻게 대처할 것인가?

준비 수준 결정하기

준비에 대한 관점은 크게 두 가지로 나뉜다. 첫 번째는 '회기에서 최대한 많이 얻으려면 사전에 충분히 준비해야 한다'라고 보는 입장이다. 두 번째는 '순간에 떠오르는 주제를 다루는 게 가장 풍부한 결과를 낳는다'라고 보는 입장이다.

동료 수퍼비전에서는 '동등성 equity'이 중요하므로, 회기 전 어느 정도로 준비할지를 미리 합의하는 것이 좋다. 최소한 양쪽 모두 회기에 가져올 '무언가'는 미리 생각해 와야 한다고 본다. 반면에, 어떤 사람들은 이미 셀프 수퍼비전 self-supervision을 충분히 해보고, 혼자 풀 수 없는 추가적인 질문을 만들어서 오기도 한다. 이상적인 상황은 두 사람이 비슷한 수준으로 준비해 오는 것이지만, 한 사람은 철저하게 준비하고 다른 한 사람은 즉흥적인 접근을 선호할 수도 있다. 이런 경우, 교대로 서로의 방식으로 회기를 진행해 보는 식으로 합의하고, 그 차이가 어떤 영향을 미치는지 살펴보는 것도 방법이다.

준비 방법을 좀 더 구체적으로 알고 싶다면, 2장에서 소개한 다양한 기법들을 참고해 볼 수 있다.

동료 수퍼비전 관계의 초점 결정하기

이미 이 대화를 일부 시작했을 수도 있다(위에서 말한 5단계 참고). 그렇지만 성과를 추적할 기준을 좀 더 명확히 하기 위해, 논의를 구체화해두면 좋다. 가령, 다음처럼 간단한 목표를 설정할 수도 있다.

- 동료 수퍼비전 회기가 기대되는 시간이 되길 바란다.
- 생각할 거리를 깊이 던져주는 피드백을 최소 한 번씩은 받고 싶다.

또한 수퍼비전이 고객 작업에 미치는 영향을 고려한 목표를 세울 수도 있다.

- 매 회기마다 새로운 기법을 하나씩은 얻어 가고 싶다.
- 내가 진행하는 방식이 점차 더 복잡해지는 흐름을 경험하고 싶다.

마치 고객과 일할 때 고객의 목표를 설정하듯, 동료 수퍼비전에서도 비슷한 원리를 적용할 수 있다. 부록 2.1에 개인별 목표를 기록할 수 있는 기본 템플릿이 있으며, 이를 정기적으로 점검하게 하는 구조를 보여준다.

실천에 관한 정보 공유 범위 결정하기

이미 이 부분은 2단계와 3단계에서 다뤄봤을 수도 있으며, 그 정도로 충분할 수도 있다.

그러나 동료가 자신과 다른 교육 과정을 거쳤다면, 한 걸음 더 나아가 보는 것도 좋다. 어떤 교육 프로그램은 코칭이나 멘토링에 대한 고유 모델을 제시하고, 어떤 프로그램은 스스로 접근 방식을 정리하도록 요구하기도 한다. 이런 정보 수준까지 공유하면, 동료 입장에서 상대방이 어떤 맥락에서 실천을 하는지 이해하기 쉬워질 뿐 아니라 서로에게 훌륭한 전문성의 지속적 개발(CPD) 기회도 된다. 동료가 전혀 접해 보지 못한 기법을 알고 있을 수도 있고, 그 반대도 가능하다. 이런 관계가 원활히 작동하려면, 서로 "이건 잘 몰라서 하는 질문이에요."라고 솔직하게 묻더라도 민망해하지 않을 수 있어야 한다. 각자의 전문적 환경이 어떻게 다른지 인지하는 것 자체가, 호기심과 비판 없는 태도를 유지하는 데 도움이 된다.

회기 진행 형식 합의하기

일대일 동료 수퍼비전이 원활히 이루어지려면, 시간을 어떻게 구성할지에 대해 신중하게 고민해야 한다. 이에 대해서는 2부('동료 수퍼비전 회기 퍼실리테이팅')에서 더 자세히 다룬다.

조직적·전문적 맥락 합의하기

어떤 윤리 강령을 적용할지 결정하기

이미 이 논의를 어느 정도 시작했을 수도 있다(2단계 참고). 서로 같은 윤리 강령을 따를 필요는 없다고 본다(전문 기관의 윤리 강령은 대체로 유사하다). 그렇지만 동료 수퍼비전은 전문적인 상호작용이므로, 실천 과정에서 모호한 영역이 발생했을 때 서로가 어떤 윤리 강령을 기준으로 삼을지를 분명히 해두는 것은 중요하다. 또한 최악의 상황이 발생했을 때, 어떤 절차를 통해 문제를 제기하고 해결할지 알아두어야 한다. 윤리 관련 내용은 7장에서 더 깊이 다룬다.

우리 작업에 관심 있는 다른 이해관계자들

이는 주로 사내 코치에게 해당한다. 만약 조직의 허가를 받아 동료 수퍼비전을 진행한다면, 이해관계 충돌이 발생할 가능성이 있는지, 또 그런 상황이 오면 어떻게 처리할지를 명확히 알아야 한다.

논의할 내용

- 개인 고객에 대한 이슈를 조직 내부 고객이 아닌 상황에서 동료 수퍼비전에 가져와도 괜찮은가?
- 만약 동료 수퍼비전에서, 다른 맥락이었다면 문제나 위법행위로 보고해야 할 사안을 발견한다면(예: 심각한 직무태만, 괴롭힘 의혹 등), 어떻게 대처해야 하는가?
- 우리 가운데 한 명이, 조직 기준에 비춰볼 때 역량이 부족하다고 느껴지면, 이를 담당 부서에 알려야 할 의무가 있는가?
- 계약된 목표 범위를 넘어서, 고객 작업에서 발견되는 공통된 문제(예: 단순한 시간관리 부족이 아니라 조직 내 스트레스 징후 등)를 발견하면, 이를 누구와 공유해야 하는가?

조직에 소속되지 않은 독립 코치의 경우는 이 사항이 덜 명확할 수 있다. 그렇지만 같은 협력사에서 활동하거나 같은 자선단체에 자원봉사를 하는 등 '공유된 관계'가 있다면, 사내 코치가 겪는 상황과 유사한 도전이 발생할 수 있다.

전문 배상 책임 보험professional indemnity insurance 여부

국가마다 프랙티셔너가 전문 배상 책임 보험을 꼭 들어야 하는지(또는 들 수 있는지)에 대한 기대치가 다르다. 일부 지역에서는 보험 자체를 구하기가 쉽지 않을 수 있으므로, 이는 다루기가 까다롭다. 따라서 각자 어떤 보험에 가입했고, 또 가입이 가능한지를 명확히 파악해 둬야 한다. 특히 국가 간 경계를 넘어 일할 경우, 현재 보유한 보험이 두 사람이 활동하는 모든 국가에서 적용되는지 확인해야 한다.

서면으로 된 일대일 동료 수퍼비전 계약서 작성하기 co-creating a written contract

부록 3.2에는 여기까지 언급한 대부분 항목을 포괄하는 계약 템플릿이 있다. 이를 바탕으로 관계 초기에 공동으로 계약서를 작성해볼 수 있다. 이 과정을 진행하다 보면, 생각보다 긴 대화가 필요할 수 있다. 따라서 여러 회기에 걸쳐 나눠서 다루는 것이 현명할 수 있다. 또, 위에서 언급한 항목들은 '초기 계약'을 이루는 기본 요소일 뿐이다. 시간이 지나면 더 미묘한 사안에 대해 논의하고 합의할 필요가 생긴다. 이에 대해서는 5장에서 추가로 다룬다. 일단은 초기 계약 아래에서 충분히 작업 해본 뒤, 계약을 확장 해가는 것이 바람직하다.

지금까지의 안내는 '동료 수퍼비전을 함께할 사람을 이미 확보한' 상황을 전제로 했다. 그렇지만 앞서 말했듯, 다른 경우로는 '함께할 인물을 아직 찾지 못한 상황'이 있을 수 있다. 다음으로는 어떻게 동료 수퍼비전 파트너를 찾을 수 있는지 살펴본다.

이미 구축된 동료 관계가 없을 때, 함께할 동료를 찾는 방법

동료 수퍼비전을 함께할 사람을 새로 찾아야 한다면, 가장 먼저 전문 기관 커뮤니티를 활용해볼 수 있다. 대부분 전문 기관은 온·오프라인에서 다양한 포럼을 운영하고 있어, 그곳에서 다른 전문가들을 만날 기회가 있다. 예를 들어 다음과 같은 방법이 있다.

링크드인LinkedIn 그룹 활용하기: 특정 전문 기관의 정회원이 되면, 대개 그 기관의 링크드인 그룹에 가입할 수 있다. 여기서 다른 회원들과 연결하고 싶다는 게시글을 올릴 수 있다. 이때는 자신이 주고받고 싶은 것들에 대한 기대치를 명확히 제시하는 편이 좋다.

> **게시글 예시**
>
> 안녕하세요! 저는 현직 코치로, 2년 전 코치 훈련(PG Diploma 수준)을 마쳤고 현재 약 10명의 고객과 일하고 있습니다. 리더십 교육도 병행하고 있습니다. 비슷한 수준의 훈련과 코칭 경험을 가진 코치와 상호 동료 수퍼비전을 구축하고 싶습니다. 연 4~8회 정도 만날 예정이며, 화상으로 작업해도 좋습니다. 저는 홍콩(GMT +8시간)에 거주 중입니다. 관심 있으면 연락 부탁드립니다.

전문성의 지속적 개발[CPD] 제안

자신과 유사한 관심사를 가진 동료들과 네트워크를 형성하기에 좋은 기회가 된다. 명함을 가져가고, 동료들에게 적극적으로 명함을 요청할 준비만 해두면 된다. 참석자들에게 동료 수퍼비전 관계를 구축하고 싶다고 알리고, 그들이 같은 생각을 해본 적이 있는지 물어보자. 서로 동료 수퍼비전에 대한 관점이 비슷하다면, 행사 이후에 이메일이나 전화로 후속 대화를 해보면서 관계를 더 발전시킬 수 있다.

교육 프로그램

교육 과정을 함께 이수한 사람들이 훈련이 끝난 뒤에도 계속 교류하고 싶어 하는 마음에서 동료 관계가 시작되는 경우가 많다. 이미 교육 기간에 시도하지 않았더라도, 지금이라도 늦지 않았을 수 있다. 많은 교육기관이 졸업생 모임이나 링크드인 그룹을 운영하고 있으니, 이를 통해 다시 연결될 수 있다. 교육생들끼리 연락처를 공유하기로 했던 기록이 있다면, 교육기관에 문의해서 연락처를 다시 받을 수도 있다.

공동 코칭 공동체

회원들이 정기적으로 모여 코칭 훈련을 한다. 보통은 한 명이 최근 받은 훈련이나 배운 내용을 간단히 공유하고, 이를 바탕으로 참석자들이 둘 또는 셋씩 짝을 지어 훈련하는 방식으로 진행된다. 공동 코칭 co-coaching은 동료 관계 즉 '코치를 코칭하기 coaching the coach'라는 점에서 동료 수퍼비전과 다르다는 점을 기억해야 한다. 그렇지만 동료 수퍼비전에 관심 있는 회원이라면 여기서 만난 사람과 파트너십을 맺는 것이 자연스러운 다음 단계가 될 수 있다. 영국의 코칭협회 Association for Coaching 등 많은 네트워크가 이와 비슷한 활동을 운영하고 있다.

북 클럽

읽을 책은 많은데 시간이 부족할 때, 북 클럽은 책 전체를 꼼꼼히 읽지 않고도 최신 자료를 함께 따라잡을 수 있는 좋은 방법이다. 북 클럽에 참여해 보면, 참석자들이 전문성 계발에 적극적인 경우를 볼 수 있다. 토론을 통해 자신과 비슷하거나 다른 철학적 기반을 가진 사람을 파악하기도 쉽다. 시간이 지나다 보면, 집단 전체에서 함께 동료 수퍼비전을 해볼 사람을 구하거나, 개별적으로 상대방에게 제안할 적절한 타이밍을 찾게 될 것이다.

섹션 2: 일대일 동료 수퍼비전 퍼실리테이팅

역할과 책임

일대일 동료 수퍼비전에는 두 가지 역할만 존재하며, 이 둘이 뒤섞이지 않도록 주의해야 한다.

책임 있는 퍼실리테이터

- 동료를 위해, 정해진 시간 동안 '안아 주는 공간 hold the space' 역할을 수행한다.
- 동료의 이야기를 주의 깊게 듣고, 고객 사례를 명확히 이해하도록 질문한다.
- 동료가 학습하고 고객이 성장하는 데 가장 도움이 될 기법(기술)을 선택하도록 제안한다.
- 대화가 선택된 기법 중심으로 이뤄지도록 집중시킨다.
- 동료의 학습에만 집중하며, 그 시간에 자신의 학습을 탐색하는 방향으로 동료의 주의를 흩뜨리지 않는다.
- 시간 범위를 적극적으로 관리한다.

책임 있는 동료

- 계약에서 합의된 만큼 준비해 회기에 참여한다.
- 자신의 사례를 가능한 한 명확히 제시한다.
- 고객의 기밀을 보호한다.
- 가능하다면, 동료 수퍼비전을 통해 탐색하거나 성취하고 싶은 질문 또는 초점을 미리 설정한다.
- 시간 범위에 유념한다.

진행 구조

시간이 지날수록 짝을 이룬 팀은 저마다의 작업 스타일을 갖추게 될 것이다. 만약 어떻게 시작해야 할지 모르겠다면, 아래 2시간 회기를 기준으로 한 간단한 구조를 참고해 볼 수 있다. 시간을 균등하게 분배해 동등성을 지키는 점이 중요하다.

1. 체크인(10분): 서로 어떻게 지내고 있는지 가볍게 나눈다.
2. 도입 arrivals(5분): 본격적으로 작업할 준비가 되도록 필요한 말이나 행동을 한다. 짧은 마음챙김 mindfulness 활동 같은 것을 해보면 효과적이다.
3. 운영 세부사항(5분): 오늘은 누가 먼저 할지, 언제 끝날지, 언제 역할을 바꿀지 등을 확인하고, 알람 설정 등으로 시간을 관리한다.

4. 고객 사례 리뷰(각 35~40분): 부록 2.3에 제시된 기법들을 활용해 논의한다.
5. 개인 성찰 시간(5분): 잠시 대화를 멈추고, 이번 회기 전체에서 얻은 학습 내용을 정리한다. 자신의 실천에 유용한 통찰은 '동료 수퍼비전을 받는 과정'과 '동료 수퍼비전을 제공하는 과정' 양쪽에서 모두 나올 수 있음을 기억한다.
6. 학습 리뷰 대화(15분): 다음 두 가지 핵심 질문을 다룬다.
    a) 이번에 배운 점이 내 작업에 어떤 영향을 줄 수 있는가?
    b) 우리가 함께 일하는 방식에 대해 무엇을 배웠는가?
7. 마무리(5분): 성찰적^{reflective} 분위기에서 벗어나, 이후 일정에 맞는 적절한 에너지로 돌아갈 수 있도록 간단히 대화를 나눈다.

만약 '상호적^{reciprocal} 관계'가 처음이라면, 초반에는 역할을 분리해 별도의 회기로 진행하는 것을 권장한다(위 구조를 적절히 수정하면 된다). 이렇게 하면 서로 다른 역할을 분리하여 깔끔하게 진행하는 데 도움이 된다. 예를 들어, 2시간 동안 하나의 회기를 진행한다고 했을 때, 첫 시간에 감정적으로 격한 반응을 일으킨 고객 사례를 다뤘다면, 그 감정을 곧바로 떨쳐내고 역할을 바꿔서 상대방에게 집중하기가 쉽지 않을 수 있다.

시간이 지나면 한 번의 회기에서 역할을 교대하는 것도 익숙해질 수 있다. 그래도 역할을 바꿀 때는 잠깐 휴식을 갖거나 서로 자리를 바꾸는 식으로 상황 전환을 분명히 해주는 것이 좋다. 전화나 온라인으로 작업할 경우에는 일단 통화를 끊고 새로 연결하는 방법도 있다. 매번 누가 먼저 연락을 시작할지 정해두면, 그 신호를 통해 어떤 역할인지 쉽게 구분할 수 있다.

동료 수퍼비전 기법

전문 수퍼바이저들은 다양한 기법을 활용하지만, 그 가운데 모든 기법이 동료 수퍼비전에 적합한 것은 아니다. 부록 3.3에는 일대일 동료 수퍼비전에서 활용할 수 있는 네 가지 기법을 실었는데, 이는 동료의 사고 과정을 촉진하도록 고안된 것으로, 조언이나 지침을 제시하는 방식보다는 사고를 이끄는 데 초점을 맞춘다. 부록 4.4에 제시된 네 가지 기법은 '동료 집단 수퍼비전'을 위한 것이지만, 약간만 수정하면 일대일에도 적용할 수 있다.

 물론 자유로운 대화 방식이 좋다고 느끼는 경우도 있다. 다만 그런 대화가 흔히 의견 제시로 흐르거나 "이렇게 해보는 건 어때?" 같은 단순 제안으로 끝나지 않도록 주의하는 것이 좋다.

섹션 3: 동료 수퍼비전 관계 유지 및 발전시키기

일대일 동료 수퍼비전 관계가 어느 정도 자리를 잡으면, 함께 일하는 방식에서 점차 '우리만의 리듬'을 찾아가게 된다. 이는 두 사람 간의 라포가 형성되고, 성찰적 실천reflective practice이 어떤 식으로 도움이 되는지 체감하기 시작했다는 긍정적 신호다. 다만 이때 중요한 것은 '의식적 역량/능숙함conscious competence을 유지하는 것'이다. 이를 위해 정기적으로 프로세스를 점검해 보기를 권장한다. 가장 좋은 습관은, 서로가 각각 세 번씩 회기를 주고받은 뒤에 프로세스를 리뷰하고, 이후에도 이를 주기적으로 시행하는 것이다. 이때는 4단계에서 언급했던 것과 같은 질문을 활용하면 좋다.

> **논의할 내용**
>
> - 이번 동료 수퍼비전 회기들을 통해 배운 점 중, 내 코칭 실천에 영향을 줄 만한 것이 무엇인가? (참고: 퍼실리테이터 역할이든, 동료 역할이든 상관없이 적용된다.)
> - 동료 수퍼비전의 '상호성'에 대해 우리가 배우게 된 것은 무엇인가? 잘된 점과 덜 효과적이었던 점은 무엇인가?
> - 우리 관계는 어떻게 발전하고 있는가? 신뢰 수준은 어느 정도인가? 의견 차이나 갈등이 생겼을 때 쉽게 해결할 수 있을 것 같은가? 지금 서로 얼마나 솔직하고 개방적으로 이야기할 수 있다고 느끼는가?

이러한 정기 리뷰 외에도, 1년에 한 번 정도는 '이 관계에서 얻고 있는 이점'을 다시 점검해보는 연례 리뷰를 진행하면 좋다. 이를 제대로 진행하려면, 개인적인 성찰과 자료 수집이 유용하다. 예컨대 다음과 같은 준비 과정을 거칠 수 있다.

- 지난 1년 동안 코치로서 내가 이루고 싶었던 발전 목표는 무엇이었고, 어느 정도 달성했는가? (부록 8.4의 '코치 개발 계획coach development plan 템플릿' 참조)
- 지난 1년간 동료 수퍼비전에 가져온 고객 사례들은 어떤 유형이었는가? 계속 유사한 주제를 다루고 있나, 아니면 점점 복잡한 이슈들도 다루게 되었는가?
- 내가 고객과 일할 때 사용하는 접근 방식은 무엇이라고 말하고 있으며, 그 방식이 여전히 내 실천 상황과 맞아떨어지는가?
- 어떤 역량 프레임워크를 기반으로 작업을 진행하고 있는가? 현재 내 실천 역량을 어느 수준으로 평가할 수 있는가?

개인적으로 위와 같은 배경 자료를 준비해 두었다면, 이제 연례 리뷰 대화를 진행할 준비가 된 것이다.

> **논의할 내용**
>
> - 각자 준비해온 것 중에서 공유하면 좋을 내용은 무엇인가?
> - 1~10 사이 척도로 볼 때, 이 관계에서 내가 얻는 가치와 주는 가치는 각각 어느 정도라고 느끼는가? 만약 주고받는 가치가 불균형하다면, 그 이유는 무엇인가? 이를 바꾸기 위해 무엇을 할 수 있는가?
> - 이 관계가 더는 유효하지 않게 되었다는 신호는 무엇일까? 만약 우리가 더는 함께 일하지 않는다면, 우리는 어떤 방식으로 수퍼비전을 받게 되는가?
> - 우리 둘 모두에게 이 관계를 지속하는 것이 긍정적인 선택이 될 것인가?

정기적으로 리뷰하는 습관은, 관계가 양쪽 모두에게 여전히 유익한지 확인하는 데 큰 도움이 된다. 어떤 경우에는 관계가 계속 건설적이긴 하지만 조금 판에 박힌 듯해지는 위험이 있을 수 있다. 그럴 때는 함께 일하는 방식에 새로운 활력을 불어넣을 방법을 고민해 볼 만하다. 다음은 손쉽게 시도해볼 수 있는 몇 가지 아이디어이다.

1. 서로 관심이 있을 만한 기사나 책을 몇 편 선정하고, 누가 무엇을 읽을지 역할을 나눈다. 이후 회기에서 평소처럼 서로를 지원하되, 새로 읽은 주제가 토론에 어떤 새로운 통찰을 줄 수 있는지 적극적으로 질문해본다.
2. 새로운 수퍼비전 접근 방식을 시도해본다. 이 장에서 제시한 기법들을 활용하거나, 원래는 집단 수퍼비전에 쓰이는 기법(4장 참고)을 변형해볼 수도 있다.
3. 다른 프랙티셔너를 초대해, 우리 둘이 일하는 모습을 관찰하게 한 뒤 피드백을 받는다. 그 프랙티셔너가 본인 수퍼비전에서 사용하는 도구나 기법을 함께 공유해줄 수도 있다.
4. 전문 수퍼바이저를 모셔서, 우리 둘을 동시에 대상으로 대화 회기를 진행한다. 전문 수퍼바이저들은 저마다 고유한 방식으로 이를 진행하겠지만, 다음과 같은 질문을 받을 수 있을 것이다.
   - 동료 수퍼비전 관계가 지금 즐겁게 느껴지는 부분은 무엇인가?
   - 예측 가능하다고 느껴지는 것은 무엇인가?
   - 그 예측 가능성이 더 작아지려면 무엇이 달라져야 하는가?

- 아직 말하지 않았지만, 지금 말해볼 만한 것은 무엇인가?
- 관계 발전을 위해 내(전문 수퍼바이저)가 해줄 수 있는 것은 무엇인가?

섹션 4: 관계 종료 관리하기

동료 수퍼비전 관계가 끝나는 상황은 여러 가지가 있지만, 여기서는 대표적으로 세 가지 사례를 살펴본다.

1. 자연스러운 종료: 예를 들어, 의존성에 빠질 가능성을 줄이기 위해 특정 횟수만 계약하고 끝내는 경우가 있다.
2. 예상치 못한 조기 종료: 외부적이면서도 예측 불가능한 사유로 인해 더는 관계를 유지하기 어려운 경우다.
3. 불확실한 종료: 한쪽 또는 양쪽 모두가 관계에서 점차 멀어지고, 공식적인 마무리가 이루어지지 않는 경우다.

어떤 방식으로 종료되는지, 그리고 그 결정이 상호 합의인지 일방적인지에 따라 최종 리뷰 대화를 진행할 수 있는지 여부가 달라진다. 그래도 만약 일방적으로 종료되어 더는 동료와 대화할 수 없는 상황이라 해도, 아래 질문들을 자기 자신에게 적용해보면 도움이 된다.

> **논의할 내용**
>
> - 이번 동료 관계를 통해 나는 나 자신에 대해 무엇을 배웠는가?
> - 이번 동료 관계를 통해 내 코칭 전문성에 대해 무엇을 배웠는가?
> - 이번 동료 수퍼비전 관계에서 배운 점이, 앞으로 다른 동료 수퍼비전 관계에 어떤 영향을 줄 수 있는가?

마치는 글

이 장의 목표는 일대일 동료 수퍼비전을 진행하는 여러분에게, 그 관계를 최대한 유익하게 활용할 수 있는 방법을 제안하는 것이었다. 이미 알고 있는 사람과 함께하든, 새롭게 만난 사람과 함께하든, 여러 가지 위험요인이 발생할 수 있음은 여전하다. 그 위험들이 실제로 어떻게 나타날 수 있고, 어떻게 대처할 수 있는지는 8장에서 다룬다. 그리고 아무리 잘되는 일대일 동료 수퍼비전이라도 전문 수퍼비전이 보완으로 필요한 시점이 있을 수 있는데, 이에 대해서는 9장에서 구체적인 안내를 제시한다. 마지막으로, 우리가 제시하는 가이드를 바탕으로 시작하되, 본연의 자기authentic self를 잃지 않고 창의적으로 접근해 보길 권장한다. 제안 내용을 직접 시험해 보고, 변형해 보면서 자신에게 맞게 발전시켜 나가면 좋겠다.

주요 학습 포인트

1. 일대일 동료 수퍼비전은 동료적^{collegiate}이고 비위계적인 학습 환경에서 이루어지며, 전문 훈련을 받은 수퍼바이저 없이 진행된다.
2. 동료를 구하기 위해 접근할 수 있는 포럼이나 커뮤니티가 많다.
3. 수퍼비전을 정식으로 시작하기 전에, 연습 회기를 통해 신뢰를 쌓고 서로에 대해 알아가는 시간을 가지는 것이 좋다.
4. 상호적인 동료 수퍼비전이라 해도 계약을 체결하고, 준수할 윤리 강령을 선택하며, 수퍼비전의 목표를 명확히 정하는 과정이 필수적이다.
5. 이미 다른 수퍼비전 방식을 갖고 있다면, 어떻게 동료 수퍼비전과 보완을 이루도록 할지 투명하게 논의한다.
6. 프랙티셔너로서 갖춘 경험과 역량은 동료 수퍼비전 관계를 성공적으로 구축하는 데 도움이 된다. 그렇지만 결탁^{collusion}이나 발전의 정체$^{developmental\ stagnation}$ 같은 위험이 있을 수 있으므로 늘 경계해야 한다.
7. 효과적인 동료 수퍼비전은 역할과 책임을 명확히 정하고, 적절한 기법을 선택해 합의된 구조대로 미팅을 진행하는 과정을 포함한다.
8. 정기적 리뷰와 연례 리뷰를 통해 동료 수퍼비전 관계와 프로세스가 얼마나 견고하고 효과적인지 수시로 확인한다.
9. 다양한 기법을 활용하거나 다른 전문가의 조언을 얻어, 수퍼비전 회기를 늘 새롭고 의미 있게 만들 수 있다.

참고 문헌

- Association for Coaching: www.associationforcoaching.com/media/uploads/ accreditation-documentation01/Coach_Competency_Framework_AC_.pdf [accessed March 2017].
- Clutterbuck, D., Whitaker, C. and Lucas, M. (2016) *Coaching Supervision: A practical guide for peer supervisees*. Abingdon, UK: Routledge.
- EMCC: www.emccouncil.org/webimages/EU/EIA/emcc-competence-framework-v2.pdf [accessed March 2017].
- Hawkins, P. and Smith, N. (2006) *Coaching, Mentoring and Organizational Consultancy: Supervision and development*. Maidenhead, UK: Open University.
- ICF: https://coachfederation.org/files/FileDownloads/Core-Competencies.pdf [accessed March 2017].
- Kline, N. (1999) *Time to Think: Listening to ignite the human mind*. London: Cassell.

부록 3.1
동료 수퍼비전의 개별 목표 템플릿

[표 3.3] 동료 수퍼비전의 개별 목표 템플릿

이름	
기간	
개인적 목표(동료 수퍼비전이 자기 인식에 어떤 영향을 미치기를 바라는가?)	
전문적 목표(동료 수퍼비전이 프랙티스에 어떤 영향을 미치기를 바라는가?)	

	성공이란 어떤 모습인가?	어떤 지원이 필요한가?	무엇을 했는가? (종료시점에 기록)
자기 인식과 관련된 목표			
• • •			
선택한 역량 프레임워크와 관련된 목표			
• • •			
이론 및 모델과 관련된 목표			
• • •			
연례 리뷰			
개인적으로 가장 중요했던 인사이트는 무엇인가?			
코칭 작업에 어떤 도움이 되었는가?			
앞으로 어떻게 발전하고 싶은가?			

부록 3.2
일대일 동료 수퍼비전 계약 템플릿

이 동료 수퍼비전 계약은 날짜에 체결되었으며, 소속 기관 이름의 코치/멘토 역할을 맡은 이름1과, 소속 기관 이름의 코치/멘토 역할을 맡은 이름2 사이에서 이루어진다.

연락처:
연락처1
연락처2

이 계약은 날짜부터 매 X개월마다 업데이트하며, 연도/월에 전체 리뷰를 실시한다.

1. 실천적인 사항
(a) 회기 빈도: X주/개월 간격으로 만난다.
(b) 회기 길이: 각각 XX분씩 동료 수퍼비전을 받는 시간을 갖는다.
(c) 장소: 장소명에서 만나거나, 기술/플랫폼 명을 통해 비대면으로 진행한다.
(d) 일정 통보: 회기 일정을 변경해야 할 경우, 최소 XX시간 이전에 알려준다.

2. 경계 설정

(a) 고객 작업에 초점을 맞추며, 필요하다면 다른 프랙티셔너에게 연결하는 편이 더 적절한 경우를 인지한다.

동료 수퍼비전에 적합한 사례 예시:

다른 곳에 가져가는 편이 나은 사례 예시:

(b) 현재 진행 중인 다른 수퍼비전 활동

이름1	이름2

3. 작업 동맹

우리는 기밀 유지의 정신으로 일할 것을 약속하며 다음과 같이 합의했다.
우리는 회기 준비를 위해 최선을 다할 것을 다음과 같이 약속했다.
회기는 다음과 같은 방식으로 구성된다. • 체크인 (XX분) • 도입 (XX분) • 운영세부사항 (XX분) • 고객 사례 리뷰 (XX분) • 개인 성찰 시간 (XX분) • 학습 리뷰 대화 (XX분) • 마무리 (XX분)

4. 조직적·전문적 맥락 합의

(a) 우리는 다음 행동 강령을 준수할 것에 동의한다.

　　이름 1: 관련 코드의 하이퍼링크 삽입

　　이름 2: 관련 코드의 하이퍼링크 삽입

(b) 특정 상황에서는 다음과 같은 이해관계자에게 우리의 작업에 대해 알려야 할 필요가 있다고 생각한다.

이해관계자	특정 상황

아래 서명은 동료 수퍼비전 관계 전반에 걸쳐 위의 조건을 준수하겠다는 우리의 약속을 반영한다.

서명 1   날짜:
서명 2   날짜:

부록 3.3
고객 사례 리뷰의 퍼실리테이션을 위한 네 가지 기법 예시

기법 1: 독립적 사고를 중시하기

이 접근법은 클라인(Kline, 1999)이 개발한 '생각 환경$^{thinking\ environment}$' 기법에서 가져왔다. 특히 동료 수퍼비전 상황에서 효과적인 이유는, 개인의 독립적 사고가 지닌 힘을 인정하고, 흔히 동료끼리 '너무 도와주려는' 유혹에 빠지는 것을 최소화하기 때문이다.

주의할 점: '생각 환경'의 전체 프로세스 중 일부만을 담았으므로 이것이 '생각 환경' 전체 훈련을 대체할 수 있는 것은 아니다.

- 1단계: 동료 수퍼비전을 시작하며, "동료 수퍼비전 맥락에서 오늘 무엇에 대해 생각해 보고 싶은가?"라는 질문으로 대화를 연다.
- 2단계: 동료가 자신의 생각과 아이디어를 자유롭게 펼치도록 방해하지 않는다. 중간에 끼어들거나, 성찰^{reflecting}하거나, 의도를 파악하려고 재정리^{paraphrasing}하지 않고, 오직 주의 깊게 듣는 데 집중한다.
- 3단계: 동료가 더는 할 말이 없다는 확신이 들 때까지 침묵을 유지한다. "정말 다 얘기한 걸까?"라고 확인하기 위해 조금 더 기다리면, 새롭게 떠오르는 이야기가 있을 수 있다.
- 4단계: 동료가 "이제 다른 질문을 더 해줄래?" 또는 "좀 도와줄 수

있을까?"라고 요청하면, "조금 더 이야기해줄 수 있겠어?" 정도의 개방형 질문만 던진다.

- 5단계: 주어진 시간의 끝 무렵(예: 동료가 시간을 모르고 있다면 약 5분 전)에 남은 시간을 가볍게 알려준다.
- 6단계: 동료에게 적어둘 것이 있는지 물어보고, 필요하다면 시간을 준다.
- 7단계: 마지막으로 짧은 감사의 말을 주고받는다. 단순히 "생각을 공유해줘서 고마워"나 "잘 들어줘서 고마워" 정도면 충분하다.

기법 2: 실제 경험 공유하기 keeping it real

이 기법은 원래 집단 환경에서 자주 활용되지만, 일대일 동료 수퍼비전 관계에도 유용하다. 주된 가치는 연결감 connectivity을 높이는 데 있다. 특히, 해당 이슈에 대해 동료가 '혼자'라는 느낌을 받을 때 큰 도움이 된다.

- 1단계: 동료가 자기 이야기를 시작하기 전에, '공유된 경험 shared experience'이 어떻게 생길 수 있는지 상기해보자. 꼭 똑같은 상황을 겪어본 적이 있어야 하는 것은 아니다. 예를 들어, 다음 가운데 하나의 이유로 공유점이 생길 수 있다.
  ◦ 고객과의 상황 중 일부 요소가 비슷했던 적이 있다.
  ◦ 전혀 다른 상황이었지만, 비슷한 감정을 느꼈던 적이 있다.

- 아직 실제로 겪지는 않았지만, 그런 상황이 생기면 내가 어떻게 느끼고 대처할지 상상해본 적이 있다.
- 겉으로는 전혀 무관해 보이지만, 이상하게도 그 이야기가 내게 울림을 주는 지점이 있다.
- 아무런 연결점이 느껴지지 않는 것 자체가 흥미로운 경험일 수도 있다.

- 2단계: 동료 수퍼바이지가 자신의 이야기를 한다. 그 시간이 전체 시간의 20%를 넘지 않도록 한다. 퍼실리테이터는 중간에 끼어들지 않고 주의 깊게 듣되, 어떤 경험들이 떠오르는지 마음속으로 살펴본다.
- 3단계: 퍼실리테이터는 자신이 떠올린 경험들을 공유한다. 여러 가지가 떠오른다면, 먼저 간략히 요점을 말하고, 동료가 더 듣고 싶은 경험을 고르도록 하는 것이 좋다. 이때 퍼실리테이터는 자신이 겪은 일을 있는 그대로 이야기한다 warts and all. 어떤 일이 완벽하게 해결되었는지 여부는 크게 중요하지 않다. 삶이란 원래 불완전하고 복잡한 것이므로, 퍼실리테이터 역시 솔직한 모습을 보여주는 것이 핵심이다. 예를 들어 그때 어떤 행동을 했고, 어떻게 느꼈으며, 어떤 점을 고민했고, 무엇을 기뻐했으며, 무엇을 후회했고, 지금은 어떤 감정을 갖고 있는지 등을 되도록 구체적으로 나눈다. 이 과정 역시 동료의 전체 시간 중 20%를 넘지 않도록 주의한다.
- 4단계: 동료 수퍼바이지에게 '이 공유된 경험에서 어떤 연결점을

느꼈는지' 물어본다. 서로 경험을 비교하며 이야기를 나누는 것이 핵심이므로, 이 단계에 대부분 시간을 할당하면 좋다. 퍼실리테이터가 던질 수 있는 좋은 질문은, 예를 들어 "그래서 지금 이 이야기가 당신을 어떤 지점으로 데려가고 있나요?" 같은 것이다. 이 질문은 동료가 스스로에게 가장 관련성 높은 부분을 찾아내도록 도와주고, 더 깊은 사고 과정이 필요할 수 있음을 인정하게 한다. 상황에 따라서는 "이제 어떻게 하시겠습니까?" 같은 질문을 덧붙일 수도 있다.

- 5단계: 동료가 이 단계에서 마무리해도 괜찮은지 확인한다. 위에서 소개한 다른 기법들과 마찬가지로, 필요하다면 메모할 시간을 주거나 서로에게 간단한 감사 인사를 건네도 된다.

기법 3: 은유 활용하기

이 기법은 우리가 가진 창의적 사고를 끌어내는 데 유용하며, 퍼실리테이터 입장에서도 동료의 세계관(지도)에 초점을 맞출 수 있게 돕는다.

- 1단계: 동료 수퍼비전에 활용할 은유를 정한다. 흔히 쓰이는 예시로 '무인도'를 떠올릴 수 있다. 동료와 고객이 무인도에 함께 고립되었다고 가정한다면, 어떤 모습일지 상상해보도록 요청한다.
- 2단계: 일반적으로 동료 수퍼바이지가 이 상상을 직접 그림으로 표현한다. 이 그림은 동료 본인을 위한 것이므로, 퍼실리테이터가

자세히 볼 필요는 없다.
- 3단계: 동료에게 탐색형 질문을 던져본다. 예를 들어,
  - 지금 그려보는 작업이 얼마나 쉽거나 어려웠는가?
  - 전에 보지 못했던 부분을 새롭게 발견했는가?
  - 그려놓은 그림에서 가장 눈에 띄는 요소는 무엇인가?
  - 혹시 누락된 부분이 있는가?
  - 지금 이 상황을 어떻게 느끼고 있는가?
  - 이제 다음에 무엇을 해야 할지 느낌이 오는가?
- 4단계: 동료가 마무리할 준비가 되었는지 확인한다. 이 장에 나온 다른 기법들과 마찬가지로, 필요하다면 메모할 시간을 주거나 서로 짧게 감사 인사를 나눌 수 있다.

힌트와 팁

이 기법에서 핵심 스킬은 경청, 반영 reflecting back, 재진술, '요약'이다. 개인적 경험이나 의견을 직접 제시할 필요가 없는 기법이다.

만약 동료가 그린 그림을 볼 수 있으면, 거기에 대한 자신의 해석으로 질문하고 싶은 충동이 들 수 있다. 그렇지만 되도록 깔끔하게 접근하는 편이 낫다. 예를 들어 "그 고객이 너와 멀리 떨어져 있네? 그게 무슨 뜻인가?"라고 묻기보다는 "너와 고객 사이의 거리에서 무엇을 발견했는가?"라고 묻는 식이다.

무인도가 널리 사용되는 은유이긴 하지만, 사실 어떤 소재든 상관없다. 상황을 연극, 테마파크, 영화, 음악 또는 오페라 등으로 비유할

수도 있다. 중요한 건, 탐색 과정을 즐기면서 창의적 두뇌를 자극하고, 평소 의식 밖에 있던 미묘한 점들을 새로 보게 되는 것이다.

기법 4: 일곱 눈 모델 활용하기

이 기법은 두 사람이 어느 정도 함께 작업해왔고, 모델 자체도 어느 정도 이해하고 있으며, 동료 수퍼비전에 최소 30분 이상 쓸 수 있을 때 유용하다. 참고로 이 모델에 대한 자세한 설명은 부록 3.4에서 다룬다.

- 1단계: 동료 수퍼바이지에게 종이에 이 모델을 직접 그려보도록 한다(아래 [그림 3.1] 참고). 퍼실리테이터는 동료가 모델을 그리면서 본인의 해석과 어떻게 다른 점이 있는지 유심히 관찰하되, 이는 리뷰 시간에 공유할 수 있도록 잠시 기록해둔다.

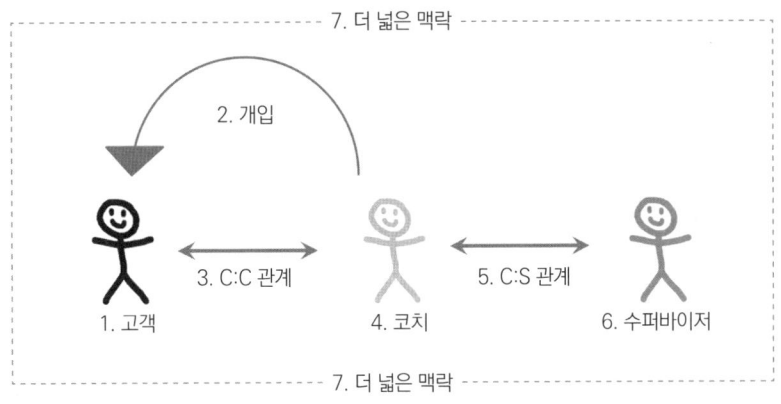

[그림 3.1] 일곱 눈 모델을 도식화한 예시, Lucas(2010)
Hawkins & Smith(2006)에서 변형

- 2단계: 동료가 고객 상황을 이야기하는 동안, 각 내용이 모델의 어느 '눈eye'에 해당하는지 확인한다. 또는 모델의 눈을 순서대로 하나씩 훑어가며 이야기를 진행할 수도 있다.
- 3단계: 어떤 점이 기록되었는지 함께 돌아본다. 예를 들어, 특정 눈에 대해서만 이야기할 거리가 많았는지, 어떤 눈은 거의 다루지 않았는지 살펴본다. 관계 계약에서 허용했다면, 퍼실리테이터가 자신의 통찰을 제안할 수도 있다. 특히 특정 눈이 전혀 다루어지지 않은 경우, 동료에게 그 부분이 실제로 무관한 건지, 아니면 동료가 놓친 사각 지대blind spot일 수 있는지 대화로 나눠볼 수 있다.
- 4단계: 동료가 이 작업을 마무리해도 좋을지 확인한다. 다른 기법과 마찬가지로, 필요하다면 메모 시간을 주거나 서로 감사 인사를 나눈다.

부록 3.4
호킨스와 스미스의 일곱 눈 모델 설명

이 모델에 대해 원저자의 설명을 직접 보고 싶다면, 호킨스와 스미스(Hawkins & Smith, 2006)의 책 157~176쪽을 참고할 수 있다. 또는 클러터벅, 휘태커, 루카스(Clutterbuck, Whitaker, Lucas, 2016. 『코칭수퍼비전 실천 가이드(2025)』)가 동료 수퍼비전에 적용한 해석을 80~86쪽에서 읽어볼 수 있다.

여기서는 우리 식의 버전 모델을 간단히 소개하고, 일곱 가지 '눈' 각각이 무엇을 의미하는지 설명한다. 코칭 대화는 본질에서 매우 복합적이고 역동적인 과정이다. 이 '눈'들은 그 상황을 다르게 조망할 수 있는 여러 렌즈 가운데 일부일 뿐이다. 실제로는 한 번에 여러 관점이 동시에 유용할 수도 있고, 어떤 관점은 전혀 관련이 없을 수도 있다는 점을 유념한다.

눈 1: 고객 시스템

고객은 진공 상태에 존재하지 않는다. 지금 여기서 진행되는 일뿐 아니라, 고객의 과거 역사까지도 함께 고려해야 한다. 또한 성격, 문화, 가치관 등 개인차가 매우 다양하게 존재한다는 점을 상기시키는 렌즈이기도 하다. 고객이 현재 제시하는 이슈에서 이런 요소들이 어떻게 영향을 미치는지 살펴볼 필요가 있다.

눈 2: 개입

우리가 어떤 질문을 했고, 어떤 도구나 모델·이론을 활용했는지 되돌아보는 시각이다. 물론 이 선택 자체가 코치인 '나'의 선호도, 그리고 고객과 이미 형성된 관계 수준 등에 크게 좌우된다는 점에서, 이 눈을 단독으로 떼어놓고 보기 어려울 수도 있다.

눈 3: 고객-코치 관계

이 렌즈는 고객과 코치 간 라포가 얼마나 형성되어 있는지 살펴보게 한다. 보통 고객와의 관계가 어떠냐에 따라, 우리가 고객에게 어느 정도까지 도전적인 질문을 던질 수 있는지 또는 고객이 어떤 것을 받아들일 준비가 되어 있는지 판단하게 된다. 또한 고객이 대체로 다른 관계에서도 어떤 식으로 소통하고 협업하는지를 가늠해볼 수 있는 지표가 될 수 있다. 예를 들어, 코치인 내가 고객을 잘 파악하기 어렵다면, 다른 사람들도 마찬가지로 그 고객을 이해하기 어렵다고 느낄 가능성이 있다.

눈 4: 코치의 프로세스

눈1과 마찬가지로 코치 역시 진공 상태에 존재하는 게 아니다. 이 렌즈는 코치가 스스로를 얼마나 잘 인식하고 있는지, 자기인식을 높이도록 요구한다. 이를 통해 고객에게 대응할 때, 내 욕구가 아닌 고객의 필요를 기반으로 의식적이고 의도적인 선택을 할 수 있게 된다.

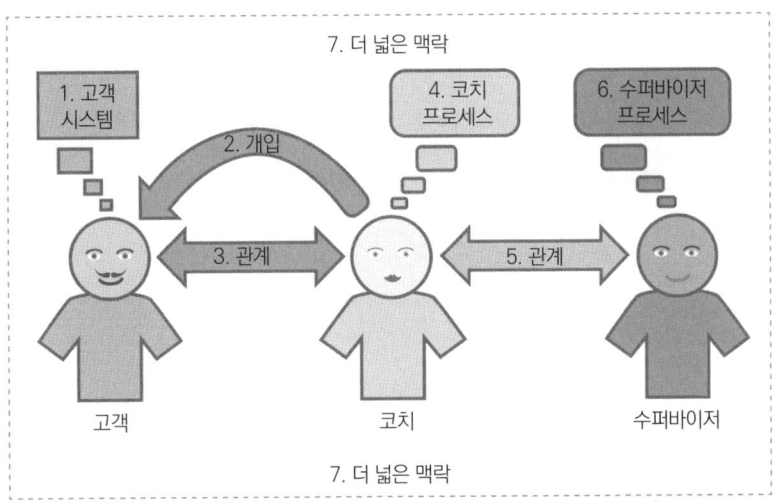

[그림 3.2] 일곱 눈 모델 도식화: Lucas(2010)
Hawkins & Smith(2006)에서 변형

눈 5: 코치-동료 수퍼바이저 관계

이곳에서는 코치와 동료 수퍼바이저(또는 독립적 성찰을 한다면 자기 자신과의 관계) 사이 관계의 견고함을 살핀다. 이는 눈 3과 비슷하게, 우리가 얼마나 '안전하게' 성찰할 수 있는지 결정짓는다. 또한 병행 과정parallel process을 인지하는 기회가 되기도 한다. 예를 들어, 고객이 자신감이 부족해 계속 코치에게 조언을 구하는 사례라면, 코치가 동료 수퍼비전에서 역시 자신감 없음을 드러내며 동료에게 확신이나 위안을 구하는 식으로 재현될 수 있다.

눈 6: 동료 수퍼바이저의 프로세스

눈1과 눈4처럼 이 렌즈 역시 "동료 수퍼바이저도 진공 상태에 존재하는 것이 아니다."라는 사실을 상기시킨다. 자격 있는 동료 수퍼바이저라면, 보통 자신이 '깔끔하게work clean' 일할 수 있도록 많은 자기 탐구를 해왔을 가능성이 크다. 또한 코치를 어느 정도 파악하고 있다면, 코치의 성찰적 과정에 나타나는 미묘한 점들을 잡아내거나, 앞서 눈 5에서 언급한 병행 과정을 알아차리는 데 도움이 될 것이다. 필요할 경우, 동료 수퍼바이저는 자신의 '현재 그 자리에서의 경험here and now experience'을 기꺼이 공유해줄 수도 있다. 이는 관계 역동 속에서 무슨 일이 일어나는지를 더 깊이 이해하는 단서를 제공할 수 있다.

눈 7: 더 넓은 맥락

마지막은 고객이 제시하는 이슈 이면에 어떤 환경적 영향이 작용하는지 살펴보는 렌즈이다. 조직 맥락에서 작업할 때 특히 유용하다. 조직문화, 사업 안정성, 변화 추진 활동 등이 고객에게 어떻게 영향을 미치는지도 고려해야 한다. 또한 고객을 구성하는 '온전한 사람whole person'과 일하고 있음을 잊지 않는 게 중요하다. 예컨대 진로 목표만 다룬다고 해도, 고객의 가족 시스템에 미치는 영향까지 고려할 필요가 있다.

반대로 개인 문제를 다룰 때도, 그것이 고객의 작업 환경에 어떤 식으로 흘러 들어가는지 생각해볼 수 있다. 이 눈은 어떠한 코칭 주제도 결코 고립된 사안이 아닐 수 있다는 점을 일깨워준다.

참고 문헌

- Hawkins, P. and Smith, N. (2006) *Coaching, Mentoring and Organisational Consultancy: Supervision and development*. Maidenhead, UK: Open University. 참고:『수퍼비전: 조력 전문가를 위한 일곱 눈 모델』이신애, 김상복 옮김. 한국코칭수퍼비전아카데미. 2019.

4장 그룹 동료 수퍼비전

역자: 이서우

정의: 그룹 동료 수퍼비전은 여러 명의 코치, 멘토 또는 다른 전문가(프랙티셔너) 간에 조성된 협력적 학습 환경이다.

그룹 동료 수퍼비전의 의미

이 책에서는 수퍼바이저로 훈련받지 않은 프랙티셔너간의 그룹 관계를 다루고 있다. 이들은 함께 자신의 이익과 고객 및 더 넓은 시스템의 이익을 위해 사고를 자극하는 방식으로 자신의 작업을 탐구한다.

  이 교류에서 '거래수단$_{currency}$'은 주로 시간이며, 각 프랙티셔너는 다른 프랙티셔너에게 동등한 시간만큼 지원을 제공한다. 학습 환경은 동료가 평등하게 권한을 가진다는 특징이 있다. 동료의 작업 형식과 빈도는 그들의 특정 요구 사항에 맞게 계약된다.

  동료 수퍼비전은 대면, 전화 또는 기타 화상 매체를 통해 이루어질 수 있다. 선택한 매체는 구성원의 선호도, 수퍼비전 필요성에 대한 긴급성 및 가용성에 따라 영향받는다.

동료들과 함께 작업한다는 것은 위계질서 없이 그룹 구성원에게 시간과 자원을 제공함을 의미한다. 그룹 프로세스를 관리하는 시간 관리자와 촉진자가 있을 수 있지만, 이들이 그룹의 리더는 아니며 이 역할은 주로 순환된다. 이 과정에는 금전적인 거래가 없다.

동료 그룹 수퍼비전은 그룹 역동, 프로세스, 고객의 요구를 대표하여 이를 담당할 자격을 갖춘 수퍼바이저가 없다는 점에서 전문 그룹 수퍼비전과 다르다. 이런 구조에서는 그룹이 성장할 수 있도록 그룹 합의/동의agreements와 계약contract을 엄격하게 관리하고 유지해야 하며(부록 4.1의 예 참조), 이 부분은 본 장과 5장에서 다룬다.

동료 수퍼비전 그룹을 구성하거나 참여하기로 결정할 때는 그룹 작업(일대일과 비교)의 장점과 한계를 잘 따져보고 자기 목표에 최적인지 확인하는 것이 좋다. 그룹 동료 수퍼비전은 일대일 수퍼비전과 일부 교차되는 부분이 있긴 하지만, 고려해야 할 몇 가지 아이디어를 [표 4.1]에서 제공한다.

[표 4.1] 그룹 동료 수퍼비전의 장점과 한계

장점	한계
• 동료 수퍼비전 그룹의 참여는 더 넓은 코칭 커뮤니티의 일원이라는 느낌을 주고 자신의 역량을 강화하는 긍정적인 메커니즘이 될 수 있다. • 다른 사람들의 기여를 통해 성찰의 폭이 모임에서 일어나는 것 이상으로 확장될 수 있다.	• 다른 그룹 구성원들과 모임 시간을 공유하므로 한 개인의 이슈를 탐구하는 시간이 제한될 수 있다. • 동료들은 모임이 동료 수퍼비전 과정이 아닌 동료 코칭 또는 멘토링 과정이 될 수 있는 잠재적 함정에 빠질 수 있다.

장점	한계
• 동료들은 코치 훈련에서 배운 프로세스나 방법론을 활용하여 이를 심화하거나 확장할 수 있으며, 특히 이전에 함께 학습한 경험이 있다면 더욱 효과적이다. • 그룹은 더 다양한 의견을 생성하는 경향이 있다. 신경과학 연구에 따르면, 이러한 새로움은 학습 효과를 높일 수 있다. • 서로를 잘 아는 동료들은 서로의 발달 단계와 필요에 높은 수준의 이해와 지지를 가지고 있으며, 이를 구성원 간에 공유할 수 있다. • 개인이 직면한 과제에 더 넓은 관점을 제공한다. • 그룹 역동을 잘 관리하면 학습을 가속화할 수 있다. • 모임 촉진자는 그룹을 대신하여 '공간을 유지하는' 책임이 있음을 명확히 한다. • 동료들은 자신이 편하고 적합한 장소에서 수퍼비전 회의를 조직할 수 있다. • 금전적인 거래가 없기 때문에 동료 수퍼비전 그룹에 참여하는 데 드는 비용은 거의 없다.	• 특히 그룹 내에 경쟁, 공모가 존재하는 경우 동료들은 필요한 상황에서도 서로에게 도전하는 것을 피할 수 있다. • 그룹 역동을 잘 관리하지 않으면 학습을 방해할 수 있다(이는 효과적인 동료 수퍼비전을 보장하는 데 매우 중요한 부분이므로 8장에서 더 자세히 설명한다). • 동료들은 그룹에서 다른 사람들과 자신을 비교하여 무능력감, 수치심을 느끼거나 반대로 오만함과 '우월감'을 가질 수 있다. • 경험이 많은 동료는 경험이 적은 구성원들이 순진한 질문을 할 때 이를 '시간 낭비'로 여겨 짜증을 낼 수 있다. • 약속을 관리하는 코칭 제공 계획logistics[1])에 문제가 자주 발생할 수 있다. • 동료들은 강력한 수퍼비전, 피드백, 그룹 프로세스 작업을 제공하는 데 필요한 경험과 전문성이 부족할 수 있다. • 동료 수퍼비전 프로세스는 일대일 전문 수퍼비전의 필요성을 없애는 것으로 보일 수 있다.

동료 수퍼비전과 전문 수퍼비전 모두 경력 전반에 걸쳐 전문성의 지속적 개발에 유용하다. 개별 동료 수퍼비전 또는 추가 전문 수퍼비전이 언제 유익할 지 더 잘 이해하려면 3장, 8장 및 9장을 참조하면 된다.

동료 수퍼비전 그룹에 참여하고 싶은 이유와 그룹에서 경험하는 잠

---

1) [역자] 코칭 제공 계획logistics: 코칭 회기, 횟수, 비용, 참여 절차, 규칙 등 코칭 운영상의 세부 사항을 의미한다.

재적 한계를 명확히 파악하는 것은 중요한 첫 단계이다. 동료 그룹 수퍼비전을 경험해 보고 싶다는 생각이 확실하다면 계속 읽어 보기 바란다.

섹션 1: 동료 수퍼비전 그룹 구성

1단계: 연락하기 reach out

많은 사람들은 그룹과 함께 작업하는 것이 지원적이고 생산적이라고 생각한다. 시작하기 위해 여기에서 몇 가지 옵션을 제공한다.

단기 체험

그룹 수퍼비전에 참여해 본 적이 없다면 단기 동료 수퍼비전 그룹에 등록하는 것을 고려해본다. 전문 기관, 대학, 코치 양성 기관에서는 학생들이 과정 중 또는 과정 후에 그룹을 구성할 수 있는 기회를 제공할 수 있다. 이러한 그룹은 대개 6회 미만의 모임으로 제한된다.

참여하기 전에 정해진 기간의 초점, 결과가 무엇인지, 자격증, 인증, 교육 수준과 같은 세부 사항이 무엇인지 알아본다. 그룹이 완료되고 서로 잘 협력하고 있다면 그룹을 계속 유지할 수 있다. 그렇다면 재계약하고 새로운 그룹 계약에 동의한다. 그렇지 않은 경우에는 다른 그룹이나 개별 동료 또는 전문 수퍼비전을 받는 대안을 고려한다.

기존 그룹에 가입하기

그룹에 아는 사람이 있다면 그 그룹에서 새로운 구성원을 모집하고 있는지 물어보고, 그렇다면 본인이 적합한지 물어본다. 그 후 토론 포인트의 몇 가지 질문을 사용하여 스스로 평가해 본다.

새로운 동료 수퍼비전 그룹 구성하기

이것은 가장 도전적이면서도 보람 있는 경로가 될 수 있으므로 이 옵션에 시간과 에너지를 투자할 준비를 한다. 먼저 다른 프랙티셔너에게 현재 수퍼비전을 받고 있는지 또는 그룹에 참여하고 싶은지 물어보는 것부터 시작한다. 가까운 동료들의 관심이 충분하지 않다면 소셜 미디어, 지역 협회, 대학, 교육 기관을 통해 세부 사항과 초기 첫 단계를 포함한 광고를 게시하여 도달 범위를 넓히는 것도 고려해 본다. 시작하기 전에 고려하고 논의해야 할 몇 가지 사항은 다음과 같다.

그룹 규모

그룹의 규모는 일부 프랙티셔너가 특정 회의에 참석할 수 없는 경우에도 모임이 원활하게 진행될 수 있을 만큼 충분히 커야 한다. 그룹이 너무 크면 사례에 대한 피드백이 과도해질 수 있고, 구성원들이 정기적으로 자신의 사례를 발표할 기회를 얻지 못할 수도 있다. 그룹이 너무 작으면 그룹 구성원들이 충분한 가치를 얻고 있다고 느끼지 못하거나,

누군가가 결석하면 그룹 활동의 의미가 희미해질 수도 있다. 구성원들이 얼마나 자주 발표하고 싶은지, 한 사례에 얼마만큼의 시간을 할애하고 싶은지에 따라 규모가 결정될 수 있다. 일부 구성원이 모임에 참석하지 못하더라도 그룹이 원활하게 운영될 수 있도록, 최적의 그룹 규모는 5~7명의 프랙티셔너로 구성할 것을 권장한다.

모임 빈도 및 시간

정기적인 수퍼비전은 프랙티셔너가 작업 포트폴리오의 폭과 깊이, 주의를 기울이도록 지원한다. 월 1회 진행하는 것이 일반적이다. 그룹 규모, 사례를 공유하는 사람의 수, 그룹이 특정 사례에 소요하는 시간에 따라 모임 빈도와 기간이 영향을 받는다.

지리 geography

대면으로 작업하는 것을 선호하는 사람들은 멀리 이동할 필요가 없는 그룹을 원할 것이므로, 그룹 구성원에게 가장 적합한 장소를 선택하는 것을 고려한다.

구성

누가 생산적인 그룹을 구성할 수 있는지 결정하는 것은 중요하다. 다양한 전문 기관, 다양한 문화적 배경, 성별, 다양한 교육을 받은 사람들로 그룹을 구성하여 더 폭넓은 관점을 얻는 것이 유용할 수 있다. 특정 그룹에 따라 다양한 조합이 효과적으로 작용할 수 있으므로 정해진

가이드라인은 없다. 그룹의 목적과 중점 분야를 합의하면 누가 가장 혜택을 받을 수 있는지 최적화하는 데 도움이 된다.

이 장의 후반부에서 모임 빈도를 결정하는 부분을 자세히 설명한다. 관심 있는 구성원이 몇 명 정해졌다면 아래에 설명된 프로세스를 계속 진행하는 것이 좋다.

2단계: 연결 connect

그룹 구성과 관계없이, 그룹이 응집력 cohesion 과 위험 감수를 위한 최고의 기회를 갖기 위해서는 구성원들이 소속감을 느끼는 것이 중요하다. 누가 참여할 수 있고 그룹 구성에 어떤 배경을 가져올지는 그룹 구성원과 합의된 그룹 목적, 초점에 달려 있다. 그룹 내에서 적절한 멤버십 기준을 정하고, 시간이 지남에 따라 무엇이 효과가 있고 무엇이 효과가 없는지 지속해서 점검한다.

논의할 내용

발견 프로세스를 시작한다.
- 코칭이나 멘토링을 한 지 얼마나 되셨나요?
- 어떤 배경과 교육을 받았나요?
- 한 번에 몇 명의 고객과 함께 작업하시나요?
- 어떤 전문 기관의 회원인가요?
- 해당 기관의 윤리 강령이 당신의 실천에 어떤 영향을 미치나요?

> **기존 그룹에 합류하는 경우**
> - 앞서 제시된 질문을 활용하여 그룹의 구성은 어떻게 이루어져 있는지 질문한다.
> - 그룹의 초점, 모임 시간, 기대, 비용 등을 이해하기 위한 질문을 한다.
> - 그룹 구성원들이 모임에 얼마나 헌신적으로 참여했나요?
> - 그룹에서 어떤 전환transitions이 있었나요?
> - 이전에 동료 수퍼비전에서 다루어진 주제들은 어떤 것이었나요?
> - 계속하고 싶지 않은 경우 어떤 옵션이 있나요?
> - 참여를 방해하는 이해 상충이 있나요?

그룹 멤버십과 이러한 토론 질문은 그룹을 구성하고, 구성원을 추가하고, 함께 작업하면서 다시 검토해야 할 수도 있다. 이 장의 후반부에서 이에 대해 논의할 것이다. 아래 단계는 일대일과 비슷하지만, 동료 그룹에 맞게 변경했다. 함께 작업을 진행하는 경우 이 섹션을 사용하는 것이 좋다.

3단계: 함께 작업하는 경험

이 단계에서는 구성원들이 그룹을 구성하거나 새로운 구성원을 추가할 만큼 충분한 공통점이 있었다고 가정한다. 이제 그룹과 그룹에 속한 사람, 자신이 그룹에 어떻게 적응하고 어떻게 함께 일할지 이해하는 데 시간을 할애하는 것이 중요하다. 이 단계는 동료 수퍼비전 모임이 아니다. 그 대신 모임을 통해 서로에 대해 좀 더 알아가고 코칭 또는 멘토링 접근 방식, 배경, 전문 협회, 동료와 함께 일하는 데 있어 중요한 사항을 더 자세히 공유하는 것이 좋다. 2단계의 질문은 다양한 그룹원들과 개별적으로 하는 경우가 많으므로 전체 그룹으로 다시 살펴보는 것도 유용할 수 있다. 다른 토론 주제는 다음과 같다.

논의할 내용

새 그룹을 구성하는 경우
- 그룹 수퍼비전을 선택한 이유는 무엇인가요?
- 그룹 내에서 작업할 때 중요한 것은 무엇인가요?
- 어떤 주제를 수퍼비전에 가져오고 싶으신가요?
- 동료 수퍼비전이 내년에 코칭 실천을 달성하는데 어떤 도움이 되기를 바라시나요? (전문성 및 상업적 개발에 관한 것 모두 가능)
- 얼마나 자주 그리고 어디에서 만날 수 있을까요?

그리고 … 기존 그룹에 합류하기 전
- 다른 구성원들의 배경은 무엇인가요?
- 그룹 수퍼비전을 선택한 이유는 무엇인가요?
- 모임에 어떤 주제를 가져왔었나요?
- 그룹이 집중하고 있는 중요한 주제는 무엇인가요?

이 초기 모임의 내용은 수퍼비전 자체보다는 서로를 더 잘 알아가는 실용적인 요소들을 공유하는 데 초점을 맞추고 있지만, 그룹이 서로 상호작용하는 방식은 주목해야 할 중요한 부분이다. 그들은 서로 어떻게 소통하는가? 일부 구성원의 공유가 과도하거나 부족하면 그룹은 첫 번째 미팅에서 이를 어떻게 고려하는가? 그룹에 대한 자세한 내용은 8장에서 확인할 수 있다.

4단계: 잠시 멈추고 검토하기

첫 번째 그룹 모임 중이든 그 후 별도의 모임이든 각 구성원은 이 초기 모임에 대한 자신의 경험을 성찰한다. 각 사람이 그룹을 어떻게 경험했는지 들으면 그룹이 어떻게 작동했는지 더 잘 이해할 수 있고 앞으로 어떻게 함께 작업할지에 대한 유용한 통찰을 얻을 수 있다.

> **논의할 내용**
>
> - 함께 일하는 것에 대해 무엇을 배웠나요?
> - 동료 수퍼비전의 상호적 특성에 대해 무엇을 배웠나요?
> - 무엇이 잘 되었나요? 무엇이 잘 되지 않았나요?
> - 우리 관계는 어떻게 발전하고 있나요? 신뢰감은 어느 정도인가요? 의견 차이나 갈등을 관리하는 것이 얼마나 쉬울지 어떻게 감지하나요? 우리는 지금 얼마나 개방적이고 정직하다고 느끼나요?
> - 다른 사람들이 기밀을 유지하고 정보를 다른 곳에 유포하지 않을 것으로 얼마나 확신하나요?
> - 우리의 접근 방식에서 비슷하거나 다른 점은 무엇인가요? 이것이 동료 수퍼비전 관계에 어떤 의미가 있나요?

이 과정은 정보 수집을 위한 경험이라는 점을 기억하라. 모든 사람의 최선의 의도에도 불구하고, 그룹이 일부에게는 잘 맞을 수 있고, 다른 사람에게는 그렇지 않을 수 있다. 응집력 있는 동료 수퍼비전 그룹을 만들기 위한 다음 단계로 나아갈 관심과 헌신을 확인하는 것이 계약 전 마지막 단계이다.

5단계: 초기 그룹 수퍼비전 계약서 만들기

이 단계에 이르면 많은 사람이 수퍼비전 작업을 시작할 준비가 되어 있을 것이다. 그러나 우리는 그 유혹을 뿌리치고 그룹 계약을 제대로 작성하는 데 시간을 들일 것을 권장한다. 구성원들이 시간을 들여 그룹이 어떻게 운영되기를 원하는지 명확히 정하고, 각자의 약속에 동의하며, 그룹이 수퍼비전의 초점을 유지하도록 함께 노력하는 것이 중요하다. 향후 발생할 수 있는 잠재적인 함정과 어려움을 방지하기 위해 수퍼비전을 시작하기 전에 이러한 영역에 대해 논의하고 합의하는 것이 좋다. 아래 영역은 시작 지점으로, 호킨스Hawkins와 스미스Smith(2006)에 따라 계약의 다섯 가지 영역으로 구성되어 있다. 그룹과 어느 순서로 논의할지 결정할 필요는 없다는 점에 유의한다. 계약서에 포함할 더 자세한 주제와 계약 기술을 개발하는 방법은 이 장의 마지막에 있는 부록 4.1과 5장을 참조한다.

계약 영역 1: 실천적practicalities 합의

참석 프로토콜

경험상 동료 그룹 수퍼비전은 모든 구성원이 모든 모임에 참석하는 것에 헌신하고, 불가피한 상황을 제외하고는 모임에 빠지는 것을 제한할 때 가장 효과적이다. 그룹은 불참이 허용되는 범위와 불참에 따른 결과를 결정할 수 있다. 일부 그룹은 불참한 모임에 대해 자선 단체에 기부를 하거나, 일부 그룹은 허용할 수 있는 총 불참 횟수 또는 참석 횟수를 합의하기도 한다.

프랙티셔너의 가입 및 탈퇴

동료 수퍼비전 그룹을 잘 운영하려면 그룹에 들어오고 나가는 사람을 신중하게 관리하는 것이 중요하다. 그룹은 코치나 멘토가 그룹을 떠날 때 사용하는 프로세스를 고려하여 그룹 역동에 대한 방해를 최소화할 수 있다. 새로운 구성원이 그룹 계약을 논의, 동의 또는 수정할 시간이 필요하고 다른 구성원과 유사한 가입 절차를 거쳐야 하므로, 새로운 구성원이 그룹에 가입할 수 있는 기회를 제한하는 것이 중요하다. 그룹에서 정해진 시간에만 새로운 구성원을 받아들이기로 합의하고, 다른 구성원이 그룹에 적합하지 않다고 생각되는 구성원에 대해 거부권을 갖도록 하는 것이 유용할 수 있다.

> **논의할 내용**
>
> - 구성원은 그룹을 떠날 때 통보해야 하나요? 그렇다면, 얼마의 시간을 두고 통보해야 하나요?
> - 지속해서 결석하는 경우, 어느 시점에서 더는 그룹의 일원이 아닌 것으로 간주하나요?
> - 떠나는 구성원은 떠나는 이유를 밝혀야 하나요? 그렇다면, 누구와 어떻게 소통해야 하나요?

그룹 규모 및 모임 빈도

일반적으로 이 단계에 도달할 때 이미 그룹의 규모와 회의 빈도는 설정되었을 것이다. 그렇지 않다면, 위의 1단계 새로운 동료 수퍼비전 그룹 구성을 참조한다.

계약 영역 2: 경계 관리 boundaries 합의

동료 수퍼비전 논의 내용 결정하기

우리의 경험에 따르면, 동료 수퍼비전에서 논의의 주요 출처를 고객 사례로 유지하는 것이 도움이 된다. 예를 들어 다음과 같은 사항을 탐구할 수 있다.

  (a) 잘 진행된 고객 작업은 무엇인지

(b) 막혀 있다고 느끼는 것은 무엇인지

(c) 준비하면 도움이 될 것은 무엇인지

(d) 가져가고 싶지 않다고 알아챈 것은 무엇인지

　　이 목록은 상업적인 질문을 의도적으로 제외한다. 더 많은 고객을 확보하는 방법이나 얼마를 청구해야 하는지에 대한 질문은 다른 코치에게 도움을 요청하는 것이 더 좋다. 우리는 이러한 구분을 권장하는데, 그 이유는 수퍼비전의 주요 동기가 고객을 위한 작업 방식 개선에 있다는 점을 보장하기 위해서이다. 이런 방식으로 관계를 시작하면, 동료 수퍼비전이 분명하게 작동하고 있을 때 동료들 사이에서 흐르는 에너지에 대한 감각이 길러진다. 그래서 그 관계가 다른 방향으로 흘러가게 되면, 그 변화를 더 뚜렷하게 알아차릴 수 있다.

동료 수퍼비전 논의의 범위를 벗어나는 내용 결정하기
전문적인 관계와 마찬가지로, 당신이 그 작업을 계속하기에 가장 적합한 사람이 아닌 경우가 있을 것이다. 아래 [표 4.2]는 대화 중에 발생할 수 있는 몇 가지 단서를 제공하며, 이는 논의를 마무리하고 다른 프랙티셔너에게 의뢰해야 할 수도 있음을 시사한다.
　　이는 각 개인이 적절한 경계를 존중하고 적극적으로 관리할 수 있도록 대체 지원 메커니즘을 확립해야 함을 강조한다.

[표 4.2] 동료 수퍼비전 이외의 영역이 다루어지고 있음을 알려주는 대화 단서

대화의 단서	가장 가능성이 큰 영역
…에 대한 당신의 경험은 무엇인가요?	코치 멘토
…에 대해 어떻게 생각하세요?	전문 의사타진 집단 sounding board
이 문제에 너무 많은 시간을 할애해서 죄송합니다. …를 그냥 지나칠 수가 없어요.	상담사
저만 그런 건가요, 아니면…?	비판적 친구
X와의 마지막 코칭 또는 멘토링 회기에서 일어난 일이 뭔가 마음에 걸리는군요….	동료 관찰자

전문 수퍼비전 지원

그룹으로 일하다 보면 때로는 그룹의 전문성이나 편안함을 넘어서는 이슈가 발생할 수 있다. 윤리와 관련된 어려움이나 그룹이 그룹 프로세스를 효과적으로 관리할 수 없는 경우와 같은 특정 이슈의 경우, 이를 두루 살피거나 oversees 상향 처리 escalation할 수 있는 전문 수퍼바이저를 두는 것이 좋다(자세한 내용은 9장 참조). 전문 수퍼비전에 어떤 영역을 가져오는 것이 유용한지, 이 전문 수퍼바이저가 어떤 배경을 가지고 있는지에 대한 합의가 출발점이 될 수 있다. 그룹에서 지명된 몇 명의 구성원이 잠재적인 전문 수퍼바이저 몇 명을 조사하고 검증하여, 이 역할이 필요해지기 전에 언제 채워야 할지 합의 기한을 정하는 것이 좋다. 이슈가 발생하면, 7장에 있는 윤리적 고려 사항의 다른 영역과 함께 상향 처리 프로세스를 참고한다.

계약 영역 3: 작업동맹 합의

기밀 유지 |confidentiality

이것은 우리 가운데 누구도 고의로 기밀을 위반하지는 않을 것이므로 구성원들이 당연하게 여기는 주제일 수 있다. 따라서 이 영역은 간과될 수 있다. 그러나 동료 그룹 수퍼비전을 시작하기 전에 이러한 초기 회색 영역을 검토하여 명확성을 확보하는 것이 좋다.

> **논의할 내용**
>
> - 기밀 유지란 무엇을 의미하나요?
> - 다른 곳에 공개하지 않기로 동의한 구체적인 정보는 무엇인가요?
> - 우리 가운데 한 명이 동료 수퍼비전 외부에서, 그룹 내 누군가가 공유한 것으로 의심되는 내용을 듣게 된다면 어떻게 대응하나요?

여기서 말하는 '위반 breach'은 호기심에서 비롯되는 경우가 많은데, 구성원이 그다지 중요하지 않다고 생각한 내용을 무의식적으로 공유한 부주의나 무의식적인 행동에서 발생한다. 따라서 이러한 종류의 이슈를 검토하고 다시 논의하기로 합의하는 것은 그룹 관계가 진행됨에 따라 중요할 수 있다.

역할과 책임

동료 그룹 수퍼비전을 시작하기 전에, 프랙티셔너들이 그룹 모임에서 그룹을 어떻게 구성할지 합의하는 것이 좋다. 역할, 책임 및 약속을 명확히 하는 것은 심리적 안전을 조성하고 그룹 역동의 성공을 뒷받침한다. 그룹 역동 및 기타 함정에 대한 자세한 내용은 8장을 참조한다.

성찰적 실천

자신의 작업에서 한 발 떨어져서 시스템 안에 있는 패턴, 습관, 강점 및 한계를 파악하는 것은 수퍼비전의 기초이다. 그룹 구성원들의 성찰적 실천에 대한 헌신과 각자의 작업을 어떻게 생각하는지 이해하는 것은, 수퍼비전 모임에서 그룹이 함께 작업하는 방법에 대한 정보를 제공할 수 있다.

> **논의할 내용: 성찰적 실천 탐구**
>
> - 각 구성원의 성찰 과정에는 무엇이 포함되나요?
> - 구성원들은 얼마나 자주, 어떤 방법으로 성찰하나요?
> - 이 과정이 모든 그룹 구성원에게 동일한가요 아니면 다른가요?
> - 그룹 구성원들이 사례를 발표할 때 자기 알아차림에 대해 어떤 세부 사항을 공유하나요?

결과

그룹의 목적과 초점을 명확하게 식별하고 측정하면 구성원들이 방향을 유지하고, 그룹 프로세스를 지속해서 개선하는 데 도움이 된다. 아래 상자에는 그룹의 목표와 목적을 명확히 하는 데 도움이 되는 몇 가지 토론용 질문이 나와 있다.

> **논의할 내용: 그룹 목표와 목적**
>
> - 우리는 무엇을 달성하고자 하나요? 자기 알아차림을 높이고, 기술을 개발하고, 프로세스를 살펴보고, 에너지를 재충전하는 것 등을 시도하고 있나요?
> - 대학이나 전문 교육을 통해 학습 그룹을 더 잘 이해하거나 확장하려고 하나요? 그렇다면 이것이 어떻게 우리의 지식이나 기술 적용을 지속하거나 확장하나요?
> - 사회적 상호작용, 더 많은 비즈니스 창출에 대한 이야기를 포함하고 싶나요?
> - 고객 사례 대화와 다른 유용한 논의 사이에서 어떻게 균형을 잡을 수 있나요?
> - 우리가 가치를 얻고 있는지 어떻게 알 수 있나요? 우리 자신의 성장을 어떻게 측정하나요?
> - 우리의 필요와 목표를 언제, 얼마나 자주 검토해야 하나요?
> - 성과를 달성하지 못할 경우 어떤 대안이 있나요?

성과와 그룹 진행 상황을 측정하는 것은 그룹 응집력과 성장에 기여할 뿐만 아니라 그룹 상호작용에 대한 구성원들의 만족도를 확인하는 데에도 도움이 된다. 5장에서는 이슈와 내용이 궤도를 벗어났을 때 '조치를 취하는 call it' 방법과 초점 및 그룹 요구사항을 재협상하는 방법에 대한 몇 가지 힌트와 팁을 제공한다. 또한 그룹 요구사항을 정기적으로 검토하면 모든 구성원이 가치를 얻고 있는지 확인하는 데 도움이 된다.

계약 영역 4: 모임 형식 합의

그룹이 잘 운영되려면 시간을 어떻게 구성하고 누가 구성할지 신중하게 생각해야 한다. 이에 대해서는 아래 섹션 2에서 자세히 설명한다.

시간 공유 방식 추적하기:

일대일 동료 수퍼비전 관계(3장)에서는 관계의 평등성을 추적하는 것이 중요하다.

그룹 수퍼비전 관계에서는 개별적으로 소요된 시간을 추적하기 어려울 수 있지만, 매번 누가 발표자의 역할을 하고 누가 촉진자의 역할을 하는지 추적하는 것이 중요하다. 일대일 동료 수퍼비전 관계에서와 마찬가지로, 시간이 지남에 따라 각 사람이 동료 수퍼비전을 받는 시간과 각 사람이 담당하는 책임의 양에 공평성이 있어야 한다.

일반적으로 발표하는 동료는 일대일 수퍼비전을 받을 때보다 사례당 시간이 적다. 각 사람이 최소 15분 이상 동료 수퍼비전을 받을 것을 추천한다. 그 짧은 시간 안에서도 얼마든지 많은 것을 성취할 수 있다. 이런 상황에서는 그룹의 기여를 구조화하는 기법techniques을 사용하는 경우가 많다(부록 4.4 참조). 역할극이나 컨스텔레이션constellations과 같은 다양한 다른 기법들이 있다. 그 결과 비정상적인 그룹 역동이 발생하면 공개적으로 이야기하거나 자격을 갖춘 수퍼바이저를 모임에 초대하는 것이 좋다.

계약 영역 5: 조직 및 전문적 맥락 합의

윤리 및 윤리 강령
당신이 전문 단체에 소속되어 있다면 해당 단체에서 어떤 윤리 강령을 사용하고 있는지 고려하거나, 구성원이 다른 단체에 소속되어 있다면 다양한 강령을 비교하는 것이 유용하다.
　이는 방대한 주제이므로 윤리는 7장에서 더 자세히 다룬다.

작업 방식
그룹은 처음에 동료 수퍼비전 그룹을 위한 몇 가지 기본적인 윤리적 고려 사항에 대해 높은 수준의 사고를 해볼 수도 있다.

논의할 내용: 그룹 목표와 목적

- 서로 다른 상업 단체를 대표하는 프랙티셔너들이 같은 고객 조직의 사례를 가져올 경우 어떻게 해야 하나요?
- 그룹 구성원이 다른 구성원, 상사 또는 직속 상사와 관련된 사례를 가져올 경우 어떻게 해야 하나요?
- 그룹 구성원들이 불편한 이슈를 가져오는 것을 곤란해 하면 어떻게 해야 하나요?
- 다른 구성원이 제기한 이슈에 대해 그룹 구성원들이 불편함을 느낄 경우 어떻게 해야 하나요?
- 그룹 구성원이 명백히 비윤리적인 사례(예: 고객과 친밀한 관계를 맺거나

> 뇌물을 받은 경우)를 제시할 경우 어떻게 해야 하나요?
> - 윤리적 이슈로 인해 그룹 내에서 의견이 분열될 때 누가 그룹 프로세스를 진행하나요?
> - 전문 수퍼비전을 받는 것이 적절한 경우는 언제인가요?

전문가 배상 책임 보험professional indemnity insurance 결정하기

전 세계적으로 프랙티셔너의 전문가 배상 책임 보험 가입 여부에 대한 기대치는 각기 다르다. 일부 지역에서는 프랙티셔너가 이러한 유형의 보험에 가입하는 데 어려움을 겪을 수 있으므로 이 문제는 복잡하다. 각자가 어떤 보험에 가입했거나 가입할 수 있는지 공유하는 것이 좋다. 특히, 국가 간 경계를 넘나들며 작업하는 경우 작업을 제공하는 국가에 보험이 필요하거나 보험이 적용되는지 확인해야 한다.

동료 그룹 수퍼비전 계약서 공동 작성하기

그룹이 어떻게 구성되든, 세부적인 계약서를 가지고 시작하면 동료 수퍼비전을 실제로 진행할 때 훨씬 더 풍성한 경험을 할 수 있다. 3장과 5장과 같은 이 책의 다른 섹션을 검토하여 동료 수퍼비전 그룹을 구성하거나 참여하는 데 필요한 사항을 이해하는 데 도움이 되는 추가 팁을 얻는 것도 좋은 방법이다.

그룹이 이러한 모든 영역에 합의한 후에는 모든 그룹 구성원이 서명할 계약서를 개발하는 것이 유용할 것이다(부록 4.1 참조). 다시 말해, 이것은 서로의 발전에 초점을 맞춘 전문 프랙티셔너 그룹의 일원이 되어 코칭과 멘토링의 전문적 기준을 유지하겠다는 약속이다.

섹션 2: 동료 그룹 모임 촉진하기

모임 준비

이미 언급했듯이, 우리는 성찰적 실천이 수퍼비전의 기초라고 믿는다. 동료 수퍼비전 기간 동안 각 그룹 구성원이 어떤 형태로든 지속적인 성찰적 실천에 참여하기를 제안한다. 이러한 접근 방식은 각 구성원의 학습을 촉진하고 동료 수퍼비전 모임에 내용을 제공한다. 많은 사람이 성찰적 실천을 일지를 쓰는 것으로 생각한다. 이러한 유형의 성찰적 실천이 일부 사람들에게 유용할 수 있지만, 자신의 작업을 성찰하는 방법은 여러 가지가 있다(2장 참조). 그룹은 성찰의 결과로 표준화된 성찰적 실천 방법이나 사례 발표 형식을 합의할 수 있다. 아래에서는 준비하는 방법 가운데 하나를 제공한다.

회의 전 사례 발표 여부와 관계없이 최소 30분의 시간을 할애하여 회의를 준비한다. 그룹 또는 개인이 합의한 성찰적 실천을 사용하여 학습 일지를 읽고, 녹음한 내용을 듣는 등, 다음 질문을 고려하며 준비한다.

- 현재 잘 되고 있는 점과 잘 되지 않는 점은 무엇인가요?
- 내 작업에서 발견한 일관된 패턴이나 경향은 무엇이며, 공유하고 싶은 점은 어떤 것인가요?
- 도전적인 고객 사례가 있어서 더 폭넓게 이해하고 싶은가요?
- 내가 비효율적으로 사용하거나 의존하고 있는 도구, 이론, 개입, 프로세스는 무엇인가요?
- 내 성찰에서 동료 그룹과 공유하면 가장 유익할 구체적인 내용은 무엇인가요?
- 내가 그룹에 가져오기를 피하고 있는 것이 무엇인지 알아차렸나요?

이는 가이드라인일 뿐이며, 모든 성찰적 실천에서 각 구성원은 자신의 개인적인 필요에 맞게 조정해야 한다. 여기에는 그룹에 대한 신뢰 수준과 그룹이 요구 사항을 지원할 수 있다고 느끼는 정도를 고려한 적절한 경계가 포함된다.

역할과 책임

우리의 경험에 따르면, 역할과 책임을 정의하는 것은 확실성을 높이고, 합의 형식의 방향을 제시하는데 도움이 되므로 중요한 과정이다. 개인의 선호도나 경험에 관계없이 이러한 역할을 동등하게 공유하는 것이 중요하다. 이를 잘 관리하면 형평성을 보장할 뿐만 아니라 심리적 안전감을 강화한다

촉진자facilitator 또는 중재자moderator

각 모임에서 누가 촉진자 또는 중재자가 될지 합의한다. 이들에게는 다음과 같은 책임이 있다.

- 모임 안내하기guiding
- 모든 사람이 참여하고 학습을 공유하도록 초대하기inviting
- 수퍼비전 프로세스가 계약되고 준수되도록 보장하기ensuring
- 그룹 원칙이 지켜지도록 보장하기
- 발표되는 사례를 주의 깊게 경청하고 이해를 명확히 하기 위해 질문하기
- 발표하는 동료가 자신의 학습과 고객의 성장을 가장 잘 지원하는 프로세스를 선택할 수 있도록 권한 부여하기empowering
- 동료가 사례를 탐구하기 위해 선택한 프로세스에 충실하도록 보장하기
- 잠재적인 갈등 영역을 식별하고identifying 합의된 그룹 원칙을 사용하여 해결을 촉진하기facilitating

시간 관리자time keeper

촉진자 또는 중재자 외에 다음과 같은 역할을 할 수 있는 구성원이 필요하다.

- 합의된 시간 제한을 설정하고 지키도록 그룹을 지원한다.
- 필요한 경우 모임 중 시간에 대한 업데이트를 제공한다.
- 합의된 시간에 모임이 종료되도록 보장한다.
- 지각하는 사람을 관리한다.

센터링 또는 도입 역할 arrival role

이 역할은 다음과 같다.

- 구성원들이 공간, 자신의 생각, 또는 공유한 내용을 정리하여 그룹이 모임에 온전히 집중할 수 있도록 초대한다.
- 구성원들이 집중하고 결속력을 가질 수 있도록 짧은 명상이나 호흡 또는 센터링 기법 같은 진정 기법을 촉진한다.

발표하는 동료

각 모임에서는 사전에 합의된 수의 구성원이 토론할 사례를 가져온다. 그룹은 이것이 당일에 이루어질지 또는 각 회의에 대한 구성원을 명단에 올려 각 사람에게 정기적인 수퍼비전 기회를 갖도록 할지 결정할 수 있다. 발표하는 동료는 다음에 대한 책임을 진다.

- 성찰적 실천에 참여하고, 자기 알아차림을 제시할 때와 발표 사례

에서 고객에게 어떤 일이 일어나고 있는지 제시할 때 적절한 수준의 취약성을 보인다.
- 고객과 발표하는 동료가 소속된 조직의 기밀을 보호하기 위해 가능한 한 명확하고 간결하게 사례를 발표한다.
- 모든 핵심 정보가 동료 구성원에게 제공되도록 한다.
- 모임을 안내할 핵심 질문이나 초점을 정한다.

그룹 구성원

촉진자나 중재자 또는 발표자 역할을 하지 않는 그룹 구성원도 다음과 같이 동등하게 참여할 책임이 있다.

- 친구나 동료가 아닌 전문가로서 자신의 기술^{skills}을 사용하여 사례가 발표될 때 주의 깊게 경청한다.
- 수퍼비전 렌즈를 통해 사례를 고려한다.
- 시스템 또는 수퍼바이저 맥락에서 자신의 아이디어와 의견을 공개적으로 판단 없이 제시한다.
- 그룹에서 옳다고 생각하거나 검증할 필요가 있는 경우, 자신의 의견, 조언을 집착 없이 제안이나 관찰의 형태로 제공한다.

동료가 실수로 수퍼비전 렌즈에서 벗어났다면(예를 들어, 전문가로서 조언이나 의견을 제시), 그 순간에 이를 밝히는 것이 가장 좋다. 동료가 해당 행동에 대한 책임을 지지 않는다면, 다른 그룹 구성원이나 촉진자 또는 중재자가 전체 그룹 작업의 일부로 해당 행동을 다룰 의무가 있다. 이 작업은 정기적인 검토의 일부로 수행할 수 있으며, 자세한 내용은 5장을 참조한다. 그룹의 성장에 도움이 되지 않는 행동으로 그룹이 지속해서 어려움을 겪는 경우, 그룹 전체 또는 해당 개인에게 전문 수퍼비전을 받을 것을 권장한다.

모임 구조

모임 시간의 길이가 결정되면, 각 그룹은 약속을 달성하고 각 단계의 책임을 합의하기 위해 시간 추정과 함께 적절한 단계를 구성할 수 있다. 이를 통해 모임 진행 과정에서 각 단계가 충분히 고려되게 한다. 다음은 90분 모임 기준으로 계약을 시작하기 위한 기본 모임 구조이다. 더 완전한 버전은 부록 4.3을 참조한다.

1. 환영 인사: 3~5분
2. 완전히 참석하기: 3~5분
3. 동료 수퍼비전 기법 또는 사례 발표: (90분 중) 남은 시간에 따라 조정하여
4. 마무리: 3~5분
5. 회의 종료: 1분

모임의 잠재적 이슈

동료 수퍼비전 포럼에 서서히 퍼질 수 있는 '함정'이나 '게임', 그룹 역동에 주의해야 한다. 경험이 더 많은 구성원이나 목소리가 큰 개인에게 지나치게 의존하면 동료 수퍼비전 그룹이 멘토링 공간으로 전락하고 성장이 제한될 수 있다. 이는 동료들이 정기적으로 긴밀하게 협력하는 조직이나 서로 다른 수준의 코칭 경험을 가진 그룹에서는 특히 까다로울 수 있다. 『조력 전문 분야에서의 수퍼비전Supervision in the Helping Professions』(Hawkins & Shohet, 2000, 192-193쪽)에서는 가이 휴스턴Gaie Houston의 그룹 역동(1985)을 참조하고 있다.

- 가장 강력하거나 최고가 되기 위해 경쟁하고 "내 것이 당신 것보다 낫다."라는 언어와 고객, 경험 수준을 서로 비교하는 것을 경계해야 한다.
- 구성원에게 상황이 얼마나 나쁜지 강조하고 "끔찍하지 않나요?"라는 사고방식과 그룹 구성원들이 무력감을 느끼지 않도록 주의한다.
- "우리는 정말 대단해"와 같은 추론, 코멘트로 거짓 칭찬을 하거나 공모한다.
- 문제에 집중하면서, 성장의 기회를 찾기보다는 어렵고 경험이 적은 사람 (상처받았거나 치유가 필요한 사람)에 초점을 맞춰 '환자 사냥hunt the patient'을 한다.

모두가 자신의 통찰을 공유할 기회를 가질 수 있도록 항상 주의해야 한다. 촉진자는 이 과정에서 적극적인 역할을 할 수 있지만, 이는 모든 그룹 구성원의 책임이다. 그룹에서 어떤 역동이 발생하면 이를 공개적으로 드러내고, 수퍼비전 그룹의 일부로 해결하기 위한 대안을 논의한다. 이는 프랙티셔너로서 당신에게 좋은 실천이 될 것이며 그룹의 인식을 높일 것이다. 그룹이 그 역동을 전환할 수 없거나 이를 빠르게 전환하는 방법을 배우고 싶다면, 그룹 외부의 전문 수퍼바이저를 초대한다. 이러한 잠재적 이슈에 대해서는 9장에서 더 자세히 설명한다.

다음은 그룹 내 개별 구성원들이 동등한 입장을 유지할 수 있는 몇 가지 지침이다.

- 모든 그룹 구성원은 자신만의 개인적인 성찰적 실천에 전념한다.
- 모든 구성원은 그룹 계약 기간(예: 1년) 동안 사례 발표와 공유를 위해 동등한 시간을 할당받는다. 이는 시간 관리자가 관리하는 스프레드시트에 기록할 수 있다.
- 발표하는 동료는 공유하는 사례에 가장 도움이 될 만한 기법을 결정한다.
- 기법을 발표하는 동안, 자신의 기여를 정확하고 간결하게 해야 한다. 발표하는 동료에게 초점을 맞추고 그의/그녀의 관점을 확장하는 데 집중하며 개인적인 판단을 피한다.

마지막으로, 모임 중이나 모임이 끝난 후에도 개인적인 판단과 부정적인 비판적 평가는 피하는 것이 좋다.

모임 기법

(참고: '기법technique'이라는 단어는 전체 그룹 프로세스와 구별하기 위해 특별히 사용된다.)

모임 기법은 성찰을 위한 시간과 공간을 마련하고 수퍼비전 렌즈를 통해 토론을 장려하는 데 도움이 된다. 따라서 동료 관찰자는 기법을 진행하는 동안 자신의 생각, 감정 및 경험을 공유하여 발표하는 동료가 더 깊이 성찰하고 생각하도록 격려하는 정보를 제공하는 것을 목표로 한다(자세한 내용은 부록 4.4, 그룹 기법 A-D 참조).

- 그룹 기법 A: 성찰을 심화하고 발표하는 동료의 생각을 확장하기 위한 질문
- 그룹 기법 B: 발표하는 동료의 역량 확대
- 그룹 기법 C: 리허설
- 그룹 기법 D: 프랙티셔너로서의 자기 성찰 심화

그룹에게 진정한 이점은 이러한 기법을 사용하여 자신의 학습을 심화하고, 시간이 지나면서 각자의 필요에 맞게 수정하는 방법을 토론하고 공유하는 데 있다. 각 기법에서 기여를 수락하거나 거부하는 것은 발표하는 동료의 책임이다.

섹션 3: 동료 그룹 유지 및 지속하기

동료 수퍼비전 그룹 검토하기

정기적인 그룹 수퍼비전 프로세스 논의

그룹이 구성되었더라도 정기적으로 합의된 기간을 정해 그룹 프로세스 자체가 어떻게 작동하고 있는지 검토하는 것은 그룹의 성장과 만족을 보장하는 또 다른 요소이다. 그룹 구성 초기 단계에서는 세 번의 모임을 마친 후 첫 번째 검토를 완료하는 것이 좋다. 아래의 논의 포인트는 3장과 동일하다.

> **논의할 내용**
>
> 정기적인 프로세스 검토, 각 그룹 구성원은 다음을 공유한다.
> - 동료 수퍼비전 모임을 통해 배운 것 가운데 내 실천에 영향을 미칠 것은 무엇인가요? (참고: 발표하는 동료 또는 동료 관찰자 역할을 할 때 이 질문을 할 수 있다.)
> - 지금까지 그룹 동료 수퍼비전의 본질에 대해 무엇을 배웠나요? 무엇이 잘 되었나요? 무엇이 잘 되지 않았나요?
> - 우리 그룹은 어떻게 발전하고 있나요? 우리의 신뢰감은 어떤가요? 의견 차이나 갈등을 관리하는 것이 얼마나 쉬울지 어떻게 감지하나요? 우리는 지금 얼마나 개방적이고 정직하다고 느끼나요?
> - 그룹 합의에서 재계약이 필요한 사항이 있나요?

분기별 검토 토론

3개월마다 선택한 기법이 얼마나 잘 작동하고 있는지 15~20분 평가를 포함한다. 이 평가는 기존 기법을 개인화하고, 그룹과 작업의 요구를 지원하기 위해 새로운 기법을 연구할 수 있는 기회이다. 이는 선택한 기법을 개선하고 변경할 수 있는지 확인하기 위한 것이므로 섹션 1, 4단계에서 설명한 동료 수퍼비전 그룹 검토와는 다르다. 그러나 그룹은 공식적(예: 시간 관리자) 또는 비공식적(예: 유용한 질문 제공자)으로 그룹에서 수행하는 역할에 대한 경험을 공유하기 위해 추가 시간을 할당할 수도 있다. 이는 구성원에게 성찰적 실천의 순간일 뿐만 아니라 앞으로 그 역할을 맡게 될 다른 구성원에게 유용한 학습을 제공할 수도 있다.

연간 검토 논의

이상적으로는 함께 작업을 시작한 기념일 무렵에 전체 그룹 모임을 통해 그룹의 상호 작용을 검토하는 시간을 가지면 개인과 그룹 모두에게 응집력과 새로운 에너지를 불어넣을 수 있다. 미리 생각해보고 각 그룹 구성원이 이 특별한 모임을 위해 준비하면 모두가 성공하기 위한 좋은 출발이 된다.

논의할 내용

연간 검토 준비
- 지난 한 해 동안 나는 프랙티셔너로서 어떻게 발전하기를 바랐으며, 이를 어느 정도 달성했나요?
- 나는 동료 수퍼비전에 어떤 고객 사례를 가져왔나요?
- 내 작업에 영향을 주는 역량 프레임워크는 무엇인가요? 그리고 나는 이에 따라 어떻게 발전하고 있나요?
- 나는 내 코칭 또는 멘토링 접근 방식에 대해 뭐라고 말하나요? 그것이 여전히 내 작업 방식과 관련이 있다고 느끼나요?

연간 검토 논의
- 내가 개인적으로 준비한 내용 중 공유하면 도움이 되는 것은 무엇인가요?
- 1~10점 척도에서 동료 수퍼비전을 통해 어떤 가치를 얻고 주고 있나요? 구성원들 간에 가치관에 차이가 있다면 그 이유는 무엇인가요? 달라지려면 무엇이 필요한가요?
- 이 그룹이 더는 유효하지 않다는 것을 어떻게 알 수 있나요? 우리가 계속 함께 작업하지 않는다면, 어떻게 수퍼비전을 받을까요?
- 우리 각자가 계속 함께 작업하는 것이 긍정적인 선택일까요?

지속적인 학습 및 개발

동료 수퍼비전 그룹 개발의 중요한 측면은 지속적인 학습과 개발에 대한 헌신이다. 각 그룹은 개인 및 그룹 수퍼비전 지식을 지속해서 성장시킬 방법을 고려하고 싶어 할 것이다. 고려할 수 있는 몇 가지 아이디어는 다음과 같다.

- 서평: 각 그룹 구성원이 돌아가면서 수퍼비전에 관한 책이나 기사를 읽고 학습 내용을 그룹과 공유한다.
- 비디오 검토: 그룹은 전문 기관의 웹사이트, 콘퍼런스, 그룹 외부의 동료(허락을 받은 경우)에서 제공하는 수퍼비전에 관한 짧은 비디오를 시청하고 그룹에 어떤 의미가 있는지 논의한다.
- 전문 수퍼바이저가 분기별로 동료 수퍼비전 모임에 참석하여 관찰한 동료 수퍼비전 프로세스 또는 모임 진행에 대한 피드백을 제공한다.

이런 활동 가운데 다수는 자격 증명이나 인증을 위한 지속 교육 점수를 받을 수도 있다. 자세한 내용은 해당 전문 기관의 웹사이트를 확인한다.

섹션 4: 종료 관리하기

동료 수퍼비전은 중요한 개발 기회가 될 수 있지만, 때로는 삶이나 다른 개발 가능성이 우선시되기도 한다. 때로는 한 명의 프랙티셔너가 휴식을 취해야 하거나 그룹에 적합하지 않을 수도 있다. 때로는 그룹 자체가 자연스러운 과정을 거쳐 해산할 때가 되기도 한다. 이런 상황에서는 관계를 마무리하고 함께한 시간을 축하하는 데 시간을 들이면 결론을 쉽게 내릴 수 있다.

> **논의할 내용**
>
> - 이 동료 그룹에 속해 있으면서 우리 자신에 대해 무엇을 배웠나요?
> - 이 동료 그룹에 속함으로써 우리는 코칭 또는 멘토링 실천에 대해 무엇을 배웠나요?
> - 동료 수퍼비전 그룹에서 작업한 경험을 통해 무엇을 배웠으며, 이는 미래의 동료 수퍼비전 관계에 어떤 영향을 미칠까요?
> - 나는 그룹에 무엇을 주었고 그룹은 나에게 무엇을 주었나요?

마치는 글

동료 그룹 수퍼비전은 편리하고 비용 효율적이며 구성원들의 발달을 향상하게 할 수 있다. 개인의 성찰적 실천은 그룹 기반의 핵심이다. 우리의 경험에 비추어 볼 때 그룹이 발전하는 과정에서 발생하는 어려움에 개방적이고, 그룹과 그 합의 및 프로세스, 그리고 자신의 필요에 전념하는 것이 가장 좋은 결과를 가져온다. 그룹 역동은 학습에 도움이 될 수도 있고 방해가 될 수도 있으며, 이에 대해서는 8장에서 더 자세히 탐구한다. 그룹에 지속적인 한계가 있는 경우, 개별 동료 수퍼비전(3장), 전문 수퍼비전(9장)을 시도하여 발전과 만족을 확대한다.

주요 학습 포인트

1. 동료 그룹 수퍼비전은 코칭 프랙티셔너 간에 위계적이지 않고 협력적인 학습 환경에서 이루어진다. 전문적으로 훈련된 수퍼바이저 없이 진행된다.
2. 토론 주제에 대한 경계를 설정할 때, 수퍼비전이 적절하지 않거나 전문적으로 훈련된 수퍼바이저가 필요한 경우 대체 지원 메커니즘을 찾아야 할 때를 알아야 한다.
3. 그룹 구성, 비밀 유지, 윤리, 역할, 책임, 그룹에 대한 헌신, 심리적 안전감 조성, 목적의 명확성, 형식 및 구조 등이 포함된 그룹 계약서를 작성하는 데 시간을 할애한다.
4. 모임 전 준비와 모임 사이의 성찰적 실천은 동료 학습을 향상시키고 대화를 풍성하게 한다.

5. 발표하는 동료와 관찰하는 동료 역할을 지정하는 것 외에도 각 구성원은 특정 프로세스 역할을 맡는다.
6. 그룹 역동, 회의 구조, 회의 기법 및 성찰적 실천에 주의를 기울이면 양질의 수퍼비전을 지원할 수 있다.
7. 동료 수퍼비전 경험을 강화하기 위해 구성원들이 수퍼비전 프로세스에 대한 지식을 넓히는 데 초점을 둔 학습과 개발에 참여하도록 초대한다.
8. 그룹 프로세스와 개인 및 집단 학습을 평가하기 위해 분기별 및 연간 검토를 마련한다. 이를 통해 향후 모임을 강화하기 위한 에너지를 생성한다.

참고 문헌

- Hawkins, P. and Shohet, R. (2000) *Supervision in the Helping Professions: An individual, group and organisational approach.* Philadelphia, PA: Open University.
- Hawkins, P. and Smith, N. (2006) *Coaching, Mentoring and Organizational Consultancy: Supervision and development.* Maidenhead, UK: Open University.
- Houston, G. (1985) Group supervision of groupwork. Self and Society: *European Journal of Humanistic Psychology*, 13(2), pp. 64–66.

부록 4.1
동료 수퍼비전 계약서^{contract} 샘플

그룹 계약서에 넣을 내용을 파악하는 것은 반복적인 과정이 될 수 있다. 아래는 제안된 시작점이다. 동료 수퍼비전 그룹의 필요에 맞게 이 샘플 계약서를 자유롭게 수정, 추가해도 좋다.

> **함께 작업하는 방법**
>
> 본 계약은 동료 수퍼비전에 참여하기 위한 구성원 간의 계약이다. 우리는 이 그룹의 목적이 동료 프랙티셔너가 전문성의 지속적 개발을 지원하고 코칭의 전문적 표준을 유지하는 데 초점을 맞춘 동료 수퍼비전임을 분명히 알고 있다. 이 계약서에 서명함으로써 우리는 모두 그룹에서 합의한 다음 사항을 준수하는 데 동의한다.
>
> 여기에 그룹이 합의한 기준을 추가하여 모두가 명확히 알 수 있도록 한다.
>
> 본 계약은 매년 또는 멤버십이 변경되는 시점에 갱신된다. 단 본 계약은 언제든지 그룹에 맞게 수정할 수 있다.

이름	연락처 정보	자격 및 교육	전문기관 자격증 또는 인증	멤버십/협회 또는 윤리 강령

이 계약서에 서명함으로써 우리는 그룹이 함께 작업할 정신^{spirit}과 조건에 동의한다. 우리는 최선을 다해 그룹 계약을 지키기 위해 노력한다.

이름	서명	날짜
이름	서명	날짜
이름	서명	날짜

[그림 4.1] 계약을 위한 동료 수퍼비전 구성원 세부 정보

부록 4.2
동료 수퍼비전 그룹 설립

아래는 그룹 계약에 포함될 수 있는 몇 가지 샘플 약관이며, 정기적으로 그룹 구성원과 계약할 수 있다.

회원 가입 절차
1. 가입하려면 회원은 모두 최신 전문 단체의 회원이어야 한다.
2. 그룹의 최대 인원은 X명이다.
3. 예비 신규 회원은 기존 회원(스폰서)을 통해 그룹에 약력을 제시하여 그룹에 소개된다.

4. 그룹이 동의하면 스폰서는 신규 회원을 그룹에 초대한다.
5. 스폰서는 신규 회원과 계약을 설명하여 그룹의 프로세스와 정책을 알게 할 책임이 있다.

모임 합의
1. 모임은 대면 및 화상 포럼을 혼합하여 진행한다.
2. 연간 X회의 정기모임이 Y(예: 매월 미리 정해진 날짜와 시간)에 개최된다.
3. 각 구성원은 연간 최소 1회 대면 모임에 참석하고 나머지는 화상으로 진행할 수 있다.
4. 동료 수퍼비전 모임을 개최하기 위한 최소 인원은 X명이다. 그보다 인원이 적을 경우, 참석 가능한 동료가 회의를 취소할지 아니면 기사 검토 또는 기타 학습에 그 시간을 사용할지 결정한다.
5. 동료 수퍼비전 그룹은 매년 X회의 사교 행사와 매년 학습 검토를 진행한다.

동료의 역할과 책임
발표하는 동료: 동료 수퍼비전 모임이 끝나면 발표하는 동료가 다음 회의의 촉진자가 된다.
회의 촉진자: 정족수가 충족되었는지 확인하기 위해 회의 일주일 전에 확인 이메일을 보낸다. 확인 이메일에는 회의 날짜와 시간, 결석 사유 사전 통보, 장소, 모임 취소 알림, 해당 동료 수퍼비전 모임에 대

한 모든 관리 사항이 포함된다.

동료: 결석에 대한 사전통보는 모임 예정일 최소 일주일 전에 해당 회기의 회의 촉진자에게 이메일로 보내야 한다.

부록 4.3
모임 구조

이 간략한 개요에는 동료 수퍼비전 그룹이 모임을 시작하고 운영하기 위한 몇 가지 팁이 포함되어 있다. 그룹이 일반적인 60분 또는 90분 회의 구조를 선택하면, 시간 관리자가 각 회의에서 그룹이 시간을 어떻게 지키는지 검토하고 시간이 지나면서 그룹의 특정 요구 사항에 맞게 계속 수정하는 것이 좋다.

1. 환영: 3~5분
   - 촉진자는 회의를 시작하면서 기본 원칙을 상기시키고, 이를 발전시킬 수 있는 기회를 제공한다.
   - 게스트 또는 신규 회원이 있는 경우 환영한다.
2. 완전히 참석: 3~5분
   - 방해받지 않는 공유 시간 또는 마음챙김 활동으로, 프랙티셔너들이 모임에 참여하는 데 방해가 될 수 있는 생각, 감정 또는 사건을 공유할 수 있는 기회를 갖는다. 처음에 빠르게 공간을 정리하고

공간을 만든 후, 동료 수퍼비전 프로세스로 넘어간다.
3. 동료 수퍼비전 기법: (60~90분 중) 남은 시간에 따라 조정하여
   - 아직 합의되지 않은 경우, 촉진자는 그룹이 합의된 모임의 동료 수, 주제를 선택할 수 있도록 지원한다.
   - 참고: 가이드라인은 그룹 인원 수, 그룹이 원하는 깊이에 따라 모임당 최대 1~3개의 사례, 주제, 네트워킹 활동이다. 이는 사전에 그룹 계약의 일부로 포함될 수 있다.
   - 촉진자는 그룹이 발표할 사람, 발표 순서, 대화 주제를 결정할 수 있도록 지원하고 시간 관리자와 협력하여 구체적인 회의 요건을 결정한다.
   - 사례 발표(들)
     - 가이드라인: 동료 사례 발표시간은 5~7분 소요된다.
     - 동료는 자신이 선택한 그룹 기법을 식별한다.
     - 촉진자는 기법이 준수되게 하고, 도움이 되지 않는 그룹 역동이나 개인 행동을 지적한다.
     - 시간 관리자는 타임 스탬프를 공유하거나 시간 합의를 유지한다.
     - 해당 사례가 완료되면 필요한 경우 위의 과정을 반복한다.
4. 완료: 3~5분
   - 이 단계에서는 사례를 발표한 사람들이 모임 마무리를 위해 해야 할 말이 있으면 공유할 기회를 갖는다. 여기에는 자신이 알아차린 점, 빠른 인정, 생각이나 느낌 등이 포함될 수 있다.
5. 회의 종료: 1분

- 정리: 필요한 경우 다음 회의를 위한 세부 사항을 합의한다.
- **중요!** 동료 수퍼비전 모임에 대한 논의를 재개하지 말고, 사례의 장점이나 모임 결과에 대해 추가로 이야기하지 않는다.

부록 4.4
그룹 기법 A-D

다음 기법은 호주의 여러 동료 수퍼비전 그룹에서 개발 및 검증되었다.

그룹 기법 A: 성찰을 심화하고 동료의 생각을 확장하기 위한 질문

목표: 발표하는 동료에게 자기 알아차림 깊게 하고 그로 인한 영향을 이해할 수 있도록 다양한 성찰적 질문을 제공한다. 이 과정을 통해 발표자는 자신이 묘사한 상황을 제한하거나 향상할 수 있는 다양한 잠재적 방법을 발견할 수 있다.

시간 할당: 그룹 규모와 합의에 따라 35~50분.

시간을 합의하고 촉진자 또는 중재자가 그에 따라 관리한다.

기법 단계 요약

1. 발표하는 동료는 자신의 개인적인 통찰을 포함하여 수퍼비전에 가져온 사례의 개요를 설명한다.

2. 명확히 하는 질문clarifying questions 라운드
3. 조사하는 질문probing questions 라운드(통찰을 위한 질문)
4. 발표하는 동료는 그룹과 초기 새로운 통찰을 공유한다.
5. 동료 관찰자가 모임에서 얻은 초기 학습 내용을 공유한다.

단계별 안내

전반적으로: 발표하는 동료는 성찰적 실천에서 얻은 개인적인 통찰을 포함하여 수퍼비전에 가져오는 사례와 관련된 모든 세부 사항을 공유한다. 고객, 조직, 시스템 내 다른 사람에 대한 세부 사항은 그룹 합의의 일부로 기밀로 제시해야 한다. 자기 성찰에 대한 개인적인 경계 설정은 발표하는 동료가 설정하고 그룹은 이를 존중한다.

1단계(5~10분): 발표하는 동료의 사례 발표

(a) 자신의 사례에 대해 일반적인 용어로 말하되, 특히 사례와 관련하여 자신에게 어떤 일이 일어나고 있는지를 강조한다. 개인적인 반응, 한계, 방해 요인, 중요성에 대한 자기 알아차림과 성찰을 공유할 수 있는 영역이다.

(b) 구체적인 피드백이나 관찰을 원하는 잠재적 영역을 제안하고, 이 모임의 시작 부분에서 학습에 도움이 될 수 있는 새로운 관찰을 제공한다.

2단계(5~10분): 성찰 및 설명

동료들은 그룹 중재자가 촉진하는, 발표되는 사례를 명확하게 이해하는 데 필요한 명확히 하는 질문clarifying questions을 할 수 있다. 이 질문은 짧고 사실을 규명하기 위한 것이다.

(a) 간략하게 – 3분 – 독립적인 침묵 속에서 사례를 성찰하고 핵심 질문을 정의하기 위해
(b) 명확히 하는 질문 라운드. 발표하는 동료는 자신의 입장, 선택한 이유를 '옹호'하기보다는 세부 사항을 채우기 위해 짧은 답변으로 응답한다.

명확한 질문의 목적은 다음과 같다.

- 사례에 대한 그룹의 관련 이해를 확장한다.
- 이미 공유된 정보의 정확성을 확인한다.
- 발표하는 동료가 말한 결과를 뒷받침하는 세부 정보를 추가한다.

명확한 질문은 다음을 **하지 않는다**.

- 왜 질문
- 개인적인 호기심, 직감을 충족시키거나 전문성을 과시하기 위한 질문

- 조사 질문 probing questions

명확한 질문의 예

- 어떤 개입, 자원 또는 도구가 사용되었나요?
- 내가 들은 바에 따르면…?
- 어떤 기준이나 방법론 또는 프레임워크가 …에 사용되었나요?
- 내가 당신이 말한 내용을 올바르게 바꿔 표현하거나 요약했나요?
- 당신과 고객 스폰서 사이의 관계는 어떤가요?

3단계(10~15분): 동료 수퍼비전 라운드

발표하는 동료에게 무슨 일이 일어나고 있는지 파악하고 사례 안에서 자기 알아차림을 확장하기 위한 간결한 인식 구축 질문 라운드이다. 발표하는 동료는 시간이 허락하는 한 원하는 만큼 많은 질문에 답할 수 있다.

이 단계에서 동료들은 발표하는 동료가 다음을 더 깊이 생각하도록 격려하기 위해 조사 질문을 할 수 있다.

- 자신의 역할, 참여에 대한 가정
- 고객 또는 고객 스폰서의 기대치
- 시스템 내 다른 사람들과의 관계
- 제시된 사례에 대해 어떤 관점을 가지고 있는지

- 그들이 고객에게 미치는 영향
- 발표하는 동료를 포함하여 시스템 내 다양한 사람들 간의 관계에 대한 이해

팁: 질문 사이에 간격을 두어 발표하는 동료가 각 질문을 고려할 기회를 가질 수 있도록 한다. 발표하는 동료는 모든 질문에 응답할 필요는 없다. 실제로 촉진자 또는 중재자는 발표하는 동료에게 각 질문에 응답하기보다는 고려해 보라고 상기시킬 수 있다.

조사 질문의 예:

- 당신과 고객의 관계는 어떤가요?
- 고객과 … 사이의 관계는 어떤가요?
- 도구나 개입 또는 모델을 사용한 결과 어떤 영향이 있었나요?
- 왜 그렇게 생각하십니까?
- 만약 …이 …라면 무슨 일이 일어날 것으로 생각하십니까?
- 다음번에는 무엇을 다르게 하시겠습니까?

4단계(15분): 회의 종료

중재자는 발표하는 동료에게 최종 성찰을 요청한다. 각 구성원에게도 모임을 마무리할 때 자신의 작업에 적용할 수 있는 최종 성찰 또는 시사점을 요청한다. 참고: 이것은 발표하는 동료가 달성했다고 생각하는 학습 내용을 요약하는 기회가 아니다.

그룹 기법 B: 발표하는 동료의 역량 확장하기

목표: 발표하는 동료에게 고객과 함께 작업할 수 있는 다양한 대안을 제공한다.

    시간 할당: 그룹 규모와 합의에 따라 20~50분.

    시간을 합의하고 촉진자 또는 중재자가 그에 따라 관리한다.

프로세스 단계

1단계(5~20분)
발표하는 동료

1. 수퍼비전에 가져온 사례의 개요를 설명한다.
2. 성찰적 실천에서 숙고해 온 질문을 제기한다.
3. 그룹 수퍼비전의 결과로 원하는 것이 있으면 제안한다.
4. 회의를 마무리한다.

    그룹 중재자는 누락된 사실 정보를 수집하기 위해 동료들이 명확한 질문을 하도록 촉진할 수 있다.

2단계(5~10분)
동료들은 사례의 측면과 발표하는 동료가 고려하고 성찰할 수 있는 가능한 대안에 대해 큰 소리로 토론하고 생각한다. 여기에는 코치로서 발표하는 동료의 기술을 강화하기 위한 다른 가능한 개입, 이론, 방법이 포함될 수 있다. 동료들은 이러한 대안을 전문가의 의견이 아닌 제안, 관찰을 통해 제시하고 '가르치기'를 피한다.

3단계(5~10분)
토론이 완료되면 발표하는 동료는 토론과 실천을 통해 무엇을 얻을 수 있는지 공유하는 것으로 응답한다.

4단계(5~10분)
모든 구성원은 각자의 실천에 적용할 수 있는 학습 내용을 추가하여 모임을 마무리한다. 이것은 발표하는 동료가 달성했다고 생각하는 학습 내용을 요약하는 기회가 아니다.

그룹 기법 C: 리허설

목표: 발표하는 동료에게 안전한 환경에서 동료들과 함께 실천하여 향후 대화에서 고객과의 이슈를 다루고, 새로운 기법이나 도구를 실천하거나, 어려운 피드백을 줄 기회를 제공한다.

 시간 할당: 그룹 규모와 합의에 따라 45~75분.

 시간 합의. 시간 관리자는 시간을 관리하고 촉진자는 그룹 프로세스를 진행한다.

기법 단계 요약:

1. 발표하는 동료는 사례와 모임의 초점을 공유한다.
2. 구성원의 성찰과 각자의 통찰을 공유한다.
3. 동료들이 제안을 공유하고 발표하는 동료는 실천할 제안을 선택한다.
4. 그룹 역할극
5. 배운 통찰을 공유하며 회의를 마무리한다.

기법 단계

1단계(5~20분)
발표하는 동료가 공유할 것

1. 고객과 함께 다루고자 하는 시나리오
2. 고객, 시나리오, 조직, 도구/개입을 설명하는 구체적인 사항
3. 고객의 자기 알아차림(예: 자신감 또는 막막함)
4. 리허설 중에 동료들이 알아차리기를 바라는 점

그룹 중재자는 누락된 사실 정보를 수집하기 위해 동료들이 명확한 질문을 하도록 촉진할 수 있다.

2단계(2~5분)

동료들은 독립적으로 몇 분간 시간을 내어 같은 시나리오에서 자신이 어떻게 행동할지 생각해보고 공식화한다. 사례에 대한 가설을 세우거나 "나라면 이렇게 할 것이다."라고 조언하는 대신, 동료들은 리허설을 시작하기 위해 오프닝 멘트를 만드는 것과 제안을 할 수 있다. 예를 들어, "저는 여러분의 피드백에 대해 생각해 봤는데 혹시 여러분도 그렇게 했는지 궁금했습니다…." 또는 해당 이슈에 대해 유용할 것 같은 질문을 다음과 같이 할 수 있다. "최근에 상사와는 어떻게 지내고 있나요?"

3단계(5분)

1. 각 동료가 제안을 하나씩 한다.
2. 모든 동료가 오프닝 멘트나 질문을 하면 발표하는 동료는 모든 기여를 고려한 후 합의된 시간 동안 실천할 제안 가운데 하나를 선택한다.

4단계(15~30분)

동료들은 고객, 고객 조직, 가족 시스템 등에서 다른 사람들의 역할을 하여 발표하는 동료가 경험적 학습 과정을 통해 배우도록 돕는다.

5단계(15분)

모임을 마무리하기 위해 모든 구성원은 각자의 경험에서 얻은 개별 학습을 추가하여 자신의 실천에 적용할 수 있도록 한다. 다시 말하지만, 초점은 발표하는 동료나 다른 사람이 아니라 자신의 학습에 맞춘다.

그룹 기법 D: 프랙티셔너로서의 자기 성찰 심화하기

목표: 그룹 응집력을 강화하기 위해 발표하는 동료와 다른 그룹 구성원 모두를 위한 현재의 성찰적 실천을 구축한다.

참고: 이 기법은 좀 더 확립된 그룹과 선임 프랙티셔너에게 권장된다. 이 기법은 구성원들이 회의 전에 준비할 때 가장 효과적이다. 구성원들이 전문가 또는 '가르치는' 역할에 빠지지 않도록 촉진자는 적극적인 역할을 수행하여 방해나 다른 개별적인의 관점을 최소화하고 각 회의를 순환하는 이 기법에 대해 매우 엄격하게 관리한다.

시간 할당: 40~65분, 그룹 규모와 합의에 따라 다르다.

기법 단계 요약:

1. 각 구성원은 동료 그룹 구성원으로서 자신의 발전에 대해 관찰한 내용을 한 가지씩 공유한다.
2. 그룹에 미치는 영향에 대해 동료 그룹 토론 또는 수퍼비전을 한다.
3. 동료들은 모임에서 얻은 초기 학습 내용을 공유한다.

기법 단계

1단계(10~15분)

각 구성원은 동료 그룹 구성원으로서 자신의 성장에 대해 관찰한 내용을 한 가지씩 공유한다. 취약성을 드러내고 무엇이 어려웠는지, 시간이 지나면서 무엇이 더 수월해졌는지, 그리고 그룹 과정 중에 어떤 상황에서 감정적으로 반응했는지를 공유하는 것은 논의에 유용한 데이터 포인트가 될 수 있다. 또한 자신의 독립적인 성찰 실천과 그룹 수퍼비전의 결과로 떠오르는 주제, 새로운 알아차림을 기록하는 것도 도움이 될 수 있다. 예를 들면 다음과 같이 말할 수 있다. "저는 그룹 내에서 마지막에 공유할 때까지 기다리는 경향이 있다는 것을 배웠습니다. 이 패턴이 영향력 있는 남성 고객과의 관계에서도 나타난다는 것을 알게 되었습니다." 누구도 이 관찰에 응답하거나 정상화할 필요는 없다. 중재자는 도움이 되었다면 감사하다고 말할 수 있다.

2단계(20~35분)

모든 사람이 개인적인personal 통찰을 공유한 후, 그룹은 이러한 개별적인individual 성찰이 그룹이 현재 함께 일하는 방식에 전체적으로 어떤 영향을 미치는지 토론한다. 위의 예를 사용하여 다음과 같은 대화를 나눌 수 있다. 누군가가 지속해서 마지막에 의견을 공유함으로써 그룹에 어떤 패턴이 생겼나요? 이 패턴을 깨기 위해 그룹은 어떤 옵션을 가지고 있나요? 동료 구성원으로서 나는 이 행동이 나에게 미치는 영향을 어떻게 해석하나요?

3단계(10~15분): 최종 라운드

각 개인은 동료 수퍼비전 그룹에서 자신의 행동에 대한 새로운 알아차림의 결과로 시도해 볼 의향이 있는 것을 공유한다.

5장 계약서 작성 및 계약 체결의 간소화

역자: 정혜선

정의: 계약 체결contracting이란 관계의 경계를 합의하는 과정으로, 관계를 수립하고 유지하는 대화이다. 계약 체결은 관계 초기에 상호 기대와 의무를 명확히 하는 '계약'을 설정하기 위해 중요하다. 또한 관계가 진행되는 동안에도 중요한 기술로, 모든 당사자가 상황이 불분명하거나 어려워질 때 이슈를 제기하고 탐색할 수 있도록 한다.

계약 체결에 대한 우리의 의미

이 정의를 통해 우리가 여기서 서로 밀접하게 연관된 두 가지 개념을 다루고 있다는 점을 명확히 했으면 한다. 이 장은 두 가지 섹션으로 구성되어 있다. 첫 번째 섹션에서는 동료 수퍼비전 작업을 위한 계약(명사)을 설정하는 방법을 다루고, 두 번째 섹션에서는 계약 체결(동사) 기술에 대해 다룬다. 우리는 이 두 가지 모두가 성공적인 동료 수퍼비전을 위해 필요하다고 믿는다.

　일대일 동료 수퍼비전과 그룹 동료 수퍼비전에 관한 장에서는 계약의 필수 요소에 관한 지침이 포함되어 있다. 그렇지만 실제로 실행하면서 이러한 요소가 점점 더 세부적으로 구체화될 수 있음을 알게 된다. 섹션 1에서는 더 확장된 계약을 개발하도록 유도하는 추가 항목들을 포함하여, 계약을 더욱 풍부하게 구성할 수 있는 논의 항목들을 제시한다.

　섹션 2에서는 자주 간과되는 전문 분야 계약 체결의 기술에 중점을 둔다. 계약이 마련된 이후에야 계약 체결 대화의 공식적인 참조 지점이 생기기 때문에, 이 기술을 두 번째에 배치했다. 계약은 물리적인 문서일 수 있지만, 계약 체결 대화가 이를 계속 유지시키는 역할을 한다. 정기적으로 계약을 재검토하는 것(이를 재계약이라고 부른다)을 권장하며, 이를 통해 동료 수퍼비전 관계에서 최대의 가치를 얻을 수 있다. 재계약 논의가 유용하다고 생각되는 예시를 제시하며, 원래 계약에 더 많은 세부사항이나 명확성을 추가하는 계기가 될 수 있다. 정기적인 재계약을 통해 계약 체결 기술을 발전시키면, '즉석' 계약 체결을 할 수 있게 된다. 이는 동료 수퍼비전 관계의 효율성을 저해할 수 있는 미묘한 요소들을 인식하면서 즉각적으로 대응하는 계약 체결 기술을 발휘하는 것이다. 이러한 즉석 계약 체결이 실제로 어떻게 이루어질 수 있는지에 관한 실제적인 예시를 제공한다. 이와 더불어 좋은 계약 체결 기술을 개발하는 데 기여하는 개인적 특성이 무엇인지에 대한 생각도 공유한다.

섹션 1: 동료 수퍼비전 계약 개발하기

개인의 선호도와 소속 문화에 따라 계약을 얼마나 공식적으로 할지 비공식적으로 할지 결정된다. 작업 방식에 대해 충분히 논의하고 상호 신뢰를 쌓았다면, 계약을 문서화할 필요가 없다고 느끼기 쉬울 수 있다. 그러나 우리는 어떤 식으로든 계약을 물리적으로 기록해 두는 것을 권장한다. 예를 들어, 모든 당사자가 서명한 문서, 함께 작성한 플립 차트의 사진, 또는 계약 대화 녹음본 등이 될 수 있다. 이는 파트너십이나 그룹에서 긴장감을 유발할 가능성이 있는 어떤 것이 발생할 때 참조할 수 있는 기준점 역할을 할 수 있다.

호킨스Haukins와 스미스Smith(2006)에 따르면, 동료 수퍼비전 계약에서 다뤄야 할 다섯 가지 주요 영역이 있다고 한다. 이 다섯 가지 영역을 고려하여, 초기 계약을 작성하기 위해 최소한 결정해야 할 사항을 보여주는 [표 5.1]을 만들었다.

3장과 4장에서는 일대일 및 그룹 동료 수퍼비전 계약 내용에 대해 좀 더 자세한 지침을 제공했으며, 이 다섯 가지 주요 영역을 반영하였다.

계약을 위한 추가 고려 사항

헤이Hay(2007)에 따르면 동료와 계약을 체결할 때 고려해야 할 세 가지 주요 요소가 있다. 이 요소들은 절차적, 전문적, 심리적으로 설명된다. 우리는 네 번째 요소로 정치적 요소를 추가하고자 한다. 이는 동료가 동일한 조직(고용주, 제삼자 또는 교육 기관)에 속해 있을 때 중요한 요소가 될 수 있음을 발견했기 때문이다.

초기 계약을 만들 때, 아마도 이 네 가지 요소를 모두 다루었을 것이다. 그러나 현실적으로 모든 상황을 시작 전에 완벽히 다룰 수는 없다. 동료 관계는 특히 복잡하며, 함께 일하는 시간이 길어질수록 계약에 포함되지 않은 관계 변화가 발생할 가능성이 커진다. 사실, 일부 계약 이슈는 더 깊은 수준에서 일하기 시작할 때 비로소 나타날 수도 있다.

[표 5.1] 동료 수퍼비전 계약을 위한 다섯 가지 영역 및 결정 사항

호킨스와 스미스(2006)가 제시한 영역	동료 수퍼비전 초기 계약을 형성하기 위한 결정 사항
실무 사항	우리는 얼마나 자주 만나고, 얼마 동안 만날 것인가? 우리는 어디에서 만날 것인가? 일정 취소나 변경은 어떻게 관리할 것인가?
경계	어떤 주제를 동료 수퍼비전에 가져올 것인가? 가져오지 않을 주제는 무엇이며, 그 주제는 어디에서 다룰 것인가? 어떤 전문 수퍼비전 방식이 필요한가?
업무 합의	비밀 유지 관리는 어떻게 할 것인가? 어떤 수준의 준비를 다짐할 것인가? 동료 수퍼비전 관계에 대한 우리의 기대와 우려는 무엇인가? 동료 수퍼비전을 시작하기 전에 서로의 관행에 대해 알아야 할 사항은 무엇인가?

회의 형식	회의 시간은 어떻게 구성할 것인가?
	어떤 기법을 사용할 것인가?
	그룹 내에서는:
	   진행자 역할을 어떻게 나눌 것인가?
	   동료 수퍼바이지 역할을 어떻게 나눌 것인가?

조직 및 전문적 맥락	어떤 윤리 강령을 따를 것인가? 우리 업무에 관심이 있는 다른 이해관계자는 누구이며, 그들과 어떻게 소통을 유지할 것인가?

호킨스와 스미스 (2006)

초기 수퍼비전 계약을 시작한 후에도 추가 계약 논의가 필요할 수 있다. 헤이Hay의 세 가지 계약 요소를 활용하여, 동료와 함께 논의할 주요 질문들을 제안한다. 이 질문들에 답함으로써 더 넓은 이슈들을 관리할 수 있는 방법도 함께 제시한다. 이 목록은 모든 것을 포괄하는 것은 아니며, 따라야 할 체크리스트도 아니다. 그러나 이 질문들이 동료 수퍼비전 관계에서 발생할 수 있는 이슈들을 탐색하고, 그러한 문제들이 존재할 경우 이를 표면화하고 관리하여 그에 따라 계약을 확장하는 것이 왜 중요한지를 강조하는 데 도움이 되길 바란다.

우리의 목표는 동료 수퍼비전 관계를 다음과 같이 설정하는 데 도움이 되는 것이다.

- 견고하고 전문적인 관계가 되도록
- 공정성과 협력의 감각이 있도록
- 모든 당사자는 누가 무엇에 대해 책임이 있는지 명확히 이해하도록
- 문제 발생 시 이를 어떻게 관리할지 투명하게 알 수 있도록
- 계약 체결 기술이 충분히 발전되도록

계약 요소 1: 절차적 사항([표 5.2], [표 5.3], [표 5.4])

절차적 사항은 동료 수퍼비전 관계를 설정하고 유지하는 데 필요한 물리적이고 실천적인 사항을 다룬다. 일반적으로 이러한 실천적 고려사항들이 계약에 가장 자연스럽게 포함된다. 필수 항목은 초기 계약 논의

에서 다루었으며, 3장과 4장에서 이에 대한 관련 지침을 제공한다. 하지만 원론적으로 합의한 내용과 실제 실행 사이에 차이가 발생할 수 있다. 아래 [표 5.2], [표 5.3], [표 5.4]에서는 발생할 가능성이 크고 추가 논의가 도움이 될 수 있는 몇 가지 일반적인 실천 사항들을 제시한다.

[표 5.2] 논의할 실천 사항: 빈도

논의할 질문	관리하는 데 도움이 되는 이슈
얼마나 미리 회의를 계획할 것인가?	개인마다 시간 관리 선호도가 다르다. 문화와 시간 준수 관습에도 차이가 있을 수 있다. 이 주제를 논의함으로써 사람들이 다양한 우선순위를 어떻게 관리할지에 대한 이해를 높일 수 있다. 예를 들어, 48시간 전 취소 통지를 하기로 합의했지만, 동료 수퍼비전 시간에 고객이 만남을 원한다면 갈등을 느낄 수 있다. 동료 수퍼비전 합의를 얼마나 잘 지킬 수 있는지 생각해 볼 수 있다. 이를 탐색하는 것은 계획된 일정을 얼마나 유연하게 조정할지에 대한 논의에 도움이 된다.
'긴급' 상황을 어떻게 관리할 것인가?	일대일로 작업할 때, 동료가 언제 지원할 준비가 되어 있는지와 양측의 기대가 무엇인지 이해하는 것이 중요하다. 그룹 작업에서는 미리 합의된 방식이나 순환 방식으로 지원을 제공하는 것이 좋다. 그렇지 않으면 더 경험이 많은 사람에게 의존하게 되거나 소그룹이 형성될 가능성이 있다.

[표 5.3] 논의할 실천 사항: 시간 관리

논의할 질문	관리하는 데 도움이 되는 이슈
시작 및 종료 시간을 얼마나 엄격하게 지킬 것인가?	시간 엄수에 대한 관점은 개인의 성격과 문화에 따라 다를 수 있다. 누군가 자주 늦거나 일찍 떠나거나 자주 회의 시간을 초과하면 불만이 쌓일 가능성이 있다. "만약 ~라면 어떻게 할 것인가?"와 같은 문제를 미리 탐색하면 실현 가능한 경계를 설정할 수 있다.

논의할 질문	관리하는 데 도움이 되는 이슈
회의 시간이 어떻게 사용되는지 어떻게 추적할 것인가?	항상 먼저/마지막으로 발언하는지, 또는 특정 인물(이름)은 배정된 발언 시간을 항상 초과하는지 생각해 볼 수 있다. 만약 이에 대한 데이터를 보유하고 있다면, 단순히 의식에 의존하는 것보다 논의하기 더 쉽고, 일대일이나 그룹 작업 모두에게 도움이 될 수 있다.
어떤 상황일 때 회의 발언권을 '잃게' 되는가?	모든 참여자가 어느 정도의 유연성을 환영한다 해도, 일정의 재조정 요청이 반복되거나 자주 '불참'하는 상황이 발생하면 다른 동료가 용납할 수 없는 시점이 올 수 있다. 이러한 논의를 통해 계약 요소가 지켜지지 않을 경우 허용할 수 있는 '벌칙'이 무엇인지 알아볼 수 있다.
지각을 어떻게 관리할 것인가?	회의 흐름을 방해하지 않도록 시간 기준을 설정한다. 그렇지 않으면 동료가 도착할 것을 기대하며 조금 더 기다릴지, 그 장소를 떠나도 좋을지, 아니면 다른 작업을 시작할지를 결정할 근거가 없어진다. 이 부분이 사전에 합의되지 않으면, 동료를 회의에서 제외하는 결정을 처벌로 여길 수 있고, 반대로 시간을 지키지 않아도 된다는 암묵적 동의로 해석될 수 있다.

[표 5.4] 논의할 실천 사항: 위치

논의할 질문	관리하는 데 도움이 되는 이슈
우리의 만남 장소는 적합한가?	합의된 장소가 예상치 못한 불균형을 초래할 수 있다. 예를 들어 한 사람이 자신의 사무실을 제공할 경우, 회의 후 방을 준비하거나 정리하는 데 추가 시간을 할애해야 할 수 있다. 온라인으로 작업할 때도 어려움이 발생할 수 있다. 모든 사람이 안정적인 인터넷 연결을 경험하는 것은 아니며, 통신 품질에 문제가 생기면 일부 사람들은 다른 사람들보다 동료 수퍼비전 경험이 불완전할 수 있다. 이러한 불균형의 원인을 논의하지 않으면 동료 수퍼비전의 가치에 대한 인식에 영향을 미칠 가능성이 있다.
비용 분담은 어떻게 관리할 것인가?	장소 사용에 비용이 발생할 경우, 한 사람이 먼저 지급하고 다른 사람들이 이를 입금하는 방식이 일반적이다. 비록 적은 금액이더라도 누군가 상환하지 않으면 불편함과 불만이 생길 수 있다. 이를 사전에 어떻게 관리할지 합의하면 이슈를 제기하기가 더 쉬워진다.

계약 요소 2: 전문적 사항([표 5.5], [표 5.6])

동료코칭수퍼비전은 여러 다른 도움이 되는 관계의 요소를 포함하고 있어 흥미로운 분야이다. 예를 들어, 코치에게 코칭하기, 멘토링, 비판적인 친구 역할, 신뢰할 수 있는 조언자, 상담자, 전문적인 소통 창구 ⋯ 등 몇 가지 예를 들 수 있다. 이러한 관계에서 계약의 전문적 요소는 동료 수퍼비전에서 논의되는 내용이 가장 적절한 영역에 속하도록 고려하는 데 중요한 역할을 한다.

[표 5.5] 논의할 실천 사항 : 경계

논의할 질문	관리하는 데 도움이 되는 이슈
우리 대화의 '톤'은 어떠했는가?	동료 코칭수퍼비전은 다른 '도움이 되는' 대화와 겹칠 수 있다. 어떻게 그 차이를 알 수 있을까? 다른 사람들이 이 대화를 어떻게 인식할 지 생각해 보자. 멘토링, 코치를 코칭하기 또는 상담으로 볼 수 있을까? 이러한 평가적 관점을 취하면 원래의 동료 수퍼비전 계약에 충실할 수 있다. 이러한 패턴을 인식하는 것은 계약의 재조정이 필요한 시점을 판단하거나, 다른 프랙티셔너에게 의뢰하는 것이 더 적절한 시점을 결정하는 데 도움이 된다.
우리가 한계를 느낄 때는 어떻게 할 것인가?	동료 수퍼비전 대화가 예상치 못한 방향으로 흘러가는 경험은 흔한 것이다. 겉으로는 간단해 보이는 주제로 시작했지만, 대화를 진행하다 보면 개인적인 성장과 관련된 이슈가 드러날 수 있다. 이에 따라 예정된 방향에 영향을 미칠 수 있고, 이에 따라 누군가는 추가적인 시간 및/또는 추가적인 지원이 필요할 수도 있다. 이러한 측면이 충분히 탐구되지 않으면 계획대로 대화를 이어가야 한다는 압박감을 느낄 수 있으며, 만약 강한 감정이 개입된다면 다른 행동 방침을 따르는 것이 더 신중해질 수 있다.

논의할 질문	관리하는 데 도움이 되는 이슈
우리가 고객에게 진정으로 도움을 주고 있는지 확신하는가?	동료 사이의 논의는 흔히 본래의 초점에서 벗어나 비즈니스 운영이나 새로운 학습의 공유와 같은 인접한 이슈로 옮겨질 수 있다. 이러한 논의는 프랙티셔너에게 유익하지만, 고객의 필요가 간과될 위험이 있다. 동료 수퍼비전 대화에서 반영한 내용을 고객 작업에 어떻게 적용했는지를 확인하는 것은 고객을 얼마나 잘 돕고 있는지를 평가하는 좋은 방법이다. 필요한 경우, 고객 작업에 더 집중하여 회의를 재구성할 수 있다.
누군가 비윤리적으로 행동하고 있다고 느낄 때 우리는 어떻게 해야 하는가 (고객이든 동료 수퍼비전 관계이든)?	이는 진행자뿐만 아니라 전문 수퍼바이저들에게도 가장 두려운 상황 가운데 하나이다. 이를 돕기 위해 에스컬레이션 프로세스([부록 5.1])를 제공한다. 이 프로세스에 대해 대화를 나누는 것 자체가 유익한 연습이 될 것이며, 윤리적 이슈를 더 논의할 수 있도록 하고, 실제로 발생할 수 있는 어려움에 대비하게 할 것이다.

[표 5.6] 논의할 실천 사항: 비밀 유지

논의할 질문	관리하는 데 도움이 되는 이슈
고객의 기밀이 유출되었다는 사실을 알게 되었을 때, 우리는 무엇을 해야 하는가?	불행하게도 아무도 지우개 버튼을 가지고 있지 않다. 기밀이 유출된 경우, 이제 알게 된 사실을 '모른 척' 할 수 없다. 따라서 언제 이 사실을 고객에게 알리고, 언제 동료 수퍼비전 관계 내에서 관리할 수 있으며, 언제 전문가 수퍼바이저에게 조언을 구해야 하는지에 대한 기준을 설정하는 것이 유용할 수 있다.
동료 수퍼비전에서 논의한 내용을 파트너(개인 관계)와 공유해도 되는가? 만약 그들이 코치라면 다를까?	이 논의를 통해 사적인 대화와 비밀 대화에 대한 사람들의 이해를 추적할 수 있다. 이는 정보를 이름 없이 공유하는 것이 기밀 유출에 해당하는지에 대한 공통된 관점을 설정하는 데 도움이 된다. 또한 기밀이 다른 전문가에게까지 공유되는 범위를 명확히 한다. 일반적으로 이는 고객 및 동료 정보의 관리가 더 철저하고 의식적으로 이루어지도록 한다.

논의할 질문	관리하는 데 도움이 되는 이슈
이 동료 관계 외에 동료 수퍼비전을 공유할 경우, 우리의 커뮤니케이션 예절은 어떻게 해야 하는가?	전문가들은 자주 하나 이상의 수퍼비전 출처를 가지고 있다. 만약 이슈가 동료 수퍼비전 이전에 이미 처리되었다면, 이를 명확히 하는 것이 도움이 될 수 있다. 그렇지 않으면 동료들은 이야기에서 뭔가 빠진 부분이 있다고 느낄 가능성이 크다. 마찬가지로, 다른 수퍼비전 설정에서 동료 수퍼비전 결과를 처리한 경우, 이를 다음 회의에서 공유하는 것이 좋다. 이 두 가지 경우 모두, 동료 수퍼비전 관계의 유용성을 평가할 때 관련된 정보이다.

계약 요소 3: 심리적 사항([표 5.7], [표 5.8], [표 5.9])

우리는 모두 전문적인 프랙티셔너이지만, 무엇보다도 먼저 인간이다. 동료 수퍼비전 관계에 들어설 때 우리는 단순히 전문적인 자신만을 데리고 오는 것이 아니라, 역사, 과거의 좋은 경험과 나쁜 경험, 취약성, 에고, 가정 및 신념 체계까지도 모두 가져온다. 어떤 수퍼비전이 잘 작동하려면 개인들이 심리적 안전감을 느껴야 한다. 이 가운데 하나라도 동료 수퍼비전 작업의 효과를 해칠 잠재력이 있다. 다음 표에 있는 질문들은 민감한 이슈를 건설적인 방식으로 제기할 기회를 제공한다.

[표 5.7] 논의할 실천 사항: 개방성과 신뢰

논의할 질문	관리하는 데 도움이 되는 이슈
우리가 말하는 내용을 편집하고 있다고 느낄 때는 언제인가?	동료 수퍼비전에서는 우리가 취약성을 드러낼 수 있을 만큼 충분히 안전하다고 느낄 수 있는 공간을 만들어야 한다. 이 공간을 만드는 것은 공식적인 절차가 아니라는 점을 명심해야 하며, 안전한 느낌은 동료 수퍼비전에서 다루는 내용과 동료들의 반응에 따라 흔들릴 수 있다. 우리가 이야기에서 편집하고 있는 부분을 인식함으로써, 무엇을 더 투명하게 하고 계약을 맺어야 할지에 대한 단서를 얻을 수 있다.
우리가 이전에 경험한 수퍼비전이 현재의 동료 수퍼비전 관계에 어떤 영향을 미치고 있는가?	개방성과 신뢰를 구축하는 데 시간이 걸리므로 우리는 이전 관계나 또는 유사한 관계에서의 경험을 바탕으로 새로운 동료 수퍼비전 관계에 접근하게 된다. 이전 경험이 긍정적이었다면, 동료보다 더 일찍 개방적으로 대하는 자신을 발견할 수 있다. 반대로 이전 경험이 부정적이었다면, 동료들에 비해 주저하게 될 것이다. 만약 이전의 경험이 이해되지 않으면 현재 관계에서의 참여에 대해 잘못된 결론이 나올 수 있다.

[표 5.8] 논의할 실천 사항: 피드백 관리

논의할 질문	관리하는 데 도움이 되는 이슈
우리는 주어진 지원과 도전의 수준을 어떻게 경험하고 있는가?	다른 사람들이 우리가 생각하는 적절한 지원과 도전 수준을 공유한다고 가정하기 쉽다. 우리가 안전하게만 하려 한다면, 관계가 너무 안락해질 수 있고, 너무 과감하면 취약성을 드러내기가 더 어려워질 수 있다. 지원과 도전이 어떻게 경험되고 있는지에 주의를 기울임으로써, 모두가 피드백을 주는 기술을 다듬을 수 있다.
어떤 분야에서 피드백이 가장 유용한가?	많은 프랙티셔너가 자신의 업무 발전을 위해 다양한 피드백을 동료에게 요청한다. 그러나 수퍼비전 대화에서 다룰 사항이 너무 많으므로 피드백을 받을 부분을 좁히는 것이 더 도움이 될 수 있다. 이렇게 하면 자신이 발전하고자 하는 초점을 선택할 책임이 커지고, 요청한 피드백을 실제로 다루는 데 더 큰 책임감이 생긴다. 이 주제에 대한 집중이 없다면 피드백은 꽤 산만하게 느껴질 수 있으며 실제로 관리하기 벅찰 수 있다.

논의할 질문	관리하는 데 도움이 되는 이슈
피드백 주고받기의 경험은 어떠한가?	동료 수퍼비전은 풍성한 피드백을 주고받을 수 있는 기회이다. 그러나 모든 사람이 이를 효과적으로 수행할 수 있는 기술을 갖춘 것은 아닐 수 있다. 피드백을 잘못 처리하면(주거나 받거나) 개인이 발전적인 작업에서 물러날 수 있다. 피드백 메시지를 어떻게 관리했는지에 대한 피드백을 적극적으로 제공하면 (더 효과적으로 할 수 있었던 방법에 대한 제안을 포함) 관련된 모든 참여자의 일련의 기술을 향상시킬 수 있다.

[표 5.9] 논의할 실무 사항: 동료 비교 관리

논의할 질문	관리하는 데 도움이 되는 이슈
각각의 동료와 일한 경험은 무엇인가?	우리의 동료 수퍼비전 관계는 고립되어 존재하지 않는다. 우리는 각기 다른 배경과 경험을 가지고 있어 동료와 함께 일하는 방식에 대한 감정에 영향을 미칠 수 있다. 동료 수퍼비전 경험이 있는 사람은 자신이 배운 교훈을 능동적으로 공유하는 것이 끊임없이 "지금 어떻게 해야 하나요?"라고 묻는 것보다 더 많은 공평함을 유지하는 데 도움이 된다. 반대로 동료와의 경험이 부정적이었다면(예: 괴롭힘) 이를 아는 것도 유익하다. 이는 개인이 신뢰를 쌓는 데 어려움을 겪을 수 있는 이유를 설명하는 데 도움이 될 수 있고, 모든 참여자가 자신들의 기여에 대해 의식적으로 능숙하게 행동하게 하며, 도움이 되지 않는 관계 패턴이 나타날 경우 도전할 수 있는 기회를 제공한다.
어떤 일이 우리를 열등하거나 우월하게 느끼게 하는가?	이런 종류의 질문에 대해 논의하는 것은 현재의 신뢰 수준을 점검할 수 있다. 그렇지만 이는 우리가 건강하지 않은 역동 관계를 발견할 수 있도록 도와주는 유용한 정보이다. 뭔가 부자연스럽게 느껴지면 그것이 우리의 의식적 인식 밖에서 일어나는 이슈를 나타내는 신호일 수 있다. 각자의 자극 요인에 대한 이해가 있으면 관계 역동에 대해 더 깊이 논의하고 몇 가지 가설을 세울 수 있다. 이는 자아 인식을 높이는 데 유익한 영역이 될 수 있다.
우리는 각자의 접근 방식을 어떻게 존중할 것인가?	프랙티셔너는 각기 자신만의 독특한 방식으로 일할 가능성이 크다. 가끔 동료가 모호하게 느껴지는 작업 방식을 설명할 때가 있다. 따라서 일부 작업을 해 보는 것이 중요하다. 우리 자신의 작업 방식과 맞지 않는 것처럼 보이는 것이 그들의 작업 방식과 완전히 일치할 수도 있다.

계약 요소 4: 정치적 문제([표 5.10], [표 5.11])

이 요소들은 동료들 사이에서 미묘하거나 민감한 차이가 있을 때 발생하며, 대부분 사람은 이를 자연스럽게 논의로 끌어내지 않는다. 이를 우리는 정치적 문제라고 부른다. 여기에서의 정치란 무엇인가? 또는 여기에서 자주 언급되지 않는 규칙이나 규범은 무엇인가? 정치적 문제는 쉽게 가정할 수 있거나 개인적 또는 체계적 수준에서 무의식적인 편견을 반영할 수 있다. 이는 특히 조직 내에서 정기적으로 일하는 내부 코치에게서 발생할 수 있는데, 계층 구조, 이중 관계, 역할 경계, 공유된 역사 등이 동료 수퍼비전 관계를 복잡하게 만들 수 있다. 투명하게 작업하고 정치적 이슈가 무엇인지 식별하여 그것을 어떻게 관리할 것인지에 대해 합의함으로써 관계 역동을 건강하게 유지할 수 있다.

[표 5.10] 논의할 실천 사항: 권력 불균형

논의할 질문	관리하는 데 도움이 되는 이슈
우리의 경험 범위는 어떻게 되는가?	동료들은 흔히 자신의 경험의 정확한 특성에 대해 명시적으로 말하기를 꺼린다. 이는 "나는 모든 것을 아는 사람으로 보이고 싶지 않다."부터 "내 고객 수가 얼마나 적은지 인정할 수 없다." 단순히 다른 사람들과 어울리고 싶은 욕구에 이르기까지 여러 가지 어젠다를 숨기고 있을 수 있다. 그러나 이러한 태도가 무의식적으로 발생할 수 있으며, 대부분 사람은 어느 정도 다른 사람들이 자신의 경험(또는 경험 부족)을 존중하길 원하므로 일정 수준의 겉치레가 생길 수 있다. 자신의 고객 시간, 일반적인 고객 유형, 수퍼비전 경험 등을 명확히 공유함으로써, 동료는 관계 내에서 경험의 다양성을 적극적으로 활용할 수 있다. 초보 프랙티셔너는 신선한 관점을 제공하는 것으로 가치를 인정받을 수 있고, 더 경험 많은 프랙티셔너는 그들의 경험에서 찾아낸 미묘한 차이를 통해 가치를 인정받을 수 있다.

논의할 질문	관리하는 데 도움이 되는 이슈
우리의 맥락이 업무 관계에 파급 효과를 미칠 수 있는 경우는 언제인가?	이는 특히 내부 코치에게 유용한데, 이중 관계가 발생할 수 있는 기회가 많기 때문이다. 예를 들어, 한 사람이 다른 사람을 고객과 연결할 책임이 있거나, 두 사람이 동일한 개발 프로그램에 참여한 경우가 있을 수 있다. 그러나 독립적인 코치에게도 이러한 일이 발생할 수 있다, 특히 동일한 협력 회사에서 일하거나 코칭 커뮤니티에 속한 경우가 있다. 더 넓은 맥락에서 부정적인 결과를 초래하지 않을 수 있다. 그러나 이 이슈를 논의함으로써 그러한 일이 발생할 잠재력에 대한 인식을 높일 수 있다. 이는 동료들이 자신들의 다른 관계에서 발생할 수 있는 예기치 않은 결과를 적극적으로 파악하는 데 도움이 된다.

[표 5.11] 논의할 실천 사항: 무의식적 편향

논의할 질문	관리하는 데 도움이 되는 이슈
우리가 처음에는 연결되지 않았던 관점을 정말로 다룬다는 것을 어떻게 알 수 있는가?	인간은 '확증 편향confirmation bias'을 갖는 경향이 있다. 즉 기존의 관점을 지지하는 아이디어에만 주의를 기울인다. 플레이스터 텐Plaister-Ten(2013)의 문화적 만화경 모델은 문화적 요소를 여러 관점에서 볼 수 있도록 돕는 모델을 제공한다. 이를 통해 각자의 개인적 특성이 서로에게 어떤 다양한 사고의 요소를 제공하는지 파악할 수 있다. 중요한 것은 이것이 단순한 토론 이상의 작업이라는 점이다. 이는 실제로 우리의 실습에서 실험을 장려하는 것이기도 하다. 따라서 무엇을 어떻게 다르게 할지 공유하는 것은 우리의 내재된 편향 없이 실습이 어떻게 변할 수 있는지 경험할 수 있는 기회를 제공한다.
특정 문제를 논의하는 것이 적절한 시점인지 어떻게 알 수 있을까?	프랙티셔너는 흔히 최근에 발생한 일을 수퍼비전에 가져온다. 그렇지만 문제를 일으킨 감정이 객관성을 흐리게 할 가능성이 매우 크다. 동료가 감정을 표현하게 하는 것에는 어느 정도 의미가 있을 수 있다. 그렇지만 문제를 인정하고 주차해두는 기법arrival techniques을 사용하면 동료가 자신의 전체 실습과 관련된 적절한 문제를 선택할 수 있다.

논의할 질문	관리하는 데 도움이 되는 이슈
어디에 가장 자신감 있고 강하게 느끼는가? 그리고 이것이 어떻게 장애가 될 수 있을까?	우리가 고객(자신의 고객 또는 다른 사람의 고객)에 대해 무엇을 할지에 대해 능숙하고 경험이 많거나 지식이 있을 때 우리는 자신감과 확신을 느끼게 된다. 그러나 이러한 자신감은 종종 잘못된 판단이 될 수 있다! 미래를 예측하는 것은 사실 매우 어렵고 신뢰성 있게 할 수 없다. 따라서 "우리가 절대 하지 않을 일은 무엇일까?"를 의도적으로 고려하고, 만약 우리가 그 일을 했다면 어떤 긍정적인 결과가 있을 수 있을지에 대해 생각해보는 것이 유용할 수 있다. 이 문제는 흔히 관점에 유머를 도입하는 효과가 있어서 프랙티셔너들이 시도하여 검증한 것 이상으로 레퍼토리를 확장하는 데 도움이 된다.
협업처럼 느껴지는가, 경쟁처럼 느껴지는가?	우리는 모두 같은 코칭 시장에 있으므로 자연스럽게 서로를 비교하게 된다. 당신은 다른 사람들과 자신의 연락처나 비즈니스 성공을 공유하는 것에 대해 얼마나 편안하게 느끼는가? 다른 사람이 자신보다 더 잘하고 있다고 느낄 때, 그것이 힘의 역학에 어떤 영향을 미칠까? 비교는 흔히 질투, 우월감 또는 열등감과 같은 다양한 감정을 느끼게 할 수 있다. 이러한 감정을 공개적으로 논의하면 관계에 미치는 부정적인 영향을 완화하는 데 도움이 될 수 있다.

섹션 2: 계약 체결 기술 개발

우리 자신의 동료와 작업한 경험에서 알게 된 것은, 처음에는 우리의 가장 좋은 모습을 보이려 한다는 것이다. 우리는 긍정적인 마음가짐으로 관계가 잘 되기를 원하고 계약 논의에 건설적으로 접근한다. 그러나 현실은 그리 녹록하지 않다! 우리가 가능하다고 생각했던 것이 예상보다 더 까다롭다는 것을 알게 된다. 우리는 때때로 합의된 규칙에 대해 조금씩 느슨해지고, 동료의 행동이나 태도에서 뉘앙스를 발견하게 되어 감정적 반응을 일으키기도 한다. 마찬가지로 동료들도 우리가 어떻게 행동하는지에 의해 영향받는 것을 알게 된다. 그 다음에 일어나는 일은 건전한 동료 수퍼비전 관계의 유지에 매우 중요하다. 여러분은 그것을 지적할 것인가? 아니면 대화가 어색해지거나 갈등을 일으킬까 봐 반응하지 않고 참을 것인가? 만약 여러분이 긴장을 드러내고 그로 인해 발생한 논의를 잘 처리했다면, 그때 사용된 기술은 계약 체결 기술이었을 가능성이 크다.

동료 수퍼비전에서 프랙티셔너로서 여러분이 직면하게 될 복잡한 문제를 관리하는 주요 도구는 (무엇을 계약하느냐가 아니라) 관계를 위한 계약을 체결하는 방법이다. 계약 체결 과정은 다음과 같은 역할을 할 수 있다.

- 개인과 그룹이 함께 일하는 데 있어 이미 합의된 조건과 조항을 더 완전히 이해할 수 있도록 돕는다.
- 현재 무엇이 잘되고 무엇이 잘되지 않는지 검토하고 평가하여 앞으로 나아갈 길을 설정할 수 있는 기회를 제공한다.
- 무의식적인 편향을 볼 수도 벗어날 수도 있는 렌즈를 제공한다.
- 힘의 역학을 깨뜨린다.
- 논의하기 어려운 것을 논의할 수 있게 만든다.

동료 수퍼비전은 공동으로 만드는 노력이지만 각자는 관계의 건전성에 대해 개인적으로 책임져야 한다. 헤이Hay(2007)가 말했듯이, "계약 체결은 필수적인 기술이자, 상대방이 현재 상황에 집중하고 자신의 행동에 책임을 지도록 초대하고 격려하는 방법이다." 이를 염두에 두고, 동료 수퍼비전의 목표를 터너Turner(2014)가 설명한 "공유된 결과 모델(Shared Outcome Model)"의 틀 안에서 고려하는 것이 도움이 될 것으로 믿는다. 아래 [그림 5.1] 참조.

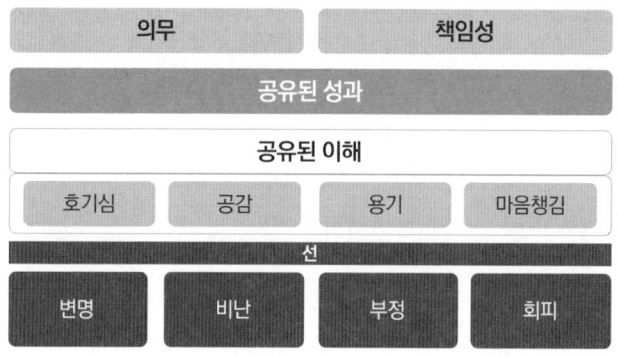

© Tommy Turner 2014

[그림 5.1] 공유된 결과 모델

이 모델은 공유된 결과에 도달하기 위해서는 동료 수퍼비전 관계를 어떻게 관리할지에 대한 책임과 의무가 누구에게 있는지에 대한 공유된 이해가 필요함을 강조한다. 이러한 '선 위' 행동은 관계가 돈독해지는 데 도움이 된다. 우리는 호기심, 연민, 용기와 마음챙김을 경험한다. 반대로 '선 아래'에서 발생하는 두려움 기반의 행동인 비난, 부정, 변명 및/또는 회피가 나타나면 동료 수퍼비전 관계의 건전성이 위태로워진다.

그렇다면 이것이 실제로 어떻게 작동할까? 위의 헤이 인용에서 우리가 좋아하는 점은 관계에 잠재적인 문제를 관리하는 것은 그것이 발생했을 때 가장 잘 처리할 수 있다는 것을 상기시켜 준다. 하지만 그 순간에 작업하는 것은 용기와 기술이 필요하다! 처음 계약을 체결할 때는 동료 수퍼비전 진행 중 발생할 수 있는 모든 문제를 다루지 못할 가능성이 크다. 따라서 정기적인 재계약을 위한 계약 체결은 유용한 원칙이며 계약 체결 기술을 다듬는 데 도움이 된다. 주기적인 재계약 회의는 각자가 세 가지 사항을 성찰하도록 장려한다.

1. 잘 진행되고 있는 점은 무엇인가?
2. 잘 되지 않는 점은 무엇인가?
3. 뒤돌아보았을 때 추가적인 설명이 필요했던 부분은 무엇인가?

[표 5.12]는 계약의 일부 요소를 재검토하고 계약에 대해 논의 할 때가 언제인지에 대해 몇 가지 예시를 보여준다. 이러한 예시는 모두를 포괄하는 것은 아니지만, 동료 수퍼비전에서 계약에 관한 대화와 관련된 미묘한 부분들을 보여준다.

계약 재검토 회의를 미리 계획하면 준비할 시간이 생긴다. 관계에서 나타나는 패턴이나 주제가 떠오르는 것을 발견했는지 파악하고, 관찰한 내용을 가장 잘 전달하는 방법을 고려하는 것이 좋은 관행이다. '선 위' 피드백을 유지하기 위해서는 언어 선택이 중요하다. 몇 가지 실용적인 팁은 호기심을 유지하고, 문제에 대한 인식을 높이는 데 도움이 된 구체적인 예를 제시하며, 자신의 감정 반응과 그것이 자신에게 미치는 영향에 대해 개인적으로 책임지는 것이다.

[표 5.13]은 '선 아래' 피드백을 '선 위' 피드백으로 변환하는 방법에 대한 몇 가지 예시를 제공한다.

동료 수퍼비전 관계가 성숙해지고 계약 기술이 깊어짐에 따라 기술을 한 단계 더 발전시켜, '즉석 계약 체결 spot contracting'을 시도하는 것을 권장한다. 여기서는 관계가 어떻게 진행되고 있는지 재검토할 공식적인 기회를 기다리지 않고, '선 위' 관점을 취하면서 그 순간에 불일치감을 즉시 드러내는 방식이다.

커뮤니케이션 스타일에는 문화적 차이가 있다는 점을 기억한다. 또한 세계화가 확대됨에 따라 이러한 차이점을 표면화하고 이러한 차이점이 어떻게 나타날 수 있는지 논의하는 것이 중요하다. 차이점이 발생할 때 이를 인식하고 이 차이점을 탐구하는 것이 도움이 될 수 있다.

즉석 계약에 참여하려면, 공유된 결과를 염두에 두고, 자신의 관점을 분명히 하며, 심호흡을 하고 동료(들)가 자신의 진정성을 느낄 수 있도록 진심을 담아 말해야 한다. [표 5.13]에서 요약한 바와 같이, 비난을 유추하거나 변명을 허용하지 않도록 언어 선택이 중요하다. 다음은 이러한 상황을 몇 가지 예로 소개한다:

- "제가 알게 된 것은…" (예: 지난 두 차례의 회의에 늦으셨는데, 우리가 합의한 시간대에 대해 재검토해야 할 필요가 있는지 궁금합니다.)

[표 5.12] 계약 논의가 필요하다는 단서

계약 요소	계약 논의가 시기 적절하다는 단서
실용성	
빈도	• 자신이나 동료가 가져올 양이 너무 많거나 충분하지 않다는 것을 알아차림 • 다음 회의에 긴급한 이슈를 가져오기 위해 기다려야 한다고 느끼는 경우, 그 순간이 지나감
시간 엄수	• 회의 시작이나 종료 시 시간 엄수가 어떻게 관리되는지에 대해 불만을 느끼며 앉아 있음 • 동료 수퍼비전 회의 일정을 지키려면 일정의 다른 요소에서 어려움을 겪음 • 일정 취소나 재조정이 필요할 때 한 명 이상의 동료가 합리적이라고 느끼는 사전 통보 시간에 대해 더 엄격하거나 더 느슨할 수 있음
장소	• 합의된 장소가 어떤 사람에게는 더 유리하게 느껴짐 • 금전과 관련하여, 다른 사람들이 다른 가치나 행동을 보이는 것 같음
경계	
주제	• 당신과 동료가 수퍼비전 논의를 위해 가져오는 주제 선택의 차이를 알게 됨
업무 동맹	
작업 범위	• 수퍼비전 논의가 얼마나 깊거나 반대로 얼마나 표면적이었는지에 대해 놀람 • 동료의 기여가 수퍼비전의 세계에 어떻게 맞춰지는지 이해하지 못함
준비	• 동료가 가져온 사례의 세부 사항을 기억하는 데 어려움을 겪는다는 것을 알아차림 • 동료보다 더 많이 또는 덜 준비한다고 느껴짐
비밀 유지	• 자신의 취약점을 공유하기를 주저하거나 아예 공유하지 않기로 선택하는 것을 알아차림 • 누구에 대해 이야기하고 있는지 알 수 있지만, 자신의 고객의 기밀을 유출할까 봐 어떻게 대처해야 할지 모름
회의 형식	
회의 시간	• 토론이 급하게 진행되거나 힘들다고 느껴짐 • 시간이 공평하게 공유되지 않는다고 느낌
조직 및 전문적 맥락	
투명성	• 동료가 다른 관계에서 당신에 대해 추가적인 정보를 가지고 있어 동료 수퍼비전 관계에 영향을 미칠 수 있다고 느껴 어색할 때

[표 5.13] 선 아래와 선 위 피드백 사이의 언어적 차이

선 아래 피드백	선 위 피드백
동료 관계:	
당신이 일정을 다시 조정해 달라고 요청하면 정말 짜증이 나요	당신이 일정을 다시 조정해 달라고 요청하면 정말 짜증이 난다는 것을 알았습니다. 계약 상의 그 부분을 다시 살펴볼 수 있을까요?
왜 이름은 항상 마지막으로 가는 겁니까?	이름이 자주 마지막으로 가는 경향이 있다는 걸 알아챘는데 이것을 좀 더 섞었으면 좋겠습니다. 어떻게 생각하세요?
왜 항상 저를 불편하게 만드는 겁니까?	당신이 사례를 탐구하도록 도와줄 때 자주 불편하게 느낀다는 것을 알았습니다. 사실, 당신이 ○○○○를 해주면 더 도움이 될 것 같습니다.
어떤 사람들은 계약된 시작 및 종료 시간을 무시하는 습관이 있는 것 같고 그것에 대해 아무도 아무 말도 하지 않습니다.	계약할 때 정시에 시작하고 끝내기로 동의했지만 항상 그렇게 되는 것은 아니라는 것을 알았습니다. 계약의 해당 부분을 다시 살펴보는 것이 도움이 될 수 있다고 생각하는데 어떠세요?

- "제가 느끼고 있는 불만을 나누어도 될까요?" (예: 우리가 계약할 때, 각자 회의 준비에 시간을 들이기로 했습니다. 저는 그 약속을 지키고 있습니다. 지난 몇 차례 회의에서는 준비되지 않으셨던 것 같습니다. 이는 우리가 계약에 대해 서로 다른 관점을 가질 수 있다는 우려가 생깁니다.)

- "…에 대해 더 말해줄 수 있을까요?" (예: 지난 수퍼비전 사례에 대해 당신이 기여하고자 한 의도는 무엇인가요, 받는 입장에서는 어색하게 느껴졌는데요?)

- "…했을 때 무슨 일이 있었던 건가요?" (예: 우리가 새로운 장소를 찾는 것을 논의할 때, 당신이 불만스러운 것처럼 보였는데 어떠세요?)

- "방금 말씀하신 내용을 확인해도 될까요? OOOO는 나에게 잘 맞는데, 당신에게도 잘 맞는지 궁금합니다."

프랙티셔너로서 개방형 질문을 사용하면 새로운 가능성과 건설적인 '선 위' 방식으로 관계를 맺을 수 있는 방법이 있다는 것을 안다. '즉석 계약'을 언제 어떻게 할지 아는 것은 모든 당사자에게 현재 상황에 맞게 책임 의식, 책임 및/또는 소유권을 재정립하고, 동료 수퍼비전 관계를 원활하게 이어갈 기회를 제공한다. 어려움이 발생할 때마다 이를 바로 처리함으로써 위험을 최소화하고 참여에 대한 만족감을 높일 수 있다.

우수한 계약 기술을 개발하는 것은 네 가지 상호 연관된 역량에 달려 있다.

1. 자기 알아차림 – 자신의 트리거가 무엇인지, 현재 어떤 상태인지, 트리거에 대한 자신의 반응을 적극적으로 관리할 수 있는 충분한 자원이 있다는 것을 아는 능력
2. 객관성 – 자신의 경험에서 벗어나 현재 다른 사람들에게 어떤 일이 일어나고 있는지 고려할 수 있는 능력
3. 의사소통 스타일 – 비판적이지 않은 언어를 사용하여 이슈에 주의를 집중시킬 수 있는 능력
4. 굳건함 groundedness – 관계의 중요성과 과업의 중요성을 동등하게 유지하여 공유된 결과를 도출할 수 있는 능력

이 모든 기술은 고객과의 작업에서도 유용하다. [표 5.14]에서는 동료 수퍼비전 관계의 맥락에서 이러한 기술을 계속 심화하는 방법에 대한 몇 가지 단서와 정보를 제공한다.

계약 체결 기술은 더 많이 사용할수록 더 늘어날 것이다. 동료(들)와 계약을 맺어 계약 체결 기술을 공동으로 개발하면 논의할 이슈를 제기할 때 상당히 의도적으로 '해볼 수 있도록' 하는 것이 도움이 될 수 있다. 전문 수퍼바이저를 통하게 된다면 학습을 가속화하는데 도움이 될 수 있다. 전문 수퍼바이저는 계약 체결 기술의 롤 모델이 될 수 있을 뿐만 아니라, 계약 논의를 연습할 수 있는 공간을 제공하여 우려되는 이슈를 제기하는 데 더 용기를 낼 수 있도록 해준다.

[표 5.14] 동료 수퍼비전 계약 기술 개발을 위한 단서와 정보

자기 알아차림	동료 수퍼비전 회의에서의 경험을 일지에 기록한다. 작업과 관계에 대한 만족도에 어떤 차이가 있는지 알아차렸는가?
객관성	다른 사람의 입장이 되어 보거나 빈 의자 맞은편에 앉아 동료가 당신을 어떻게 인식할지 상상해 본다.
의사소통 스타일	[표 5.13]에서 예시를 참조한다. 어색한 소통방식을 되돌아보고 어떻게 다르게 표현할 수 있었을지 생각한다.
굳건함	몇 초 안에 더욱 자원이 풍부한 자신을 회복하도록 마음챙김을 연습한다.

마치는 글

이 장에서는 계약을 구성할 수 있는 다양한 요소와 필요한 계약 체결 기술을 논의하고, 이를 관리하는 방법에 대한 정보를 제공했다. 그렇지만 함께 일하기 전에 위의 모든 요소들을 논의하려 한다면, 아마도 매우 길고 피곤한 회의가 될 것이다! 관계를 시작할 때 계약을 체결하는 것은 매우 중요하며, 이를 자주 재검토하고, 계약 기술이 갖추어져 있는 경우 그 순간에 즉시 다루는 것이 필요하다. 동료 수퍼비전 계약은 공동으로 작성하여야 한다. 그룹으로 작업하는 경우, 새로운 멤버가 들어오거나 기존 멤버가 떠날 때 계약을 다시 검토하는 것은 유용한 절차이다. 각 동료가 계약의 효과성에 대해 동등한 책임이 있다고 생각하는 것이 중요하다. 이 장에서 각자에게 가장 관련성이 있다고 생각되는 몇 가지 요소를 선택한 다음, 동료 간 논의가 어떻게 전개되는지 간단히 지켜보기 바란다. 동료(들)에게 무언가를 제안하기 전에 잠시 망설이거나, 방금 일어난 일에 대해 짜증이 날 때는 계약의 어떤 부분을 좀 더 살펴봐야 한다는 신호일 수 있다.

주요 학습 포인트

1. 계약서는 작업에 대한 합의 조건을 포함한 문서이다. 계약 체결은 동사인 동시에 계약서를 작성하는데 필요한 기술이기도 하다. 두

가지 모두 최상의 실천을 위해 필요하다.
2. 오해나 갈등을 피하기 위해, '상식적인 주제'(시간 엄수 등)도 포함해야 한다. 이는 너무 당연한 것이기 때문에 말하지 않아도 되는 것이 아니며, 불필요한 긴장을 초래할 수 있다.
3. 계약을 주기적으로 검토하는 것은 자신의 관행을 점검하고 동료 관계를 강화할 좋은 기회가 될 수 있다.
4. '선 아래' 행동이 나타날 때는, 즉석 계약을 통해 원인을 파악하고 '선 위' 행동을 사용하여 공동의 결과에 합의한다.

참고 문헌

- Hawkins, P. and Smith, N. (2006) *Coaching, Mentoring and Organisational Consultancy: Supervision and development*. Maidenhead, UK: Open University.
- Hay, J. (2007) *Refiective Practice and Supervision for Coaches*. Maidenhead, UK: McGraw-Hill.
- Plaister-Ten, J. (2013) Raising culturally-derived awareness and building culturally appropriate responsibility: The development of the Cross-Cultural Kaleidoscope. *International Journal of Evidence Based Coaching and Mentoring*, 11(2), pp. 53–6t.
- Turner, T. (2014) *The Importance of Contracting: Using the shared outcomes model* [pdf]. Available from: www.developingcoaching.com.au/wp-content/uploads/Tammy-Turner-Article- Contracting-using-shared-outcomes.pdf [accessed 8 September 2017].

부록 5.1
동료 가운데 한 명이 윤리적 위반이 발생했다고 느낄 때 문제를 단계적으로 해결하는 방법

1. 동료 사이에 논의하는 과정에서 당사자 가운데 한 명이 불편함을 느낀다.
2. 되도록 빨리 불편을 인지한 사람이 '그것을 지적'하고 다른 사람과 우려를 공유한다.
3. 양측은 자신들이 생각하는 '좋은 실천'에 대해 다른 관점을 가지고 있음을 인정한다.
4. 각자는 해당 문제에 대해 자신의 관점을 설명한다.
5. 호기심을 갖고 동료들은 각자가 따르고 있는 윤리 강령을 참조한다. 각자는 주요 사항에 대한 자신의 해석을 공유하여 관점 차이를 일으키는 원인이 무엇인지 확인한다.
6. 공통된 견해를 찾을 수 없는 경우, 동료들은 일정 기간 동안 성찰 시간을 가지기로 합의한다. 이 기간에는 개별 전문 수퍼비전을 받도록 초대할 수도 있다.
7. 동료들은 다시 만나 원래의 논의 이후 새롭게 얻은 통찰을 공유한다.
8. 각 멤버는 적절한 조치라고 생각되는 제안을 한다.
9. 각 제안이 동료에게 어떤 영향을 미칠지 탐구하는 시간을 가진다.
10. 여전히 합의가 이루어지지 않을 경우, 문제를 특정 전문 수퍼바

이저에게 단계적으로 보고하여 공동 회의를 마련한다. 이상적으로는 문제의 원인이 된 당사자가 이 회의를 주도해야 하지만, 이 당사자가 꺼리는 경우 불편을 느낀 동료가 투명하게, 그러나 단독으로 이 과정을 이끌 수도 있다.

11. 선택된 전문 수퍼바이저는 모든 동료 사이의 논의를 호기심을 갖고 조정하여 문제를 충분히 탐구하도록 돕는다.

12. 해결책이 마련되면, 실행할 조치를 식별하고 전문 수퍼바이저는 적절한 시점에서 조치가 이행되었는지 확인한다.

13. 해결책이 마련되지 않은 경우, 모든 구성원은 누가 각자 속한 전문 회원 기관에 연락할지 투명하게 합의하여 기관의 내부 절차에 따라 처리할 수 있도록 한다. 이때도 전문 수퍼바이저는 적절한 시점에서 문제가 처리되었는지 확인한다.

6장   코칭과 멘토링 딜레마 탐색하기

역자: 김현주

이전 장에서 코치로서 지속적인 성찰을 지원하기 위해 동료 코칭수퍼비전을 활용하는 방법에 관해 언급했다. 그렇지만 수퍼비전을 처음 접하는 경우에는 어떤 주제를 논의해야 할지에 관해 항상 명확한 것은 아니다. 동료 관계는 각기 다른 속도로 성숙하며, 개인마다 사생활privacy에 관한 필요와 표현 방식이 다를 수 있다. 따라서 이 장에서는 준비된 다양한 상황을 제공한다. 이러한 딜레마가 동료 코칭수퍼비전 토론을 '시작kick-start'하는 데 도움이 되기를 바란다. 각 상황은 동료 코칭수퍼비전에 어떤 내용을 가져올 수 있는지를 보여주며, 자신의 경험을 비교하고 분석하는데 도움이 될 것이다. 각 딜레마에 관해 적절한 방법이 될 수 있는 '가능성이 큰' 것과 '가능성이 작은' 것을 범위로 제시한다. 개입은 상황에 따라 달라질 수 있으므로 이러한 접근 방식이 가능한 선택지를 확장하는데 도움이 되기를 바란다. 제공된 딜레마를 모두 사용한 후에는 자신의 프랙티스에서 영감을 받은 추가적인 딜레마를 생성할 수도 있다.

딜레마의 의미

다음에 제시되는 상황들은 실제 코칭과 멘토링에서 발생할 수 있는 다양한 딜레마를 다룬다. 각 상황은 각각 하나의 카드로 제작되었다 (Whitaker & Lucas, 2014). 이해를 돕기 위해 상황은 서로 다른 윤리적 문제를 네 가지 범주로 분류하여 구성했다. 네 가지 범주는 기밀 유지confidentiality, 경계 설정boundaries, 이해 상충conflicts of interest, 이중 관계 dual relationships이다.

대부분 딜레마는 여러 범주에 걸쳐 있다는 것을 알 수 있다. 이는 '실제' 대부분 상황이 하나의 범주에 딱 맞아떨어지지 않기 때문이다! 각 상황에는 다섯 가지 선택지가 제공되며, 코칭 상황이나 맥락에 따라 더 적절하거나 덜 적절할 수 있다. 동료와 논의를 촉진하기 위해 우리의 관점을 제시한다. 그렇지만 '정답'을 보기 전에 상황과 선택지에 관해 먼저 토론해 보기를 권한다.

이러한 선택지가 적절하다고 느끼는지 여부는 개인의 경험, 가치관, 코칭 또는 멘토링 접근 방식에 따라 달라질 수 있다. 이것이 논의를 더욱 흥미롭게 만드는 이유이다. 대부분 사람은 자신이 무엇을 할지, 하지 않을지에 관해 '직감적 반응gut reaction'을 보이는데, 그 반응을 형성하는 요인은 무엇일까? 이를 자극하기 위해 표 안에서 "당신의 생각은Your thoughts?"이라고 반복해서 묻는다. 실제로 '옳고', '그른' 답은 없으며, 중요한 것은 상황과 관련된 사람들에게 적합한 선택이 무엇인가 하는 것이다.

각 선택지의 두 가지 관점에 관해 충분히 토론한다. 제공한 네 가지 선택지보다 더 많은 가능성이 있을 수 있다. 따라서 매번 선택지 'E'에 관해 논의할 시간을 가지면 향후 상황에 대비해 더 많은 아이디어를 개발할 수 있다. 이를 통해 관점을 넓히고 실제 이러한 상황을 마주했을 때 자신의 생각의 폭을 확장하는 데 도움이 될 것이다.

각 비교표 뒤에는 학습 요약을 포함하였다. 이는 각 선택지의 적합성에 영향을 미치는 몇 가지 기본 원칙을 정리하는 데 도움이 될 것이다. 만약 특정 선택지가 이해되지 않는다면, 먼저 학습 요약을 읽고 다시 한번 살펴본다. 그래도 이해가 되지 않는다면 다른 프랙티셔너나 전문 수퍼바이저에게 의견을 구해 추가적인 관점을 얻는 방법도 있다.

사고의 폭을 더 넓히기 위해 다른 상황의 딜레마도 살펴볼 것을 제안한다. 예를 들어, 독립 코치로 일할 때와 같이 특정 환경에 국한된 경험이 있을 수 있지만, 조직 내부 코치가 직면하는 딜레마와 같은 다른 상황을 살펴보는 것도 흥미로울 수 있다. 환경은 다르더라도 딜레마의 일부 요소는 자신의 경험과 공감될 가능성이 크다. 물론 그렇지 않은 경우에도 이러한 차이점을 탐색하는 것이 매우 유익한 논의가 될 수 있다. "이 상황에서는 무엇이 다르기에 적절하거나 덜 적절한 선택지로 달라지는가?"라는 질문을 해본다. 또 이러한 상황이 당신의 환경에서도 발생할 수 있는지 고려해 본다.

딜레마를 설명하는 데 사용할 네 가지 상황(모든 상황을 다 포함하지는 않지만 대부분 상황을 포함한다)은 아래에 나와 있다. 이러한 상황을 섹션별로 정리하였으므로, 동료 토론에서 다루고 싶은 상황을 선택할 수 있다.

1. 독립 코치 independent coaches
2. 내부 코치 internal coaches
3. 직속 상사이면서 코치 line manager as coach
4. 멘토 mentors

각 상황에서 잠재적인 윤리적 딜레마를 유발하는 네 가지 범주 각각에 관한 간단한 상황을 제공할 것이다. 네 가지 범주는 기밀 유지, 경계 설정, 이해 상충, 이중 관계이다.

섹션 1: 독립 코치의 딜레마 예시

윤리 범주 1: 기밀 유지

이 상황에서는 여러 이해관계자와 함께 일할 때 정보를 처리하는 데 따르는 복잡성을 고려한다. "상황에 맞는 적절한 접근법은 Horses for courses?"

당신은 고객이 더 효과적인 리더십 스타일을 개발하도록 돕기 위해 고객과 협력하고 있다. 그런데 고객이 주장하는 리더십 스타일이 당신의 가치관과 충돌한다. 그뿐만 아니라, 당신이 이해한 바에 따르면 조직의 가치관과도 상충된다는 것을 알게 되었다.

이런 경우, 당신은 어떤 조치를 취할 수 있을까?

A. 과제를 계속 수행하고 고객의 가치관에 맞춰 작업한다.
B. 개인적으로 느끼는 불일치를 표현하고, 그 차이를 해결할 수 없다면 코칭 과제를 그만둘 준비를 한다.
C. 고객과 함께 조직의 환경에 관해 무엇을 느끼는지 탐색한다.
D. 고객의 스폰서나 인사(HR) 담당자와 함께 조직의 가치관을 탐색한다.
E. 그 외 다른 방법을 고려한다.

> **논의할 내용([표 6.1] 참조)**
>
> 어떤 선택지가 가장 끌리나요?
> 당신의 관점에 영향을 미치는 요소는 무엇인가요?

추가 생각

경험에 따르면 여기에는 두 가지 조금 다른 '이슈'를 발견할 수 있다. 첫 번째는 우리와 세상을 다르게 보는 고객을 만났을 때 [코치] 스스로를 어떻게 다루는가에 관한 것이다. 각자는 자신의 가치관과 충돌하는 가치관을 가진 사람과 함께 작업할지에 관해 각기 다른 수준의 민감성을 가지고 있을 것이다. 따라서 이것은 [코치의] 자기 성찰과 자기 관리에 관한 것이 된다.

두 번째는 주로 기밀을 유지하는 방법과 관련된 이슈이다. 만약 고객의 가치관이 조직의 가치관과 상충된다고 생각한다면 이것은 고객과 함께 탐색할 수 있는 유용한 정보일 수 있다. 그렇지만 여기에는 위험요소가 존재한다. [코치는] 조직의 가치에 관한 이러한 견해를 어떻게 형성하게 되었나? 그 의견을 어떻게 형성했는지 밝히지 않고 토론에 [코치] 자신의 견해를 가져올 수 있을까? 여기서 흥미로운 점은 잠재적인 기밀 침해의 대상이 고객이 아니라 같은 조직에서 함께 일하는 다른 고객이나 이해관계자일 수 있다는 점이다.[1]

이 상황에서 코치는 조직 외부에 있기 때문에 코치가 조직의 가치에 관해 이해하고 있다고 하더라도 그 이해가 잘못되었을 가능성이 있다! 만약 코치가 자신의 이해를 확인하고 싶다면, 고객의 신원을 보호하면서 다른 이해관계자에게 어떻게 질문할 수 있을까? 이는 항상 위험을 수반하며 한번 말한 내용은 되돌릴 수 없으므로 코칭 관계에서 신뢰와 기밀 유지에 영향을 미칠 수 있다!

코치 자신의 가치관이 고객과의 가치 충돌로 인해 자극받는다고 느낀다면, 이는 추가적인 탐색이 필요할 수 있으며 전문가와 수퍼비전을 통해 자기 성찰에 관한 도움을 받을 수 있다.

---

1) [역자] 독립 코치가 조직에 관해 자신의 견해를 어떻게 형성하게 되었는지가 중요하다. 코치가 조직 내에서 여러 사람을 코칭하는 과정 또는 이해관계자를 통해 알게 된 정보로 형성된 견해를 다른 고객과의 코칭에 활용하는 것일 수 있다. 이런 경우 조직 내 다른 고객, 또는 이해관계자의 입장에서는 코치가 기밀 유지 원칙을 위반했다는 윤리적 이슈가 발생할 수 있다.

[표 6.1] 독립 코치 – 기밀 유지: 상황에 맞는 적절한 접근법은?

선택 사항	적절할 것 같음	덜 적절할 것 같음
A. 과제를 계속 수행하고 고객의 가치관에 맞춰 작업한다.	자신의 관점을 명확하게 경계 지을 수 있고 논의를 왜곡하지 않을 수 있는 경우 당신의 생각은?	그 차이가 너무 근본적이어서 라포에 영향을 미칠 경우 당신의 생각은?
B. 개인적으로 느끼는 불일치를 표현하고, 그 차이를 해결할 수 없다면 코칭 과제를 그만둘 준비를 한다.	고객과 좋은 라포를 형성하고 있고, 이러한 피드백이 고객의 성장에 도움이 될 경우 당신의 생각은?	고객이 거절의 이력이 있고 코치와 고객 사이에 평행과정이 있는 경우(코치와 고객 사이의 무의식적인 연결 고리)[2] 당신의 생각은?
C. 고객과 함께 조직의 환경에 관해 무엇을 느끼는지 탐색한다.	고객이 자신의 인식에 도전받는 것에 관해 개방적인 태도를 보인 경우 당신의 생각은?	고객이 '타인'에 관한 관심이 적고, 고객 자신의 가치관이 어떻게 형성되었는지를 탐색하는 것이 더 많은 참여를 끌어낼 수 있을 것 같은 경우[3] 당신의 생각은?
D. 고객의 스폰서나 인사(HR) 담당자와 함께 조직의 가치관을 탐색한다.	조직 가치에 관한 정보가 이미 공개되어 있고 고객의 기밀을 침해하지 않고 명확하게 설명할 수 있는 경우 당신의 생각은?	고객과의 코칭 계약에서, 고객이 참석한 경우에만 다른 이해관계자와 소통할 수 있도록 명시한 경우 당신의 생각은?
E. 그 외 다른 방법을 고려한다.	당신의 생각은?	당신의 생각은?

---

2) [역자] 고객이 과거에도 여러 번 거절당한 경험이 있고 거절의 경험이 코칭 관계에서도 평행과정으로 나타나는 경우로 볼 수 있다.
3) [역자] 고객이 조직의 환경에 관한 탐색보다 개인적인 가치관을 탐색할 때 더 적극적으로 참여할 가능성이 있는 것으로 볼 수 있다.

윤리 범주 2: 경계 설정

여기서 딜레마는 전문 코칭 영역에서 벗어날 수 있는 원인을 탐색한다. "코치인가, 컨설턴트인가?"

고객이 반복적으로 무엇을 해야 할지 조언을 요청한다. 고객은 당신이 조직에 관해 잘 알고 있고 당신의 관점이 코칭 과정과 결과에 도움이 될 것으로 믿는다.

이런 경우, 당신은 어떤 조치를 취할 수 있을까?

A. 고객이 조언을 구하는 이유를 살펴본다.
B. 제공하는 정보의 양을 조절한다.
C. 고객에게 맥락적 정보를 제공하기 전에 고객이 무엇을 알고 있고 가정하고 있는지 먼저 파악한다.
D. 코치가 알고 있는 정보를 활용하여 코칭 질문을 한다.
E. 그 외 다른 방법을 고려한다.

> **논의할 내용([표 6.2] 참조)**
>
> 어떤 선택지가 가장 끌리나요?
> 당신의 관점에 영향을 미치는 요소는 무엇인가요?

추가 생각

이 딜레마는 고객이 코치를 선택하는 방식에 관한 일반적인 역설을 설명해 준다. 코치가 코칭을 하기 위해 해당 주제에 관한 이해가 필요하지 않다는 것을 안다. 그렇지만 많은 고객은 코치의 배경 중에서 자신에게 익숙한 요소를 기준으로 코치를 선택하는 경향이 있다. 이러한 딜레마에 대응하려면 코치 선택 과정에 관해 기억해야 한다. 또한 코치가 '지시적directive' 접근과 '비지시적non-directive' 접근 방식 사이에서 어디에 있는지 고려해야 할 수도 있다.

이 딜레마를 경계라는 범주에 넣어 어떤 시점에서 코칭의 지시적 스타일이 '코칭'이 아닌 다른 것이 되는지, 언제 컨설팅이나 일대일 교육이 되는지 생각해 보도록 유도한다. 코치의 경험에 비추어 볼 때, 고객이 독립적인 사고를 확장할 수 있도록 돕는 것이 핵심 과제이지만, 때로는 실용적pragmatic 접근이 필요하며 코치가 알고 있는 것을 공유해야 할 때도 있다.

이러한 딜레마는 다른 상황에서도 발생한다. 예를 들어, 멘토의 경우 고객이 멘토의 직업이나 업계에 관한 지식을 자신의 이슈에 대한 컨설팅 조언을 얻는 기회로 여길 수 있다.

여기서 주의해야 할 것은 일반적으로 '코치의 자아ego에 무슨 일이 일어나고 있는가!'이다. 때때로 코치는 의견 요청을 받는 것을 즐기기도 한다. 물론 코치가 되기 전에는 '전문가'로서 보수를 받고 조언을 제공하는 역할을 해왔을 수도 있는데, 이는 쉽게 버릴 수 없는 습관일

[표 6.2] 독립 코치 – 경계 설정: 코치인가, 컨설턴트인가?

선택 사항	적절할 것 같음	덜 적절할 것 같음
A. 고객이 조언을 구하는 이유를 살펴본다.	고객이 코칭을 이해하지 못하거나 이전에 코칭을 경험한 적이 없다고 생각되는 경우 당신의 생각은?	코치가 지시적인 스타일을 가지고 있고 경험을 공유하는 것에 관해 사전에 계약 contracted을 한 경우 당신의 생각은?
B. 제공하는 정보의 양을 조절한다.	고객에게 필요한 정보를 제공하는 것보다 고객이 자신의 네트워크를 활용하여 정보를 얻는 것이 더 유용하다고 생각하는 경우 당신의 생각은?	고객이 이것을 자신에 관한 코치의 신뢰 부족으로 해석할 가능성이 있으며, 그동안 형성된 라포가 손상될 수 있는 경우 당신의 생각은?
C. 고객에게 맥락적 정보를 제공하기 전에 고객이 무엇을 알고 있고 가정하고 있는지 먼저 파악한다.	코치가 고객이 스스로 관점을 형성하는 것이 중요함을 설명하여 고객의 사고 과정을 향상시키고 코치에게 의존하는 것을 방지할 수 있는 경우 당신의 생각은?	고객이 자신의 관점을 형성할 수 있을 만큼 충분한 경험이 없거나 정보에 접근할 수 없는 경우 당신의 생각은?
D. 코치가 알고 있는 정보를 활용하여 코칭 질문을 한다.	코치가 자신의 경험을 '가볍게' 다루고, 고객이 여러 가지 선택지를 고려하도록 신중하게 유도하는 경우 당신의 생각은?	고객의 질문이 코칭의 혜택을 받기 전에 먼저 교육이 필요함을 시사하는 경우 당신의 생각은?
E. 그 외 다른 방법을 고려한다.	당신의 생각은?	당신의 생각은?

수 있다! 경험상 너무 일찍 조언을 제공하지 않는 것이 도움이 된다. 조언을 너무 빨리 하면, 고객의 학습 기회를 제한할 수 있으며, 고객이 코치에게 의존하게 된다. 또한 좋은 의도로 제공한 조언이 고객의 실수를 막는 데 도움이 되었다고 하더라도 고객이 직접 실수하고 개인적인 경험을 통해 배웠다면 더 많은 것을 얻을 수 있지 않았을까?

윤리 범주 3: 이해 상충

여기서 딜레마는 코칭 관계를 방해할 수 있는 조직의 복잡성을 인식하는 것이다. "진짜 이슈는 무엇인가?"

조직에서 '인재talent'로 인정받는 사람을 코칭하라는 요청을 받았다. 함께 작업하는 동안 고객이 다음 경력 목표가 회사 외부로 이직하는 것임이 분명해졌다. 그는 시장에서 자신의 평판을 높이는 데 코칭의 초점을 맞춰 달라고 요청한다.

이런 경우, 당신은 어떤 조치를 취할 수 있을까?

A. 코칭의 초점을 조직 내부로 유지하도록 강력히 요구한다.
B. 상황이 어떻게 진행되는지 지켜보고, 고객이 내부적으로 어려운 대화를 연습할 수 있도록 돕는다.
C. 고객의 브랜드 개발에 초점을 맞출 것을 제안한다(이것은 내부 또는 외부에서 모두 활용될 수 있다).
D. 잠재적인 갈등 가능성을 강조하고, 코칭을 계속하는 것이 적절한지 결정하기 위해 고객, 코칭 스폰서 그리고 코치가 함께하는 삼자 미팅을 제안한다.
E. 그 외 다른 방법을 고려한다.

> **논의할 내용([표 6.3] 참조)**
>
> 어떤 선택지가 가장 끌리나요?
> 당신의 관점에 영향을 미치는 요소는 무엇인가요?

추가 생각

이 딜레마의 핵심은 '누가 진짜 고객인가?'라는 질문이며, 이 질문은 자주 등장하는 질문이다. 코칭 의자에 앉아 있는 코칭받는 당사자가 고객인가, 아니면 코칭 비용을 지불하는 사람이 고객인가?

 조직이 코칭을 후원하는 경우, 예산을 담당하는 담당자를 직접 만나든 만나지 않든 조직이 코칭 작업의 이해관계자^{stakeholder} 또는 수혜자^{beneficiary}라는 점을 인식해야 한다. 따라서 이를 어떻게 처리할지 계약서에 명시하는 것이 유용하다. 일부 조직은 성숙한 관점을 가지고 있다. 그들은 회사가 지금 당장 개인에게 적절한 환경이 아니라면, 가장 적절한 방향은 그들이 좋은 결정을 내릴 수 있도록 지원하는 것으로 이해한다. 장기적인 관점을 가지고 개인이 자신에게 맞는 일을 할 수 있도록 지원한다면 시장에서 조직의 홍보 대사^{ambassador}가 될 가능성이 크다고 본다. 반면, 더 전통적인 방식의 조직은 코칭 비용을 지불하는 만큼 코칭을 통해 직접적인 혜택을 얻고자 한다.

[표 6.3] 독립 코치 – 이해 상충: 진짜 이슈는 무엇인가?

선택 사항	적절할 것 같음	덜 적절할 것 같음
A. 코칭의 초점을 내부에 맞추도록 강력히 요구한다.	코칭이 오직 조직 내부의 이익을 위한 것이라는 명확한 계약이 존재하는 경우 당신의 생각은?	이러한 잠재적 갈등이 계약에서 미리 논의되었으며, 조직이 성숙한 입장을 취하여 조직 외부에 홍보대사를 두는 것의 가치를 인정하는 경우 당신의 생각은?
B. 상황이 어떻게 진행되는지 지켜보고, 고객이 내부적으로 어려운 대화를 연습할 수 있도록 돕는다.	조직 문화가 성숙하고 투명성을 수용하며 두 사람 모두 이러한 대화를 잘 다루는 것이 중요하다고 인식하는 경우 당신의 생각은?	조직에서 [고객이] 내부 승진을 준비할 수 있도록 특별히 코칭을 후원한 경우 당신의 생각은?
C. 고객의 브랜드 개발에 초점을 맞출 것을 제안한다(이것은 내부 또는 외부에서 모두 활용될 수 있다).	이 접근 방식이 고객의 잠재력을 개발하고, 조직 내에서 새로운 기회를 여는 데 도움이 되는 경우 당신의 생각은?	제안의 동기가 조직이 그의 외부 지향적 경력 목표에 어떻게 반응할지에 관한 대화를 피하기 위한 경우 당신의 생각은?
D. 잠재적인 갈등 가능성을 강조하고, 코칭을 계속하는 것이 적절한지 결정하기 위해 고객, 코칭 스폰서 그리고 코치가 함께하는 삼자 미팅을 제안한다.	개방적이고 협력적인^{collegiate} 문화가 있고, 고객이 상사와 좋은 개인적 관계를 맺고 있으며, 고객 또한 이 문제를 적극적으로 다루지 않으면 코치의 평판이 손상될 수 있음을 인지하는 경우 당신의 생각은?	삼자 대화를 조율하는 과정에서 지연이 발생하여, 고객이 어떻게 행동해야 할지 결정을 내려야 하는 시점에서 코칭 지원을 받지 못하게 되는 경우 당신의 생각은?
E. 그 외 다른 방법을 고려한다.	당신의 생각은?	당신의 생각은?

따라서 조직의 입장을 파악하여 코치의 '충성심^{loyalty}'이 어디에 있어야 하는지 파악하는 것이 매우 중요하다. 또한 이를 통해 해당 코칭 과제를 수행할지를 선택할 수 있는 입장이 된다. 예를 들어, 개인과 조직의 동기가 서로 상충된다고 생각되면 코칭에 참여하는 것을 거부할

수 있다. 조직이 개인을 유지하는 방향을 지원하면 개인의 기회를 제한할 수 있다. 반대로 개인이 외부에서 일자리를 찾도록 지원하면 조직은 이를 배신으로 인식하고 더는 코칭 기회를 주지 않을 수 있다. 따라서 코치로서 조직이 코칭에 관해 어떤 기대를 하는지 명확히 할 필요가 있다. 삼자 대화는 코칭 과정에서 발생하는 정보를 관리하고 이슈를 투명하게 처리하는 방법에 관해 모두가 동의할 수 있는 좋은 기회이다.

윤리 범주 4: 이중 관계

여기서 딜레마는 프랙티셔너가 시간이 지남에 따라 또는 심지어 동시에 다른 '역할hats'을 수행할 수 있으며, 따라서 다양한 출처의 정보를 접할 수 있다는 점을 인식한다. 지식의 출처를 염두에 두고 다른 환경에서 우리가 알고 있는 것을 가지고 작업할 때 어떤 영향과 결과를 초래할지 고려해야 한다. "누가 무엇을 말했는가?"

같은 팀에 속한 두 사람과 함께 코칭을 진행하고 있다. 함께 작업하면서 각 고객에 관한 정보를 그들의 동료로부터 알게 되었다는 사실을 인식하게 된다. 가끔은 어떤 고객이 무엇을 말했는지 혼동되기도 한다. 즉 어떤 정보를 누구에게서 들었는지 잊어버릴 때가 있다.

이런 경우, 당신은 어떤 조치를 취할 수 있을까?

A. 코칭을 계속한다.

B. 혼란스러운 상황에 관해 투명하게 이야기한다.

C. 더 철저하게 메모를 남기기로 한다.

D. 다른 코치가 고객 중 한 명과 함께 작업할 수 있도록 조정한다.

E. 그 외 다른 방법을 고려한다.

논의할 내용([표 6.4] 참조)

어떤 선택지가 가장 끌리나요?
당신의 관점에 영향을 미치는 요소는 무엇인가요?

추가 생각

이 특별한 딜레마에서는 두 사람이 같은 팀에 속해 있고 같은 코치와 함께 작업하고 있으므로 일부 어려움은 예상할 수 있었을 것이다. 이는 계약 논의 과정에서 이러한 긴장감을 드러내는 것이 중요하다는 점을 강조한다. 많은 조직은 실용적pragmatic이므로 코치가 두 명의 팀원과 함께 작업하는 것이 효율적이라고 생각한다. 그러나 이러한 결정은 코칭 작업의 본질적인 복잡성을 충분히 이해하지 못한 경우이다. 따라서 코치는 코칭이 조직에 실제로 어떻게 작동하는지에 관해 교육하는 역할을 수행해야 할 수도 있다. 관계 초기에 이러한 수준의 투명성을 역할 모델로 삼으면 모든 사람이 앞으로 겪게 될 상황의 복잡성에 관한 인식을 높이는 데 도움이 된다.

[표 6.4] 독립 코치 – 이중 관계: 누가 무엇을 말했는가?

선택 사항	적절할 것 같음	덜 적절할 것 같음
A. 코칭을 계속한다.	작업에 방해가 되지 않을 정도로 코치가 혼란을 편안하게 견딜 수 있는 경우 당신의 생각은?	이것이 코치의 가치관과 상충되고 코치 자신에게 어울리지 않는다고 느낄 경우 당신의 생각은?
B. 혼란스러운 상황에 관해 투명하게 이야기한다.	계약 단계에서 이러한 가능성을 '예상'하고 '언급하기로' 합의한 경우 당신의 생각은?	조직 문화가 이러한 혼란을 약점으로 간주하며, 코치가 이러한 문화에 도전할 위치에 있지 않은 경우 예) 코치가 제삼자[외부 컨설팅 회사 등]에 고용되어 작업을 수행하는 경우 당신의 생각은?
C. 더 철저하게 메모를 남기기로 한다.	코치가 이 작업을 수행하면서도 고객에게 집중하는데 방해가 되지 않으며, 이를 수행할 수 있는 허가를 받은 경우 당신의 생각은?	이것이 코치 자신의 부족함에 관한 반응이며, 다른 옵션을 실행하는 것보다 더 쉬운 선택으로 여겨지는 경우 당신의 생각은?
D. 다른 코치가 고객 중 한 명과 함께 작업할 수 있도록 조정한다.	업무 분리를 유지하기 위해 요구되는 에너지가 부담스럽다고 느끼는 경우 당신의 생각은?	현재의 배치를 변경하는 것이 기존의 권력이나 정치적 의제를 더욱 강화할 가능성이 있는 경우[4] 당신의 생각은?
E. 그 외 다른 방법을 고려한다.	당신의 생각은?	당신의 생각은?

---

4) [역자] 권력이나 정치적 의제가 있는 상황에서 고객 중 한 명을 다른 코치에게 배치하는 것은 공정성과 객관성 유지에 어려울 수 있다.

복잡성에 관한 어려움이 이미 간접적으로 언급되었다면, 코치가 이러한 종류의 '오염contamination'이 작업의 질을 저해한다는 사실을 알게 되었을 때 계약의 적절성에 의문을 제기하기가 더 쉬워진다. 이 경우 조직이 코치를 '무능한' 사람으로 보지 않을 가능성이 커지며, 계약 단계에서 충분한 논의가 이루어졌다면 이러한 상황에서 누가 기존 코치와 계속할지, 누가 새로운 코치를 배정받을지 결정하는 절차가 이미 합의되었을 것이다. 따라서 코치 교체가 결정되더라도 어느 누구도 피해를 입었다고 느끼지 않는다.

특히 흥미로운 점은 비지시적non-directive이라는 개념을 살펴보는 것이다. 이를 위해서는 무엇이 코치의 질문에 정보를 제공하는지 고려해야 한다. 코치는 객관적인 질문을 하고 있다고 느낄 수 있지만, 만약 코치가 추가 정보를 알고 있는 입장이라면, 과연 그 정보가 진정으로 중립적이라고 어떻게 확신할 수 있을까? 일단 코치가 무언가를 알게 되면, 그것을 '모른 척'할 수는 없다! 게다가 고객이 코치가 조직 내에서 다른 관계를 맺고 있다는 사실을 알고 있다면, 코치가 사전 지식을 분리하여 코칭을 수행한다고 해도 고객들은 코치의 질문이 더 넓은 이해에 기반을 둔 것으로 생각할 수 있다. 이에 따라 고객들은 코치가 의도한 것보다 질문에 더 큰 의미를 부여하거나, 예상보다 더 중요한 질문으로 생각할 가능성이 있다.

섹션 2: 내부 코치의 딜레마 예시

윤리 범주 1: 기밀 유지

이 시나리오에서는 여러 이해관계자와 함께 작업할 때 정보 처리의 복잡성을 고려한다. "빙산의 일각인가?"

내부 코치로서 작업에서 일정한 패턴을 발견하고 있다. 조직 내 특정 부서가 직원들을 자주 코칭에 의뢰하는 것 같다. 코치는 이러한 개발 이슈가 [코칭 보다는] 직속 상사를 통해 더 효과적으로 해결될 것이라는 인상을 받고 있다.

이런 경우, 당신은 어떤 조치를 취할 수 있을까?

A. 해당 부서의 인사 책임자(HR)나 고위 관리자에게 이 문제를 제기한다.
B. 코칭을 추천한 직속 상사가 [직접] 코칭을 받을 수 있게 권유한다.
C. 고객[코칭 대상자]이 자신의 직속 상사에게 필요로 하는 지원이 무엇인지 파악하고 이를 직접 논의하도록 권장한다.
D. 다른 내부 코치들과 [이 문제에 관해] 논의한다.
E. 그 외 다른 방법을 고려한다.

논의할 내용([표 6.5] 참조)

어떤 선택지가 가장 끌리나요?
당신의 관점에 영향을 미치는 요소는 무엇인가요?

[표 6.5] 내부 코치 – 기밀 유지: 빙산의 일각인가?

선택 사항	적절할 것 같음	덜 적절할 것 같음
A. 해당 부서의 인사 책임자(HR)나 고위 관리자에게 이 문제를 제기한다.	모든 당사자와 피드백 주제에 관한 계약contract을 체결했으며, 충분한 사례가 축적되어 특정 개인이 간접적으로 식별되지 않을 경우 당신의 생각은?	피드백 주제에 관한 합의agreement가 없거나 하나의 부서에서만 작업하여 피드백의 출처를 쉽게 알 수 있는 경우 당신의 생각은?
B. 코칭을 추천한 직속 상사가 [직접] 코칭을 받을 수 있도록 권유한다.	추천한 직속 상사와 별도의 관계를 맺고 있고, 그들이 코치가 수행 중인 다른 코칭 작업과 연관성을 추론할 수 없는 경우 당신의 생각은?	코칭을 받을 대상자를 결정하는 내부 절차가 있다는 사실을 존중해야 할 필요가 있는 경우 당신의 생각은?
C. 고객[코칭 대상자]이 자신의 직속 상사에게 필요로 하는 지원이 무엇인지 파악하고 이를 직접 논의하도록 권장한다.	고객[코칭 대상자]이 상사를 효과적으로 관리할 수 있는 기술skills과 능력ability을 개발하는 데 도움이 되며, 이것이 고객의 원래 코칭 목표와 일치하는 경우 당신의 생각은?	이것을 다룰 시간이 부족하여 원래 코칭 목표까지 함께 진행하기 어려우며 비생산적counter-productive으로 보일 수 있는 경우 당신의 생각은?
D. 다른 내부 코치들과 [이 문제에 관해] 논의한다.	새로운 주제를 논의할 수 있는 지정된 포럼(예: 동료 그룹 수퍼비전)이 있고 이에 관한 계약이 이루어진 경우 당신의 생각은?	이러한 논의가 '비공식적informal'이고 내부 코치들이 '험담gossiping'하는 것으로 인식되어 코칭 그룹의 전문성을 저해할 수 있는 경우 당신의 생각은?
E. 그 외 다른 방법을 고려한다.	당신의 생각은?	당신의 생각은?

추가 생각

이러한 대안을 통해 기밀 유지 위반이 직간접적으로 발생할 수 있다는 것을 보여주었기를 바란다. 대부분은 고의적으로 기밀을 침해하지는 않지만, 조직 내에서 일할 때는 이미 많은 정보가 알려져 있는 상태다. 따라서 출처가 표시되지 않은(익명 처리된) 정보나 정보 주제를 공유하더라도 다른 사람들이 '조각을 맞춰 join the dots' 정보를 유추할 수 있다.

윤리 범주 2: 경계 설정

이 딜레마는 자신의 문화적 규범과 경험을 고려할 때 불편하거나 낯설게 느껴질 수 있는 것을 탐색한다. "부적절한 접촉인가, 아니면 단순히 다른 문화적 관행인가?"

성공적인 사전 회기 chemistry session 후, 새로운 고객이 첫 정식 회기에서 "안녕하세요."라고 크게 인사하고, 유럽식으로 양쪽 뺨에 키스를 한다. 코치는 악수를 기대했는데 순간 당황해서 아무 말도 하지 못한다.

이런 경우, 당신은 어떤 조치를 취할 수 있을까?

A. 서로 다른 문화적 배경에 관해 생각해보고 이것이 [코칭]관계에서 어떻게 작용할지 고려한다.
B. 다음 회기에서 어떻게 인사할지 미리 연습한다.
C. 계약 회기에서 악수를 선호한다고 설명한다.

D. 아무 말도 하지 않고 잊으려고 노력한다.

E. 그 외 다른 방법을 고려한다.

논의할 내용([표 6.6] 참조)

어떤 선택지가 가장 끌리나요?
당신의 관점에 영향을 미치는 요소는 무엇인가요?

추가 생각

이 딜레마는 개인적인 취향과 경계를 분명히 하면서도 문화적으로 유연한 방식으로 자신을 관리하는 것이 얼마나 어려운지 보여준다. 다문화 팀과 글로벌 업무 환경이 증가하고 있지만, 많은 사람은 다양한 배경을 가진 사람들을 만나기 전까지 거의 인식하지 못하는 문화적 규범에 깊이 영향을 받고 있다. 이에 따라 오해와 불쾌감을 불러일으킬 가능성은 언제든 존재한다. 코칭에서는 문화적 차이를 당황하지 않고 논의할 수 있는 안전한 공간을 만들어야 하며, 이것이 명시적인 코칭 목표가 아닐지라도 코칭 작업에 활용할 수 있어야 한다. 이는 잠재적으로 민감한 주제이므로 충분한 친밀감을 형성하고 가장 적절한 방식으로 준비하는 것이 중요하다. 이러한 준비가 되었다면, 이 문제를 조심스럽고 열린 태도로 제기할 수 있으며 당황스러움을 드러내지 않으면서도 호기심과 존중을 가지고 고객의 참여를 유도할 수 있다.

[표 6.6] 내부 코치 - 경계 설정: 부적절한 접촉인가, 아니면 단순히 다른 문화적 관행인가?

선택 사항	적절할 것 같음	덜 적절할 것 같음
A. 서로 다른 문화적 배경에 관해 생각해보고 이것이 [코칭]관계에서 어떻게 작용할지 고려한다.	코치가 속한 문화에서는 이러한 행동이 때때로 허용될 수 있으며, 이를 통해 문화적 차이가 작업에 어떻게 나타날 수 있는지에 관해 더 주의 깊게 인식하게 되는 경우 당신의 생각은?	이런 종류의 인사가 문화적 '실수faux pas'라고 확신하며, 이를 가능한 빨리 공유하는 것이 유용한 교육 자료가 될 것으로 생각하는 경우 당신의 생각은?
B. 다음 회기에서 어떻게 인사할지 미리 연습한다.	고객과의 신뢰 관계가 충분하지 않다고 느껴 문화적 차이를 바로 제기하기 어려우며, 이를 논의하기 전에 먼저 개인적인 준비를 하고 싶은 경우 당신의 생각은?	연습하고자 하는 욕구가 사실은 민감한 문제에 관한 논의를 피하기 위한 변명이라는 것을 알고 있지만, 실제로는 이를 충분히 관리할 수 있는 위치에 있다는 것을 알고 있는 경우 당신의 생각은?
C. 계약 회기에서 악수를 선호한다고 설명한다.	고객과 신뢰 관계가 잘 형성되어 있고, 문화적 차이에 관해 편안하게 이야기할 수 있으며, 이를 논의하는 것이 코칭 관계를 더욱 깊게 만드는 데 긍정적인 영향을 줄 것으로 확신하는 경우 당신의 생각은?	자신의 반응이 '개인적인 요소your stuff'에 얽혀 있다는 것을 알고 있으며, 이러한 행동 차이에 초점을 맞추는 것이 오히려 더 중요한 핵심 이슈에서 주의를 돌릴 수 있는 경우 당신의 생각은?
D. 아무 말도 하지 않고 잊으려고 노력한다.	코칭 목표가 문화적 감수성을 개발하는 것과 관련이 있는 경우 당신의 생각은?	이런 인사 방식에 관해 개인적으로 당혹감을 느끼고 고객과 다시 만나야 하는 것에 부담을 느끼게 되는 경우 당신의 생각은?
E. 그 외 다른 방법을 고려한다.	당신의 생각은?	당신의 생각은?

윤리 범주 3: 이해 상충

이 딜레마는 코칭 관계를 방해할 수 있는 조직의 복잡성을 인식하는 것이다. "준비, 출발… 그런데 멈춰야 할까?"

한 직속 상사가 역량 요구 분석Competency Needs Analysis(CNA) 양식을 철저히 작성했지만 코칭 프로그램을 시작하기 위한 삼자[코치, 코칭 대상자. 코칭 대상자의 직속 상사] 대화 요청에 계속 응답하지 않고 있다. 고객[코칭 대상자]은 삼자 대화에 관한 직속 상사의 적극적인 참여 없이 프로그램을 시작하고 싶어 한다.

이런 경우, 당신은 어떤 조치를 취할 수 있을까?

A. 관리자manager에게 일대일 미팅을 요청한다.
B. [고객의] 직속 상사line manager의 개입 없이 프로그램을 바로 시작한다.
C. 프로그램을 시작한 후 관리자manager에게 그 사실을 알린다.
D. 이 이슈를 코칭 풀의 관리자manager of the coaching pool에게 보고한다.
E. 그 외 다른 방법을 고려한다.

> **논의할 내용([표 6.7] 참조)**
>
> 어떤 선택지가 가장 끌리나요?
> 당신의 관점에 영향을 미치는 요소는 무엇인가요?

[표 6.7] 내부 코치 - 이해 상충: 준비, 출발 … 그런데 멈춰야 할까?

선택 사항	적절할 것 같음	덜 적절할 것 같음
A. 관리자에게 일대일 미팅을 요청한다.	정말 바쁜 일정에 관한 실용적인 대응책이 필요한 경우 당신의 생각은?	관리자와 고객 간의 소통이 부족하다고 느껴지고 삼자 대화를 통해 그들의 역동 관계에 관한 유용한 정보를 얻을 수 있는 경우 당신의 생각은?
B. [고객의] 직속 상사의 개입 없이 프로그램을 바로 시작한다.	코칭 목표가 주로 고객의 내적 동기와 관련이 있고, 코칭 프로그램이 진행됨에 따라 직속 상사의 참여 방법을 계약할 수 있는 경우 당신의 생각은?	겉으로 드러난 것보다 더 많은 일이 진행되고 있고, 고객 [코칭 대상자]이 '자신의 입장'을 먼저 듣기를 원한다고 보이는 경우 당신의 생각은?
C. 프로그램을 시작한 후 관리자에게 그 사실을 알린다.	고객이 아닌 직속 상사와 연결되어 있는 더 큰 조직적 의제agenda가 작용하고 있고, 프로그램 시작을 늦추는 것이 개별 고객에게 불균형적으로 불이익을 줄 수 있는 경우 당신의 생각은?	직속 상사와 공식적인 책임을 회피하도록 공모하는 상황이 된다고 생각하는 경우 당신의 생각은?
D. 이 이슈를 코칭 풀의 관리자에게 보고한다.	이슈를 제기할 수 있는 논의의 장forum이 있고 코치가 경험하는 상황이 더 광범위한 시스템적 이슈의 한 증상이라고 생각하는 경우 당신의 생각은?	조직이 실용주의를 중시하고 삼자 대화 자체보다 역량 요구 분석 양식에 더 의존하는 경향이 있는 경우 당신의 생각은?
E. 그 외 다른 방법을 고려한다.	당신의 생각은?	당신의 생각은?

추가 생각

이 딜레마에서 내부 코치가 고객의 더 넓은 [조직]시스템에 얼마나 쉽게 끌려들어갈 수 있는지를 강조하고자 했다. 이는 독립 코치에게도 해당될 수 있지만, 내부 코치는 이미 조직 시스템의 일부이므로 '익숙한normal' 환경을 인식하기 위해 더 많은 노력이 필요하다. 대부분은 코칭 작업을 즐기므로 코칭을 빨리 시작하고 싶어 하는 무의식적 편향unconscious bias을 가지고 있을 가능성이 크다.

그러나 이 상황을 통해 보여주고자 했듯이 신속하게 대응할 경우 놓칠 수 있는 것은 무엇일까? 여기서 흥미로운 점은, 직속 상사가 기존 과정의 '일부part'는 수행했지만 전체all는 완료하지 않았다는 사실이다. 실용주의자들은 다음과 같이 생각할 수 있다. 대부분 과정은 이상적으로 설계된 방식 그대로 완벽하게 작동하지 않으므로, 직속 상사가 어느 정도 기여하고 있다면 [코칭을] 계속하는 것이 무슨 손해가 되겠는가?"

물론 어떤 맥락에서는 실용적인 접근 방식이 가장 적절한 방법일 수 있다. 그렇지만 이를 판단하기 위해서는 좀 더 회의적인 시각skeptical hat을 가지고 직속 상사가 약속을 지키지 않는 이유를 깊이 생각해 볼 필요가 있다. 이를 통해 고객과 직속 상사 간의 역동 관계에서 실제로 어떤 일이 벌어지고 있는지에 관한 유용한 정보를 얻을 수 있다. 이 같은 역동 관계가 코칭 목표에 영향을 미칠 수 있으므로 이 중요한 정보를 무시하면 코칭 프로그램 전체가 흔들릴 수 있다. 만약 자신의 자연스러운 반응이 무의식적 과정 unconscious processes과 연결될 가능성이 있다는 점(평행 과정 parallel process)을 인식할 수 있다면, 이는 조직 차원의 주요 주제로 활용하거나 개별 고객과의 코칭 작업을 할 때 가설로 적용하는데 특히 유용할 것이다. 또한 동료 수퍼비전 그룹에 가져가 다른 코치들도 비슷한 문제를 겪고 있는지 확인할 기회가 될 수도 있다. 만약 그렇다면 직속 상사들이 직원들과의 코칭 과정에 더 적극적으로 참여하도록 하기 위해 조직 차원에서 해결해야 할 더 큰 문화적 과제 cultural imperative가 존재할 가능성이 있다.

윤리 범주 4: 이중 관계

여기서 딜레마는 공유 지식의 영향과 결과, 그리고 그 지식의 출처를 신중히 고려해야 할 필요성을 인식한다. "당신이 잘 아는 사람을 코칭할 수 있는가?"

오랫동안 알고 지내던 고객과 매칭이 되었다. 수년 동안 서로의 길을 함께 걸어왔고 동료라기보다는 친구에 가깝다고 생각하는 관계이다.

이런 경우, 당신은 어떤 조치를 취할 수 있을까?

A: 과제를 거절한다.
B: 동료와 우정 사이의 경계를 탐색하기 위해 일회성 회기를 제안한다.
C: 다른 코치와 함께 작업할 것을 제안한다.

D: 과제를 그대로 진행한다.

E: 그 외 다른 방법을 고려한다.

논의할 내용([표 6.8] 참조)

어떤 선택지가 가장 끌리나요?

당신의 관점에 영향을 미치는 요소는 무엇인가요?

추가 생각

여기서 딜레마의 핵심은 고객과의 친숙함에서 한 걸음 물러나 진정으로 독립적인 시각을 가질 수 있는지 여부이다. 이러한 상황은 코치에게 흔한 일이며, 이미 안전하다고 느끼고 자신을 이해해 주는 사람에게만 편안하게 털어놓고 싶어하는 것은 매우 인간적인 반응이다.

그러나 이전 관계와 함께 오염의 가능성도 있다. 예를 들어, 상대방이 당신에게 다가오는 이유가 자신[고객]의 관점을 이해해줄 것이라고 생각하기 때문은 아닐까? 만약 그렇다면, 그 관계는 공모^{collusion}로 이어질 수 있다. 반대로 고객이 코치와 함께 일하고 싶은 이유가 코치가 도전적인 코칭을 하는 것으로 알려져 있기 때문일까? 이 경우라면, 전문가^{expert} 역할을 맡을 수 있는 관계로 발전할 수 있다. 어느 쪽이든 이러한 초기 기대를 없애고 고객이 진정으로 필요로 하는 것이 무엇인지 파악하는 과정은 까다로울 수 있다.

[표 6.8] 내부 코치 – 이중 관계: 당신이 잘 아는 사람을 코칭할 수 있는가?

선택 사항	적절할 것 같음	덜 적절할 것 같음
A. 과제를 거절한다.	상대방에 관해 너무 많이 알고 있어 객관적이지 못하다고 느끼거나, 코칭 관계를 맺는 것이 우정을 변화시킬 수 있다는 두려움이 있는 경우 당신의 생각은?	이미 다양한 상황에서 코칭 대상자와 효과적으로 일한 경험이 있는 경우 당신의 생각은?
B. 동료와 우정 사이의 경계를 탐색하기 위해 일회성 회기를 제안한다.	친구와 함께 일하는 것이 얼마나 어려운지 잘 보여줄 수 있고, 이를 통해 코치가 가장 적합한 사람이 아닐 수도 있음을 이해하는 데 도움이 될 것으로 생각하는 경우 당신의 생각은?	고객이 첫 번째 회기에서 이슈에 관해 '깊이 들어가고' 코칭 관계에서 벗어나기가 어려워질 가능성이 있는 경우 당신의 생각은?
C. 다른 코치와 함께 작업할 것을 제안한다.	고객이 두 관계 사이의 긴장을 이해할 수 있는 경우 당신의 생각은?	고객이 과거에 거절당한 경험이 많고, 코치가 고객이 받게 될 메시지를 개인화할 기회가 없다는 것을 알고 있는 경우 당신의 생각은?
D. 과제를 그대로 진행한다.	경계 설정에 관한 도전을 관리하는 데 경험이 있고, 고객을 코칭하는 것이 적절한지 여부를 열린 마음으로 탐색할 수 있는 경우 당신의 생각은?	자신이 공모로부터 자유롭다고 생각하는 경우 당신의 생각은?
E. 그 외 다른 방법을 고려한다.	당신의 생각은?	당신의 생각은?

이전 관계에서 고객[코칭 대상자]의 성공이나 코치와의 관계에 감정적으로 투자한 적이 있다면 더 큰 도전이 된다. 예를 들어, 고객이 자신의 진정한 잠재력을 충분히 실현하지 못한다면 코치와 고객 모두에게 실망감을 느끼게 될까? 또한, 고객의 결정이 나중에 코치의 목표나 관계 및 네트워크에 영향을 미칠 수 있는가? 그렇다면 객관성을 유지하는 것은 현실적으로 어려울 수 있으며, 더 나아가 윤리적으로도 어려울 수 있다. 내부 코치로서 코치와 고객은 동일한 시스템에서 활동하게 된다. 대부분 내부 코치는 여러 관계의 복잡성을 헤쳐 나가는 어려움을 경험했을 것이다. 이 관계에서 발생할 수 있는 이해 상충 가능성을 인식하는 것이 중요한 첫 단계이다. 일반적으로 문제를 공개적으로 논의하고, 잠재적인 어려움에 관해 충분한 대화를 나눌 수 있다면 공동 결정을 내릴 수 있을 것이다. 반면, 이런 종류의 논의가 '원칙적으로' 불편하게 느껴진다면 그 관계에 참여하는 것이 바람직하지 않다는 좋은 신호가 될 수 있다.

섹션 3: 직속 상사인 코치의 딜레마 예시

윤리 범주 1: 기밀 유지

이 상황은 여러 이해관계자와 함께 작업할 때 정보를 처리하는 데 따르는 복잡성을 고려한다. "약간의 지식이 위험한 것일 수 있는가?"

팀원이 성과 평가 검토를 통해 [팀원] 자신의 개발 영역을 이해하도록 코칭하고 있다. 팀원은 360° 피드백 보고서에서 받은 특정한 평가를 받아들이기 어려워하고 있다. 코치는 코칭 대화에서 예전에 다른 팀원이 비슷한 말을 한 것을 기억하고 있으므로 누가 그런 말을 했는지 확실히 알 수 있다.

이런 경우, 당신은 어떤 조치를 취할 수 있을까?

A. 고객에게 피드백을 제공한 모든 사람과 대화하는 방법에 관해 코칭하고, 피드백의 사례를 요청한다.

B. 고객과 함께 누가 이런 평가를 했다고 생각하는지, 그 이유를 탐색한다.

C. 코치의 추측을 절대 밝히지 않는다.

D. 고객의 강점과 이를 어떻게 활용할 수 있는지에 초점을 맞춰 탐색한다.

E. 그 외 다른 방법을 고려한다.

논의할 내용([표 6.9] 참조)

어떤 선택지가 가장 끌리나요?
당신의 관점에 영향을 미치는 요소는 무엇인가요?

[표 6.9] 직속 상사이면서 코치 - 기밀 유지: 약간의 지식이 위험한 것일 수 있는가?

선택 사항	적절할 것 같음	덜 적절할 것 같음
A. 고객에게 피드백을 제공한 모든 사람과 대화하는 방법에 관해 코칭하고, 피드백의 사례를 요청한다.	이것이 코칭 과정에서 예상된 부분이며, 피드백을 요청하는 기술을 개발하는 데 도움이 될 수 있는 경우 당신의 생각은?	평가를 더 깊이 탐색하는 것이 360° 피드백을 통해 이미 제공된 주요 학습을 지연시키는 경우 당신의 생각은?
B. 고객과 함께 누가 이런 평가를 했다고 생각하는지, 그 이유를 탐색한다.	이것이 '방 안의 코끼리the elephant in the room'가 되어 고객이 자신의 의심이 표출될 때까지 앞으로 나아갈 수 없을 것 같은 경우 당신의 생각은?	이미 팀에 분열이 있는 상태이며, 이 논의가 기존의 갈등을 불러일으킬 수 있는 경우 당신의 생각은?
C. 코치의 추측을 절대 밝히지 않는다.	평가의 출처를 100% 확신할 수 없고, 설령 확신한다고 해도 허가 없이 정보를 공유하는 것은 비전문적이라고 생각하는 경우 당신의 생각은?	360° 피드백이 팀 코칭의 일부로 이루어지고 있으며, 팀 전체가 개인 학습을 넘어 팀 관계에 도움이 되는 정보에 관해 공개한다는 명시적인 계약이 있는 경우 당신의 생각은?
D. 고객의 강점과 이를 어떻게 활용할 수 있는지에 다시 초점을 맞춰 탐색한다.	강점 기반 문화가 존재하고, 고객이 자신의 강점을 발전시키도록 돕는 것이 더 생산적이라고 생각하는 경우 당신의 생각은?	고객이 피드백을 무시하려고 하며, 피드백이 실제 고객의 맹점blind spot에 관해 말하고 있다고 느끼는 경우 당신의 생각은?
E. 그 외 다른 방법을 고려한다.	당신의 생각은?	당신의 생각은?

추가 생각

이 딜레마가 직속 상사$^{line\ manager}$가 관리해야 하는 다양한 관계와 정보 출처를 어떻게 조율해야 하는지 강조해 주기를 바란다! 직속상사인 코치가 고려해야 할 가장 좋은 질문은 "내가 어떻게 그 사실을 알게 되었는가?"이다. 직속 상사가 코칭 대화를 전담하는 경우, 얻은 정보는 기밀 사항이며 직속 상사 관계보다는 코칭 관계의 경계 내에 있을 가능성이 더 크다. 그러나 비공식적으로 얻은 정보라 하더라도 직속 상사는 자신이 알고 있는 정보를 공유하는 것이 미치는 영향을 생각해 보아야 한다. 직속 상사와 팀 전체 간의 신뢰에 어떤 영향을 미칠 것인가? 이를 신중하게 관리하지 않으면 코치인 직속 상사는 팀원들이 정보를 전달해 주기를 바라고, [팀원들은] 직속 상사에게 정보를 제공하는 등 조작^{manipulation}의 영역에 들어갈 수 있다. 이런 일이 발생하면 팀이 자신의 이슈를 스스로 해결할 수 있는 기회가 줄어들고 직속 상사는 '구조자^{rescuer}' 역할에 머물게 된다.

윤리 범주 2: 경계 설정

이 딜레마는 전문적인 코칭 영역에서 벗어날 수 있는 원인을 탐구한다. "언제 선을 넘는 것일까"?

   코치의 부서에 실습 중인 대학원생이 배치되어 있고, 코치는 그 대학원생을 '적극적으로 도와주고$^{under\ your\ wing}$' 있다. 코치와 대화를 나누면서 그는 거주 중인 임대 숙소의 환경이 좋지 않아서 수면이 부족하고, 이에 따라 업무 집중력에 영향을 미친다고 말한다. 또한 다른 숙소를 찾기 위해 여기저기 알아보고 있다는 것도 안다. 코치는 본인의 집에 빈 방이 있으며, 그가 이 사실을 알고 있는지 궁금하다.

이런 경우, 당신은 어떤 조치를 취할 수 있을까?

A. 인사팀(HR)과 이야기해 보라고 제안한다.
B. 임시방편으로 코치[직속 상사]의 빈 방을 사용할 수 있는 기회를 제공한다.
C. 다른 선택지가 있는지, 검색 범위를 넓힐 수 있는 방법이 있는지 살펴본다.
D. 아무것도 하지 않는다.
E. 그 외 다른 방법을 고려한다.

> **논의할 내용([표 6.10] 참조)**
>
> 어떤 선택지가 가장 끌리나요?
> 당신의 관점에 영향을 미치는 요소는 무엇인가요?

추가 생각

이 딜레마가 개인에게 지나치게 관여할 때 발생할 수 있는 잠재적 결과를 강조해 주길 바란다. 이 딜레마는 코치의 관점에서 바라보든, 직속 상사의 관점에서 바라보든 이슈가 될 수 있다. 역할과 책임의 경계가 모호해질 가능성이 있을 때, 의도하지 않은 결과가 발생할 수 있다는 점을 신중하게 고려하는 것이 중요하다. 매우 '인간적인' 대응이 의도치 않게 팀 전체에 긴장감을 초래하거나 심지어 가정 생활에 영향을 줄 수 있다! 코치의 배우자가 직원 가운데 한 명이 단기간이라도 같은 지붕 아래에서 생활하는 것을 정말로 원할까? 이러한 상황을 통해 자신의 정서를 정확하게 이해하는 것이 중요한 이유가 명확해진다. 다른 사람의 '이슈'를 자신의 욕구를 충족시키는 수단으로 사용해서는 안 된다. 이러한 딜레마는 부모 역할을 맡으려는 유혹에 빠져 개인[고객]의 성숙과 회복력을 저해할 가능성이 있다. 전문가로서 코치는 자신의 명확한 역할의 경계를 유지해야 한다. 이는 결국 직원이 개인적인 책임을 지고 독립성과 삶의 기술을 개발하는 데 도움이 된다. 이 상황에 관한 적절한 대응인지 판단하는 좋은 기준은 다음과 같다.

Q. 만약 이 상황이 신문 1면에 실린다면, 당신은 어떻게 느낄 것인가?

[표 6.10] 직속 상사이면서 코치 – 경계 설정: 언제 선을 넘는 것일까?

선택 사항	적절할 것 같음	덜 적절할 것 같음
A. 인사팀(HR)과 이야기해 보라고 제안한다.	코치가 고객을 위해 직접 '문제 해결'을 원하는 경향이 있고, HR 서비스의 범위가 이미 잘 알려져 있는 경우 당신의 생각은?	HR 부서가 대학원생들의 주거 문제를 '예외적으로' 처리할 수 있는 자원만 보유하고 있는 경우 당신의 생각은?
B. 임시방편으로 코치[직속 상사]의 빈 방을 사용할 수 있는 기회를 제공한다.	개인이 단기적인 해결책으로 직접 도움을 요청하며, 팀 내에서 '편애favoritism'로 인식될 수 있는 가능성을 스스로 잘 관리할 수 있다고 생각하는 경우 당신의 생각은?	팀에 '비밀'로 해야 한다고 생각하거나 개인의 선택지 부족보다는 자신의 '빈 둥지 증후군empty nest'과 더 관련이 있다고 생각하는 경우 당신의 생각은?
C. 다른 선택지가 있는지, 검색 범위를 넓힐 수 있는 방법이 있는지 살펴본다.	이런 지원이 고객의 향후 문제 해결에 도움이 될 수 있는 경우 당신의 생각은?	고객이 심각한 고통에 처해 있고 독립적으로 생각할 수 없으며 즉각적인 지원이 필요한 경우 당신의 생각은?
D: 아무것도 하지 않는다.	고객이 지원 네트워크가 잘 구축되어 있고, 도움을 주는 것이 직속 상사로서 자신의 역할을 '넘어서는 것going above and beyond'으로 인식될 수 있는 경우 당신의 생각은?	직원의 건강이 영향을 받고 있고, 단기적으로 도움을 제공하는 것이 도덕적으로 적절하다고 생각하는 경우 당신의 생각은?
E. 그 외 다른 방법을 고려한다.	당신의 생각은?	당신의 생각은?

윤리 범주 3: 이해 상충

여기서 딜레마는 코칭 관계를 방해할 수 있는 조직의 복잡성을 인식하는 것이다. "어떻게 인식을 관리할 것인가?"

팀원 가운데 한 명이 최근 장기 병가를 마치고 복귀했다. 그와 매주 코칭 대화를 나누고 있으며 그가 업무 복귀를 위해 얼마나 많은 노력을 기울이고 있는지 잘 안다. 그렇지만 회복력이 아직은 취약하며, 일주일을 온전히 일하지 못하는 경우가 많다. 팀원들의 인내심이 바닥나고 있다는 것이 느껴진다.

이런 경우, 당신은 어떤 조치를 취할 수 있을까?

A. 해당 팀원과 어떻게 하면 동료들에게 현재 상황을 공유하고 싶은지 논의한다.
B. 해당 팀원에게 사전에 이야기하고, 팀 회의에서 이 문제를 언급한다.
C. 팀원들과 개별적으로 이야기한다.
D. 아무것도 하지 않는다.
E. 그 외 다른 방법을 고려한다.

논의할 내용([표 6.11] 참조)

어떤 선택지가 가장 끌리나요?
당신의 관점에 영향을 미치는 요소는 무엇인가요?

[표 6.11] 직속 상사이면서 코치 - 이해 상충: 어떻게 인식을 관리할 것인가?

선택 사항	적절할 것 같음	덜 적절할 것 같음
A. 해당 팀원과 어떻게 하면 동료들에게 현재 상황을 공유하고 싶은 지 논의한다.	코칭을 통해 해당 팀원의 상황이 팀에 어떤 영향을 미칠지 생각해 볼 수 있는 기회를 제공할 수 있는 경우 당신의 생각은?	해당 팀원의 감정적 에너지를 회복에서 멀어지게 하는 경우 당신의 생각은?
B. 해당 팀원에게 사전에 이야기하고, 팀 회의에서 이 문제를 언급한다.	코치의 지원을 받아, 안전한 공간에서 전체 팀과 대화하고 해당 팀원의 상황을 공유할 수 있는 기회를 가질 수 있는 경우 당신의 생각은?	코치[직속 상사]가 이 상황에 관해 좌절감을 느끼지만 팀도 비슷한 감정을 느낀다는 명확한 증거가 없는 경우 당신의 생각은?
C. 팀원들과 개별적으로 이야기한다.	해당 팀원이 자신을 대신하여 다른 팀원과 대화할 수 있도록 허락한 경우 당신의 생각은?	팀원들이 개인의 상황을 공개적으로 공유하기로 합의하고 해당 정보를 '기밀 confidential'로 처리하면 괜찮을 것으로 생각하는 경우 당신의 생각은?
D: 아무것도 하지 않는다.	코치[직속 상사]가 해당 팀원이 주인의식을 갖고 업무 복귀에 대처할 수 있도록 지원하고자 하는 경우 당신의 생각은?	이 상황이 팀 내에서 점점 악화하여, 결국 해당 팀원[복귀한 직원]에게 불만이나 부정적인 감정이 커질 가능성이 있는 경우 당신의 생각은?
E. 그 외 다른 방법을 고려한다.	당신의 생각은?	당신의 생각은?

추가 생각

이 딜레마는 직속 상사가 팀 내 개인에게 일어나는 일을 가장 잘 파악할 수 있는 특권적인 위치에 있다는 점을 강조한다. 그렇지만 때때로 그들이 알고 있는 정보는 기밀이 요구되는 환경에서 얻어진 것이기도 하다. 다른 경우, 미묘하고 암시적인 여러 메시지를 통해 알고 있지만 아직 명확하게 표현되지 않은 정보도 있다. 따라서 이 상황에서 직속 상사는 팀을 하나로 모으는 해결책을 찾으려 할 가능성이 크다. 그렇지만, 특정 개인과의 기밀 관계로 인해 정보 공유가 제한될 수 있다. 만약 상사가 팀을 대신하여 개인에게 피드백을 제공한다면, 이는 해당 개인에게 동료 압박peer pressure을 전달할 수 있다. 특히 개인이 아직 취약한 상태라면 이는 전적으로 윤리적인 접근이라고 볼 수 없다. 또한 "누가 무슨 말을 했을까?"라는 호기심을 자극할 수도 있다. 만약 한 팀원이 신뢰를 바탕으로 개인적인 의견을 비밀리에 공유했다면, 그 사람의 신원을 보호할 책임도 고려해야 한다!

이러한 피드백이 상사의 '점 잇기joining the dots'[5]에 의존한 것이라면, 복귀 진행 속도에 관한 상사의 불만frustration이 팀이 실제로 느끼는 감정을 왜곡했을 수 있다. 이는 가부장적인paternalistic 입장을 취하는 리더에게는 흥미로운 도전이 될 수 있다. 특정 개인이 자신을 대신하여 정

---

5) [역자] 점 잇기joining the dots라는 것은 흩어진 개별 정보를 모아 전체를 이해하거나 숨겨진 의미를 파악하는 것을 말하며, 여기서는 직속 상사로서 팀원들을 통해 듣게 된 개별 정보들을 직속 상사의 개인적인 감정이나 느낌으로 해석함을 의미한다고 볼 수 있다.

보를 공유해 달라고 요청하거나, 상사가 자신의 이익을 위해 정보를 '기밀로confidentially' 공유해야 한다는 강박감을 느낄 수 있다. 이는 팀 내에서 정치적으로 민감할 수 있다. 어떤 팀원은 동료의 정보를 들음으로써 동료의 상황을 더 잘 이해하는 데 도움이 되어 감사할 수도 있지만, 입장이 바뀐다면 사생활 침해breach of privacy로 간주될 수 있다.

따라서 아이러니하게도 선의의 태도인데도 팀 전체가 직속 상사에 관한 신뢰를 잃는 결과가 될 수도 있다. 이 특별한 상황에서 직속 상사는 '업무 복귀' 논의의 초기 단계부터 개인과 팀 모두에 관한 우려를 함께 표현하는 것이 좋다. 이렇게 하면 해당 개인은 준비가 될 때까지 팀과 정보를 공유하지 않아도 되는 환경을 조성할 수 있으며, 상사는 불필요한 관심을 끌지 않고도 매번 이 요소를 쉽게 확인할 수 있다.

윤리적 범주 4: 이중 관계

이 딜레마는 공유된 지식의 영향과 결과, 그리고 그 지식의 출처를 염두에 두어야 할 필요성을 인식하는 것이다. "어느 정도가 적당한가?"

당신의 팀에 있는 재무 전문가가 CFO의 후임자로 지목되었다. 그는 빠른 승진 과정을 위해 특별한 경험을 쌓아야 하며, 조직 내에서 재능을 개발하는 능력으로 유명한 코치인 당신과 함께 일하게 되었다. 그러나 당신은 갈등을 느끼고 있다. 그의 능력 수준은 분명하고 함께 일하는 것이 즐겁다. 그렇지만 당신은 발생하는 개발 기회 대부분을 그에게 주고 있으며, 기존 팀원들이 소외감을 느끼기 시작한다는 것을 알게 되었다.

이런 경우, 당신은 어떤 조치를 취할 수 있을까?

A. 재무 전문가에게 팀의 다른 구성원들을 가르치도록 요청한다.
B. 팀 회의에서 이 문제를 제기하고, 개발 기회에 관심이 있는 사람이 있는지 물어본다.
C. 시간을 재조정하여 다른 팀원들의 개발 기회도 포함될 수 있도록 한다.
D. 아무것도 하지 않는다. 이 이슈를 단기적인 이슈로 생각한다.
E. 그 외 다른 방법을 고려한다.

논의할 내용([표 6.12] 참조)

어떤 선택지가 가장 끌리나요?
당신의 관점에 영향을 미치는 요소는 무엇인가요?

추가 생각

여기서의 도전 과제는 직속 상사로서 팀에 관한 책임과 조직의 더 큰 이익을 위해 특정 재능 있는 인재를 발굴하고 육성해야 하는 상황에서 형평성을 유지하는 것이다. 여기서 이중 관계의 핵심은 해당 개인이 팀원이자 인재 풀의 일부라는 것이다. 이 재능 있는 개인의 발전은 나머지 팀원들보다 더 면밀하게 지켜봐야 할 가능성이 크다. 따라서 훌륭한 인재 개발자로 당신의 명성reputation은 그들을 성공으로 이끄는 능력과 밀접하게 연결되어 있다.

그러나 이것을 지나치게 강조하면 팀 내에서 '그와 우리'라는 분열된 분위기가 형성될 수 있음을 인식해야 한다. 이에 따라 재능 있는 개인이 동료들 사이에서 어려움을 겪을 수 있다. 그뿐만 아니라, 팀 전체의 몰입도를 저하시켜 결국 당신의 코칭 역량에 관한 명성이 훼손될 수 있다. 특히, 당신의 팀을 '거쳐' 가는 사람들이 계속해서 등장하고, 기존 팀원들이 끊임없이 뛰어난 사람들을 가르치고 지원해야 하는 상황이라면, 팀원들은 이에 특히 민감하게 반응할 수 있다. 이 경우, 직속 상사가 팀과 이중 관계를 공유하는 것이 바람직하다. 그래야 특정 인재의 개발이 오직 직속 상사의 역할이 아니라 팀 전체가 기여한 것으로 인정받을 수 있다. 또는 직속 상사가 코칭 역할을 수행하는 빈도를 조절하여 팀원들이 직속 상사의 관심과 지원을 더 충분히 받을 수 있도록 균형을 맞추는 것도 고려할 수 있다.

[표 6.12] 직속 상사이면서 코치 - 이중 관계: 어느 정도가 적당한가?

선택 사항	적절할 것 같음	덜 적절할 것 같음
A. 재무 전문가에게 팀의 다른 구성원들을 가르치도록 요청한다.	그[재무 전문가]의 경험, 기술, 태도가 그를 훌륭한 교사 후보로 만드는 경우 당신의 생각은?	나머지 팀원들이 이것을 또 다른 '특혜적' 역할의 증거로 볼 가능성이 있는 경우 당신의 생각은?
B. 팀 회의에서 이 문제를 제기하고, 개발 기회에 관심이 있는 사람이 있는지 물어본다.	팀원들이 스스로 개인의 성장과 개발을 주도하도록 장려하는 기업 문화를 지지하는 경우 당신의 생각은?	그들이 모두 제안을 받아들이고 싶어 할 위험이 높아 당신이 기대치를 관리할 수 없는 경우 당신의 생각은?
C. 시간을 재조정하여 다른 팀원들의 개발 기회도 포함될 수 있도록 한다.	개발 기회가 모든 사람에게 열려 있음을 강조하고 싶은 경우 당신의 생각은?	이것이 즉흥적인 반응이며, 이러한 접근 방식을 지속할 수 있는 역량이 거의 없는 경우 당신의 생각은?
D. 아무것도 하지 않는다. 이 이슈를 단기적인 이슈로 생각한다.	이미 건설적인 환경을 조성했으며, 팀이 스스로 성장과 개발을 관리할 수 있도록 권한을 부여했다고 믿는 경우 당신의 생각은?	'그와 우리' 문화가 형성되고 있다는 명확한 증거가 있는 경우 당신의 생각은?
E. 그 외 다른 방법을 고려한다.	당신의 생각은?	당신의 생각은?

섹션 4: 멘토가 처한 딜레마 예시

윤리적 범주 1: 기밀 유지

이 상황은 여러 이해관계자와 함께 작업할 때 정보를 처리하는 데 따르는 복잡성을 고려한다. "모든 것이 비밀인가, 아닌 것이 있는가?"

당신은 비공식적으로 한 팀의 리더와 멘토링 관계를 맺고 있으며, 그는 정기적으로 당신과 같은 기차를 타고 출근한다. 당신은 인재 위원회의 일원으로서 최근에 그가 논의 대상자 가운데 한 명이라는 사실을 알게 되었다. 그에 관한 의견이 상당히 분분했고, 그의 가치관이 회사 문화와 일치하지 않는다는 몇 가지 행동 사례가 언급되었다. 그러나 그와의 대화에서 당신은 이에 관한 어떠한 징후도 발견하지 못했다.

이런 경우, 당신은 어떤 조치를 취할 수 있을까?

A. 멘티의 의제에 전적으로 집중한다.
B. 멘티가 360° 피드백을 구한 적이 있는지 탐색한다.
C. 멘티에 관한 다양한 피드백을 들었다는 사실을 공유하고 그의 반응을 듣는다.
D. 회사 문화와 이에 부합하는 행동에 관해 논의하도록 유도한다.
E. 그 외 다른 방법을 고려한다.

> **논의할 내용([표 6.13] 참조)**
>
> 어떤 선택지가 가장 끌리나요?
> 당신의 관점에 영향을 미치는 요소는 무엇인가요?

추가 생각

이 딜레마는 코치의 관점과 멘토의 관점을 비교해 보면 흥미로울 수 있다. 많은 조직에서는 멘토가 '이곳에서는 일이 어떻게 진행되는지'에 관한 자신의 경험을 제공할 수 있다는 암묵적인 이해가 있다. 만약, 코치가 이러한 딜레마에 직면했다면 조직에 관한 관점을 제공하는 것이 객관성과 모순될 수 있으므로 적절하지 않다고 생각할 수 있다.

이 딜레마가 기밀 유지뿐만 아니라 코치와 멘토의 비지시적 또는 지시적 입장에 관해 생각해볼 기회를 제공했기를 바란다. 이러한 상황의 많은 경우, 겉으로 보기에 '열린open' 질문은 사실 멘토의 세계관에서 비롯된 것이다. 멘토는 '증인을 유도하는' 죄를 짓게 되는 것이다! 멘토(또는 코치)가 비-지시적일수록 옵션 A(그의 의제에 전적으로 집중한다)는 더 적절한 선택지가 된다. '당신이 무엇을 아는지를 아는 것 Knowing what you know'은 경계를 정하기 어려울 수 있으며, 설령 좋은 의도로 접근하더라도 왜곡된 질문이 될 수 있다!

또한 고객이 실제로 다양한 피드백을 인지하고 있을 수도 있다는 점을 염두에 두어야 한다. 단순히 멘토와 공유하지 않으려는 것일 수

[표 6.13] 멘토 – 기밀 유지: 모든 것이 비밀인가, 아닌 것이 있는가?

선택 사항	적절할 것 같음	덜 적절할 것 같음
A. 멘티의 의제에 전적으로 집중한다.	인재위원회에 절대 기밀 유지에 관한 보편적인 계약이 있는 경우 당신의 생각은?	도전 과제에 관한 계약을 맺지 않았고 멘티가 자신의 스타일과 회사의 가치 사이의 괴리를 완전히 인식하지 못하는 경우 당신의 생각은?
B. 멘티가 360° 피드백을 구한 적이 있는지 탐색한다.	사람들이 멘티에게 다르게 반응하는 것을 [멘티가] 알아차렸지만 그 이유를 이해하지 못하는 경우 당신의 생각은?	조직에서 360° 피드백이 일반적으로 시행되지 않고, 시기적으로 멘티에게 이를 제안하면 인재위원회 논의와 연결할 수 있는 경우 당신의 생각은?
C. 멘티에 관한 다양한 피드백을 들었다는 사실을 공유하고 그의 반응을 듣는다.	인재위원회만 아니라 다양한 출처로부터 피드백을 들을 수 있는 위치에 있어 인재위원회 규정protocol 내에서 '내용content'이 아닌 '과정process' 관점에서 개인을 지원할 수 있는 재량권이 있는 경우 당신의 생각은?	이러한 종류의 피드백을 제공하는 것이 직속 상사나 공식 멘토 또는 HR 담당자의 명확한 책임인 경우 당신의 생각은?
D. 회사 문화와 이에 부합하는 행동에 관해 논의하도록 유도한다.	멘티가 조직이나 리더십 역할을 처음 접하는 상황이며, 특정 정보 유출에 관한 두려움 없이 조직에서 일반적으로 적절한 것으로 간주되는 것에 관한 인식을 높이는 데 도움을 줄 수 있는 경우 당신의 생각은?	일상적인 대화 흐름과 크게 동떨어진 '주제 전환'으로 느껴질 수 있고, '멘티가 모르는 것을 멘토가 알고 있다'라는 의심을 불러일으킬 수 있는 경우 당신의 생각은?
E. 그 외 다른 방법을 고려한다.	당신의 생각은?	당신의 생각은?

도 있다. 이 경우 멘티가 [멘토링] 관계의 목적을 어떻게 인식하고 있는지 탐색해 볼 가치가 있다. 멘티가 멘토를 자신의 홍보대사ambassador로 여기므로 자신의 좋은 면만 드러내고 있는 것은 아닌가? 마지막으로 이 딜레마를 통해 공식적인 관계보다 비공식적인 관계에서 발생할 수 있는 경계의 모호함을 살펴볼 수 있기를 바란다. 관계가 더 공식적일수록, 멘토와 멘티가 공식적인 과정과 비밀스러운 과정 사이에서 발생하는 긴장을 관리하는 방법과 어떤 요소가 멘토링 관계의 일부인지, 또는 별개로 관리되어야 하는지에 관해 더 많은 대화를 나눴을 가능성이 크다.

윤리적 범주 2: 경계 설정

이 딜레마에서는 가치관이 충돌하거나 문화적 차이에 따라 더욱 복잡해지는 상황을 탐구하며, 멘토가 진정성을 유지하면서도 다양성을 존중할 수 있는 방법을 탐구한다. "문화적 차이와 개인적 가치를 어떻게 충분히 수용할 것인가?"

당신은 중국인 관리자 그룹을 감독하는overseeing 노르웨이 리더를 멘토링하고 있다. 그는 중국 관리자들이 주도적으로 행동하지 않는 모습에 답답함을 느끼고 있다. 중국 관리자들은 그에게서 명확하고 분명한 지시를 받고 싶어 한다. 그는 지시하는 것은 자신에게 진정성이 없고, 리더로서 가치에 어긋난다고 생각한다. 이 리더는 비지시적 접근 방식을 계속 유지하는 것이 적절하다는 확신을 얻고 싶어 하는 것 같다.

이런 경우, 당신은 어떤 조치를 취할 수 있을까?

A. 멘티가 멘토에게 확신(재 확신)을 구하는 이유를 탐색한다.
B. 멘티의 문화적 차이를 탐색한다.
C. 멘티에게 글로벌 환경에서 '진정한^{authentic}' 리더십이 어떤 의미인지 탐색한다.
D. 멘티가 자신의 해결책을 명확히 표현하기 전까지 해결책을 제공하지 않는다.
E. 그 외 다른 방법을 고려한다.

논의할 내용([표 6.14] 참조)

어떤 선택지가 가장 끌리나요?
당신의 관점에 영향을 미치는 요소는 무엇인가요?

추가 생각

이 딜레마가 멘토링 과제의 복잡성을 설명하는 데 도움이 되었기를 바란다. 멘토는 대화의 범위를 정하고, 자신의 이야기와 자신의 경험을 관계에 얼마나 많이 또는 얼마나 적게 공유할지에 관해 많은 선택권을 갖게 된다. 한 분야의 전문성을 바탕으로 멘토로 선정되었다가, 멘토링 과정에서 경험이 거의 없는 다른 주제로 넘어가는 경우도 드물지 않다.

[표 6.14] 멘토 – 경계 설정: 문화적 차이와 개인적 가치를 어떻게 충분히 수용할 것인가?

선택 사항	적절할 것 같음	덜 적절할 것 같음
A. 멘티가 멘토에게 확신(재확신)을 구하는 이유를 탐색한다.	당신의 멘토 역할을 그들이 완전히 이해하지 못할 수도 있다고 걱정되는 경우 당신의 생각은?	멘토링 관계의 초점이 문화적 감수성을 심화하는데 있고 당신의 글로벌 경험을 공유하기로 계약한 경우[6] 당신의 생각은?
B. 멘티의 문화적 차이에 관한 이해를 탐색한다.	멘티가 문화적 차이에 관한 이해에 큰 격차가 있으며(멘티와 멘토의 문화적 차이) 공동으로 해결책을 만들어 나가기 위해 추가 정보가 필요한 경우 당신의 생각은?	이 이슈를 탐구하는 데 있어 멘토 자신의 역량이 부족하다고 느끼며, 더 풍부한 국제적 경험을 가진 다른 멘토가 멘티에게 더 나은 지원을 제공할 수 있는 경우 당신의 생각은?
C. 멘티에게 글로벌 환경에서 '진정한authentic' 리더십이 어떤 의미인지 탐색한다.	멘토링 목표가 멘티의 리더로서 유연성과 관련되어 있으며, 그의 스타일이 '전부 아니면 전무' 접근 방식인 경향이 있는 경우 당신의 생각은?	[멘토링에 참여하는] 두 사람 중 한 명이 문화적 주제에 관한 대화에 익숙하지 않으므로, 이 주제보다 리더십 주제를 다루기가 더 쉬운 경우 당신의 생각은?
D. 멘티가 자신의 해결책을 명확히 표현하기 전까지 해결책을 제공하지 않는다.	멘티가 스스로 해결책을 찾아낼 수 있는 능력이 있다고 믿는 경우 당신의 생각은?	멘티가 너무 고착화되어 더는 진전할 수 없고 현재 행동을 계속하면 어려움이 더 악화될 것으로 생각하는 경우 당신의 생각은?
E. 그 외 다른 방법을 고려한다.	당신의 생각은?	당신의 생각은?

---

6) [역자] 여기에서 '그가 당신에게 확신(재확신)을 구하는 이유를 탐색한다'라는 것은 개인의 감정에 관한 탐색으로 보인다. 그런데 만약 멘토링 관계의 초점이 문화적 감수성을 심화하는 데 있고 멘토의 글로벌 경험을 공유하는 것이라면 이는 멘토링의 목표에 부합하지 않아 확신을 구하는 이유에 관한 접근 방법으로는 적절치 않아 보인다.

이럴 때, 때로는 계속 진행하고 싶은 유혹을 느낄 수 있다. 이는 모르는 것을 인정하는 것이 부끄럽거나 자신의 발전을 위해 이 주제에 관해 배우고 싶다는 생각 때문일 수 있다. 그렇지만 이에 관한 명확한 계약이 이루어지지 않았다면, 멘토의 책임은 고객이 작업의 명확한 수혜자가 되도록 보장해야 한다는 점이다. 경우에 따라서는 다른 멘토가 작업의 전부 또는 일부에 관해 멘티에게 더 나은 서비스를 제공할 수 있다.

경험에 따르면, 이 딜레마는 멘토에게만 국한된 것이 아니라 다른 상황에서도 똑같은 도전 과제이다. 점점 더 글로벌한 환경에서 다문화 및 가상 팀과 함께 일하는 경우가 많아지고 있으며, 모든 당사자가 토론과 유연성을 요구하는 상황이 증가한다.

윤리 범주 3: 이해 상충

여기서 딜레마는 멘토링 관계를 방해할 수 있는 복잡성을 인식하는 것이다. "정말 무슨 일이 벌어지고 있는 걸까?"

프로그램 관리자가 멘티를 배정해 주었고, 첫 만남chemistry session이 잘 진행된 것 같아서 두 사람 모두 계속 진행하기로 동의했다. 하지만 회기가 진행되면서 멘티가 하는 말, 질문에 관한 반응, 시간 관리 등에서 이상한 점이 발견된다. 당신은 점점 멘티가 멘토링을 존중하는지, 멘토와 계속 함께 작업하고 싶은 동기가 있는지 궁금해지기 시작한다.

이런 경우, 당신은 어떤 조치를 취할 수 있을까?

A: 계속 진행하면서 상황을 지켜본다.

B: 계약을 종료한다. 멘토와 멘티의 시간을 낭비하고 싶지 않다.

C: 프로그램 관리자에게 우려 사항을 제기한다.

D: 멘토가 관찰한 내용을 공유하고 멘티에게 무슨 일이 있는지 물어본다.

E: 그 외 다른 방법을 고려한다.

논의할 내용([표 6.15] 참조)

어떤 선택지가 가장 끌리나요?
당신의 관점에 영향을 미치는 요소는 무엇인가요?

추가 생각

이 딜레마는 인간 행동의 변화하는 본질을 이해하는 것이 얼마나 어려운지를 잘 보여준다. 이 특정 상황에서는 멘티의 반응은 첫 만남 이후 달라진 것으로 보이며, 그 이유가 무엇인지 생각해 볼 필요가 있다. 이 딜레마는 멘토로서 올바른 자기 인식이 필요하다는 것을 기억하게 하는데, 이 모든 선택지에는 관계의 변화가 멘티와 관련된 무언가 때문이라는 기본적인 가정이 있다는 것을 알 수 있다.

그러나 물론 멘토가 첫 만남과는 다르게 '보였을' 가능성도 있다. 아마도 멘토가 첫 만남에서 더 매력적으로 보였거나, 자신의 경험을 공

[표 6.15] 멘토 – 이해 상충: 정말 무슨 일이 벌어지고 있는 걸까?

선택 사항	적절할 것 같음	덜 적절할 것 같음
A. 계속 진행하면서 상황을 지켜본다.	멘토가 무례함보다는 호기심을 느끼고 이 관계에서 잠재력이 있다고 믿는 경우 당신의 생각은?	멘토의 직감instinct이 멘토링을 진행하기 전에 과정의 근거를 명확히 해야 한다고 판단하는 경우 당신의 생각은?
B. 계약을 종료한다. 멘토와 멘티의 시간을 낭비하고 싶지 않다.	멘티의 행동이 멘토의 가치관과 심각하게 충돌하지만, 이를 건설적인 방식으로 전달할 수 있는 경우 당신의 생각은?	멘토가 느끼는 단절이 더 큰 문제의 징후라고 생각되며, 이러한 피드백을 제공할 수 있는 적절한 위치에 있다고 생각하는 경우 당신의 생각은?
C. 프로그램 관리자에게 우려 사항을 제기한다.	멘토와 멘티의 매칭 과정에 영향을 준 정보에 관한 토론을 요청할 수 있으며, 그 과정에서 해당 개인에 관한 추가 정보를 요구하여 절차를 벗어나지 않도록 하는 경우 당신의 생각은?	이것이 멘티의 향후 경력에 영향을 미칠 수 있으며, 원래 멘토링 목표(계획)part of the brief에 포함되지 않은 경우 당신의 생각은?
D. 멘토가 관찰한 내용을 공유하고 멘티에게 무슨 일이 있는지 물어본다.	멘티가 자신의 행동이 멘토와 타인에게 미치는 영향에 관한 인식을 높이기 위해 해당 이슈를 탐구하는 것이 유용한 경우 당신의 생각은?	멘티가 현실을 부정하고 있을 가능성이 있으며, 현재 단계에서 피드백을 받아들이지 못할 수 있다고 생각되는 경우 당신의 생각은?
E. 그 외 다른 방법을 고려한다.	당신의 생각은?	당신의 생각은?

유하는 데 더 자유로웠을 수도 있다. 이 경우 멘토의 행동이 멘티가 멘토에게 다르게 반응하게 만든 원인이 되었을 수 있다. 예를 들어, 프로그램 관리자가 멘티에 관해 아는 기밀 사항이 있을 수 있다. 만약 멘토가 관리자에게 이의를 제기한다면, 관리자는 해당 멘티에게 어떻게 하는 것이 최선인지에 관해 갈등을 느낄 수 있다.

또한 멘토가 멘티의 행동을 어떤 기준으로 평가하고 있는지도 고려해야 한다. 이는 특히 멘티가 멘토의 일반적인 기준 그룹$^{reference\ groups}$과 다른 특성을 가지고 있을 경우 더욱 중요하다. 예를 들어, 멘티가 다른 문화적 배경, 다른 사고 방식, 조직 내에서 다른 역할 수행을 하는 경우가 이에 해당한다. 이러한 차이는 멘토와의 관계와 관련이 없을 수 있으며 단순히 운영 방식이 다르기 때문일 수 있다. 한 가지 가능성은 멘토가 시간이 지남에 따라 멘티의 반응에 지나치게 민감한 경우로, 멘토는 의도치 않게 관계가 변했다는 증거를 찾고 있을 수 있다. 이러한 상황에서 멘토는 멘토링 관계를 자신의 발달 문제를 해결하는 데 이용하지 않도록 주의해야 한다. 이것이 무의식적으로 발생한다 하더라도, 이는 관계의 주요 수혜자가 누구인지에 관한 또 다른 이해 상충이 될 수 있으므로 윤리적 문제가 제기될 수 있다.

윤리 범주 4: 이중 관계

이 딜레마는 공유된 지식의 영향과 결과, 그리고 그 지식의 출처를 염두에 두어야 할 필요성을 강조한다. "멘토도 친구가 될 수 있는가?"

멘티가 당신을 잘 알고 있으므로 멘토로 계약했다. 그는 몇 년 동안 당신[멘토]에게 보고했고 당신은 지금까지 친구로 지내왔다. 그런데 멘티가 함께 일하던 팀원 가운데 한 명과 업무 관계가 좋지 않아 개인적인 조언을 요청한다. 그런데 그 팀원은 당신과 과거에 가까웠던 사람이다.

이런 경우, 당신은 어떤 조치를 취할 수 있을까?

A. 이 관계가 어떻게 진행될지 명확하게 계약한다.
B. 좋은 멘토가 될 만한 다른 사람을 추천한다.
C. 멘토링을 시작하고, 어떻게 진행되는지 살핀다.
D. 멘토가 예상되는 어려움에 관해 멘티와 논의한다.
E. 그 외 다른 방법을 고려한다.

논의할 내용([표 6.16] 참조)

어떤 선택지가 가장 끌리나요?
당신의 관점에 영향을 미치는 요소는 무엇인가요?

추가 생각

이 딜레마가 많은 멘토링 관계가 어떻게 발전하는지를 현실적으로 반영하는데 도움이 되기를 바란다. 때때로 가장 성공적인 멘토링 관계

[표 6.16] 멘토 – 이중 관계: 멘토도 친구가 될 수 있는가?

선택 사항	적절할 것 같음	덜 적절할 것 같음
A. 이 관계가 어떻게 진행될지 명확하게 계약한다.	멘토가 멘토 역할과 친구 관계를 분리하고 싶은 경우 당신의 생각은?	멘토가 자연스럽게 비-지시적인 접근 방식을 취하여, 멘토 역할을 공식화함으로써 멘티의 기대가 변할 위험을 피하고 싶을 경우 당신의 생각은?
B. 좋은 멘토가 될 만한 다른 사람을 추천한다.	멘토가 멘티와 팀 모두를 너무 잘 알고 있어 멘토링이 '분열된 충성심divided loyalty'을 유발할 수 있다고 생각하는 경우 당신의 생각은?	멘토 자신이 진정으로 멘티를 도울 수 있는 가장 적합한 사람이지만, 이런 방식으로 멘티를 지원하는 데 따르는 복잡성을 관리하는 것에 관한 대화를 피하고 있는 경우 당신의 생각은?
C. 멘토링을 시작하고, 어떻게 진행되는지 살핀다.	멘토가 전문적인 환경에서 '여러 모자(역할 전환)'를 관리한 경험이 있는 경우 당신의 생각은?	과거 및 현재 관계의 복잡성을 충분히 고려하지 않고 이 제안에 동의한 경우 당신의 생각은?
D. 멘토가 예상되는 어려움에 관해 멘티와 논의한다.	멘티의 요청이 좋은 의도로 이루어졌지만, 이에 따라 멘토가 곤란한 상황에 부닥칠 수 있음을 멘티가 이해하는 데 도움이 될 것으로 생각하는 경우 당신의 생각은?	멘토가 발생할 수 있는 어려움을 어떻게 헤쳐 나갈지에 관한 명확한 계획을 가지고 있지만, 이와 관련된 어려운 논의를 하게 되면 멘티가 멘토의 필요에 지나치게 민감하게 반응하여 관계에서 물러날 가능성이 있는 경우 당신의 생각은?
E. 그 외 다른 방법을 고려한다.	당신의 생각은?	당신의 생각은?

는 멘토가 과거에 멘티의 직속 상사였을 때 시작되어 두 사람이 자연스럽게 친밀감을 형성하고 수년 동안 관계를 유지한 경우이다. 물론 멘토는 이러한 관계를 여러 개 유지할 수도 있으며, 따라서 공유된 과거 경험이 있는 개인과 직접적으로 이슈가 발생하면 멘토는 진정성authenticity과 충성심loyalty 사이에서 어떻게 대응해야 할지 매우 갈등할 수 있다.

관계가 오랜 기간에 걸쳐 발전하면 두 사람은 서로에게 매우 편안해질 수 있다. 이에 따라 두 사람이 솔직하고 좋은 대화를 나눌 수 있지만, 만약 관계에 무언가 변화가 생기면 잃을 것도 많아질 수 있다. 따라서, 비공식적인 관계를 유지하는 것이 가장 위험 부담이 적은 방법일 수 있다. 반대로, 두 사람이 너무 친하다면 특히 어렵거나 정치적으로 민감한 과제를 다루어야 할 때는 오히려 관계를 더 공식적으로 설정하는 것이 도움이 될 수 있다.

이 상황에서는 특정 사람이 멘티를 멘토링하기에 가장 적합한 사람일 가능성이 크다. 투명성이 최선의 접근 방식이지만, 멘티가 멘토에게 '골칫거리a trouble'가 되지 않는 것에 특히 민감하다면 멘토를 곤란한 상황에 처하게 할까 봐 유익한 성장 기회를 스스로 포기할 수도 있다. 따라서 멘토가 복잡한 상황을 능숙하게 헤쳐나갈 수 있다고 가정하면(또는 그러한 상황을 관리하는 도전을 환영한다고 가정하면?), 멘토는 자신이 처한 정서적 어려움을 멘티에게 굳이 알리지 않고, 멘티의 성장과 발전을 최우선으로 고려하여 관계를 유지하는 입장을 취할 수 있다.

마치는 글

이 딜레마와 그에 관한 탐색이 당신에게 생각할 거리를 제공하고 향후 토론을 위한 선택의 폭을 넓히는 데 도움이 되었기를 바란다. 각 딜레마와 가능한 선택지에 관해 어떤 반응을 보였는지, 처음 생각은 어땠는지, 시간이 지남에 따라 그 생각이 어떻게 바뀌었는지 생각해 보면 좋을 것이다. 코칭이나 멘토링 여정을 진행하면서 자신의 상황을 기록하고 수집하여 향후 동료 수퍼비전 회의에 가져오는 것이 유용할 수 있다.

추가적인 참조를 위해 7장에서는 전문가 단체의 윤리 강령을 언급하고 이를 어떻게 적용할 수 있는지 논의한다.

주요 학습 포인트

1. 상황을 다시 살펴보고 다르게 보도록 도전한다. 예를 들어, 일곱 눈 모델seven-eyed model의 일곱 눈을 모두 활용한다.
2. 딜레마에 관한 초기 반응을 되돌아본다. 이를 통해 자신의 사고 방식에서 특정한 패턴이나 편견이 있는지 파악한다.
3. 자신의 직감에 귀를 기울이고 그 직감이 무엇을 의미하는지 해석한다.
4. 코칭 딜레마에서는 모든 이해관계자가 사물을 다르게 볼 가능성이 있으므로 각자의 관점에서 상황을 고려한다. 다음 단계를 다시 생

각할 때는 이것이 관련된 각 사람에게 어떤 영향을 미칠지 적극적으로 고려한다.
5. 문화적 차이 등 상황을 둘러싼 맥락과 시스템을 고려하는 것이 중요하며, 이러한 것들이 영향을 미칠 수 있다.
6. 당연한 말처럼 들리지만 인생은 틀에 박힌 것이 아니다. 비슷하지만 다른 상황에서 배운 것을 어떻게 하면 새로운 상황에 맞게 사고하고 행동에 반영할 수 있을지 생각해 본다.
7. 의식적으로 자신의 학습을 기록하여 '윤리적 근육ethical muscle'을 강화한다.
8. '새로운new' 지식과 통찰력을 실제로 적용한다. 이 장을 통해 학습한 내용을 일상적인 코칭 접근 방식과 프로세스로 전환한다. 예를 들어, 계약contracting, 기록 보관record keeping, 전문성의 지속적 개발Continuing Professional Development 등에 적용한다.

참고 문헌

- Whitaker, C. and Lucas, M. (2014) Risk Assessor. Road Test Feature: "The Coaching Dilemma Cards." *Coaching At Work*, 9(6).

7장 윤리: 방 안의 코끼리

역자: 정혜선

정의: 옥스퍼드 사전에 따르면, '윤리ethics'란 '개인의 행동이나 특정 활동의 수행을 지배하는 도덕적 원칙'을 의미한다. 다시 말해, 윤리는 한 개인이 지니고 있는 도덕과 가치관이며, 이는 그 사람이 어떤 행동을 취하고 어떻게 행동하는지를 결정한다. "윤리는 한 가지 큰 질문에 답하고자 한다. '나는 어떻게 살아야 하는가?' 윤리적 신념은 우리가 어떻게 살고, 무엇을 만들며, 스스로의 선택을 통해 어떤 세상을 만들어 가는지를 형성한다."(St. James Ethics Centre, 2017). 드 용(De Jong, 2010)에 따르면, 우리가 다른 사람을 도울 때는 결국 우리의 윤리적 원칙에 의지하며, 이는 고객의 필요와 이익에 집중하도록 도와준다.

'윤리'란 무엇인가

이 장에서는 개인 윤리의 중요성을 다루려고 한다. 윤리는 인간으로서 우리의 정체성을 정의하고, 그 결과 우리가 어떻게 삶을 살아야 하는지에 관한 근본적 질문에 답하도록 이끌어 준다(St. James Ethics Centre, 2017). 윤리는 우리 각자의 일부이므로, 코칭과 멘토링 과정에서도 언제나 함께한다. 그래서 우리는 윤리를 '방 안의 코끼리the elephant in the room'라고 부른다. 윤리는 우리 내면의 도덕적 나침반 역할을 한다. 이 나침반을 의지하면, 코치로서 자신이 내릴 수 있는 선택들을 더 명확히 이해할 수 있다. 예를 들어, 계약서 조건을 협상하거나 고객과의 회기에서 순간순간 발생하는 선택지를 살피는 일이 가능하다. 왜일까? 바로 윤리가 당신의 선택에 영향을 미치기 때문이다. 어떤 동인이 당신의 선택을 이끄는지 돌아보는 일은 윤리를 다루는 핵심 요소 가운데 하나다.

6장에서는 동료들과 함께 고민해볼 만한 여러 고객 또는 프랙티셔너의 딜레마를 소개했다. 당신의 통찰을 나누고, 다른 이들의 관점을 들어봄으로써, 특정 상황에 대한 해석이 결국 당신의 윤리에 의해 좌우될 수 있음을 이해하기 시작했기를 바란다. 마치 같은 주제를 두 장에 걸쳐 다루는 것처럼 보일 수도 있겠지만, 동료 수퍼비전에서 겪게 되는 한 가지 과제는 고객과 사례에 더 무게를 두는 탓에, 정작 코치 본인이 그 역동 안에 들어가 있다는 사실을 놓치기 쉽다는 점이다. 즉 프랙티셔너의 선택이 고객에게 직접 어떻게 작용하는지를 인식하지 못하는 사각지대가 생긴다. 게다가 전문직 윤리 강령에서 프랙티셔너는 판단이 없어야 하며, 중립적이어야 하고, 윤리 강령을 준수해야 한다고 강조하다 보니, 더욱 고객에게만 집중하는 경향이 이어지기도 한다.

우리는 '판단하지 마라'라는 교육을 받아 왔기에, 실제로는 코칭 현장에 프랙티셔너의 윤리(코끼리)가 늘 함께 있는데도 이를 제대로 인식하지 못한다. 어떤 딜레마를 맞닥뜨려서 우리의 판단, 편향, 선호도, 또는 감정적 반응이 일어날 때에야 비로소 이 코끼리가 늘 거기에 있었다는 것을 깨닫게 된다. 판단을 배제하는 것이 중요하듯, 우리가 어떤 판단을 하고 있는지 자각하고 인정하는 것 또한 똑같이 중요하다. 우리는 항상 그 판단들과 함께하기 때문이다. 자신의 판단을 인식해보는 과정은, 내 윤리 중 어느 부분이 더 깊은 성찰이 필요한지를 알려주는 단서가 되기도 한다.

윤리는 고객에게만 연관되는 것이 아니라, 프랙티셔너로서 우리가 결정을 내리는 '윤리의 중심' 또한 우리 스스로 통제할 수 있다. 이를 더 구체적으로 보여주기 위해, 다음 예시 시나리오를 읽고 스스로 어떤 생각과 느낌이 떠오르는지 살펴보자.

해당 조직은 업계 선두 자리를 지키기 위해 경쟁이 치열하며, 이로 인해 영업관리자는 본인과 팀이 장시간 근무하도록 몰아붙이고 있다. 그 결과 스트레스와 번 아웃 징후가 나타나고 있다. 외부 코치는 이 영업관리자가 현재 직무를 유지하고 스트레스를 줄이도록 돕는 대가로 계약을 맺었고, 만약 영업팀이 연간 목표를 달성하면 코치는 추가로 10% 보너스를 받게 된다.

간단히 돌아보자:

- 이 사례에서 어떤 윤리적 문제가 보이는가?

- 코치는 고객과 어떻게 협업해야 할까?
- 이런 계약 조건을 들은 고객은 코치에게 어떻게 반응할까?
- 만약 내가 코치라면, 이 고객을 어떻게 접근할 것인가?
- 누군가가 이 사례를 동료 수퍼비전에 가져왔다면, 나는 무엇을 할 수 있을까?

우리는 선택지에 대한 생각을 들여다보는 데에서 시작하고, 적극적으로 살펴본다면, 윤리적 결정을 내리는 데 영향을 미치는 가치관과 신념을 구체적으로 발견할 수 있다.

이 사례를 읽고 나면, 대개 비판적 또는 판단적인 시각이 들기 마련인데, 이것은 자기 가치관과 신념이 자극을 받아 윤리적 쟁점을 인식했다는 신호다. 긍정적이든 부정적이든, 우리의 판단이 결국 우리가 따르는 도덕적 나침반을 만든다. "내가 옳다"라는 감각은 윤리적 판단을 내리는 윤리적 입장을 만드는데 이를 편향bias이라고도 부른다. 이러한, "내가 옳다"라는 느낌은 자신이 취한 입장이 상황에 적합한지, 그리고 내가 받아들일 수 있는 선택지가 무엇인지를 돌아볼 기회이기도 하다.

그래서 이번 장에서는 6장보다 조금 더 복잡하고 신중한 숙고가 필요한 개인적 선택을 깊이 들여다본다. 여기 제시된 상황들은 그리 단순하지 않아서, 내 반응과 윤리에 대해 더 깊은 내적 성찰이 필요하다. 핵심이 되는 신념, 가치관, 또는 도덕적 기준이 무엇인지 명확히 알면, 방 안의 코끼리와 함께 있는 상황을 편안하게 받아들일 수 있다. 그 결과 어떻게 실천할지에 대해 더 신중하게 결정할 수 있다. 신중한 성찰 과정을 통해, 고객-프랙티셔너 관계client-practitioner relationship 안에서 프랙티셔너 또한 그 역동에 영향을 미친다는 사실을 발견하게 된다. 또 동료나 전문 수퍼비전을 활용하면, 내 편향과 선택지를 좀 더 깊이 탐색할 수 있어 큰 도움이 될 것이다.

왜 윤리적 이슈에 관심을 가져야 할까?

6장에 제시된 딜레마를 직접 다뤄봤거나, 과거에 윤리 문제를 다뤄본 적이 있다면, 윤리라는 주제를 논의할 때는 윤리적 이슈를 인지한 당사자가 다른 사람과는 다른 편향이나 신념을 지니고 있어서 긴장하게 된다는 것을 이미 알고 있을 것이다. 동료 수퍼비전에서 윤리 문제를 제기하기를 망설이는 이유 역시, 누군가의 평가를 받을까 두려워서이기도 하다. 그렇지만 윤리는 개인의 정체성과 떼어놓을 수 없는 부분이며, 언제나 존재하는 '방 안의 코끼리'이므로, 이 코끼리를 인정하고 동료 수퍼비전 자리에서 기꺼이 이 주제를 다루길 제안한다. 윤리에 대해 개방적이고 솔직한 대화를 나누면, 결국 모두에게 이롭다. 당신 본인은 물론이고, 고객과 고객 조직, 나아가 이 업계 전체에도 이득이 된다. 이 장의 후반부에는 이를 도와줄 도구와 기법들을 몇 가지 소개한다.

이미 언급했듯이, 코칭은 규제되지 않은 시장에서 이루어진다. 따라서 개인 스스로 자신의 업무에서 윤리와 가치가 어떻게 작용하는지, 또 자신의 신념, 생각, 행동이 어떤 방식으로 업무 관계를 형성하는지 계속 고민해야 한다. AC와 EMCC가 공동 개발한 글로벌 윤리 강령(GCoE, 2016)이나 ICF, APECS 등의 유사한 윤리 강령이 우리 분야에서 큰 의미를 지니며 환영받는 것도 이 때문이다. 보통 전문기관들이 제정한 윤리 강령은 윤리 관련 문제가 발생했을 때 논의의 출발점이 된다. 그렇지만 코칭은 대인관계가 핵심인 작업이므로, 실제로 발생할 수 있는 복잡한 상황을 이 강령이 모두 구체적으로 다루기는 어렵거나, 너무 모호할 때가 많다. 따라서 우리는 특정 윤리 강령에 동의하고, 거기에 개인적 성찰과 수퍼비전을 더해, 스스로의 윤리적 실천을 정의하고 유지해야 한다고 믿는다.

위 사례처럼 보너스 지급 조건이 포함된 상황은 딱 '회색 지대'에 놓여 있다. 코칭·멘토링을 통해 목표 달성에 기여하는 것은 일반적으로 계약에서 평가 대상이 되지만, 여기서 돈이나 '가성비'가 개입되면 이야기가 달라진다. 10% 보너스는 청구서를 지불하는 고객, 또는 코칭받는 고객 입장에서는 '목표 달성이 당연히 이뤄질 것이다'라는 기대를 심어줄 수 있다. 흥미롭게도, 이는 목표 달성의 중심에 고객이 아닌 코치를 놓게 만들면서, 코치가 결과에 직접 책임지도록 하는 셈이 된다. 당신이 속한 전문기관의 윤리 강령에 따라, 이것이 명시되어 있기도 하고 아닐 수도 있지만, 아마도 이 사례를 보자마자 '이건 윤리적으로 괜찮은가' 하는 생각이 즉시 떠올랐을 것이다. 또 비윤리적이라고 생각하는 근거는 동료의 근거나 논리와 다를 수도 있다. 이는 각자의 윤리와 가치관이 우리가 자라온 문화에 의해 형성되었기 때문이며 (Iordanou, Hawley & Iordanou, 2017), 이는 너무나 몸에 익숙해 대체로 제대로 알아채거나 의문을 제기하지 않고 지나치기 쉽다.

오늘날처럼 속도가 빠르고, 다방면에 걸쳐 협업이 이뤄지는 환경에서 우리는 서로 다른 문화적·전문적 배경을 지닌 사람들과 함께 일하게 된다. 그러다 보면 업무 현장이나 동료 수퍼비전 자리에서, 미처 생각지 못했던 다양한 윤리 문제가 발생할 수 있다. 우리의 인생 경험은 편향과 신념을 형성하므로, 어떤 상황에 맞닥뜨리든 결국 자기만의 '세상 지도'를 바탕으로 반응할 가능성이 크다. 인종, 민족, 성별, 성적 지향이나 신념 등이 우리가 타인을 대하고 생각하는 방식을 얼마나 좌우하는지 돌아보면, 뜻밖에도 습관적인 사고방식이 고객이나 동료에게 진정으로 객관적이고 존중 어린 태도를 취하기 어렵게 만들 수 있음을 알게 된다.

긍정적이든 부정적이든, 우리의 편향은 곧 윤리의 기반이 된다. 이 장의 목적은 프랙티셔너로서 자신이 스스로 지닌 편향, 신념, 가치관을 의식함으로써, 그에 따라 어떤 선택을 하게 되는지 인지하도록 돕는 데 있다. 물론 이 장이 당신의 성찰이나 수퍼비전을 대체하려는 것은 아니다. 오히려 윤리적 문제가 언제 발생할 수 있는지, 또 무엇을 반추하거나 동료 및 전문 수퍼비전에서 논의할 수 있는지 안내하려는 것이다. 윤리를 인식하는 정도가 높아지고, 자신의 선택을 뒷받침하는 가치관을 정확히 짚어낼 수 있게 되면, 실제 업무에서 훨씬 일관성 있는 행동을 하게 되리라 기대한다.

윤리적 문제를 발견하는 법

그동안 자기 업무의 윤리적 관점에 크게 주목하지 않았다면, 이제 이를 의식적으로 살피는 데 다소 노력이 필요할 수도 있다. 나와 동료가 수행하는 작업에서 윤리적 문제를 찾아내고, 이를 효과적으로 다루는 능력은 고객과의 관계를 보호하고 프랙티셔너로서의 편안함을 지키며, 업무 품질을 높이는 데 매우 중요하다. 그렇지만 대부분 윤리적 문제는 인식의 가장자리에서 생겨난다. 고객이나 동료에게 편향적으로 굴어야겠다고 의도적으로 접근하는 프랙티셔너는 거의 없을 것이다. 따라서 윤리적 문제를 발견하기 위해서는, 먼저 그런 문제가 존재하며 누구에게나 편향이 있다는 사실을 인정해야 한다. 모든 사람에게 편향은 있지만, 정작 편향을 가진 당사자는 이를 금방 알아차리지 못할 수 있다. 왜냐하면 편향이란, 궁극적으로 개인의 정체성과 깊이 맞물려 있기 때문이다. 윤리적 이슈를 돌아보고 대화할 때, 자기 자신과 상대방 모두를 배려하는 태도가 꼭 필요하다.

앞서 든 예시 시나리오를 떠올려보면, 많은 사람이 가장 먼저 보상금(보너스)을 윤리적 문제로 인식하지만, 코치가 비윤리적이라고 보는 편향도 있을 수 있다. 그 밖에도 다음과 같은 윤리적 고려들이 뒤따른다.

- 고객 조직은 목표 달성을 금전적으로 유도하는 방식이 업계에서 흔치 않으며, 일부 전문기관의 윤리 강령에 따르면 비윤리적으로 간주된다는 점을 모를 수도 있다. 그렇다면 조직을 교육할 책임은

누구에게 있을까? 업계 전체? 전문기관? 프랙티셔너? 인사팀?
- 고객은 이미 압박감이 큰 상태다. 코칭이 과연 적절한 개입인가? 이를 누가 판단해야 할까? 만약 코칭 도중에 고객이 한계에 부딪히거나 스트레스로 병가를 낸다면 어떻게 될까?
- 코치는 이 고객과 함께하기 전에 어떤 법적 고려 사항을 살펴야 할까?
- 회복탄력성이 조직의 필수 요소인 경우, 프랙티셔너로서 판단의 자유를 유지할 수 있을까?
- 프랙티셔너가 남을 돕는 일을 무엇보다 중요하게 여긴다면, 이 신념이 코칭에 어떤 편향을 만들어낼 수 있을까?

이처럼 동료 수퍼비전에서 성찰과 논의를 거치면, 개인적 선호나 이해 수준, 지식이 얼마나 복잡하게 얽혀 있는지를 발견할 수 있다. 동료 수퍼비전의 주된 목적(Bachkirova & Jackson, 2011, pp.230-231)은 코칭 과정에 직접 또는 간접으로 영향을 미치는 자신의 기대와 생각을 탐색하는 장을 마련하는 것이다. 동료들은 당신이 특정 상황을 그렇게 판단하고 행동하게 된 동기를 함께 살펴볼 수 있는 창구가 된다. 이를 솔직하게 이야기해보는 과정은 개인적 성장은 물론, 동료 수퍼비전 관계의 성장에도 큰 도움이 된다. 일부 윤리 문제는 더 신중한 고려가 필요하다. 다음은 전문 수퍼비전에서 흔히 마주치는 윤리적 딜레마들이다. 동료 수퍼비전에서도 얼마든지 나타날 수 있으므로 비슷한 상황을 발견하면 주의를 기울이고, 내 안에서 그런 문제를 인식했을 때 동료 수퍼비전 자리에서 편하게 이야기할 수 있기를 권한다. 이렇게 사전에 인지하고 논의할 수 있다면, 윤리적 선택과 편향을 좀 더 편안하게 다룰 수 있다.

허위 진술 misrepresentation

코치들은 자신의 실무에서 성장하고자 하는 열망에 사로잡혀 자신이 하는 일이나 전문성을 어쩔 수 없이 또는 무심코 왜곡하게 되는 윤리적 문제가 발생할 수 있다. 그런 적이 전혀 없다고 생각한다면, 아래 몇 가지 상황을 잠시 떠올려보자.

시나리오 1: 업무 초점이 내가 주로 다뤄온 전문 영역 밖에 있는 고객을 맡아달라는 요청을 받은 적이 있는가?
시나리오 2: 내 역량을 조금 과장해서라도 일감을 확보하기 위해 개인 고객이나 조직에 능력을 과시하고 싶은 유혹을 받은 적이 있는가?

성찰 질문:

- 이런 상황이라면 어떻게 할까?
- 그 결정이 내 작업 전반에 어떤 영향을 미칠까?
- 그것이 내 윤리에 대해 어떤 단서를 제공하는가?

많은 코치가 이러한 상황을 겪었을 것이다. 윤리적 경계가 어디에 있느냐에 대한 인식은 사람마다 크게 다를 수 있다. 예를 들어, 자신의 강점과 한계를 아는 일은 중요하지만, 그런데도 늘 완전히 숙련된 영역에서만 일한다면 성장 기회는 어떻게 확보할 수 있을까? 작업을 따내기 전, 부족한 기술을 학습해 보완하려는 의도가 있다면 역량을 다소 부풀려 말하는 것이 과연 얼마나 문제될까? 어떤 코치들은 코칭 관계가 요구하는 바를 분명히 하기 위해 절대적인 투명성을 필수로 삼는다. 또 누군가는 먼저 일을 수주한 뒤, 어려움이 생길 경우에 대비한 전략을 세워두는 방식을 취할 수도 있다.

일치성 integrity

윤리적 행동은 흔히 아무도 보지 않을 때 어떻게 행동하느냐로 설명되곤 한다. 특정 상황에서 최선의 의도를 가지고 행동했다고 하더라도, 제삼자 시선에서는 전혀 다르게 보일 수 있다는 뜻이다.

아래 상황들을 생각해보자.

시나리오 1: 내가 제공하는 서비스에 대해 예산 상황을 알고 있어서 평균 요금보다 더 많이 또는 더 적게 청구해본 적이 있는가? 이에 대한 코치들의 반응 역시 천차만별일 것이다. 누군가는 규제 없는 상업 시장에서 일어나기 마련인 현상이라고 볼 것이고, 또 다른 누군가는 더 많이 낸 고객이 다른 누구는 적게

냈다는 사실을 알게 되면 자신이 손해 본다고 느끼지 않을까? 라고 걱정할 수 있다.

시나리오 2: 승진 코칭 의뢰를 받고 계약을 진행했는데, 알고 보니 고객은 이미 회사를 떠날 계획이었다면? 이 사례는 진짜 고객이 누구인가? 라는 문제를 드러낸다. 어떤 코치들은 코칭이 비지시적non-directive 방식이라는 점을 중시하며, 이 결정이 더 넓은 맥락에서 이해될 것으로 믿는다. 반면 어떤 코치들은 조직을 위해 충성심을 보여야 할 책무가 있는데 이를 제대로 지키지 못했다고 느낄 수 있다.

시나리오 3: 종교나 문화적 배경, 또는 가치관이 내가 가진 것과 크게 다른 고객을 만난 적이 있는가?

사실 우리 대부분은 자기와 다른 배경을 가진 고객을 상대하기 위한 선택을 한 적이 있을 것이다. 이 시나리오가 보여주는 핵심은 "내가 가진 편향이 얼마나 강한가?"이다. 어떤 프랙티셔너는 자신은 판단 없이 누구든 코칭할 수 있다고 생각하지만, 이 장에서 말했듯이 우리는 모두 나름의 판단 기준이 있으며, 이를 과소평가하면 위험할 수 있다. 대부분 전문기관 윤리 강령은 '다른 사람의 다름을 수용하라'고 명시하는데, 실제로 자기 가치관을 직시하고, 그 가치관이 남의 신념을 수용하는 데 방해되는 지점이 있는지 솔직하게 살펴보는 것은 유용한 길잡이가 된다.

성찰 질문:

- 이런 상황이라면 어떻게 할까?
- 어떤 가치관이나 신념이 내 결정을 지지하거나 방해할까?
- 누군가를 효과적으로 코칭이나 멘토링할 수 없다는 것을 어떻게 알 수 있을까?
- 그것이 내 윤리에 대해 어떤 단서를 제공하는가?

이런 일들이 생길 때마다 내가 어떤 선택을 하는지를 성찰하는 일은 고객과 맺는 계약 조항이나, 일할 고객을 선택하는 기준, 내 일을 타인에게 설명하는 방식의 중요한 토대가 된다. 끊임없는 성찰 습관은 내 진정성을 정의하는 첫걸음이다.

역량 competence

대부분, 우리는 자신이 충분히 역량이 있다고 판단하는 분야의 일을 하고, 그 덕분에 고객에게서 일을 맡는다. 그렇지만 현실은 그리 단순하지 않다. 다음 상황들을 살펴보자.

시나리오 1: 고객 중 한 명에게서 임상적 징후가 보이는데, 다른 전문가에게 보내는 referral 준비를 하는 동안 한두 번 회기를 더 잡은 적이 있는가? 이 경우 신속히 대응하는 것과, 능숙하게 대처하는 것, 두 가지 고민 사이에서 갈등하게 된다.

시나리오 2: 회기 준비 시간이 빠듯했지만, 이미 일정이 잡혀 있어 그냥 진행한 적이 있는가? 여기서는 갑작스럽게 취소하는 것과 충분한 준비 없이 회기를 진행하는 것 중 어느 쪽이 더 낫거나 더 나쁜지 고민하게 된다.

시나리오 3: 스스로를 비지시적 코치라고 말하지만, 고객이 "조언해줘서 고맙다."라고 감사를 표해 당황스러웠던 적이 있는가? 이는 우리가 의도하는 바와 실제 행동이 어긋날 수 있음을 보여준다.

성찰 질문:

- 이런 상황이라면 어떻게 할까?
- 어떤 가치관이나 신념이 내 결정을 지지하거나 방해할까?
- 내 현재 업무에서도 유사한 결정을 내려본 적이 있는가?
- 그것이 내 윤리에 대해 어떤 단서를 제공하는가?

이런 상황들은 생각보다 흔하다. 우리는 모두 자신이 할 수 있는 일을 맡는다고 믿지만, 일을 진행하다 보면 예상치 못하게 자신이 가진 기술 범위를 벗어나거나, 수완이 부족할 수 있는 영역으로 전환될 수 있다. 그러면 즉흥적인 선택을 하게 되는데, 그로 인해 의문과 걱정, 불안이 생길 수 있다. 이런 반응 자체가 내 선택을 다시 돌아볼 신호가 된다. 그 선택이 옳았느냐를 따지는 게 아니라, 왜 그런 행동을 취했는지 파악하는 게 핵심이다. 자기 자신에 대한 이해가 깊어지면, 결국 일관성 있는 자세를 취하게 된다. 성찰 습관은 우리의 선택을 이해하고 행동하겠다고 말한 대로 실제로 행동하도록 돕는다.

자기 돌봄 self-care

자기 돌봄을 소홀히 하는 건 안타깝게도 코치들에게서 흔히 볼 수 있는 일이다. 스스로의 필요와 한계를 자각하는 것은 코치·멘토로서 삶과 업무의 모든 영역에서 온전히 집중하고 최선을 다할 수 있게 한다. 이는 업무의 질을 보장하는 것을 넘어서, 코치로서가 아니라 한 사람으로서 더 넓은 삶을 살아가기 위해도 중요하다. 다음 상황들을 보자.

시나리오 1: 하루에 소화할 수 있는 것보다 더 많은 회기를 잡아놓고, 결국 탈진할 걸 알면서도 진행한 적이 있는가?

시나리오 2: 동료 중 누군가가 이혼을 겪고 있거나, 고위관리자로서 해외 출장을 자주 다니면서도, 사내 멘토링 고객들을 계속 맡고 있다면 어떨까?

성찰 질문:

- 내가 그런 상황이라면 어떻게 할까?
- 그 결정이 내 작업에 어떤 영향을 미칠까?
- 그것이 내 윤리에 대해 어떤 단서를 제공하는가?

남을 돕고자 하는 열망이 자기 돌봄을 뒷전으로 밀어내는 경우가 자주 있다. 직업적 맥락도 마찬가지로 영향을 준다. 프리랜서 코치들은 일감이 몰릴 때와 비는 때가 불규칙해서, 대개 일이 들어오면 큰 고민 없이 맡는 편이다. 그러다가 스케줄이 말도 안 되게 빽빽해지거나, 쉴 수 있는 휴가까지 일로 채우는 경우도 있다. 생계를 위해 어쩔 수 없다는 현실 속에서 자기 휴식의 중요성이 무시되는 것이다. 사내 코치나 멘토의 경우도, 이미 본업이 바쁜데도 코칭·멘토링에 열정이 있기에 일정을 제대로 조정하지 못하고 야근에 시달리는 상황이 벌어질 수 있다. 내 건강을 회복하고 유지하게 해주는 휴가나 회복시간, 그리고 운동, 수면, 명상, 친목 활동 등의 일상 활동은 커리어를 오래 지속하기 위해 필수적인 요소이다(2장에서 추가 아이디어를 볼 수 있다). 동료에게 이러한 계획을 공개적으로 공유하고 자기 돌봄에 대한 기준을 굳건히 지키는 일은 어떤 상황에서도 지켜야 할 사항이다. 동료가 균형을 잃었을 때 그 문제를 다정하게 이야기해주는 것도 모두에게 이득이 된다.

편향 bias

우리가 경험한 바로는, 편향과 습관, 행동 패턴은 언제나 우리를 따라다니는 경향이 있다. 즉 어느 한 환경에서의 행동 방식이 다른 환경에서도 그대로 드러날 가능성이 크다. 예를 들어, 직장에서 절대로 거짓말을 하지 않는 사람은 일상생활에서도 거짓말하지 않을 가능성이 크다. 따라서 동료 수퍼비전에서 나타나는 내 윤리적 행동은, 내가 고객을 대할 때 어떤 편향을 보일지를 미리 알려줄 수 있다. 다음 상황들을 생각해보자.

시나리오 1: 동료가 수퍼비전에 가져온 이슈는 내가 이전에 이미 겪어본 것이다. 내가 겪었던 실수를 동료가 반복하지 않게 하고 싶어서, 이렇게 해야 한다면서 의견을 강하게 말해주고 싶은 충동이 든다.

시나리오 2: 동료가 동료 수퍼비전 모임에 매번 술 냄새를 풍기며 나타나는 것을 자주 알아챈다.

시나리오 3: 동료 수퍼비전 그룹에서 특정 인물이 사소하지만 의미 있는 방식으로 소외되고 있다는 느낌이 든다.

잠시 멈춰서 되돌아보면, 이미 위에서 언급된 윤리적 시나리오들에 대해 나름의 의견을 가지고 있다는 것을 알 수 있다. 동료 수퍼비전 초기에는 "어떻게 저럴 수가 있지?" 또는 "나라면 이렇게 할 텐데…." 같은 반응이 떠오를 수 있다. 이것이 바로 방 안의 코끼리가 나타났음을 알리는 첫 신호이며, 더 깊은 성찰을 시작하기에 좋은 지점이다.

성찰 질문:

- 내가 그런 상황이라면 어떻게 할까?
- 그 결정이 내가 가진 편향을 관리하는 데 어떤 영향을 줄까?
- 그것이 내 윤리에 대해 어떤 단서를 제공하는가?

상황에 대한 판단에서 출발하는 이유는, 그 순간 바로 자신의 편향이 드러나기 때문이다. 코칭과 멘토링의 핵심 역량 중 하나가 고객에게 '판단하지 않는' 태도를 보이는 일이지만, 실제로 우리가 가진 편향이 회기 도중에 개입되면 고객은 판단받는다고 느낄 수 있다. 문제는 누구에게나 편향은 존재한다는 점이다. 코치 또는 멘토가 된다고 해서 편향이 사라지는 건 아니다. 다만 자기 편향을 더 잘 인식할 수 있게 된다. 그리고 편향을 인식하기 시작하면, 해당 사안에 대해 어떻게 대응할지 선택권이 생긴다.

자기 편향을 자각한다는 건 결국 어떤 상황이 주어졌을 때 내 반응을 통제할 수 있다는 뜻이다. 효과적인 자기 관리란, 내 편향과 습관을 알아차리고 잠시 멈춰서 의식적으로 대응 방식을 고민함으로써 더 많은 선택지를 확보하는 것이다. 편향 때문에 빠르게 의견이나 판단, 해결책으로 치닫는 상황도, 어떻게 반응할지 신중하게 관리하고 조절할 수 있다.

동료 수퍼비전은 내 편향을 더 깊이 이해하고, 동시에 다른 사람의 모습을 관찰하기에 안전한 환경이 될 수 있다. 다음 질문들을 주의 깊게 살펴보자.

- 다른 사람이 내리는 선택에 대해 내가 어떤 판단을 하고 있는가?
- 나 자신이나 타인에 대해 어떤 긍정적인 판단을 하는가? (예: "나는 윤리적이다.", "근거 기반 접근이 가장 효과적이다.", "이언[Ian]은 똑똑하다." 등)

- 나 또는 다른 사람은 언제 자신감을 갖고 관찰 내용을 신속하게 공유하는가?
- 나 또는 다른 사람은 언제 주저하며 관찰 내용을 공유하지 않는가?

이런 시나리오들은 편향이 어떻게 나타나는지, 그리고 그런 편향이 생겼을 때 우리가 어떤 선택을 할 수 있는지를 보여준다. 또한, 어떤 시점에 윤리적 판단이 필요하고 행동에 나서야 할지 생각해볼 수 있다. 특정 행동을 할 가능성을 자각하는 순간, 그 행동을 충동적으로 해버릴지, 아니면 자제심을 발휘해 참을지를 선택할 수도 있다. 눈여겨볼 점은 이런 상황에서 '아무것도 하지 않는 것'이나 '기다리는 것'이 실제론 도움이 안 되는 행동이나 문제적 행동을 묵인하는 꼴이 될 수도 있으며, 침묵이 현재 벌어지는 일을 지속시키는 데 일조할 수도 있다는 사실이다.

실제로 윤리적으로 문제가 될 수 있는 행동에 대한 우려가 관계를 깨뜨릴 위험성보다 커졌을 때 사람들은 비로소 행동에 나서곤 한다(또는 이 문제 제기가 잘못된 것이거나 대화가 어색하게 전개될지도 모른다는 걱정이 있다). 이런 상황을 다루려면 용기가 필요한데, 동료들 사이에서 거절당할지 모른다는 두려움이 상당히 크기 때문이다. 그렇지만 행동에 나서는 것은 유익한 대화와 더 나은 자기 인식·이해로 이어지는 진정성 있는 방식일 수 있다.

동료 수퍼비전에서 윤리를 논의하기 위한 도구와 기법

윤리적 도전이 발생하는 순간을 감지하고, 내 윤리적 선택을 성찰 과정에 담아 동료 수퍼비전에서 논의하는 일은 부담스럽게 느껴질 수도 있지만, 사실 이는 매우 유익한 학습 기회를 제공한다. 비밀이 보장되는 수퍼비전 맥락에서, 당신은 자신의 윤리를 탐색하고 다양한 관점을 나누며, 그 윤리적 선택을 다시 검토해볼 수 있다. 서로 관점이 다를 수 있는 주제를 다룰 때는 신중한 접근이 필요하다. 여기서는 윤리적 소재가 될 만한 이슈를 동료 사이에서 건설적으로 논의하도록 돕는 여러 도구와 기법을 소개한다.

탐구 enquiry

탐구는 개방성, 이해심, 신뢰를 갖고 접근할 때 가능하다. 탐구는 어떤 윤리적 이슈가 존재하는지 궁금해 하는 것에서 시작하여, 그 문제가 어디에서 비롯되었는지 알아내기 위해 탐색적 질문을 던지는 과정이다. 이를 건설적으로 수행하면, 새로운 지식과 성장을 위한 가능성이 열린다. 이오르다누(Iordanou et al., 2017, pp.85-89)에 따르면, "동료 수퍼비전에서 자기 행동을 탐구하는 태도를 취하면, 윤리적 위반 가능성을 발견하고 코칭(및 동료 수퍼비전) 실무에 도움이 되는 해결책을 찾을 수 있다."

이미 이 장에서 제시한 성찰 질문들을 살펴봤다면, 탐구 과정을 통해 자신과 고객, 동료를 바라보는 믿음과 관점을 스스로 돌아보고 도전해볼 수 있음을 알았을 것이다. 보통은 "내가 이런 상황이라면 어떻게 할까?"라는 간단한 질문에서 시작하며, 더 폭넓은 범위의 탐구로 나아갈 수 있다. 동료들에게 자신의 탐구 내용을 공유하면, 새로운 결론에 도달할 수 있고 업무 품질과 동료 관계가 개선될 수 있다. 동료 수퍼비전에 무엇을 준비해 가져갈지 결정할 때, 다음과 같은 질문을 (Lane, 2011, p.97에서 변형) 사용해볼 수 있다.

- 코칭·멘토링 과정에서 내 윤리를 잘 드러내주는 요소들은 무엇인가?
- 고객에게 존중, 배려, 진정성^{integrity}, 책임감을 보이는 말이나 행동이 내 코칭·멘토링 안에서 어떻게 나타나고 있는가?
- 이런 원칙들을 바라보는 내 관점이 프랙티셔너로서의 성장과 고객 경험 개선에 어떻게 기여하는가?
- 이런 원칙들이 내 업무 전반에 어떻게 드러나고, 나 자신·고객·동료·직업 전체에 어떤 방식으로 인식되는가?
- 내 신념이 고객이 자기 원칙을 추구하는 데 도움을 주는가, 아니면 방해가 되는가?

이러한 질문들을 스스로 풀어가다 보면, 각기 다른 윤리적 관점이 어떻게 일에 반영되는지 더 잘 이해하게 될 것이다. 동료들과 긴밀히 협업할수록, 당신은 동료가 쉽게 감지할 수 있는 미묘한 부분들을 스스로도 빨리 알아차리게 된다. 그 결과, 코칭 서비스의 질에 영향을 줄 만한 윤리적 선택들을 정확히 짚어내고, 앞으로 어떻게 나아갈지 선택의 폭도 넓어질 것이다.

동료 수퍼비전 중 윤리적 사안이 떠오른다면, "지금 나는 이런 감정이 드는데…."라고 솔직히 말하거나, 자신의 관찰 내용을 공유한 뒤 동료들에게 이에 대한 의견을 구하는 것만으로도 충분하다. 5장에서 다룬 계약 체결contracting 기술도 이런 대화에 도움이 될 수 있다. 만약 이것이 쉽지 않다면, 전문 수퍼바이저와 추가로 논의하는 것도 좋다. 어느 쪽이든, 이런 과정을 통해 얻게 되는 통찰은 윤리적 관점을 더욱 발전시키는 중요한 시각이 될 것이다.

피드백과 논의

수퍼비전에서 피드백은 코치나 멘토가 성장하고 발전할 수 있는 매우 귀중한 과정이다(Long, 2011). 건설적인 피드백이 되려면, 정중하고, 진정성 있으며, 솔직하고 직접성을 갖춘 방식으로 제공되어야 한다. 피드백을 주고받는 것은 고객 및 동료와 함께한 작업을 강화하고, 도전하고, 평가해보는 훌륭한 도구가 된다. 피드백이 긍정적으로 작용하려면, 피드백 과정을 동료 수퍼비전 계약의 일환으로 다루면서 '어떻게 피드백을 주고받을지' 미리 논의하는 게 좋다. 이는 5장에서 다룬 계약 스킬을 활용하여 계속 업데이트해야 한다. 아래는 피드백을 생산적으로 활용하는 몇 가지 단계이다.

자기-성찰하기

다음 질문을 스스로에게 던져보는 것이 좋다.

- 내 업무에서 호기심은 들지만 동시에 두렵거나, 부끄럽거나, 민망하게 느껴지는 부분이 무엇일까?
- 내가 익숙해져 무심코 넘기거나, 당연하게 여기거나, 나태해진 부분은 없는가?
- 특정 업무 상황을 다룰 때 어떤 '필터'를 사용했는지 인식하고 있는가? 그렇다면 사용하지 않은 시각이나 관점은 무엇이었을까?
- 더 개방적으로 탐구하기 위해 동료들에게서 어떤 지원이 필요할까?
- 까다로운 피드백을 받으면 스스로를 어떻게 평가하게 될까?
- 동료 수퍼비전 외에 다른 지원 방안은 무엇이 있을까?

이 질문들에 답해보면 동료들의 피드백에 어떻게 반응할지를 더 명확히 예상할 수 있고, 받은 피드백을 더 생산적이고 유익하게 활용할 가능성이 커진다.

도움을 청하기

동료 수퍼비전은 쉬운 상황이든 까다로운 상황이든, 당시 어떤 일이 일어났는지 더 깊이 이해하도록 돕는다. 우리는 모두 인간이기에 모든 질문에 대한 해답을 다 알 수는 없다. 대부분 코치나 멘토가 어떤 식으로든 동료 수퍼비전에 이슈를 가져오는 것에 대해 주저함을 느껴봤을 것이다. 예를 들면 수퍼바이저나 그룹이 이 정도는 스스로 해결했어야 하는 문제 아닌가? 또는 그런 질문은 당연히 이미 알고 있어야 하는 것 아닌가?라고 생각할까 봐 걱정되는 마음 말이다. 그렇지만 도움을 청하는 것은 전혀 문제가 되지 않는다! 때로는 "이 문제는 어떻게 해야 할지 모르겠다."라고 말하는 것이 가장 솔직하고 가치 있는 태도일 수 있다. 모른다는 사실은 무지의 표출이 아니라, 배움에 열려 있음을 드러내는 것일 수 있다. 특정 상황에 대해 대처하는 방법을 모르는 사실 자체가 깊이 있는 논의를 끌어낼 수 있고, 이는 궁극적으로 코칭·멘토링 관계에도 이득을 준다. 모든 것을 다 알아야 한다는 압박에서 벗어나면, 동료들에게도 확실하지 않은 상황에서 어떻게 살아가는지를 보여주는 본보기가 되고, 고객에게는 스스로 답을 찾도록 영감을 줄 수도 있다.

위험 감수하기

동료와 충분한 친밀감과 신뢰가 쌓일 때까지는 시간이 조금 걸릴 수 있지만, 동료 수퍼비전이 협력적인 학습 환경이라는 점을 생각하면, 여기서 위험을 감수하지 않는다면 어디에서 하겠는가! 위험을 감수한다는 것은 "우리 모임에서 당신은 질문하기보다는 단정지어 말하는 경향이 있는 것 같다. 이 부분을 더 탐색해볼 수 있을까?" 또는 "지금 당신이 말한 고객 상황을 들으니 약간 찜찜한 느낌이 있는데, 이걸 함께 분석해볼 의향이 있는가?" 같은 직접적인 질문을 던지는 것이다. 이렇게 직설적으로 접근하면 피드백이 자연스럽게 오갈 뿐 아니라, 동료 사이의 솔직한 대화를 촉진하여 더 풍부한 공동 이해로 이어지며, 결국 모든 이의 업무에도 긍정적인 영향을 줄 가능성이 크다.

동료 수퍼비전 논의 과정은 보통 두 단계로 진행될 수 있다. 첫 번째 단계에서는 가치관, 원칙, 신념이 프랙티셔너에게 어떤 영향을 미쳐 특정 방식으로 상황을 보고 일하게 되었는지에 대해 질의와 피드백이 오간다. 두 번째 단계에서는 고객에 대한 책임을 어떻게 구성할지, 그리고 프랙티셔너의 업무를 안내하고 가능하게 하는 윤리적 틀을 어떻게 구체화할지를 건설적으로 논의한다.

동료 수퍼비전이 제자리걸음할 때

때로는 모든 참여자가 만족할 만한 해결책을 찾기 어려울 때도 있다. 5장에서는 동료 수퍼비전에서 '탐구^{enquiry}를 어떻게 적용할지'에 대한 단계별 에스컬레이션 과정을 제시했다. 윤리 문제가 발생했을 때 어떤 조치를 취해야 하고, 동료와 합의가 안 될 때 어떻게 해야 하는지에 관한 유용한 지침이 될 수 있으니 주의 깊게 읽어보길 권한다.

마치는 글

윤리는 우리가 의식하든 못 하든 항상 업무 속에 존재한다. 윤리적 감수성을 키우는 것은 필수적이지만, 그 방법은 개인적 선택의 영역이다. 이는 각자가 지니고 있는 도덕과 가치관, 그리고 이를 다시 들여다볼 의지와 능력에 달려 있다. 스스로 어떤 성향을 가지고 있으며, 무엇을 습관적으로 반복하는지 깨닫는 과정은 꽤나 흥미롭다. 어떤 습관은 우리를 자유롭게 해주고, 어떤 것은 답답하게 만들기도 한다. 동료 수퍼비전은 이미 일어난 일을 돌아보며 앞으로 어떤 선택지를 고려할지를 성찰해볼 수 있는 훌륭한 포럼이다. 물론 시간이 흐르면 이러한 상황을 다루는 경험치가 쌓이겠지만, 숙련된 프랙티셔너라도 매번 사안마다 고유한 특성이 있음을 인정해야 한다. 처음 겪는 일이 계속 존재한다는 뜻이다.

그래서 동료 수퍼비전을 자신과 동료들이 윤리에 대해 심도 있게 고민하고, 미묘한 차이를 탐색하는 실험실 같은 장으로 활용하길 권한다. 이는 곧 최고 수준의 실천을 향한 공통의 목표를 공유하고, 기존 지식을 발전시키며, 다양성을 존중하고, 코칭 산업 전체를 보호하는 데 협력하는 태도이기도 하다(Brennan & Wildflower, 2014). 충분한 윤리의식을 갖추면, 개인적으로도 일관성이 있으면서 객관적으로도 좋은 실천으로 인정받을 수 있는 윤리적 틀을 분명히 표현할 수 있다.

동료 수퍼비전은 이러한 목표를 달성하는 데 중요한 역할을 할 수 있다. 안전하고 포용적인 환경에서 윤리를 탐색하고 숙고할 시간을 스스로에게 허락하고, 건설적이며 성찰적인 토론을 반기며, 자신이 지닌 '윤리적 나침반'이 올바른 방향을 찾도록 공간을 조성하면 된다. 이를 통해 어떤 상황에서도 선택지를 더 많이 인식하고 받아들일 수 있는 자신감을 얻게 될 것이다.

자신의 선택을 계속 돌아보고, 윤리적 이슈를 동료 수퍼비전 그룹과 함께 탐구한다면, 궁극적으로 자기 자신, 고객, 더 나아가 산업 전체에 긍정적으로 기여하게 될 것이다.

주요 학습 포인트

1. 윤리적 이슈는 인식의 가장자리에 있으며, 코치나 멘토의 업무 속에 언제나 존재한다. 우리 문화와 인생 경험은 윤리, 신념, 편향, 사각지대를 형성한다.
2. 동료의 딜레마를 보며 떠오르는 내 판단을 인식하면, 내 윤리, 편향, 신념, 가치를 탐구하는 계기가 된다.
3. 코칭 실무에서 내리는 선택이 의심, 걱정, 불안을 일으킨다면, 그 안에 작동하는 윤리를 호기심을 가지고 성찰해봐야 한다.
4. 동료 수퍼비전은 서로 지원적인 관계 안에서 윤리적 고려 사항을 발견하고, 업무의 품질을 지킬 수 있는 안전장치가 될 수 있다.
5. 수퍼비전 관계에서 솔직함, 존중, 개방성, 비판단, 신뢰, 건설적인 의도가 뒷받침되면 윤리에 대해 깊고 용기 있게 논의할 수 있다.

6. 탐구enquiry와 피드백 요청, 자기 성찰, 가이드라인을 구하는 과정은 통찰력 있는 수퍼비전 대화를 이끈다.
7. 윤리를 의제에 명시하고 계약단계에 포함하는 것이 유용하다.
8. 윤리는 언제나 방 안의 코끼리이다. 코끼리가 있음을 염두에 두고, 거기에 대한 내 반응을 살피며, 선택지를 검토하고, 숙고한 뒤 이를 논의하는 실천이 새로운 통찰을 만든다.

참고 문헌

- AC and EMCC (2016) Global Code of Ethics for Coaches and Mentors [Online]. Available from: https://actoonline.org/wp-content/uploads/2016/10/Global-Code-of-Ethics_2016.pdf [accessed 1 May 2017].
- APECS (2006) Ethical Guideline [Online]. Available from: www.apecs.org/ethical-guidelines [accessed 16 June 2017].
- Bachkirova, T. and Jackson, P. (2011) Peer supervision in coaching and mentoring. In: T. Bachkirova, P. Jackson and D. Clutterbuck (eds), *Coaching and Mentoring Supervision: Theory and practice*. Maidenhead, UK: Open University, pp. 230-231.
- Brennan, D. and Wildflower, L. (2014) Ethics in coaching. In: E. Cox, T. Bachkirova and D. Clutterbuck (eds), *The Complete Handbook of Coaching* (2nd edn). London: Sage, pp. 430-444.
- de Jong, A. (2010) Coaching ethics: Integrity in the moment of choice. In: J. Passmore (ed.), *Excellence in Coaching*. London: Association for Coaching, pp. 191-202.
- Gray, D. and Jackson, P. (2011) Coaching supervision in the historical context of psychotherapeutic and counseling models: A meta-model.

In: T. Bachkirova, P. Jackson and D. Clutterbuck (eds), *Coaching and Mentoring Supervision: Theory and practice*. Maidenhead, UK: Open University, pp. 15-27.
- ICF (2015) ICF Code of Ethics [Online]. Available from: www.gtcoaching.net/wpcontent/uploads/ICF_Code_of_Ethics.pdf [accessed 16 June 2017].
- Iordanou, I., Hawley, R. and Iordanou, C. (2017) *Values and Ethics in Coaching*. London: Sage.
- Lane, D. (2011) Ethics and professional standards in supervision. In: T. Bachkirova, P. Jackson and D. Clutterbuck (eds), *Coaching and Mentoring Supervision: Theory and practice*. Maidenhead, UK: Open University, pp. t1-104.
- Long, K. (2011) The self in supervision. In: T. Bachkirova, P. Jackson and D. Clutterbuck (eds), *Coaching and Mentoring Supervision: Theory and practice*. Maidenhead, UK: Open University, pp. 78-90.
- Oxford Dictionary [Online]. Available from: www.oxforddictionaries.com [accessed 20 May 2017].
- Pelham, G. (2016) *The Coaching Relationship in Practice*. London: Sage.
- St. James Ethics Centre [Online]. Available from: www.ethics.org.au/about/what-is-ethics [accessed 14 August 2017].
- Van Nieuwerburgh, C. (2014) *An Introduction to Coaching Skills: A practical guide*. London: Sage.

8장 잠재적 함정 다루기

역자: 허영숙

정의: 옥스퍼드 동의어 사전 Oxford Thesaurus은 핏폴 pitfall을 명사 형태이며, 위험 요소 hazard, 위험 상태 danger, 위험성 risk, 위기 peril, 어려움 difficulty, 함정 catch, 난관 snag, 장애물 stumbling block, 그리고 단점 drawback을 의미한다고 정의한다.

우리가 말하는 '함정 pitfalls'이란?

이 책 전반에서 설명했듯, 동료와의 수퍼비전은 여러 가지 이점을 제공한다. 그렇지만 고려하고 관리해야 할 위험 요소도 있다. 특히 동료 수퍼비전 관계가 유사한 관심, 교육 배경, 이력을 공유하는 사람들 사이에서 생겨나기 쉬운데, 이는 때로 '사각 지대 blind spot'를 만들어 낼 수 있다. 가능하다면 다양성을 추구해 선택 범위와 학습 범위를 넓히는 것이 좋다. 흥미롭게도 일대일 동료 수퍼비전이든 좀 더 큰 집단에서든, 맞닥뜨릴 수 있는 위험 유형은 대체로 유사하다. 이번 장의 앞부분에서는 흔히 볼 수 있는 위험들을 살펴보고, 이후 집단으로 작업할 때 추가로 발생하는 위험 요소들을 다룬다.

동료 수퍼비전 관계를 설정setting할 때 스스로에게 던질 수 있는 가장 중요한 질문 가운데 하나는 다음과 같다. "Q.왜 나는 저 사람과 함께 일하고 싶어지는 걸까?" 이 질문에 대한 다양한 답변이 있을 수 있고, 그 답변은 각각 다른 형태의 위험을 함축한다. [표 8.1]에서는 이 장에서 다룰 '동료와 함께 일하려는 동기'와 '그에 따른 잠재적 함정'을 정리했다.

초반에는 이러한 위험들이 실제로 어떻게 전개되는지 자세히 살펴보고, 관계 속에서 위험 신호를 포착하는 방법을 제시하며, 이에 대응할 수 있는 방안을 제안한다. 이어지는 장의 두 번째 파트에서는 집단 작업에서 생길 수 있는 위험 요소들을 다룬다. 집단에 참여하게 된 동기가 무엇이든, 경험할 가능성이 있는 위험이기 때문이다. 이 부분에서도 위험 신호를 인지하는 팁과 관리 전략을 제공한다.

[표 8.1] 동료와 함께 일하는 동기와 잠재적 함정

동료와 함께 일하려는 동기	잠재적 함정
안전함을 느끼고 싶어서	공모collusion
상대방이 나와 다르게 생각하기에	방향 상실/혼란
상대방에게서 배울 점이 있다고 느끼기에	자신의 경험을 과소평가
함께 교육받은 사람이라서	발전의 정체
상대방이 먼저 제안해서	수퍼비전 필요 최소화
상대의 실무를 벤치마크하고 싶어서	경쟁심 조장
편리함과 기존 친분camaraderie 때문	이중 관계
다른 대안이 없어서	의존
누군가의 배정으로 연결된 사이여서	책임감 부족
내가 직접 찾아서	관계 과투자

섹션1: 어떤 형태의 동료 수퍼비전이든 발생할 수 있는 함정

함정 1: 공모

안전함에 대한 욕구가 강하다는 것은, 아직 편안함의 테두리를 벗어나고 싶지 않다는 뜻일 수 있다. 코칭 초반에는 이러한 안전지대가 자신감을 높이는 데 도움이 되긴 하지만, 학습 속도를 늦추기도 한다. 만약 주된 목표가 자신감을 얻는 것이라면, 동료 수퍼비전만으로는 부족할 수 있고, 전문 수퍼비전이나 코치 멘토를 추가로 활용하는 편이 낫다.

공모가 일어날 수 있는 경고 신호 예시:
- 다른 사람에게 도전challenge하고 싶지 않다.
- 완전히 동의하지 않으면서도 동의한다고 말한다.
- 관계를 좋게 유지하는 것이 더 중요하다고 여겨, 이슈는 덜 중요하다고 스스로 합리화한다.

공모를 관리하는 방법

- 동료 수퍼비전 관계를 구축할 때, 상대방과 '어느 정도 공통점'과 '어느 정도 차이점'이 모두 있는 상황이 바람직하다.
- 누구나 가끔은 자신의 한계를 넓히기 위한 시도가 필요하다. 서로

계약 시, 코칭 실무를 한 단계 확장할 수 있는 사례를 가져온다는 약속을 하는 것도 좋다.
- 관계와 관련하여 계약할 때 편안함^{comfort}이 얼마나 중요한지와 적절한 도전^{challenge} 수준은 어디까지인지를 함께 논의한다.
- 편안함이 '안락함^{cozy}'으로 변질되기 시작하는 순간을 어떻게 인지할 수 있을지 고민한다.
- 회기 말미(또는 다음 회기 시작 시)에, 동료에게서 받은 지원^{support}과 도전^{challenge}의 비율을 점검해 본다. 예컨대 50대 50이 적당하다고 동의했는데 그 비율이 무너졌다면 다음 회기에서는 어떻게 조정할지 생각해보자.
- 자신의 학습에 스스로 책임지고, 회기 전 개인 준비를 철저히 한다.
- 자기성찰을 위한 시간을 마련하고, 내가 회피하는 주제는 무엇인지, 인정받고 싶어서 애쓰는 부분은 무엇인지 등을 살펴본다.
- 일대일 동료 수퍼비전이라면, 세 번째 회기마다 반드시 서로에게 해결하기 어려운 과제를 하나씩 제시하자는 등의 약속을 정해둔다.

함정 2: 방향 상실/혼란

자신과 다른 방식으로 사고하는 사람과 일하고 싶어 하는 동기는 대체로 긍정적으로 보인다. 시야를 넓히고, 흥미로운 토론을 이끌어내며, 자신의 역량 범위를 더 확장할 수 있기 때문이다. 이러한 요소들은 성장 속도를 높이는 데도 큰 도움이 된다.

그러나 이 방식은 자신의 실천 기반이 충분히 탄탄한 상태에서 가장 효과적이다. 만약 아직 자신만의 기반이 확고하지 않은 상황에서 동료 수퍼바이저가 매우 다른 사고 방식을 제시한다면, 쉽게 자신감을 잃거나 혼란을 겪을 수 있다.

경험상, 새로운 관점도 배우고, 동시에 고객 이슈에 대한 수퍼비전도 받을 수 있다는 장점이 생각보다 실현하기 어려울 때가 많다. 대개 수퍼비전에 가져오는 이슈들은 우리의 인식 범위 밖$^{\text{blind spots}}$에서 비롯된 문제일 때가 많다. 이 사각지대를 다루면서 동시에 다른 사고 방식을 받아들이려고 하면 흔히 하나가 다른 하나를 덮어버리는 경우가 있다. 에너지가 새로운 이론을 이해하는 쪽으로 집중되면 고객 이슈가 흐려지고, 반대로 기존 지식만으로 고객 문제를 해결하는 데 집중하다 보면 새로운 이론을 배우는 기회를 놓칠 수 있다.

만약 방향 상실이 느껴진다면, 전문 수퍼비전을 통해 좀 더 깊은 원인을 파악하거나, 동료 수퍼비전에서 얻은 새로운 배움을 통합할 추가 지원을 구하는 것이 도움이 될 수 있다.

방향 상실과 혼란을 겪고 있다는 경고 신호 예시:
- 다른 사람 때문에 자신이 흔들리고 있다는 느낌이 든다.
- 무엇을 말해야 할지 모르겠고, 말문이 막힌다.
- 들려오는 이야기가 잘 이해되지 않지만, 명확히 물어볼 자신감이 생기지 않는다.

방향 상실과 혼란을 관리하는 방법

- 코칭 또는 멘토링 경력이 아직 초기 단계라 해도, 현재 어떤 모델을 쓰고 있는지 명확히 말로 정리해 보고 동료들과 공유한다. 동료들도 같은 방식으로 그들의 모델을 공유하도록 초대한다.
- 고객 이슈를 다루기 시작하기 전에, 서로가 사용하는 접근법의 유사점, 차이점, 미묘한 구분점을 먼저 논의해 본다. 예를 들면, 공통 용어가 있어도, 각자가 다르게 이해하고 있을 수 있다.
- 고객 이슈를 이야기하는 중에, 낯선 관점이 지나친 혼란을 야기한다는 느낌이 들면 잠깐 익숙한 방식으로 돌아가 틀을 잡은 뒤, 다시 덜 익숙한 이론적 배경으로 탐색을 이어가도 된다.

함정 3: 자신의 경험을 과소평가

더 풍부한 경력을 가진 이들과 파트너를 맺는 것은 매력적으로 보일 수 있지만, 때로는 자신의 성장을 방해할 수도 있다. 예를 들면, 상대의 경력을 존경하고 그에게서 많이 배울 수 있으리라 느낄 수 있지만, 만약 이것이 동료 수퍼비전 관계에 끌리는 주된 이유라면, 차라리 멘토링 관계를 찾는 편이 더 적합할 수 있다. 1장에서 동료 수퍼비전 관계와 다른 도움 관계를 어떻게 구분하는지 다시 살펴보면 좋다.

다양한 경험 수준을 가진 사람들과 함께 일하는 것이 오히려 긍정적 선택이 되기도 한다. 경력이 많은 프랙티셔너는 전문성을 나누는 데서 보람을 느낄 수 있고, 초보 프랙티셔너의 호기심은 또 다른 방식으로 자극을 줄 수 있기 때문이다. 예컨대 순진해 보이는 질문이 경력자에게 그걸 어떻게 알게 됐는지 생각거리를 제공할 수 있다.

흥미롭게도, 이는 경력이 많든 적든 누구나 빠질 수 있는 함정이다. 다른 사람들로부터 배우기로 선택하는 순간, 스스로 답을 찾아보는 과정을 어느 정도 포기하게 되기 때문이다. 경력이 많은 쪽에 대해서는, 이를 계기로 자연스럽게 더 우위를 점하는 역할을 맡게 되는 위험도 있다.

자신이 가진 경험을 과소평가한다는 경고 신호 예시:
- 상대방에게 경외심awe을 느낀다.
- 본인의 경험을 먼저 이야기하지 않는다.
- 말할 때 제가 잘 모르지만… 등의 단서를 달고 말한다.
- 누군가 다른 관점을 제시하면, 자동으로 자신이 틀렸다고 가정한다.

자신의 경험 과소평가를 관리하는 방법

- 코칭과 동료 수퍼비전의 주된 의도는 자기 실현self-actualization을 돕는 것이다. 따라서 "당신이라면 어떻게 할 거예요?"라고 물어보고 싶을 때마다, 그들의 답변 없이도, 다만 그들의 퍼실리테이션을 통해 어느 정도까지 스스로 해볼 수 있는지 먼저 생각해 본다. 이것은 미리 계약 대화에서 다룰 수도 있다. 예를 들면, 문제를 함께 풀어나가는 것보다는 경험을 공유하는 과정이 더 도움이 된다는

것을 어떻게 알 수 있을까에 대해 논의하는 것이다.
- 회기마다 가져오는 주제를 기록하고, 막막했던 사례와 성공적으로 진행된 사례가 균형을 이루도록 노력한다. 이렇게 균형을 이루려는 접근 방식을 통해 비록 상대방보다 경험치가 훨씬 적더라도, 현재 자신의 역량 수준에 대해 더 안정감을 느낄 수 있다.
- 2장을 참고하면서 발전이 필요한 부분을 명확히 파악한다. 동료에게 자신이 어떤 방향으로 성장하고 싶은지, 어떤 목표를 갖고 있는지 투명하게 공유하면, 함께 구체적이고 목표 지향적인 지원 방안을 모색할 수 있다. 단, 서로에게 줄 수 있는 무언가가 있어야 동등성 equity이 유지된다는 점을 기억해야 한다.
- 처음에는 긍정적인 의도로 동료들에게서 배우려 했더라도, 이를 지나치게 강조하면 스스로를 위축시키고 무력하게 느낄 수 있다. 만약 이런 패턴이 지속된다면 전문 수퍼바이저를 통해 개선 방향을 찾거나, 동료 수퍼비전 관계 안에서의 자신감을 높이기 위한 개인 작업을 해보는 것이 좋다.

함정 4: 성장의 정체

함께 교육을 이수했던 사람들과 작업을 이어가는 것은, 배움을 더 확장하고 내재화하는 데 자연스러운 선택처럼 보일 수 있다. 공통된 언어가 있고, 이미 학습 과정에서 형성된 유대가 뒷받침되기 때문이다. 그러나 이런 환경에서는 전문적 세계관을 비슷한 방식으로 바라볼 가능성이 커진다. 서로에 대해 좋게 느끼는 경향이 생겨, 공감은 높아질 수 있지만, 다양한 시각을 깊이 고려하는 데는 도움이 되지 않을 수 있다.

성장 정체stagnation를 겪고 있음을 시사하는 경고 신호 예시:
- 상대방이 어떤 이슈를 가져올지 미리 짐작하고 있다.
- 매 회기에서 동료가 제공하는 도움의 방식이 거의 비슷하다.
- 고객 코칭에서 더 새로운 도전감이나 확장이 느껴지지 않는다.
- 의문을 제기하지 않게 된다.

성장 정체를 관리하는 방법

- 무엇보다 먼저, 실제로 얼마나 발전하고 있는지 근거를 수집한다. 코치의 성장 단계를 설명하는 여러 모델이 부록 8.1~8.4에 제시되어 있다. 동료 수퍼비전 관계를 시작할 때 각자의 위치를 스스로 평가해 보고, 시간이 흐르며 이 평가가 달라지고 있는지 신중하게 추적해 본다.
- 공통점과 가정들을 짚어본다. 공통 용어를 쓴다고 해도, 실제로 같은 의미로 이해하고 있는지 확인해 보자. 개인의 해석을 체크해 보면, 공통언어로 인식하던 한 단어가 흥미로운 미묘함을 가리고 있을 수 있다. 이를 통해 개인적, 집단적 무의식적 편향unconscious bias에 대한 인식을 높일 수 있다.
- 공통 기반 외에도 서로 다른 점이 무엇인지 살핀다. 서로의 전문

지식, 다른 맥락, 대안적 적용 사례 등을 나눔으로써, 대화의 흐름
이나 깊이를 적극적으로 바꿀 수 있다.
- 정체가 올 수 있음을 미리 예상하고, 계속 새로움을 추구한다. 예를 들어,
    - '악마의 변호인devil's advocate' 역할을 해본다. 즉 다른 훈련 기관 출신이라면 어떻게 접근했을지 상상해 본다.
    - 새로 읽은 글이나 기법을 시도해보고, 그 영향력을 성찰한 뒤 회기에서 논의한다.
    - 집단으로 일하는 경우, 새로운 멤버를 정규 또는 임시로 초청해 변화를 꾀한다.
    - 전문 수퍼바이저를 초빙해 새로운 아이디어를 제안받는다.

함정 5: 자신의 수퍼비전 필요를 최소화하기

동료가 상호적 관계를 제안하면, 대부분 어느 정도 기분이 좋을 수 있다. 상대가 나와 상호 보완적이라 판단했다고 여기기 때문이다. 그렇지만 이 관계가 나 자신에게도 의미 있는 선택인지 신중히 살펴볼 필요가 있다. 만약 구체적으로 자신에게 필요한 수퍼비전이 무엇이며, 이 관계가 그것을 충족시켜줄 수 있는지를 고민하지 않는다면, 시간이 흐르며 관계에 불균형이 생길 수 있다. 이에 따라 원망, 의무감, 회피 같은 감정이 싹틀 수도 있다. 가끔은 동료 수퍼비전을 제안하는 동기가 정치적일 수도 있다. 예컨대 상대방이 내게서 상업적 이익이나 승진 요령, 사

업 운영 노하우를 배울 수 있다고 기대하는 경우다. 이런 상황은 관계가 착취적인 형태로 흐를 위험이 크므로 특히 주의가 필요하다.

자신의 수퍼비전 필요를 최소화하고 있음을 시사하는 경고 신호 예시:
- 상대방이 내 이슈와 비슷하지만 조금 다른 이야기를 꺼냈을 때, 내 이슈는 굳이 말하지 않으려 한다.
- 주고받는 균형에서, 내가 주는 쪽이 더 많다는 느낌이 든다.
- 동료로부터 받는 의견이 내 사고를 확장해주지 못한다고 느낀다.
- 동료가 같이 해보자고 제안했을 때, 거절하기 어려운 기분이 들어 반사적으로 수락한다.

자신의 수퍼비전 필요 최소화를 방지하는 방법

- 관계를 맺기 전, 상대가 왜 이 관계를 제안했는지 동기를 파악한다. 이 장에서 다룬 여러 위험 요소가 감지되면, 이러한 긴장 요소들을 어떻게 관리할지 생각해 본다.
- 자신이 필요로 하는 수퍼비전 형태를 명확히 정의한다. 그 뒤, 일정 기간마다 관계의 유효성을 객관적으로 돌아볼 수 있도록 설계한다. 이는 자연스럽게 관계를 이어갈지, 종료할지 선택할 기회를 제공한다.
- 이미 전문 수퍼비전을 받고 있다면, 추가하려는 동료 수퍼비전이 빈도, 내용, 구분 등의 측면에서 어떻게 조화될 수 있을지 고려한

다. 아직 전문 수퍼비전을 받고 있지 않다면, 원칙부터 세워 가면서 해결한다. 백지 상태에서 원하는 형태를 먼저 구상해 보고, 이번 제안이 지금 내 상황에 정말 잘 맞는지 판단한다.
- 어떤 이유로든 '아니요'라고 말하는 것보다 그냥 하자는 대로 응하는 게 쉽다는 생각이 든다면, 그 자체가 '오케이'를 해서는 안 된다는 강력한 경고 신호일 수 있다. 이 경우 두 가지 선택지가 있다.
  ◦ 연습 회기를 몇 번 해보며 상황이 어떤지 파악한다. 의외로 잘 맞을 수도 있다.
  ◦ 동료의 요청을 검토해보겠다 하고, 다른 코치나 멘토를 찾아 관련 대화를 준비할 수 있도록 도움을 받는다.

함정 6: 경쟁심 조장

동료와 함께 일하는 것은 분명 '좋은' 측면이 있지만, 동시에 인간에게는 서로를 비교하며 자신의 위치를 가늠하는 경향이 있다. 그러다 보면 때로는 내가 동료보다 더 능숙하다는 느낌을 받을 수도 있고, 그 반대의 경우도 생길 수 있다. 이는 경쟁심 때문에 관계가 왜곡되고 있다는 신호일 수 있다. 물론 어느 정도 비교하는 태도는, 학습 속도가 적절한지 확인하기에 도움이 될 수 있다. 그러나 학습이란 결코 직선적으로 이루어지지 않고, 어떤 배움은 지식이 조금씩 쌓이는 식으로 이뤄지지만, 또 어떤 배움은 전혀 다른 차원으로 생각이 도약하는 식으로 발생하기도 한다. 이는 예측하거나 의도적으로 만들어 내기 어렵다. 두 사람의 학습 속도가 다른 데에는 여러 이유가 가능하다. 또한 누가 더 빠르게 발전하고 있는지 판단하기보다는 자신의 학습에 도움 되거나 방해가 되는 것이 무엇인지 탐구하는 것이 더 효과적이기도 하다.

동료가 자신보다 더 흥미롭거나 수익성 높은 일을 맡고 있다고 느끼면, 질투와 경쟁심이 커질 수 있다. 그러면 독립적이고 객관적인 태도를 취하는 데 방해가 되어 비판적인 태도를 취하게 될 수 있다. 마찬가지로, 다른 사람들과 경쟁한다고 느껴지면 작업 경험을 공유하기보다는 숨기고, 협력보다는 방어적으로 변해 자신의 사례를 잘 드러내지 않으려 할 수도 있다.

경쟁심이 조장되고 있음을 시사하는 경고 신호 예시:

- 동료가 왜 그런 접근법(모델·접근·기법)을 택했는지를 먼저 묻지도 않고, 다른 모델/접근/기법이 더 나았을 것으로 치부하는 경향이 있다.
- 속으로 자신은 그렇게 안 했을 것이며, 자신의 방식이 훨씬 더 효과적(또는 실제로는 덜 효과적)이었을 것으로 확신한다.
- 대화 중에 자신의 성공 지표(고객 수, 높은 회기 비용, 받은 찬사 등)를 과시하듯 슬쩍 흘리는 버릇이 생겼다.
- 내가 배우는 깊이가 그 사람보다 훨씬 더 크고, 더 변혁적이며, 더 내재화되어 있다는 걸 보여주고 싶어진다.

경쟁심을 관리하는 방법

- 이러한 생각과 행동은 의식하지 못하는 순간에 발생하기 때문에 매우 까다로울 수 있다. 의도적으로 이런 행동을 하지는 않더라도 자신도 모르게 새어 나온다. 알아차리더라도 죄책감·수치심을 느껴 숨기기 쉬울 수 있다.
- 따라서 처음 계약을 맺을 때와 정기 리뷰 회기에서, 현재 코칭 실무(전문성과 사업적 측면 둘 다)가 어떻게 진행되고 있는지를 명시적으로 설명하기로 한다. 5장에서 이를 실행하는 데 필요한 팁을 제시했다. 암시적으로 내 성공·실패를 드러낼 필요가 없도록, 이를 논의할 때와 방식을 미리 정해두면 좋다.
- 대화 중 동료가 이런 식의 정보를 슬쩍 드러내면, 지금 당장의 논의 흐름을 끊기보다는 정기 리뷰 때 같이 다뤄보자고 제안해 둔다. 현재 회기를 방해하지 않으면서도, 문제 의식을 분명히 공유하는 것이다.
- 나 자신이 이런 행동을 하는 걸 알아차렸지만, 동료가 지적하지 않았을 때는 그 저변에 깔린 불안이나 불만의 근원을 탐색해 보고, 자기성찰에 기록한다. 그리고 다음 리뷰 때 이 이슈를 꺼내어 더 깊이 논의한다.
- 이런 문제는 동료와 마주앉아 대화하기가 어렵고, 관계에 긴장감을 야기할 수 있다. 5장에서는 이처럼 까다로운 대화를 다루는 팁을 제시하고 있다. 또한, 다른 동료나 전문 수퍼바이저를 초청해

정기 리뷰를 준비하면서 이 문제를 다룰 수도 있다.

함정 7: 이중 관계

같은 조직에서 일하는 사람들과 동료 수퍼비전 관계를 맺으면 편리하고, 기존 동료들 사이의 친밀감도 기대할 수 있어 매력적으로 보인다. 특히 유럽이나 영국 등 사내 코칭이 보편화된 조직에서는 동료 수퍼비전이 편리한 선택처럼 보일 수 있다. 그렇지만 앞서 언급했듯이, 관리가 적절히 이뤄지지 않으면 정치적 문제, 이중 관계, 공모, 윤리적 딜레마가 생길 수 있다. 게다가 자격 인증 과정의 일부로 동료 수퍼비전을 활용하려 한다면, 이중 관계에 대해 추가 설명이 필요할 수 있다. 동료 수퍼비전은 원칙적으로 동등한 관계를 지향하지만, 다음과 같은 이유로 복잡해지는 경우가 생긴다.

- 동료가 동일 조직 고객과 함께 일하거나, 서로의 작업을 직접 목격할 수 있는 위치에서 과연 얼마나 객관성을 유지할 수 있는가?
- 사내 코치나 외부 코치를 막론하고, 같은 시스템에 속해 있다면, 공유하는 시스템 맹점 systemic blind spot이 영향을 미칠 수 있다.[1]
- 같은 자문기관이나 패널에 소속되어 있으면 작업을 놓고 서로 경쟁 관계가 될 수도 있다.

---

1) [역자] 같은 시스템에 속한 상황에서 동료 수퍼비전을 진행할 경우, 무의식적으로 조직 문화를 반영하거나, 동일 언어와 관점에 의한 제한된 시각, 조직 내 불편 상황에 대한 암묵적 공모, 권력 역동 등이 시스템 맹점으로 제시될 수 있다.

- 기밀 유지를 실제로 어떻게 할 것인가? 특히 사내코치라면 상대방이 어떤 고객을 말하는지, 또는 누가 누구를 언급하는지 알 가능성이 커진다.
- 상대방이 내 다음 프로젝트를 결정하거나 내가 상대방에게 보고하는 위치라면, 내 취약점을 솔직히 드러내거나 회기에서 일어난 문제 상황을 공유하는 것이 가능할 것인가?
- 한 프로젝트를 공동으로 진행 중일 때, 만약 한 명이 잘 풀리지 않는 상황에 놓여 있다면, 다른 사람이 본인의 성공적인 케이스를 신나게 자랑하는 게 과연 편안할까?
- 긴급한 운영 또는 정치적 이슈가 감독 작업에 우선순위를 두지 않고 유용한 맥락을 제공하도록 어떻게 관리할 것인가?

이중 관계 경고 신호 예시:
- 함께 일하거나, 동일 조직에 속해 있다.
- 같은 커뮤니티(스포츠 팀, 자녀 학교 관련 모임, 가족 모임 등)에 속해 있다.
- 서로 절친한 친구고, 인맥이 대부분 겹친다.
- 예전에 긴 시간을 함께 보낸 공유된 이력이 있다.

이중 관계를 관리하는 방법

- 가장 간단한 조언은 "하지 않는 게 좋다!"이다. 가능하면 다른 동

료 수퍼비전을 찾거나, 전문 수퍼비전을 활용한다. 이중 관계는 복잡성이 커서 수퍼비전 관계를 왜곡할 위험이 매우 높다.
- 그러나 상황상 이것이 유일한 선택인 경우라면, 철저한 계약을 통해 리스크를 최소화하는 방법을 택할 수 있다. 발생할 수 있는 이해 충돌을 꼼꼼히 예상하고, 각각에 대해 어떻게 대처할지 계약서에 명시한다. 5장과 7장에서 추가 가이드를 확인하여 활용한다.
- 이중 관계가 불가피하다면, 그 관계를 어떻게 관리할지 구체적으로 설명할 수 있어야 한다. 이를 통해 수퍼비전의 품질이나 개인적 자신감이 훼손되지 않도록 해야 한다.
- 수퍼비전 시간을 온전히 보호하자. 동료로서 일상 작업 이야기를 나누는 자리는 별도로 마련하거나, 적어도 이제부터는 동료 수퍼비전 시간이라고 명확히 구분된 시점을 두는 것이 좋다.
- 이런 상황에서는 각자 전문 수퍼바이저를 보유하는 것을 강력히 권장한다. 가능하다면 서로 다른 전문 수퍼바이저가 좋다. 독립적인 시각을 제공해 줄 뿐 아니라, 관계에서 생길 수 있는 문제를 미리 인지하고 적극적으로 해결하도록 돕는다. 9장에서 더 자세히 설명하고 있다.

함정 8: 의존

일부 지역에서는 대면으로 함께 일할 코치나 멘토를 찾기 어려워서, 아무나 있는 것이 없는 것보단 낫다는 마음으로 관계를 맺을 수도 있다. 그러나 대안이 없다고 느낄 경우, 둘 중 한 사람이 더 성장해버리면 상대는 곧 갇힌 기분이 들 수 있다. 의존이 형성되기 시작하면, 이는 양쪽 모두가 함께 만들어낸 결과이므로 각자 책임감을 가져야 한다.

의존이 일어나고 있음을 시사하는 경고 신호 예시:
- 수퍼비전 시간을 일정 우선순위에서 점차 밀어낸다.
- "내가 주는 것이 받는 것보다 많다."라고 느낀다.
- "내가 받는 것이 주는 것보다 많다."라고 느낀다.
- 더는 이 관계를 이어가고 싶지 않지만, 의무감에 묶여 계속하고 있다.
- 이 수퍼비전 관계에서 내가 원하는 건 다른 형태지만, 달리 찾을 수 없다고 느낀다.
- 상대가 점점 나에게 의존하고 있다는 느낌이 든다.

의존을 관리하는 방법

- 자신의 생각을 의심해보기: "더는 대안이 없다."라는 가정은 잘못되었을 가능성이 크다.
- 의사소통 선호 방식을 점검한다. 대면이 어렵다면 온라인으로 전환을 고려해 보자. 다른 시간대에 사는 프랙티셔너와도 연결될 수 있으므로 선택의 폭이 넓어진다.

- 네트워크를 확장한다. 이미 알고 있는 사람을 넘어 다른 코치·멘토를 찾을 수 있어야 한다. 3장에서 아이디어를 얻을 수 있다.
- 상대가 내게 의존하고 있음을 느낀다면, 계약 스킬을 활용해 이 주제에 대해 솔직히 대화해보자.
- 계약을 신중히 맺고, 정기 리뷰를 진행하거나 전문 수퍼바이저를 도입하는 식으로 관계에 새로움을 불어넣는다. 이러한 활동이 능동적인 대처를 가능하게 한다. 3, 4, 5장에서 더 자세히 설명하고 있다.

지금까지 살펴본 주요 위험들은 대개 이미 알고 있는 동료들과 수퍼비전을 시작할 때 발생하는 경우가 많다. 그렇지만 아직 모르는 사람들과 수퍼비전을 진행할 때에도 새로운 형태의 위험이 생길 수 있다.

함정 9: 책임감 부족

이 문제는 주로 교육 과정에서 한 명이 여러 참가자를 버디buddies로 짝 지어 주었을 때 자주 생긴다. 일시적인 경우도 있고, 프로그램 기간 내내 이어지는 경우도 있다. 장점은 동료 관계에 다양성을 부여한다는 점이지만, 불편함을 느끼는 상대와 묶일 수 있다는 단점도 있다. 이렇게 형성된 관계가 잘 풀리지 않을 때, '이건 내 잘못이 아니고 외부에서 생긴 문제'라고 여겨 불만이나 분노를 쌓게 되면서도, 이를 솔직히 꺼내 해결할 만큼의 역량이 아직 없을 수 있다. 또는 그 관계에 흥미를 잃고, 아무 말 없이 대충 맞춰주다가 흐지부지되는 편이 더 낫다고 느끼게 될 수도 있다.

책임감 부족lack of ownership을 시사하는 경고 신호 예시:
- 특정 멤버가 적극적으로 참여하려 하지 않는 듯 보인다.
- 멤버들이 이미 답을 알고 있는 사소한 이슈만 가져오거나, 너무 간단한 거래형 주제만 다뤄서 학습이 무의미해진다.
- 늦거나 약속을 깜빡하거나, 별다른 주제를 준비하지 않는 등 회피 행동이 나타난다.

책임감 부족을 관리하는 방법

- 한 번으로 끝나는 자리라면, 그 불편함을 일기에 적어두자. 왜 힘들었는지 충분히 이해하면, 다음 기회에 더 잘 대처할 수 있고, 무엇을 하고 싶은지 미리 시뮬레이션해 볼 수 있다.
- 장기적인 관계라면, 신뢰하는 동료나 전문 수퍼바이저에게 도움을 청해보자. 나 자신에 대한 인식을 높이고, 동료와의 어려운 상황을 해결할 자신감을 얻을 수 있다.
- 직접 문제를 제기하기에 너무 부담스럽거나 시도했지만 실패했다면, 메인 코디네이터에게 알리는 것이 마지막 수단이다.

함정 10: 관계에 과도하게 투자하기

이 시나리오는 대개 스스로 주도적으로 파트너를 찾아 관계를 형성해 온 경우에 발생한다. 즉 이 파트너십이 서로 보완적인지 여러 면을 살펴보느라 상당한 시간을 들였다는 의미다. 문제는 이미 너무 많은 시간과 노력을 들였기에 그 관계를 포기하기 어렵다는 점이다. 잘되도록 더 애써 보지만, 그럴수록 관계에 투자한 시간이 깊어지고, 결국 차라리 일찍 그만두고 다른 시도를 하는 편이 나았을 수도 있는 상황이 벌어진다. 분명히 옳은 절차를 밟았는데도 관계가 잘 풀리지 않는 경험은 꽤 실망스러워서, 비생산적인 관계에 예상보다 오래 머물게 될 수 있고, 더 나은 관계를 찾을 수 있으리라는 믿음마저 약해진다. 게다가 동료 관계가 지닌 친밀감과 집중력 때문에, 관계에 의문을 제기하거나 끝내는 결정을 내리는 일이 감정적으로 힘들어질 때도 있다. 이런 상황에 놓였다면, 전문 수퍼비전의 도움을 받아보길 권장한다.

관계에 과도하게 투자하고 있음을 시사하는 경고 신호 예시:
- 이미 많은 시간을 들였으니 계속 버텨야 한다고 느낀다.
- 포기하는 성격이 아니라서 중단하기가 싫다.
- 이 관계에서 빠져나가면 내 이미지가 나빠질 것 같아 두렵다.

관계 과투자를 관리하는 방법

- 본 계약 전에 시범 회기나 화학적 궁합 회기chemistry sessions를 실시해 본다.
- 작업 관계를 정기적으로 리뷰한다(3장과 4장에서 자세한 방법 소개).
- 파트너를 물색하면서 만났던 다른 프랙티셔너들의 연락처를 잘 보관해 두고, 언젠가 다시 그들과 연결될 수 있도록 길을 열어둔다.

섹션 2: 동료 집단 수퍼비전에서 겪을 수 있는 특별한 함정들

집단 형태로 동료 수퍼비전을 시작하기 전, 구성원들이 모임에서 지켜야 할 규칙ground rules을 합의해 두면 큰 도움이 된다(3장 참고). 역할과 책임, 그리고 각자의 의무 사항을 분명히 해둬야 심리적 안전감을 형성하고, 이를 통해 집단이 성공적으로 운영되도록 뒷받침할 수 있다. 그렇지만 집단이라는 존재 자체가 흥미로운 변수를 가졌기에 아무리 균형을 맞추려 해도 바람직하지 않은 집단 역동이 생길 때가 있다. 그리고 이런 집단 역동의 문제는 흔히 우리 스스로가 해결하거나 성장해야 할 부분을 드러내기도 한다.

집단 함정 1: 집단 사고

'집단 사고'는 1972년 어빙 재니스$^{Irving\ Janis}$가 처음 제시한 개념으로, 특히 비슷한 배경을 가진 집단 내에서, 개인들이 집단의 응집력^{cohesion} 욕구 때문에 잘못된 결정을 내리는 현상을 말한다. 이는 인간이 기본적으로 '어딘가에 속하고 싶어 하는' 욕구가 있기에 생긴다. 사회적 동물이기 때문에 더 복잡한 문제도 발생한다. 예를 들면, 사람은 자신과 유사한 사람들을 더 선호하는 것이 더 자연스럽기 때문에, 전체 집단 안에서 소집단을 형성한다.

집단 사고가 생길 수 있음을 시사하는 경고 신호 예시:
- 집단의 다수 의견에 반대할 경우 부정적 경험을 하게 된다. 예를 들면, 무시당하거나, 과소평가 되고, 집단에서 배제되기도 한다.
- 집단의 단합을 유지하고자 멤버들이 서로에게 동조 압력을 행사한다.
- 멤버가 자신의 견해를 스스로 검열$^{self-censor}$하여, 주류 의견에 맞추려 한다.
- 만장일치를 가정하는 경향이 있어서, 어떤 제안이 일부 찬성을 받으면, 모든 멤버에게 동의를 구하지 않고 모두가 동의한 것으로 간주한다.
- 집단 자체가 우리끼리 충분하다고 여기며, 객관적이거나 제삼자의 시각을 전혀 받아들이지 않는다.

- 집단에서 이미 적절하다고 결론 낸 행동을 바탕으로, 구성원들이 외부에서 무리한 시도를 하다가 예상치 못한 결과를 맞이한다.
- 집단에 대한 자부심이 과도해져서, 스스로를 다른 집단보다 우월하다고 느낀다.

집단 사고를 관리하는 방법

- 서로를 어떻게 비판적으로 대할 것인지에 대해 구체적으로 계약해 둔다.
- 집단 구성원의 다양성을 적극적으로 수용하고, 차이를 가치 있게 여긴다.
- 때로는 더 작은 집단으로 나누어 일한 뒤, 각각 독립적으로 결과를 내도록 한다. 이때 소집단의 멤버 구성은 매번 다르게 섞는 편이 좋다.
- 집단 안에서 내가 어떤 행동을 하는지 돌아본다.
  ^{Q.}스스로 생각을 검열하고 있진 않은가?, ^{Q.}마지막으로 집단의 의견에 반대 입장을 취해 본 게 언제였나?, ^{Q.}다른 멤버가 집단의 관점을 수용하도록 내가 압박하고 있진 않은가? 이런 관찰 내용을 프로세스 리뷰 때 공유한다.
- 새로운 사고를 지속해서 불러올 장치를 마련한다. 가령 '악마와 천사devils and angels'[2] 같은 기법을 쓰면 긍정 피드백과 대안 제시가

---

2) [역자] 'devils and angels' 기법은 신선한 시각을 도입하고 다양한 관점을 반영하기 위한 방법으로, 주어진 상황이나 사례에 대해 긍정적(angels) 및 비판적(devils) 시각을 의도적으로 탐색하는 접근법

모두 나오도록 의도적으로 유도할 수 있다. 또한 게스트 멤버, 다른 코치, 또는 전문 수퍼바이저를 때때로 초청해 함께 회기를 진행해보는 방법도 있다.

중요한 점: 불안이 촉발될 때, 인간의 가장 원초적인 반응은 싸우기fight, 도망가기flight, 얼어붙기freeze로 나타난다. 이는 집단 내 다른 사람들도 비슷한 정서를 느끼게 만들 수 있으며, 이를 적절히 관리하지 않으면 수퍼비전의 핵심 작업에 쏟을 집중력이 떨어진다. 실제로 집단 역동에서 바람직하지 못한 현상이 발생하는 이유는 대개 집단의 세 가지 핵심 원칙인 '동등성parity', '인내patience', '권력 역동power dynamics'이 충분히 존중되지 않기 때문이다.

집단 함정 2: 동등성

집단에서는 대개 구성원 간 경험치 차이가 존재한다. 이 차이를 어떻게 다루느냐에 따라 집단 역동이 달라진다. 아무리 선의에서 출발했다 해도, 경험 수준이 차등을 만들면 누군가는 자신이 '더 낫다'거나 '덜 낫다'고 느낄 수 있다.

동등성이 위협받고 있음을 시사하는 경고 신호 예시:
- 가장 경력 있는 구성원들에게 책임이 먼저 주어지고, 이를 본보기로 삼도록 유도한다.

- 집단이 의도적으로 발전 기회를 강조하며, 상대적으로 경험이 적은 이들부터 먼저 기회를 주려고 한다.
- 집단의 '연장자'로부터 의견을 구하는 경향이 있다.
- 경험이 적은 멤버가 논의에서 소외되지 않도록 애쓰는 반면, 내성적이면서도 경험이 많은 멤버는 충분히 의견을 표출하지 못하고 지나친다.
- 모든 사람이 매번 사례를 가져올 시간이 안 될 때, 어떤 특정인들이 반복적으로 집단의 관심을 독차지하는 경향이 보인다.

동등성을 관리하는 방법

- 집단이 기능하는 데 도움이 되고(자세한 내용은 4장 참조) 집단 간에 공유할 수 있는 몇 가지 핵심 역할이 있다. 예를 들어 멤버가 가장 잘하는 역할이나 더 발전시키고 싶은 역할을 기준으로 배정하기보다는, 단순히 정기적으로 순환하는 식으로 맡긴다. 생일 달 순서로 해보거나, 파란 눈을 가진 사람은 마지막 순서로 한다는 식으로 재미있는 방식을 도입해볼 수도 있다.
- 의도적인 퍼실리테이션 전략을 활용해, 구성원들이 자율적으로 이야기할 때 생길 수 있는 편차를 줄인다. 구조화는 자신감이 넘치거나 외향적이거나 경험이 많은 구성원이 먼저 발언하는 것을 방지하는 데 도움이 될 수 있다. 마찬가지로 과묵한 멤버가 마지막까지 다른 멤버의 의견을 기다리고만 있는 것을 방지할 수도 있

다. 몇 가지 간단한 방법의 예를 들면,
- 원형으로 앉아 있을 경우, 이슈를 제기한 사람의 오른편에 앉은 사람부터 시계방향으로 말을 하도록 한다. 다음 번 사례에서는 이슈 제기자의 왼편에 앉은 사람부터 시계 반대 방향으로 진행한다.
- '쿠시볼koosh ball' 같은 소품을 활용해 활력을 불어넣는다. 퍼실리테이터나 이슈 제기자가 공을 특정 멤버에게 던지면, 받은 사람이 의견을 이야기한 뒤, 다시 듣고 싶은 사람에게 공을 던지는 방식이다.

• 자신의 자연스러운 소통 스타일이 집단 역동에 미치는 영향을 생각하며, 편안한 습관에서 벗어나 새로운 시도를 해본다. 말을 많이 하는 편이라면 이번에는 좀 더 적게 말하거나, 마지막에 발언해 본다. 반대로 원래 발언이 적은 편이라면 가장 먼저 입을 열어보거나, 순간적으로 떠오르는 직관을 믿고 발언해 본다.

• 실제 일어나는 상황을 기록하고, 데이터를 바탕으로 분석해 본다 (이를 전담할 멤버를 정해도 좋다). 장기간에 걸쳐 동등성을 유지하는 일은 집단 계약에 포함할 수도 있다. 정기 리뷰에서 이런 집단 역동을 공유하거나, 동등성이 흔들린다고 느껴지면 바로 다뤄 볼 수 있다.

• 만약 최선을 다했는데도 집단 내에 고착된 패턴이 있다면, 전문 수퍼바이저를 초청해 집단 프로세스를 리뷰하는 방법이 도움이 될 수 있다.

집단 함정 3: 인내심

집단 안의 각 사람은 소통 속도와 침묵을 견디는 정도, 그리고 주제를 얼마나 깊이 파고들지에 대해 서로 다른 선호도를 가진다. 계약 과정에서 이런 차이를 미리 탐색해 볼 수 있지만, 완전히 해결될 수는 없다. 그래서 어떤 시점에 누가 초조해하는지, 침묵을 깨는 타이밍은 어떤지, 또는 갑자기 다른 주제로 화제를 돌리는 타이밍은 언제인지 관찰해보면 흥미롭다. 이런 행동들은 동료 수퍼바이지가 문제를 스스로 정리해보는 과정을 방해하고, 토론 수준을 얕게 유지하게 만들기도 한다.

인내심이 부족해지고 있음을 시사하는 경고 신호 예시:
- 특정 멤버가 사례를 발표하거나 의견을 낼 때, 다른 멤버들이 조바심을 느끼고 부산스럽게 군다.
- 어떤 멤버는 침묵을 견디는 시간이 짧아, 다른 멤버들이 좀 더 침묵을 지켜보고 싶어 해도 곧바로 개입해버린다.
- 누군가 표현하기 어려워 애쓰는 모습을 보이면, 바로 경험담이나 해석을 제시해 '구조'해주려 한다. 그 사람이 좀 더 시간을 들여 스스로 말로 정리해보는 과정을 거치도록 두지 않는다.
- 시간 안배에 집착해서, 아직 조금만 더 다루면 자연스럽게 마무리될 사안을 서둘러 마감하거나 대화를 전환해 버린다.

인내심을 관리하는 방법

- 먼저 자신의 행동을 관찰하고 분석해본다.
  ^{Q.}무엇 때문에 조바심을 느끼고, 침묵을 깨고, 대화를 다음 단계로 몰고 가려 하는가?
  ^{Q.}그것이 자신에 대해 말해주는 바는 무엇인가?

- 외향적 성향이 강한 멤버라면, 떠오르는 생각을 바로 말하는 대신 메모해 두는 습관을 가져 본다. 이렇게 하면 불필요한 중단을 줄일 수 있다.

- 동료 수퍼비전에 주제를 가져오면, 결론을 꼭 내야 한다고 무의식적으로 생각하기 쉽다. 시간이 부족하다면, 서둘러 해결책을 내놓기보다는 "^{Q.}이 주제는 아직 좀 더 독립적인 성찰이 필요하지 않을까요? ^{Q.}일단 여기까지만 하고 넘어가도 될까요?"라고 제안할 수 있다.

- 어떤 행동 양식이 반복된다면, 그 순간에 집단 전체에게 지금 이러이러한 일이 벌어지고 있다고 주목하게 하고 대화를 나눈다. 그 자체가 단순히 집단 역동뿐만 아니라, 실제 사례에도 영향을 주는 '병행 과정parallel process'일 수 있다. 전문 수퍼바이저가 있다면, 이런 패턴을 파악하고 다루는 데 큰 도움이 될 것이다.

집단 함정 4: 권력 역동

1장에서 언급했듯이, 동료 수퍼비전과 전문 수퍼비전의 큰 차이는 참여자 간 진정한 동등성^{equity}을 실현할 수 있다는 점이다. 따라서 집단 내에서 균형이 무너지고 있음을 시사하는 단서를 유심히 살펴보는 것이 중요하다.

권력 균형이 깨지고 있음을 시사하는 경고 신호 예시:
- 특정 개인 또는 몇몇 사람이 자신의 작업 이야기를 다루는 데 대부분 시간을 독점한다.
- 누군가 동료인데도 마치 전문 수퍼바이저인 듯 행동하거나, 아직 자기 차례도 아닌데 퍼실리테이터처럼 행동한다.
- 코칭 시장에서의 지위가 높다는 이유로 또는 반대로 취약할 거라는 이유로, 특정 멤버가 다른 멤버의 관심과 주목을 더 많이 받는다.
- 집단 내 갈등 상황에서, 문제를 함께 해결하기보다는 희생양^{scapegoat}이나 해결사^{rescuer}를 찾으려 하면서, 갈등 자체를 피해간다.
- 집단 안에서 소수 동맹이 생겨, 전체 의견과 맞서게 된다.
- "이 얘기를 꺼내면 나만 혼자 다른 소리를 내는 게 될 것 같다."라는 생각에 침묵을 지킨다.

권력 역동을 관리하는 방법

- 계약에 모든 사람이 동등한 발언 시간을 가지도록 하는 원칙을 반영한다(5장 참고).
- 내가 어떠한 방식으로 권력 역동에 기여하고 있는지 관찰해본다. 이를 일기로 적어, 스스로의 패턴을 파악한다. 이 집단 안에서 나는 왜 이런 반응을 보이고 있을까라는 의문이 도움이 될 수 있다.
- 집단 내에서 드러나는 행동을 서로 주목하고, 지금 이 순간 어떤 일이 벌어지고 있는지 함께 이야기한다.
- 동일 멤버나 특정 역동이 반복해서 나타나면, 그 양상에 대해 별도의 회기 또는 시간 일부를 할애해 집중적으로 논의한다.
- 이런 상황이 불편하거나 어렵게 느껴지고, 또는 단순히 궁금하더라도, 전문 수퍼바이저를 초빙해 회기를 관찰하고 퍼실리테이팅하게 함으로써 도움을 받을 수 있다.

마치는 글

일대일이든 집단이든, 동료 관계를 다루다 보면 늘 어려움이 따라온다. 이러한 함정을 피하는 한 가지 방법은 충분한 사전 준비와 더불어, 자신의 선호도, 편향, 학습 방식을 자각하는 것이다. 동료 수퍼비전을 통해 얻고 싶은 목표나 전문성의 지속적 개발(CPD) 방향을 명확히 해두면, 길을 잃지 않고 나아가기 쉬워진다. 필요에 따라 유연하게 재계약re-contracting을 시도하는 것도 중요하다. 걱정되는 부분이 있다면 적극적으로 목소리를 내고, 피드백을 주고받아야 투자한 시간을 최대한 의미 있게 쓸 수 있다.

주요 학습 포인트

1. 수퍼바이지가 관점을 확장하고 도전받으며, 학습에 대해 개방적이 되는 과정은 때로 불편할 수 있지만, 가장 적합한 수퍼비전 방식을 찾는 데 도움이 된다.
2. 수퍼비전을 받으려는 동기가 무엇인지 분명히 알면, 일대일, 동료 수퍼비전, 전문 수퍼비전, 멘토링, 코칭 중 어떤 형태가 가장 적합한지 판단하기 수월해진다.
3. 수퍼비전 관계에서는 '좋은 기분을 유지하고 싶은 욕구'와 '학습·도전·관점 확장을 받아들이는 자세' 사이의 균형이 중요하다.
4. 코치로서 자신의 발전 단계를 이해하면, 학습 정체stagnation를 막고 수퍼비전 과정을 더 새롭게 유지하는 방법을 찾을 수 있다.
5. 수퍼비전에서 좋은 학습 환경을 만들려면, 각자 어떤 동기와 필요를 가지고 있는지 정기적으로 돌아보아야 한다.
6. 수퍼비전 중에 함정pitfalls이 보인다면, 고객 코칭이나 멘토링 관계에서도 같은 패턴, 즉 병행 과정parallel process이 일어날 가능성을

보여주며, 풍부한 논의 소재가 될 수 있다.
7. 이러한 잠재적 함정과 대응 방안을 미리 고려해두면, 수퍼비전 계약을 더욱 견고하게 만들 수 있다.
8. 수퍼비전 프로세스와 구조, 역할을 정기적으로 점검하면 습관화된 패턴으로 인해 효과성이 저하되는 것을 막을 수 있다.
9. 고품질 코칭·멘토링의 밑바탕이 되는 관용tolerance, 인내patience, 유연성flexibility, 개방성openness, 호기심curiosity, 공감compassion은 수퍼비전 함정을 줄이는 데도 똑같이 중요하다.

참고 문헌

- Bachkirova, T. (2016) The self of the coach: Conceptualization, issues, and opportunities for practitioner development. *Consulting Psychology Journal: Practice and Research*, 68(2), pp. 143–156.
- Janis, I.L. (1972) *Victims of Groupthink*. New York: Houghton Mifflin.

부록 8.1
호킨스와 스미스가 제시한 코치의 발달 단계

호킨스와 스미스(2006)의 책을 보면 이 모델이 자세히 설명되어 있다. 이들은 코치가 실무 경험을 쌓으며 성숙해 갈수록, 작업을 되돌아볼 때 스스로 던지는 질문의 성격도 깊어지고 성숙해진다고 본다. 네 가지 단계를 제시하는데, 아래 표에서는 각 단계의 특징과 해당 수준의 코치가 흔히 하는 성찰적 질문을 간단히 정리했다.

처음 이 모델을 접했을 때 레벨 IV가 정확히 무엇을 말하는지 선뜻 이해가 되지 않을 수 있다. 우리가 이해한 바에 따르면, 이 단계에서는 고객이 속한 시스템과 고객 자신의 상호작용을 전체적으로 살펴보면서, '의미를 어떻게 구성하는가'를 포괄적으로 탐구하게 된다고 볼 수 있다.

[표 8.2] 동료 수퍼바이지 발달 단계

레벨	초점	핵심 관심
레벨 I	자기 중심	잘 해낼 수 있을까?
레벨 II	고객 중심	고객이 잘해낼 수 있도록 도울 수 있을까?
레벨 III	과정 중심	고객과 나는 지금 어떻게 관계를 맺고 있을까?
레벨 IV	맥락 속 과정 중심	여러 과정이 어떻게 상호 연결되어 있을까?

이 모델을 직선적이거나 단방향one-way으로만 보면 곤란하다. 보통 경험이 쌓일수록 질문이 더 깊어지지만, 한 레벨에만 고정적으로 머무르지는 않는다. 예를 들어, 아주 숙련된 코치라도 까다로운 고객을 만나면

순간적으로 내가 과연 이 일을 잘할 수 있을까? 라는 의문을 품게 될 수 있다. 반면 상대적으로 경력이 짧은 코치라도 고객이 속한 주변 환경과 상호작용에 관심을 기울이는 등 더 넓은 시각을 가질 수도 있다.

부록 8.2
메긴슨과 클러터벅의 코치 성숙도 4단계

이 모델은 메긴슨과 클러터벅(Megginson & Clutterbuck, 2009)이 평가센터assessment center를 통해 코치를 선발하는 과정에서 개발한 것이다. 전술했던 호킨스-스미스 모델과 유사하게, 코치가 발전할수록 코칭 스타일이 점차 성숙해지고 자유로워진다는 맥락이 있다. 다만 이 모델에서 제시되는 질문들은 코치가 자신의 작업을 되돌아 보는reflection 방식보다는 코칭 순간에서 무엇이 코칭을 이끌어줄 것인가? 에 초점을 맞춘다는 점이 특징이다.

참고 문헌

- Megginson, D. and Clutterbuck, D. (2009) *Further Techniques for Coaching and Mentoring*. Oxford: Butterworth Heinemann.

[표 8.3] 코치 성숙도 4단계

코칭 접근	스타일	핵심 질문
모델 기반	통제|control	고객을 내가 생각하는 방향으로 어떻게 이끌어갈까?
		이 상황에 맞춰 내 기법이나 모델을 어떻게 조정해야 할까?
과정 기반	유지|contain	고객에게 어느 정도 통제권을 줄 수 있을까, 그러면서도 대화를 목적에 맞게 유지할 수 있을까?
		이번 사례에서 내 프로세스를 어떻게 적용하는 게 최선일까?
철학 기반	촉진|facilitate	고객이 스스로 이 문제를 해결하도록 내가 어떻게 도울 수 있을까?
		내가 가진 철학 또는 전문 분야의 관점으로 고객의 이슈를 어떻게 이해하고 맥락화할 수 있을까?
시스템-절충	활성화|enable	우리가 둘 다 충분히 편안해져서 문제와 해법이 자연스럽게 떠오르도록 내버려 둘 수 있을까?
		기법이나 프로세스를 꼭 써야 할까? 필요하다면, 고객의 맥락을 보아 어떤 선택지를 활용해야 할까?

부록 8.3
코치 개발 계획을 세우기 위한 템플릿

클러터벅, 휘태커, 루카스(Clutterbuck, Whitaker, Lucas, 2016, 177~178쪽, 『코칭수퍼비전 실천 가이드』 김상복 옮김)의 책을 참조하여 아래 [표 8.4]처럼 코치 개발 계획coach development plan에 참고할 수 있는 상세 항목들을 제시했다. 본인의 경험 수준에 따라 어떤 영역에 더 비중을 둘지 달라질 수 있다. 예를 들어, 코치로서 초기에 기술techniques을 다양하게 익히는 게 우선이라면, 시간이 흐른 뒤에는 자기 알아차림

self-awareness을 높여 '자신을 도구self as instrument'로 활용하는 것에 관심을 두게 될 수도 있다(Bachkirova, 2016).

[표 8.4] 코치 개발 계획을 세울 때 고려해야 할 핵심 영역 및 질문

지식	스스로에게 물어볼 수 있는 질문 예시
• 코칭, 비즈니스, 심리학·상담·신경과학 같은 관련 분야에 대한 이해를 어떻게 확장할 것인가? • 내가 일하는 고객에게 영향을 줄 수 있는 업계 동향이나 시장 요인은 무엇인가?	• 내 도구 상자에 추가하고 싶은 기법·기술·코칭 개념은 무엇인가? • 새롭게 익힌 기법을 안전하고 지혜롭게 적용할 만큼 충분히 이해하고 있는가? • 이 기법들을 기존 접근 방식과 어떻게 통합할 수 있을까?
자기알아차림self-awareness	스스로에게 물어볼 수 있는 질문 예시
자신을 더 깊이 이해할수록, 코칭 관계에 내 개인적 문제가 개입될 위험을 줄일 수 있다. 동기, 사고방식, 야망, 강점·약점, 성격 특성을 내면적으로 성찰하는 것은 실무에 적합한 상태로 유지하는 데 핵심이다.	• 코치로서 내 개인적 철학을 더 명확히 표현하려면 어떻게 해야 할까? • 어떻게 하면 내가 더욱 진정성authentic을 갖출 수 있을까? • 코칭할 때 가장 야심차고 효과적일 때와 그렇지 않을 때는 언제이며, 그걸 어떻게 알 수 있을까? 누가 내게 코치로서의 거울을 보여줄 수 있을까? • 1년 후, 2년 후, 5년 후에 나는 어떤 코치가 되어 있고 싶은가? • 그 방향으로 잘 가고 있는지 어떻게 확인할 수 있을까?
스킬	스스로에게 물어볼 수 있는 질문 예시
효과적인 코치가 되려면, 경청·질문·피드백·요약·해석 그리고 고객에 대한 일반적 지원이 중요하다.	• 어떤 코칭 기술을 가장 발전시키고 싶은가? • 내 역량 중 무엇을 개선하면 고객에게 가장 큰 도움이 될까? (예: 경청·마음챙김, 자기 인식, 시스템 인식, 침묵 활용 등) • 실무를 돌아보는 성찰을 더 깊게 하기 위해 어떻게 하면 좋을까? • 모델·프로세스·도구·기법에 대한 의존을 조금 줄이려면 어떻게 해야 할까?

특성 characteristics	스스로에게 물어볼 수 있는 질문 예시
호기심, 공감, 존재감, 진정성 같은 개인적 자질을 어떻게 함양할지도 생각해본다.	• 코치로서의 자기 확신을 어떻게 키울 수 있을까? • 내가 추구하는 비전을 실현하기 위해 투입할 수 있는 에너지·시간·자원은 어느 정도인가?
훈련 범위	스스로에게 물어볼 수 있는 질문 예시
누구와 함께 일할 수 있으며, 어떤 상황에서 – 자신을 성장시킬 수 있는 고객 – 매우 다른 문화적 배경을 가진 고객 을 맡아 포트폴리오를 확장할 수 있을지 고민해본다.	• 코칭에 대한 가정과 코치로서의 역할에 대한 적절한 도전은 어디에서 찾을 수 있을까? • 어떤 방식으로 코칭의 경계를 넓히고 싶은가? • 어떤 종류의 고객이 나에게 끌리는 것 같고 그 이유는 무엇인가? • 어떤 종류의 고객과는 함께 일하지 않는데 그 이유는 무엇인가?
맥락	스스로에게 물어볼 수 있는 질문 예시
네트워크 형성, 수퍼비전을 어떻게 활용하는지 등 코칭을 위한 더 나은 환경을 만드는 방안을 고민해본다.	• 전문 동료 수퍼바이저에게 내가 원하는 것은 무엇인가? 이제는 다른 사람으로 교체해야 할 시점일까? • 코치로서 내 성장을 지원해줄 자원은 무엇이 있을까? (예: 독서, SNS, 롤모델, 교육과정, 수퍼비전 등) • 누구에게 도움을 요청할 수 있을까? • 내 코칭에 대해 양질의 피드백을 더 많이, 더 잘 받으려면 어떻게 해야 할까? • 학습 네트워크를 어떻게 확장할 수 있을까? 롤모델로 삼을 수 있는 모범적인 프랙티셔너들은 누구일까?

자신의 코칭 비즈니스	스스로에게 물어볼 수 있는 질문 예시
자신의 가치에 부합하고 원하는 수입을 제공하는 비즈니스를 구축하는 방법. 서비스를 마케팅하고 비즈니스를 건전하게 관리하는 방법 등을 고민한다.	• 내 평판을 어떻게 쌓을까? • 내 시간당 요금에 얼마나 만족하고 있는가? • 영업 전략 개발과 같은 비즈니스 '작업'에 얼마나 많은 시간을 할애하고, 코칭 '작업'에 얼마나 많은 시간을 할애하는가?
코칭 전문성에 대한 기여	스스로에게 물어볼 수 있는 질문 예시
코칭 세계에 대한 환원, 예를 들어 연구·저술·신입 코치 지원·SNS 기여 등을 통해 자신의 지식과 경험을 공유할 수 있다.	• 재능 기부 pro bono 형태로 도움이 될 만한 고객은 누구일까? • 블로그에서 어떤 내용을 공유할 수 있을까? • 어떤 소셜 미디어 토론 포럼에 참여하는가? • 내 작업 요소 가운데 일부를 기사나 논문 형식으로 발표할 수 있을까? • 지금까지 코치로서 걸어온 여정에서 얻은 교훈은 무엇이고, 그 교훈을 통해 누가 혜택을 받을 수 있을까?

참고 문헌

- Bachkirova, T. (2016) The self of the coach: Conceptualisation, issues, and opportunities for practitioner development. *Consulting Psychology Journal: Practice and Research*, 68(2), pp. 143-156.
- Clutterbuck, D., Whitaker, C. and Lucas, M. (2016) *Coaching Supervision: A practical guide for supervisees*. Abingdon, UK: Routledge.

9장 전문 수퍼비전 접근accessing

역자: 이서우

정의: 전문 수퍼비전은 성찰적reflective 학습 환경으로, 수퍼바이저는 프랙티셔너에 의해 고용되며hired, 작업이 진행되는 전체 시스템을 조망할 자격을 갖춘 전문가이다. 이 성찰적 공간은 공동으로 창조되지만, 전문 수퍼바이저는 프랙티셔너와 그들의 고객을 돕는 데 목적을 둔다. 중요한 것은, 수퍼바이저의 의도가 프랙티셔너의 역량competence, 실천능력capability, 그리고 수용력capacity을 개발하여 그들 스스로 자신의 작업에서 성찰적 프랙티셔너가 되는 데 있다는 점이다.

전문 수퍼비전의 의미

주로 경험 학습을 기반으로 하는 분야에서 전문가들이 자신과 자신의 작업 방식을 더 깊이 이해하고자 하는 것은 자연스러운 일이다. 그러나 아직까지 우리 커뮤니티는 그러한 깊은 이해를 이루는 데 수퍼비전이 어떤 역할을 하는지 의견이 분분하다. 코칭과 멘토링이 규제되지 않은 산업이며, 각 지역 시장의 맥락이 근본적으로 다르므로 우리는 수퍼비전에 대한 시스템적 저항[1]에 직면하곤 한다. 이 책의 앞부분에서 언급했듯이, 이러한 경향은 특히 코치의 작업과 심리치료사의 작업이 더 명확하게 구분되는 지역에서 두드러지게 나타난다. 이런 맥락에서, 수퍼비전의 필요성은 코치와 심리치료사의 작업 구분을 모호하게 만드는 요소로 볼 수 있다.[2] 프랙티셔너들은 초기 교육 기관의 영향을 많이 받는다. 따라서 수퍼비전을 요구하지 않는 교육 기관에서 훈련받은 프랙티셔너는 수퍼비전을 가치 있는 추가 요소로 인식하지 않을 가능성이 크다. 또는 코칭과 멘토링이 주로 일대일 또는 소규모 그룹에서 친밀하게 이루어지기 때문에, 노출에 대한 두려움이 있을 수도 있다. 우리는 모두 '말과 행동이 일치walk the talk 하지 않는' 프랙티셔너들을 만난 적이 있을 것이다. 이들은 피드백과 수퍼비전의 도움을 받을 필요가 있으며, 그렇지 않을 경우 자신과 타인의 평판을 손상시킬 위험이 있다.

한편, 코칭과 멘토링 과제가 점점 더 복잡해지고 있는 것 같다(또는 복잡성에 대한 인식이 더 높아진 것일 수도 있다!). 일부 시장에서는

---

1) [역자] 시스템적 저항systemic resistance: 조직이나 산업 전반에 걸쳐 구조적으로 존재하는 저항
2) [역자] 일반적으로 심리치료 분야에서는 임상 수퍼비전이 필수적이다. 그렇지만 코칭 분야는 규제되지 않은 산업이므로 수퍼비전이 필수사항이 아닐수도 있다. 만약 코치들도 수퍼비전을 받아야 한다고 하면, 이는 심리치료사들이 받는 임상 수퍼비전과 비슷한 개념으로 해석될 가능성이 있다. 이렇게 되면 코칭과 심리치료의 차이가 명확하지 않게 보일수 있다는 의미로 해석된다.

지속적, 정기적인 수퍼비전을 선호하는 경향이 나타나고 있다. 이는 터너Turner와 호킨스Hawkins(2017)의 '코칭에서의 다중 이해관계자 계약 multi-stakeholder contracting in coaching'이라는 EMCC 연구 논문에서도 확인되었는데, 이 연구에서는 428명의 코치 가운데 356명(즉, 83%)이 자신의 전문성 또는 자기 개발의 일환으로 수퍼비전을 이용했다고 밝혔다. 이러한 추세는 다음과 같은 이유에서 비롯된 것으로 보인다.

1. 프랙티셔너에게 자격을 갖춘 수퍼바이저가 과제를 검토하고 있음을 보장하는 수퍼바이저의 확인서를 제출하도록 요구하는 조직
2. 코치 또는 멘토의 전문성의 지속적 개발(CPD)의 일환으로 수퍼비전을 지원하는 전문 기관들
3. 좋은 실천을 위한 프랙티셔너의 개인적인 헌신

이 책을 읽고 있다면, 아마도 당신은 개인적인 발전을 원하거나 자신이 속한 특정 지역의 규범에 관계없이 전문 수퍼비전의 혜택을 경험한 사람이라고 가정할 수 있다. 이 장에서는 전문 수퍼비전에서 최대한의 가치를 이끌어낼 방법을 이해하는데 도움을 주고자 한다. 또한, 전문 수퍼비전을 간과해온 사람들이 무엇을 놓치고 있는지 고려하도록 자극하고, 지역 시장 상황의 제약 속에서도 유사한 가치를 창출할 수 있는 창의적인 방법을 모색하도록 독려하고자 한다.

비즈니스 코칭 산업이 이제 30년을 넘어서면서, 많은 프랙티셔너가 정기적인 수퍼비전의 혜택을 인식하고, 이를 위해 시간과 예산을 별도

로 책정하고 있다. 그러나 수퍼비전의 동기가 무엇이든, 복잡성과 성숙도가 교차하면서 수퍼비전에 투자한 시간이 가치를 창출하는 것도 목격하고 있다. 그렇다면 어떤 형태의 수퍼비전이 당신의 성장을 가장 잘 지원하고, 고객 시스템에 추가적인 통찰을 제공하며, 전반적인 서비스 제공을 향상시킬 수 있을까?

이제 이 장을 두 개의 섹션으로 나누어 살펴보고자 한다. 첫 번째 섹션에서는 동료 수퍼비전과 전문 수퍼비전은 어떻게 다르며, 누가 '전문' 수퍼비전을 제공할 수 있는지 살펴본다. 두 번째 섹션에서는 전문 수퍼비전이 경력의 다양한 단계나 코칭을 진행하는 과정에서 왜 중요한지 탐구한다. 또한, 전문 수퍼비전과 동료 수퍼비전을 모두 활용할 수 있는 기회에 대해 간략하게 설명한다. 이어서 전문 수퍼비전을 선택할 때 고려해야 할 사항을 제시하고, 전문 수퍼비전에서 주의할 점과 구체적으로 어떤 이슈를 다뤄야 하는지 안내할 것이다. 마지막으로 상호 보완적인 개발 대안으로 동료 수퍼비전과 전문 수퍼비전의 균형을 맞추는 방법을 검토할 것이다.

이 장의 목적은 프랙티셔너들이 동료 수퍼비전과 전문 수퍼비전을 자신의 필요에 맞게 적절히 활용할 수 있는 방법을 고려하도록 돕는 것이다.

섹션 1: 동료 수퍼비전과 전문 수퍼비전의 비교

1장에서, "동료 수퍼비전은 동료 코치, 멘토 또는 다른 전문가(프랙티셔너) 사이에 형성된 협력적 학습 환경이다. 이는 관련된 프랙티셔너들에게 상호 이익이 되며, 그들의 고객과 더 넓은 시스템에도 도움이 된다. 동료들은 대개 비슷한 수준의 전문성을 가지고 있으며 수퍼비전 훈련을 받지 않은 경우가 많다. 이는 자율 관리 방식으로, 주요 거래가 돈보다는 시간이 되는 경우가 일반적이다. 중요한 점은 동료 수퍼비전이 상호적이며, 함께 실천을 성찰할 수 있는 힘을 만들어내고, 동료들이 취약성과 지원을 동등하게 공유한다는 것이다."라고 설명했다. 위에서 우리는 '**전문 수퍼비전**'의 정의를 다음과 같이 제안했다. 전문 수퍼비전은 성찰적 학습 환경으로, 수퍼바이저는 프랙티셔너에 의해 고용되며, 작업이 진행되는 전체 시스템을 조망할 자격을 갖춘 전문가이다. 이 성찰적 공간은 공동으로 창조되지만, 전문 수퍼바이저는 프랙티셔너와 그들의 고객을 돕는데 목적을 둔다. 중요한 것은, 수퍼바이저의 의도가 프랙티셔너의 역량, 실천능력, 그리고 수용력을 개발하여 그들 스스로 자신의 작업에서 성찰적 프랙티셔너가 되는 데 있다는 점이다. 이 정의들을 비교해보면, 표면적으로는 두 수퍼비전 방식이 거의 동일해 보이지만, 다음과 같이 두 가지 두드러진 특징이 있다.

1. 수퍼비전을 하는 개인이 수퍼비전을 할 적절한 자격을 갖추고 있는지 여부, 그리고 그 결과 프랙티셔너의 역량, 실천능력, 수용력

을 효과적으로 개발하여 자신의 작업에 대한 성찰적 프랙티셔너가 되는지 여부
2. 수퍼비전이 상호적인 방식으로 이루어지는지, 아니면 서비스에 대한 대가로 돈이 거래되는지 여부

이 차이점들은 사소해 보일 수 있지만, 자격을 갖춘 수퍼바이저는 더 넓은 범위의 수퍼비전 영역을 지원하는 생성적generative 학습 환경을 능숙하게 만들 수 있기 때문에 프랙티셔너가 전문 수퍼비전을 경험하는 방식에 따라 심리적 계약이 달라진다.[3] 이러한 목적을 갖춘 환경을 만들기 위해서는 전문 수퍼비전을 제공할 특정 훈련을 받은 사람이 필요하며, 이를 통해 특정 모델, 방법론, 기법을 활용하여 프랙티셔너가 일하는 전체 시스템을 파악할 능력을 갖춰야 한다.

전문 수퍼비전은 무엇이 다른가?

전문 수퍼비전을 제공하는 데 필요한 기술 외에도 회기 자체는 아마도 상당히 다를 것이다. 서로를 지원하는 동료의 특성은 인정받고 좋아해 주기를 바라는 인간의 욕구를 충족시키며, 동료 수퍼비전은 대개 동료애가 더 많이 느껴진다. 이는 동료 수퍼비전이 효과적으로 이루어지기

---

3) [역자] 심리적 계약: 코칭 참여에 직접 관여하는 사람들의 개인적인 말하지 못하는 무언의 요구와 각 이해관계자들이 가진 '신념'과 더 관련이 있다(Rousseau, 1989). ① 코치가 구조화하는 코칭 관계와 ② 고객의 기대, 이와 관련해 맺는 ③ 둘 간의 '약속'이 계약에 모두 포함된다(Salicru, 2009).

위해서는 신뢰를 바탕으로 한 우정이 필요하고, 이러한 우정이 동료 수퍼비전 맥락에서 성장으로 이어지기 때문이다. 반대로, 전문 수퍼바이저는 당신이 배울 수 있는 특정한 훈련과 경험을 가졌으므로 그들이 당신의 성장에 기여한다는 점은 존중하지만, 작업 역동을 위해 그들과 친구처럼 가까운 관계일 필요는 없다. 전문 수퍼바이저는 코칭이나 멘토링 작업을 독립적으로 탐색하는 역할로 고용되므로, 그 검토는 단순히 프랙티셔너 개인에 국한되지 않는다. 이는 코치와 고객, 고객과 그들의 직속 상사 또는 조직 간의 역동과 같은 영역을 더 폭넓게 탐구할 수 있는 기회를 열어주며, 그 결과 더 많은 내용을 다루게 된다. 전문 수퍼비전이 프랙티셔너의 인증 또는 자격 취득 과정을 지원하는 것이라면, 전문 수퍼바이저는 해당 전문 기관에서 정한 적절한 수준의 경험을 가지고 있을 것으로 기대할 수 있다. 만약 심리적인 측면을 중점적으로 다룬다면, 개별 치료 지원을 위해 임상 수퍼바이저를 찾을 수도 있다. 마지막으로, 전문 수퍼비전의 초점에 관계없이 전문 수퍼바이저는 코치 또는 멘토 기술을 넘어서는 특정 코치 또는 멘토 수퍼비전 훈련을 받는 것이 좋다.

예를 들어, 8장에서는 동료들이 때때로 너무 편안해져서 정직한 피드백을 최소화하거나 제공하지 않거나, 동료 관계에서 공모하거나 수치심을 표현하지 않는 것 같은 동료 수퍼비전의 몇 가지 함정에 대해 설명했다. 동료 수퍼비전 중에 윤리적으로 모호한 영역을 논의하면 "동의하지 않는데, 뭔가 말해야 할까?"라는 긴장감이 생길 수 있다. 왜냐하면 동료는 해당 상황을 비슷한 상황에서 자신이 어떻게 행동할 것인가라는 관점에서 바라보는 경우가 많기 때문이다. 그러나 자격을 갖춘 수퍼바이저는 이러한 유용한 피드백 제공을 위해 특별히 훈련을 받고 고용된다. 윤리를 탐구하는 것은 당신에게 성장의 기회가 되며, 고객과 더 넓은 시스템에 경계를 기울이는데 도움이 된다. 전문 수퍼바이저는 이런 우려되는 어려운 영역을 다룰 수 있으며, 그 결과 동일한 주제나 내용이 당신과 동료 모두에게 성장과 발전을 위한 기회를 제공할 수 있다. 이러한 차이를 강조하기 위해, 브리짓 프록터Brigid Proctor의 **임상 수퍼비전의 상호작용 모델**Interactive Model of Clinical Supervision(Proctor, 1986)을 코칭과 멘토링에 더 가깝게 조정하고, 전문 수퍼비전이 동료 환경을 넘어 전문 수퍼비전이 다루는 깊이를 포함하도록 수정했다. 아래 [표 9.1]을 참조하자.

[표 9.1] 동료 및 전문 수퍼비전 비교

영역	동료 수퍼비전	전문 수퍼비전
규범적 기능normative function: • 전문적 상호 책임account-ability – 수퍼비전, 프랙티셔너의 일상 작업의 효율성을 유지하고 보장하는 것과 관련된 수퍼비전	• 전문성의 지속적성 개발 (CPD) • 개입 검토 • 도덕적 또는 윤리적 딜레마 • 문제 해결 및 해결책 식별 • 전문적 이슈에 대한 이해도 향상 • 실행actions 확인 • 역할, 책임responsibility, 전문적 정체성에 대한 이해도 향상	• 전문성의 지속적성 개발 (CPD) • 개입의 효과 • 윤리적 고려사항 • 사각지대 강조 및 작업 • 시스템 관점에서의 선택 사항 탐구 • 실행 확장 • 업계 표준에 대한 전문 역할과 정체성

영역	동료 수퍼비전	전문 수퍼비전
• 형성적 기능 formative function: • 학습 – 성찰적 실천을 통해 프랙티셔너의 기술, 능력 및 이해를 개발하는 데 관련된 수퍼비전	• 기법과 모델 내장 embedding • 자기 알아차림 • 실천 비판과 개선 • 역량 및 창의성 • 아이디어 지원 • 커뮤니케이션 기술 코칭 • 다른 사람의 실천 이해 • 지식과 편견 확인	• 기술, 기법 및 모델의 일관된 적용 • 개인 및 고객 시스템 내에서의 자기 이해 • 전문가 피드백 • 역량과 유연성 • 피드백과 계약 기술 • 수퍼비전 프로세스에 대한 이해
• 회복적 기능 restorative function: • 지원 – 수퍼바이지 또는 프랙티셔너가 일상 작업의 스트레스에 정서적으로 어떻게 반응하는지에 관련된 수퍼비전	• 성공 축하 • 경청 및 지원 • 공감 • 관계 개선 • 동료 또는 업계 내 위치에 대한 인식 • 자기 내적 갈등 감소와 타인 이해 • 유발 요인에 대한 이해 향상 • 지루함 감소	• 성공 발견과 축하 • 경청, 지원 및 도전 • 대처 능력과 회복력 향상 • 관계 이해도 향상 • 내면의 안정감 • 긴장 지점이 어디에서 발생하는지에 대한 이해 향상 • 번아웃 감소

출처: Proctor (1986)

    동료 수퍼비전과 전문 수퍼비전을 비교하면, 규범적 기능에서 자격을 갖춘 수퍼바이저는 사각지대, 선택 지점, 참여와 윤리적 우려사항에 미치는 영향을 살펴보고 있다. 특히 사내 코칭 및 멘토링, 팀코칭, 그리고 더 복잡한 적응적 참여에서는 전문적인 관점이 유익할 수 있다. 동료 지원은 형성적 기능에서 어느정도 한계가 있으며, 참여한 동료들의 지식과 경험 수준에 따라 발전할 수 있다. 전문 수퍼비전의 형성적 이점은 다양한 심리학적 개념과 이론의 실제 적용에 대한 기술과 경험이 있는 수퍼바이저가 포함될 가능성이 크다는 점이다(Parsloe & Leedham, 2017, p.189). 이 장 후반부에서는 수퍼바이저를 선택하는 방법에 대한 몇 가지 제안을 제공한다. 한편 회복적 기능은 동료 관계를 통해 잘 지원되며, 공동체와 소속감을 더해준다. 전문 수퍼비전의 추가적인 이점은 안정감을 주고, 안전한 공간에서 더 많은 도전을 제공할 수 있다는 점이다. 이 가운데 일부는 조건화에 기인한것으로, 많은 프랙티셔너가 결핍 모델을 가지고 있어서, 특히 효과가 없거나 부족한 부분을 찾고자 한다. 그래서 동료 수퍼비전에서는 성공을 축하하는 것을 간과할 수 있다. 이런 기회는 수퍼비전이 문제 해결을 넘어 프랙티셔너의 역량, 실천능력 및 수용력을 개발하도록 촉진한다.

규제가 없는 산업이라는 점은 프랙티셔너에게 자기 규제를 하고 품질 기준을 유지할 수 있는 기회를 제공한다. 이 점에서 긍정적인 부분은, 원칙적으로 우리가 어려운 대화를 나누고 서로에게 충분한 피드백을 제공할 수 있는 기술을 갖추고 있다는 것이다(5장, 7장, 8장 참조).

그러나 특히 전문 수퍼비전에서 다소 논란의 여지가 있는 부정적인 측면은, 수퍼바이저가 업계 표준이나 품질 보증을 준수할 '자격'이 있는지 여부이다. 또한 ICF는 자격을 갖춘 코치 멘토가 제공해야 하는 코칭 수퍼비전을 다른 명칭(자격 인증 목적의 코치 멘토링coach mentoring for credential purposes)으로 명명하고 있다. 코칭 수퍼비전은 동료를 포함해 누구나 제공할 수 있지만, 원래 자격 인증을 취득한 후에만 전문성의 지속적 개발(CPD)에 사용할 수 있다. 모든 전문 기관이 윤리 강령과 강력한 인증 또는 자격 증명 프로세스를 준수하고 있지만, 모든 코치 멘토와 수퍼바이저에 대한 특정 훈련이 업계 수준의 품질 보증을 보장하기에는 충분하지 않을 수 있다. 바흐키로바Bachkirova와 로튼 스미스Lawton Smith(2015, p.128)는 "**역량 프레임워크에 의존하는 것은 코칭 실천과 전문성을 지나치게 단순화하고, 의미 있는 '통과 의례'를 위한 더 창의적인 해결책을 방해한다.**"라고 지적했다. 이러한 차이는 일관성 없는 기준을 만들어내고, 품질 보증이 업계 표준으로 유지되기 어렵게 만든다. 또한 프랙티셔너와 전문 수퍼비전을 확보하려는 조직 모두에게 '구매자 주의buyer beware'[4]의 딜레마를 발생시킨다. 그 결과, 많은 프랙티셔너가 전문 수퍼비전보다는 동료 수퍼비전을 선택하고 있다.

전문 수퍼비전을 선택해야 할 때

우리는 수퍼비전을 경험해보기 전까지는 그것이 무엇인지 이해하지 못하고 그것이 당신의 발전에 어떻게 가치를 더하는지 그 혜택을 경험할 수 없다고 생각한다. 서비스와 프랙티셔너의 고유한 특성 덕분에 동료 수퍼비전과 전문 수퍼비전 모두 가치가 있으며 상호 보완적일 수 있다. 이미 강조했듯이, 동료 수퍼비전은 편리함과 재정적 부담이 없기 때문에 프랙티셔너가 가장 먼저 선택하는 경우가 많다. 자신의 작

---

4) [역자] 구매자 주의buyer beware: 일반적으로 제품이나 서비스에 대해 명확한 정보가 제공되지 않거나, 구매자(소비자)가 주의를 기울이지 않으면 문제가 발생할 수 있다는 경고의 의미이다.

업을 다른 사람과 공유하는 초기 경험은 성과가 있을 수 있지만, 코칭이나 멘토링 관계의 근본적인 복잡성으로 인해, 전문 수퍼비전은 경력 단계와 관계없이 유용한 지원이 될 수 있다. 그렇다면 언제 전문 수퍼비전을 받을지 어떻게 선택할까?

일부 프랙티셔너들은 비교적 덜 복잡한 고객 이슈, 기술 실천 그리고 네트워킹이나 기법 연습과 같은 지속적인 동료 지원을 위해 동료 수퍼비전을 선호한다. 그러나 더 복잡한 과제, 고객의 특정 이슈에 대한 심층적인 탐구, 동료 수퍼비전 관련 이슈 또는 더 많은 수치심을 유발하는 이슈에 대해서는 전체 시스템을 조망하도록 훈련 받은 수퍼바이저가 제공하는 전문 수퍼비전을 선호하는 프랙티셔너들도 있다. 추가적인 이점 중 하나는 자격을 갖추고 훈련된 수퍼바이저들 역시 정기적으로 수퍼비전을 받는다는 점이다. 따라서 당신은 더 넓은 지원 네트워크의 일원이며, 추천 기회도 있다는 추가 이점이 있다. 일부 동료 수퍼비전 그룹은 분기별로 자격을 갖춘 수퍼바이저를 초청하여 동료 작업에 시스템적 관점을 제공한다. 컨스텔레이션 도입, 지금 이 순간의 집단 역동 분석, 카프만Karpman(1968)의 드라마 삼각형과 같은 심리적 개념, 윤리적 우려나 사각지대에 대한 초점 유지 등과 같은 새로운 기법을 소개한다. 전문 수퍼바이저와 함께하는 동료 수퍼비전은 동료 수퍼비전의 효과를 높이고, 내부 프랙티셔너가 코칭과 멘토링을 제공하는 조직에서는 특히 중요하다. 일부 프랙티셔너는 동료 수퍼비전을 잠시 중단하고 자격을 갖춘 수퍼바이저와만 작업한 후 다시 동료 수퍼비전으로 돌아가기도 한다. 자격을 갖춘 수퍼바이저와만 작업하는 프랙티셔너도 있다. 요약하자면, 많은 가능성이 존재하며 이는 개발 대안이 될 수 있다.

섹션 2: 전문 수퍼비전에 가져올 이슈

프록터Proctor의 기능에서 수퍼비전 이슈

프록터(1986) 모델([표 9.1])을 참조하면, 전문 수퍼비전 회기에서 탐구할 수 있는 적절한 주제topic는 수퍼바이지의 개발에 잠재적으로 도움이 되거나 그들이 작업하는 데 있어 유능함을 느끼지 못하게 하는 모든 사항이다. 그러나 우리의 경험에 따르면, 일부 주제 영역은 금기시되어 동료들끼리 공개적으로 논의되지 않는 경우가 있다. 예를 들어, 번 아웃, 성적 끌림, 편견, 수치심 등이 그러한 주제들이다. 코칭과 멘토링은 정서적으로 많은 에너지를 소모하지만, 누군가가 자신의 작업으로 인해 번 아웃 되었다고 말하는 것은 매우 드문 일이다. 그러나 작업의 복잡성을 고려할 때, 자기 자신, 고객 및 조직의 기대치, 그리고 '작업을 잘 수행하는 것'에 대한 기준을 관리하는 것은 번 아웃 되기 쉬운 상황을 만들어낼 수 있다. 다른 사람에게 끌리거나 편견을 가지는 것은 인간의 자연스러운 행동이지만, 고객을 다른 전문가에게 의뢰refer할 시점을 아는 것은 유용한 수퍼비전 주제가 된다. 또한, 자원이 부족하고 본래 자기 비판적이거나 기대치가 높을 때 '작업을 잘 수행하는 것'에 대한 생각은 실패에 대한 두려움을 불러일으키고, 결국 수치심으로 이어질 수 있다. "완벽주의가 존재하는 곳에는 항상 수치심이 도사리고 있다. 사실 수치심은 완벽주의의 발상지이다."(Brown, 2010, p.81) 이런 이슈들을 동료 수퍼비전에서 이야기할 수도 있지만, 경험이 부족한 동료는 충분한 준비가 되어 있지 않다고 느낄 수 있다. 특히 이런 상황에서 우리는 "자격을 갖춘 수퍼바이저와의 일대일 수퍼비전은 코치가 자신의 실천을 성찰하고, 웰빙과 개발에 관심을 기울일 수 있는 중요한 기회를 제공하여 목적에 적합한 상태를 유지하도록 돕는다."(Hodge, 2016, p.102)라는 앨리슨 호지Alison Hodge 의견에 동의한다.

다시 한번, 프록터의 기능을 사용하여 동료가 당신의 성장을 지원할 훈련을 받지 못한 경우 전문 수퍼비전에서 다룰 수 있는 몇 가지 영역을 다음과 같이 소개한다.

규범적 기능

전문적 책임 – 수퍼바이지나 프랙티셔너의 일상 작업의 효율성 유지 및 보장

- 개별 또는 팀코칭 과제에서, 특히 의미 있는 삼자 계약 회의나 변혁적 과제에서 사용된 개입의 영향에 확신이 없거나, 자신의 역량을 넘어선다고 느낄 때
- 전문 기관에서 요구하는 역량 기준에 맞게 성장하고 있다는 확신

과 피드백을 받을 때
- 성찰적 실천을 검토하여 사각지대가 나타날 수 있는 행동 패턴을 더 잘 이해하고, 선택지를 모색할 때
- 고객 시스템 내에서 일어나고 있는 일에 날카로운 관점을 가질 때
- 동료 수퍼비전 내의 사각지대나 다른 역동으로 인해 다른 사람의 자기 알아차림을 높이는 능력을 향상시키는데 있어 당신과 동료의 능력이 진전을 이룰 때
- 자신의 개인적 윤리적 입장을 명확히 할 때
- 팀코칭 – 그룹코칭 과제 내에서 개인을 코칭하고, 새로운 개입 아이디어를 브레인스토밍하여 그룹을 활성화하거나 그룹 프로세스를 촉진할 때

형성적 기능

학습 – 성찰적 실천을 통해 수퍼바이지나 프랙티셔너의 기술, 능력 및 이해 개발

- 통찰력과 알아차림보다는 맥락을 파악하기 위해 고객에게 조언하거나 질문하는 습관을 끊지 못할 때
- 자신, 고객 또는 동료를 순간적으로 판단하는 것, 예를 들어 계획을 세우거나 예측하거나 고객의 문제에 대한 답을 알고 있다고 느끼는 것 같이 견고한 존재감을 개발하거나 '마음속 수다 mind chatter'

가 작업에 방해가 될 때
- 자신이 투사하는 지점을 이해하여, 시스템 내에서 전이와 역전이 측면을 작업할 때
- 개별 또는 팀 코칭 과제에서 사용한 개입의 영향에 대해 확신이 서지 않을 때
- 자신감 부족으로 고객의 요구와 관계없이 모든 코칭 과제에 동일한 기법, 모델 및 또는 접근 방식을 사용할 때
- 고객에게 일어나는 일이 자신이나 포트폴리오의 다른 고객에게도 일어나고 있다는 느낌을 받을 때
- 자신이나 동료에 의해 실천능력 capabilities 향상이 제한될 때 – 이를 발달 침체 developmental stagnation 라고도 한다.
- 팀코칭 – 지속해서 깨지는 그룹 합의, 더 응집력 있는 그룹 계약 개발 및 당신이 시스템 내에서 개별 그룹 구성원이나 역동에 영향을 받을 때

회복적 기능

지원 – 수퍼바이지나 프랙티셔너가 업무 스트레스에 정서적으로 어떻게 반응하는지에 관련된 수퍼비전

- 자신감과 관련된 이슈. 예를 들어, 자기 분야에서 성공한 고객 또는 고압적인 고객을 효과적으로 코칭하기에 '충분히 좋다 good

enough'라고 느끼지 않거나, 유용한 피드백을 제공하지 않거나 실패라고 생각하는 부분을 공개적으로 논의하는 것을 피할 때
- 자신감이 자기감sense of self을 어떻게 제한하는지, 전환shift할 수 있는 패턴, 또는 강화할 수 있는 사각 지대으로서의 강점과 같은 이슈에 관한 피드백을 받을 때
- 자신, 고객 또는 동료를 순간적으로 판단하는 것, 예를 들어 계획을 세우거나 예측하거나 고객의 문제에 대한 답을 알고 있다고 느끼는 것 같이 견고한 존재감을 개발하거나 '마음속 수다mind chatter'가 작업에 방해가 될 때
- 변덕스러운 고객의 정서를 다루면서 코칭을 계속해야 할지 아니면 의뢰를 해야 할지 확신이 서지 않을 때
- 성공을 축하할 때 – 때로는 부적절하거나 동료들과 공유하기에는 윤리적인 이슈가 있을 수 있다. 예를 들어, 고객의 성공을 전문 수퍼비전에서 공유하는 경우가 그렇다.
- '목적에 적합'한 상태가 되고, 번아웃을 피하며 자신의 작업에서 정서적 및 재정적 고려 사항을 관리할 때
- 팀코칭 – 프랙티셔너에게 발생하는 촉발 요인이나 긴장 지점을 식별하고, 병행/평행 과정parallel process이 그룹의 진행을 어떻게 방해하는지 파악할 때
- 동료 수퍼비전 – 동료 수퍼비전 및 또는 성찰적 실천의 결과로 더 깊이 탐구하고 싶은 이슈가 있을 때, 그것은 당신의 성장을 확장할 수 있다.

일반적인 수퍼비전 이슈

완전성을 위해 우리는 심리적 측면을 포함하여 다음과 같은 목록(알파벳 순서)을 제공한다. 8장에서는 동료 수퍼비전에서 발생할 수 있는 몇 가지 위험과 이들이 전문 수퍼바이저와의 논의를 통해 도움이 될 수 있음을 간략히 설명했으며, 여기서도 그러한 위험을 언급할 것이다. 또한 당신의 경험 수준과 동료의 경험에 따라 일부 이슈는 전문 수퍼비전에서 다루는 것이 더 적합할 수 있다. 예를 들면 다음과 같다.

- **편견** Bias – 긍정적이거나 부정적인 선입견과 판단으로, 멘토링이나 코칭 실천의 기반을 형성한다.
- **사각지대** – 작업에서 최선이나 중립을 방해하는 행동 패턴이나 습관, 이해를 발견했을 때. 수동-공격적 행동, 타인의 행동을 판단하거나 융통성 없는 행동을 주의해야 한다.
- **도전과 지원** – 자기 능력을 넘어서는 피드백을 주고받거나 동료를 비교하는 경우.
- **공모** – 자신의 내면에서 어떤 것이 '옳지 않다'라는 것을 알고 있는데도 의식적 또는 무의식적으로 다른 사람의 의견에 동의하는 경우이다.
- **문화적 방어 또는 다양성** – 인종, 성별, 문화적, 이론적 및 전문적 차이점을 발견할 때 적용된다. 이는 동료 수퍼비전에서 다양성이 부족하여 자신의 성장을 방해한다거나, 프랙티셔너로서 또는 동

료 맥락에서 편견이 너무 깊이 자리하고 있는 경우에 해당한다.

- **방어적 태도** – 닫힌 마음자세, 긍정적인 통찰이나 자신이 잘한 일만 공유하며 '나는 ~보다 낫다' 또는 동료 역동에서 전문가라는 식으로 비교하는 모습을 보이는 경우이다.

- **디스카운팅**discounting[5] – 부정이나 과소평가의 형태로, 자신감 이슈를 나타낼 수 있다. 특히 칭찬을 받은 후 자신의 경험을 '나는 ~을 잘하지 못해'라고 디스카운트 할 경우이다. 또한 다른 사람의 경험을 디스카운트하는 형태로 '그는 …은 잘하지만 …는 잘하지 못해'로도 나타날 수 있다. 이는 자신의 작업을 성찰하거나, 동료 수퍼비전 중 또는 고객과의 작업 중에 나타날 수 있다.

- **정신적 혼란**disorientation – 자신이 어울리지 않는 것 같다는 느낌, 자신의 성찰이나 관찰을 공유하기에 안전하지 못하다고 느끼는 경우이다.

- **이중 또는 다중 관계** – 프랙티셔너가 자신과 다른 사람들 사이에 다양한 관계를 맺고 있는 경우. 예를 들어, 조직 또는 교육 기관 내에서, 고객과 동료, 고객과 연관된 사람들, 고객과 정신적, 임상적 또는 목회적 돌봄 제공자, 팀 또는 그룹 코칭 및 멘토링 참여 등이 있다.

- **윤리** – 이는 방대한 주제라서 7장 전체를 할애하여 이 주제를 다

---

[5] 디스카운트discount: 교류분석에서 사용하는 용어로, 의식적으로 의도하는 것은 아니지만, 상황의 특정 측면 중 자신의 각본과 어긋나는 것을 지워버리는 것, 즉 자신도 모르게 문제해결과 관련된 정보를 무시하는 것이다. - 현대의 교류분석, 2022, 학지사

뤘다. 우리는 동료들과 대화를 시작하는 것을 권장한다. 그러나 동료 회의에서 이슈를 공개적으로 논의할 수 없거나 프랙티셔너가 불편함을 느끼는 경우, 독립적으로 또는 병행하여 전문 수퍼비전을 받는 것이 해결책이 될 수 있다.

- **권력 역동** – 투명하든 숨겨져 있든 권력 역동은 언제든지 나타날 수 있다. 책 전반에서 논의된 바와 같이, 모든 사람의 기여를 동등하게 평가하는 것이 이를 판단하는 기준이 될 수 있다. 자신의 작업에서든 동료 수퍼비전 중에든 평등감을 확고하게 유지하는 것이 어렵다면 권력 역동이 작용할 가능성이 있다.
- **팀코칭** – 전문 수퍼바이저를 통해 작업 수준을 한 단계 더 높이는 것은 권력 역동, 병행 과정, 윤리적 이슈, 전이와 역전이, 편견(자신의 것과 고객 시스템 내의 것 모두), 공모 등을 식별하는 데 필수적이며, 팀 코칭 과제를 검토하는 과정을 통해 다른 많은 측면을 다룰 수 있다
- **전이와 역전이** – 고객이나 프랙티셔너가 과거에 형성된 감정, 태도 또는 신념을 현재로 전이하는 경우로, 일반적으로 무의식적으로 발생한다. 양쪽 누구든 고객이 기존의 존재 방식에 갇혀 성장에 제한을 받는 방식으로 전이에 반응할 수 있다. 프랙티셔너가 전이에 대한 이해가 깊다면, 이를 성장의 기회로 활용할 수 있다.
- **무의식적 편견** – 프랙티셔너가 의식적으로 인식하지 못한 사람들 또는 그룹에 대한 판단이나 신념이다. 이는 고정관념과 범주화를 형성하여, 고객이나 조직과의 관계를 더 쉽게 만들거나 성장을 방

해할 수 있다.

성찰적 실천이나 동료 수퍼비전에서 이러한 이슈를 발견하면, 이는 전문 수퍼비전으로 손을 내밀어야 할 시점이다. 코치로서의 경험 수준에 관계없이 팀코칭과 복잡한 과제를 다룰 때 전문 수퍼바이저와 협력할 것을 권장한다. 우리의 경험에 따르면, 작업을 모니터링하기보다는 전문 수퍼바이저와 함께 작업하는 것이 작업을 다른 방식으로 수행하고 특별히 훈련된 사람과 부담을 공유함으로써 작업을 더 흥미롭게 만들 수 있다. 이는 당신의 관점을 확장하고, 사각지대를 알려주며, 권력 역동과 함께 작업하는 기법을 공유하거나, 당신의 편견, 습관적인 작업 방식 또는 윤리에 대해 더 깊이 성찰하도록 돕기 때문이다.

전문 수퍼바이저 정의 및 선택

나에게 맞는 수퍼바이저가 누군지 어떻게 알 수 있을까?

대부분 수퍼바이저는 계약을 체결하기 전에 샘플 회기를 제공한다. 이를 통해 좋은 초기 접촉rapport을 가졌는지, 원활하게 소통할 수 있는지 알아볼 수 있다. 그러나 좋은 수퍼비전은 지원과 도전이 결합되어야 하므로, 좋은 초기 접촉이 단순히 편안함을 느끼는 것만으로 이루어지는 것이 아님을 기억해야 한다. 초기 회기initial session 후 자신에게 다음과 같은 질문을 해볼 수 있다.

- 그들과 함께 마음을 열고 취약함을 드러내도 충분히 안전하다고 느끼는가? 아니면 가져오기 어려운 부분이 있을 것으로 예상하는가?
- 내가 무언가를 놓친 부분이 있으면 그들이 정확히 지적해줄 것 같은가? 아니면 그들이 나를 봐줄 것 같은가?
- 그들이 내 생각을 나에게 맞는 속도로 확장시켜 줄 것으로 믿는가? 아니면 내가 너무 빠르게 내 능력 범위를 벗어날까 봐 걱정하고 있는가?
- 나는 내 작업에 대해 그들과 탐구하고 싶은 질문들을 이미 파악하고 있는가? 아니면 그들이 내 실천에 어떤 가치를 가져다 줄지 혼란스러운가?

전문 수퍼바이저를 선택할 때 가장 중요한 요소는 수퍼바이저가 작업의 모든 영역을 탐구하고 개인적, 직업적으로 성장할 수 있는 대화를 나눌 수 있도록 지원한다는 느낌을 받는 것이다. 전문 수퍼비전은 필연적으로 당신의 취약성을 다루게 될 것이다. 신뢰할 수 있고 당신의 발전이나 배움을 위협하지 않으면서 도전할 수 있도록 훈련된 사람을 선택하는 것도 중요하다. 우리는 당신의 역량, 실천능력 및 수용력 개발의 섬세한 균형을 제안한다. 고객과 고객 시스템에 집중하여 궁극적으로 성찰적 실천을 개발하려면 특화된 전문성이 요구된다. 수퍼바이저 자격에는 다음이 포함될 수 있다.

- 코칭수퍼비전에 관한 인정된 자격을 보유하고 있으며, 이는 최소 60

시간의 특정 코치 훈련을 위한 전문 기관에서 정한 지침을 따른다.
- 회사 생활 및 조직 시스템, 코칭 및 멘토링의 개발에 대한 실무 지식이 있어야 한다.
- 심리학적 이해가 높고, 학습자의 상황에 민감하며 다양한 코칭 스타일로 작업할 수 있는 능력을 보유해야 한다.
- 최고 수준의 윤리적이고 전문적인 기준을 보여줄 수 있어야 한다.
- 코치나 코치 멘토로서 최소 3년 이상의 경력을 보유하고 있으며, 여러 해 동안 전문 수퍼비전을 수행한 경험이 있어야 한다.

수퍼바이지가 개발하려는 것이 무엇인지에 따라, 수퍼바이저는 특정 코치 또는 멘토링 교육을 받지 않았을 수도 있다. 그러나 앞서 언급한 것처럼, 전문 수퍼바이저는 일대일, 그룹 코칭과 멘토링 내에서 평행 과정, 전이 및 역전이의 심리적 구성요소를 식별하는 데 능숙하며, 윤리에 대한 깊은 지식, 수퍼비전을 용이하게 하는 다양한 기술, 그룹의 권력 역동을 다루는 경험, 또는 성인 학습에 대한 지식을 갖추고 있어야 한다. 또한 1장에서 제시한 바치키로바Bachkirova와 잭슨Jackson (2011)의 코칭 수퍼비전의 효과적인 영역을 참조하는 것도 유용할 수 있다.

만약 수퍼바이저가 인증을 위한 역량 평가를 담당하는 경우, 검토 대상인 핵심 기술에 대한 견고한 배경이 필요하다. 수퍼바이저는 일반적으로 수퍼바이지보다 더 오랜 경험을 보유하고 있으며, 그 역할은 수퍼바이지가 동료 수퍼비전 환경에서 성장할 수 있는 한계를 넘어서도록 돕고, 필요한 경우 경험을 공유하는 것이다.

   수퍼바이저를 선택하는 과정에서, 얼마나 편안한지, 얼마나 지원받고 있는지 측정하는 것 외에도, 수퍼바이저에게 그들의 훈련, 배경, 편견, 성찰적 실천, 지속적인 개발에 대해 질문하는 것이 좋다. 여기에 수퍼바이저도 현재 수퍼비전을 받고 있는지도 포함한다. '한 가지만 연마한one discipline' 수퍼바이저는 피해야 한다. 예를 들어, NLP 수퍼바이저 또는 '전문가' 비즈니스 코치라고 주장하거나, 수퍼비전의 방법론적 기초만 갖춘 훈련 학교 출신인 사람은 주의해야 한다. 이들은 단기간에 기술을 배우는 데는 도움이 될 수 있지만, 주제별 전문가인 경향이 있어 결과적으로 편견을 가질 수 있으며, 장기적으로 당신의 발전을 저해할 수 있다. 수퍼바이저를 선택한 후에는, 전문 수퍼비전을 준비하면서 2장을 읽고 3장과 4장에서 제시된 제안들을 따라가는 것이 좋다. 당신의 경력에서 다양한 유형의 경험과 배경을 가진 다양한 스타일의 수퍼바이저들을 만나면, 한 명의 수퍼바이저와 함께 작업할 때는 얻을 수 없는 깊이와 기반을 제공받을 수 있을 것이다.

마치는 글

이 장에서는 전문 수퍼비전이 당신, 당신의 작업 및 더 넓은 범위의 이해관계자에게 어떤 가치를 가져다 줄 수 있는지 탐구했다. 우리는 동료 수퍼비전과 전문 수퍼비전의 차이점을 비롯해, 언제 전문 수퍼비전이 적절한지, 현재와 미래에 전문 수퍼바이저를 어떻게 선택할지 살펴보았다.

수퍼비전 경험은 끝없는 여정이 될 것이며, 커리어 모든 단계에서 수퍼비전이 어떻게 당신을 지원할 수 있는지 인식을 높이는 계기가 되었길 바란다. 어디서부터 시작할지는 본인의 선택이며, 우리는 동료 수퍼비전과 전문 수퍼비전이 상호 보완적인 관계에 있음을 보여주고자 했다.

주요 학습 포인트

1. 동료 수퍼비전과 전문 수퍼비전의 정의는 비슷해 보이지만, 두 가지 주요 차이점이 있다. 전문 수퍼바이저는 프랙티셔너의 역량, 실천능력, 수용력을 개발하는 자격이 있으며, 프랙티셔너가 속한 전체 시스템을 본다. 또한, 서비스에 대한 대가로 돈을 받는다.
2. 두 형태의 수퍼비전 모두 가치가 있고 상호 보완적/공생적symbiotic 일 수 있다.
3. 수퍼비전에 대한 접근 방식이 달라서 생기는 긴장이 있는데, 특히 상담이나 치료 영역과 경계를 넘나든다고 여겨질 때 두드러진다.
4. 동료 수퍼비전은 비용면에서 효율적이고 덜 복잡한 이슈에 적합할 수 있지만, 전문 수퍼비전은 독립적으로 탐색하는 역할을 하는 수퍼바이저가 사각지대, 선택 지점, 참여에 미치는 영향, 윤리적 우려

(규범적 기능)를 살펴보기 때문에 더 많은 부분을 다루는 경향이 있다. 또한 수퍼바이저는 다양한 심리학적 개념을 적용해(형성적 기능), 안전한 환경에서 안정감이나 더 큰 도전을 제공할 수 있다(회복적 기능).
5. 번 아웃, 성적 끌림, 편견, 수치심 등 금기시되는 이슈부터 업무 효율성 유지 및 보장(규범적), 성찰적 실천을 통한 기술 개발(형성적), 일반적인 지원 영역(회복적)에 이르기까지 다양한 이슈를 수퍼비전에 가져갈 수 있다.
6. 수퍼바이저를 선택할 때 가장 중요한 요소는 프랙티셔너의 개인 및 전문성 개발이 방해받지 않고 향상되도록 지원받는다는 느낌이다.

참고 문헌

- Bachkirova, T. and Jackson, P. (2011) Peer supervision for coaching and mentoring. In: T. Bachkirova, P. Jackson and D. Clutterbuck (eds), *Coaching & Mentoring Supervision: Theory and practice*. Maidenhead, UK: McGraw-Hill, Ch. 18.
- Bachkirova, T. and Lawton Smith, C. (2015) From competencies to capabilities in the assessment and accreditation of coaches. *International Journal of Evidence Based Coaching and Mentoring*, 13(2), pp. 123-140.
- Brown, B. (2010) *The Gifts of Imperfection*. Center City, MN: Hazelden.
- Hodge, A. (2016) The value of coaching supervision as a development process: Contribution to continued professional and personal wellbeing for executive coaches. *International Journal of Evidence Based*

Coaching and Mentoring, 14(2), pp. 87–106.
- Karpman, S. (1t68) Fairy tales and script drama analysis. *Transactional Analysis Bulletin*, 26(7), pp. 3t–43.
- Parsloe, E. and Leedham, M. (2017) *Coaching and Mentoring: Practical techniques for developing learning and performance* (3rd edn). London: Kogan Page.
- Passmore, J. (ed.) (2011) *Supervision in Coaching: Supervision, ethics and continuous professional development*. London: Kogan Page.
- Proctor, B. (1t86) Supervision: A co-operative exercise in accountability. In: M. Marken and M. Payne (eds), *Enabling and Ensuring*. Leicester, UK: Leicester National Youth Bureau and Council for Education and Training in Youth and Community Work, pp. 21–23.
- Turner, E. and Hawkins, P. (2017) Multi-stakeholder contracting in coaching. *International Journal of Evidence Based Coaching and Mentoring*, 14(2), pp. 48–65.

후기

역자: 정혜선

코칭이나 멘토링 프랙티셔너로 활동할 때, 고객이 경험하는 서비스의 품질과 만족도는 전적으로 프랙티셔너에게 달려 있다. 아직 규제되지 않은 업계에서는, 프랙티셔너가 참여하는 모든 상황에서 즉각적으로 역량을 발휘할 준비를 갖춰야 하고, 장기적으로는 계약에 명시된 내용을 성실히 이행하며, 자신과 자신이 속한 시스템을 성찰할 수 있는 능력이 필수적이다. 이를 위해서는 새로운 기술을 꾸준히 학습하고, 피드백을 수용하며, 윤리적 관점에서 행동하고, 자신의 강점과 한계를 인식하여 순간순간 변화에 유연하게 대처할 수 있어야 한다. 바로 이 점에서 우리는 성찰적 실천과 수퍼비전의 힘을 믿는다. 전문 수퍼바이저로서, 우리는 이러한 특정한 생각을 우리의 글에 담았고, 그것이 이 책을 쓰는 동기가 되었다.

이 책의 세 저자는 2016년에 출간된 『코칭수퍼비전 실천 가이드』

〈한글판 2025〉의 집필을 계기로 처음 함께 작업하게 되었다. 그때 코칭수퍼비전 책을 집필하면서 샐리 웹Sally Webb과 태미 터너Tammy Turner는 ICF 뉴질랜드 북부 지부(ICF NZN)로부터 코칭에 특화된 동료 수퍼비전 핸드북을 써달라는 요청을 받았다. 2008년 당시 ICF NZN은 세 개의 대면 동료 수퍼비전 그룹이 있었는데, 지부 측은 모든 회원에게 동료 수퍼비전을 제공함으로써 전문역량을 강화하고자 했다. 2014년에는 ICF NZN은 샐리, 태미와 함께 새로 인쇄된 핸드북을 사용하여 동료 수퍼비전 그룹 운영방법 워크숍을 개최했다. 2017년 9월 현재, ICF NZN에는 140명 규모의 회원 가운데 41명이 참여하는 6개의 대면 및 화상 동료 수퍼비전 그룹이 운영되었다.

2015년에는 이 핸드북이 시드니대학교 코칭 및 멘토링 동문회(USCMA) 그룹에서도 시험적으로 사용되었다. 이 그룹은 매월 동료 수퍼비전 회기 외에도 분기별로 전문 수퍼비전을 추가로 받는다. 그들은 핸드북에 제공된 확실한 프로세스가 동료 모임에 적용되고, 여기에 전문 수퍼비전이 더해졌을 때 서로 합의된 프로세스를 지키고, 이슈를 즉시 명명하며, 고객을 지원하는 역량이 한층 높아졌다고 보고했다.

핸드북에 제시된 프로세스와, 일부에게는 전문 수퍼비전을 추가 도입한 것이 동료 코칭수퍼비전의 견고함을 높였고, 학습 공동체 내에서 신뢰성, 전문성 및 가치를 다지는 데 기여했다는 것이 직접 참여한 이들의 평가였다. 이 사례는 지리적으로 먼 곳(뉴질랜드)에 국한된 것처럼 보이지만, 1장에서 언급한 것처럼 세계 여러 지역의 프랙티셔너들도 일대일 또는 그룹 동료 수퍼비전(우리가 '학습공동체'라고 부르는)

에서 비슷한 이점을 체감했다.

또한 코치와 멘토라는 전통적 범위를 넘어서는 학습공동체 사례도 있다. 심리학자, 사회복지사, 교사, 목회자와 같은 프랙티셔너들이 동료 수퍼비전 학습공동체에 참여하여 가치를 발견하는 소식도 있었다. 어떤 코칭 동료 수퍼비전 그룹은 인사(HR) 커뮤니티에 초대장을 보내어 전문가를 초대하기도 하며, 어떤 코치는 임상 또는 성인 학습 배경을 가진 프랙티셔너와 짝을 이루는 경우도 있었다. 모든 사례에서 공통적으로 발견한 점은, 스스로를 발전시키고 그 방향을 구체화하고자 하는 뚜렷한 목적이 있다는 점이다.

동료 코칭수퍼비전의 가치를 보여주는 이러한 생생한 증언을 접하며, 장인 정신으로 자기 전문 분야를 갈고 닦고자 하는 사람들의 열정과, 그들이 자기 자신, 고객, 업계 전반에 기여하고자 하는 의지에 깊은 감동을 받았다. 이러한 열망이 모여 우리는 『Peer Supervision in Coaching and Mentoring: A Versatile Guide for Reflective Practice』를 집필했고, 이를 통해 더 많은 프랙티셔너가 이 책의 안내를 기반으로 적극적인 실천에 나설 수 있을 것이라는 믿음을 뒷받침하게 되었다.

글쓰기를 통한 내적·외적 성찰

물론 열정이 동력이 되어 시작했지만, 어느 정도 위험 부담도 있었다.

코칭과 멘토링 분야에서 동료 코칭수퍼비전에 관한 문헌과 연구가 많지 않아서, 대체로 일화적 증거에 의존해야 했기 때문이다. 자료를 모으는 과정에서 우리는 동료와 고객과 이야기하고, 광범위하게 읽었으며, 성찰적 실천을 통해 스스로의 지혜를 이끌어 냈다. 또한 여러 나라의 코칭과 멘토링 프랙티셔너와 동료 코칭수퍼비전 그룹에서도 피드백을 받았다. 한눈에 보기에 간단한 프로젝트처럼 들릴 수 있지만, 실제로 집필 과정을 거치면서 비로소 여기 담긴 내용을 정리해낼 수 있었다. 요약하자면, 글쓰기 자체가 성찰적 실천의 훌륭한 예시였다. 우리는 이렇게 서술적 접근을 취하는 것이 향후 근거 기반을 만드는 중요한 출발점이라고 믿는다. 우리는 이후 실증연구를 통해 검증해 볼 수 있는 여러 구조 틀을 제공했으며, 향후 연구를 위한 몇 가지 과제를 제안했다(아래 참조).

동료 코칭수퍼비전에 대한 고려사항

동료 코칭수퍼비전에 대한 연구와 문헌의 부족을 고려할 때, 우리는 이 책의 방향성을 어떻게 잡아야 할지 많은 고민을 했다. 국가별 산업 현황, 전문 기관의 정책, 그리고 국가 내 법률의 차이로 인해, 동료 코칭수퍼비전이 어디에 위치하고 어떤 가치를 제공할 수 있을지 명확하게 정의하기 어려웠다. 또한, 전문 기관이 수퍼비전을 의무화해야 하는지, 누구를 자격 있는 지원자로 볼 수 있는지 등에 대한 민감한 논의로도 이어졌다. 우리는 가능한 한 이 혼란에서 벗어나 독자가 자신의 코치나 멘토로서의 역량 범위를 넘어 심리적 또는 임상적 영역으로 들어가지 않도록 주의하면서, 동시에 충분한 돌봄을 제시하고자 했다. 우리는 성찰적 실천과 동료 코칭수퍼비전에서 동등하게 기여하는 동료 기여자의 역할을 하나의 '삶의 기술'이자 개인 프랙티셔너가 성장하는 과정의 일환으로 보았다.

이런 작업을 장려하기 위해, 우리는 코칭 및 멘토링 훈련 제공자와 대학들이 그들의 프로그램에 동료 코칭수퍼비전 가이드라인과 프로세스를 통합하기를 바라는 마음이다. 더 많은 훈련 제공자가 수퍼비전을 커리큘럼에 포함시키기를 바라며, 이 책이 이러한 제공자들의 핵심 교재로 작용할 수 있기를 기대한다. 우리는 이 책이 동료 코칭수퍼비전을 추가하여 훈련의 깊이를 더하고 프랙티셔너가 성장함에 따라, 성찰적 실천과 수퍼비전이 처음부터 제공될 때 동료 코칭수퍼비전과 전문 수퍼비전이 각각 성찰적 실천 활동에서 어떻게 자리잡는지 더 명확해질 것으로 예상한다.

또 다른 고려사항은 이 책의 내용이 전문 수퍼비전에서 요구되는 훈련을 대체하거나 저하시킬 수 있는지였다. 우리는 개별 프랙티셔너가 동료 수퍼비전에서 스스로 숙련되었을 때, 전문 수퍼비전을 받는 일이 줄어드는 것은 아닌지 걱정한 것이다. 그러나 임상적인 도와주는 직업들이 성장하는 과정을 살펴보며, 전문 수퍼비전이 제도적으로 규제되고 실무에 필요한 요구 사항이었는데도 동료 코칭수퍼비전 활동이 촉진되고, 가치 있게 평가되며 지원된다는 점은 우리의 우려를 덜 어주었다.

우리는 또한 전문 수퍼비전에 대한 요구가 더 커질 가능성도 생각해봤다. 확실히 동료 코칭수퍼비전이 더 보편화되고 그 과정이 더 견고해진다면, 모든 전문 수퍼바이저들도 계속 실천의 품질을 높여야만 시장에서 의미 있는 존재로 남을 것이며, 우리는 이것이 바람직하다고 믿는다. 이 복잡한 문제를 여기서 다루기보다는, 동료 코칭수퍼비전에 대한 안내를 제공함으로써 전체 업계가 혜택을 볼 수 있기를 바란다.

전반적인 코칭과 멘토링 시장에서 동료 코칭수퍼비전은 독립적인 프랙티셔너들이 비교적 비공식적 합의와 계약 아래 흩어져 진행하는 활동으로 보인다. 그러나 세계 일부 지역에서는 회사들이 코칭 제공자들에게 수퍼비전을 받도록 요구하기 시작했고, 현재 그러한 서비스를 주로 전문 수퍼바이저가 제공한다. 동료 코칭수퍼비전이 실현 가능한 대안이 될 수 있을까? 그리고 내·외부 프랙티셔너들이 동료 코칭수퍼비전에서 그들의 성찰적 실천을 공유함으로써 혜택을 받을 수 있을까? 우리의 의견으로는 이는 개별적인 전문 수퍼비전만으로는 얻기 어려운 상호교류와 지원을 제공할 수 있다고 본다. 어떤 조직들은 인사 담당자가 코칭 훈련을 받거나 코칭 석사 과정을 완료할 수 있도록 비용을 지불하고 있으며, 그 결과 졸업 후 동료 코칭수퍼비전이 증가하는 추세를 보이고 있다. 또한 경험이 많은 멘토와 초보 멘토 간의 동료 코칭수퍼비전을 장려하는 기업 멘토링 프로그램 안에서 소규모지만 성장하는 추세를 확인했다. 단순한 버디 제도로 시작한 것이 이제는 일부 경우에서 선임 멘토가 수퍼비전을 어떻게 제공하는지 간략히 교육받고 동료를 돕는 좀 더 구체적인 역할로 발전했다. 이러한 추세는 조직 내부코치나 멘토를 위한 동료 수퍼비전 과정에 대한 수요 증가를 의미한다. 이러한 상황을 고려하여, 최소한 윤리적 고려사항, 동료 코칭수퍼비전의 잠재적 함정, 그리고 늘어나는 프랙티셔너 공동체를 위한 모범사례를 어느 정도 제공하는 것이 우리의 의도였다.

앞으로의 전망

상황에 관계없이 동료 코칭수퍼비전에 대한 수요는 증가하고 있다. 이는 실용적인 해결책을 제공하기도 하고 조직 내부 코칭 및 멘토링이 늘어나면서 비용 관리 측면에서 선호도가 높아지는 측면도 있다. 기술의 발달은 모든 형태의 코칭과 멘토링에 영향을 미치며, 동료 및 전문 수퍼비전 모두 전 세계적으로 더 접근 가능하게 만들고 대면과 온라인 사이의 차이를 줄이고 있다. 그룹 형태의 동료 코칭수퍼비전은 특히 유용한데, 일하는 환경에 긍정적인 영향을 미칠 기회를 제공하고, 시스템적 요소를 드러내며, 지식을 공유하고 네트워크를 구축하면서 프랙티셔너의 기술과 역량을 향상시키는 기회를 창출하기 때문이다. 동료 코칭수퍼비전은 프랙티셔너들이 장기적인 관계를 구축하고 그들의 커뮤니티 내에서 피드백과 지원을 받을 수 있는 기회를 제공한다.

    우리는 이러한 학습공동체를 지지한다. 동료 코칭수퍼비전을 통해 서로 지지 받고 그 결과 고객에게 제공되는 서비스의 품질이 향상되는 모습을 지켜보며 큰 만족감을 느낀다. 이 책을 쓰게 된 의도도 동료 코칭수퍼비전 활동을 위한 틀을 제공하여, 전 세계의 프랙티셔너들이 자신의 경력 전반에 걸쳐 필요할 때마다 어디서든지 성찰적 실천을 공유할 수 있도록 돕는 것이다.

현재, 동료 코칭수퍼비전과 전문 수퍼비전은 별개이면서 상호 보완적인 것으로 보고 있다. 시장에서 동료 코칭수퍼비전의 성장은 유기적이며 전문 수퍼비전과 동료 코칭수퍼비전이 개인에게 가져다 주는 인식된 가치에 따라 달라질 가능성이 크다. 우리는 코치 또는 멘토 교육 과정에서 동료와 함께 작업할 기회를 제공함으로써, 그들이 자신의 작업에 대해 성찰하는 것의 이점을 깨닫고 기술을 배우는 데 도움이 될 것이라고 제안한다.

성찰적 실천과 발전적 수퍼비전을 처음으로 경험한 이들은 이후에도 이러한 기회를 계속 이어가면서 프랙티셔너 스스로의 건강과 임무 적합성을 유지할 수 있다. 시간이 지나면서 개인들이 동료들로부터 얻는 성장 자극 이상의 것이 필요하다고 느끼거나, 전문 수퍼바이저가 제공할 수 있는 추가적인 통찰력을 인식하게 되면, 전문 수퍼비전의 수용이 증가할 것으로 기대된다. 동료 코칭수퍼비전을 전문 수퍼비전의 전략적 파트너로 보고, 두 가지가 함께 다음과 같은 방식으로 가치를 더할 수 있다.

1. 동료 코칭수퍼비전은 무엇을 독립적으로 해결할 수 있고 무엇을 전문 수퍼비전을 통해 더 깊이 탐구해야 할지를 결정하는 유용한

준비 과정이 될 수 있다.
2. 동료 코칭수퍼비전은 전문 수퍼비전에서 심도 있게 다룬 주제를 소화하고 성찰하는 장이 될 수 있다.
3. 동료 코칭수퍼비전은 전문 수퍼비전을 보완하며 추가적이고 색다른 관점을 더할 수 있다.
4. 동료 코칭수퍼비전은 개인의 성찰적 실천에 또 다른 다양성을 제공할 수 있다. 프랙티셔너가 일대일 전문 수퍼비전을 받을 경우, 이는 그룹 동료 코칭수퍼비전으로 보강할 수 있고, 그 반대의 경우도 마찬가지이다.
5. 동료 코칭수퍼비전은 특정 실천 분야를 지원하는 데 목표를 두고 수행될 수 있다. 예를 들어, 전문 수퍼비전은 팀 코칭 과제에 집중할 수 있고, 그룹 동료 코칭수퍼비전은 개인의 경력 전환 고객에게 집중할 수도 있다.

이 두 활동을 이처럼 하나의 체계로 결합해서 본다면, 우리는 이것이 지속적인 개선의 통합되고 선순환적인 사이클을 생성하여, 더 높은 역량과 적용능력, 그리고 상황 대처력을 갖춘 코치 및 멘토 공동체를 만들어 낸다고 기대한다.

향후 연구과제

동료 코칭과 멘토링이 계속해서 실행 가능하려면, 무엇이 최선의 실천 인지, 그리고 그것을 어떻게 측정할 수 있는지에 대한 연구가 계속되어야 한다. 동료 코칭수퍼비전 주제도 마찬가지이다. 많은 독자가 연구에 관심이 있을 텐데, 독자와 동료들이 향후 프로젝트를 위해 자료를 수집하도록 권장한다. 각 장에서는 향후 연구에 도움이 될 수 있는 여러 가지 문제를 다룬다. 아래에 목록을 작성했으며, 독자들이 고민하고 발표할 수 있는 아이디어를 촉진할 수 있기를 바란다.

1. 프랙티셔너들이 동료 코칭수퍼비전과 전문 수퍼비전을 어떻게 그리고 언제 사용하는가?
2. 프랙티셔너의 사업 성공, 수퍼비전의 가치인식, 그리고 성찰적 실천에 대한 투자 수준 사이에는 어떤 상관관계가 있는가?
3. 효과적인 일대일 동료 코칭수퍼비전을 가능하게 하거나 방해하는 요소는 무엇인가?
4. 효과적인 그룹 동료 코칭수퍼비전을 가능하게 하거나 방해하는 요소는 무엇인가?
5. 계약 체결 기술은 시간이 지남에 따라 어떻게 발전하고 성숙해지는가?
6. 동료 관계에서 윤리적 문제에 대해 논의할 수 있도록 하는 조건은 무엇인가?

7. 자신의 편향을 인식할 수 있는 능력을 어떻게 개발할 수 있는가?
8. 동료와 작업할 때 발생할 수 있는 위험과 잠재적인 함정에 대한 인식을 어떻게 높일 수 있는가?
9. 기술이 동료 코칭수퍼비전과 전문 수퍼비전에 미치는 영향은 무엇인가?
10. 코치의 성숙도와 성찰적 실천의 사용(독립적, 동료 코칭수퍼비전 또는 전문 수퍼비전) 사이에는 어떤 상관관계가 있는가?
11. 코치 교육기관 중 얼마나 많은 곳이 학생들에게 동료 코칭수퍼비전을 조직하고 활용하는 방법을 가르치는가?
12. 동료 코칭수퍼비전은 어디에서 가르쳐지며, 그것이 개별 프랙티셔너의 전문적 실천에 미치는 영향은 무엇인가?

마치는 글

이 책을 함께 만들어가는 과정은 우리에게 매우 흥미롭고 도전적인 여정이었다. 동료로서 우리는 웃음이 터지기도 했고, 이를 악물고 참아야 하는 순간들도 있었다. 여러분과 마찬가지로 우리는 시간대, 문화적 및 전문적 배경, 그리고 작업 스타일의 선호도를 넘어서야 했다. 그 결과, 우리는 서로에게 피드백을 주고받았고, 이는 우리가 어떻게 작업하는지 명확히 하는 기회를 만들어 주었으며, 이는 동료 코칭수퍼비전에 대한 우리의 관점을 형성하는 데 중요한 역할을 했다. 이 과정은 서로의 확인과 도전 덕분에 우리의 학습을 가속화했다. 우리는 작업을 함께하면서 여러 평행 과정들이 일어나고 있음을 인식하게 되었고, 그 중 하나는 최종 결과를 도출하기 위해 서로와 협력하는 것이었다. 어느 정도 이 과정은 동료 코칭수퍼비전을 반영한 것이었으며, 우리는 우리의 전문적인 수퍼비전 능력을 시험할 수 있는 독특한 기회를 가졌다.

결과적으로, 이 책의 과정은 우리 집단 지식을 더욱 종합적으로 융합하는 결과를 가져왔다. 책을 쓰는 동안, 우리 스스로의 실천에 어떤 영향이 일어나는지도 주목했다. 우리는 자기 자신을 관찰하는 데 더 몰두하게 되었고, 그 결과 '의식적 역량conscious competence' 상태로 되돌아가, 개인 성찰과 동료 및 전문 수퍼비전 활동 속에서 왜 이런 방식을 택하는지를 다시 점검하고 더 정교화했다. 이 협업을 통해 우리는 서로 다른 문화와 접근 방식을 더 깊이 이해하게 되었는데, 일단 무엇인가를 새롭게 깨닫게 되면 그 전 상태로 되돌아 갈 수 없음을 실감했다.

우리는 이 책을 쓰는 과정을 공유함으로써 독자 여러분이 모두 성찰적인 프랙티셔너임을 깨닫기를 바란다. 이 책을 읽음으로써, 여러분도 성찰적인 실천, 동료 코칭수퍼비전 및 전문 수퍼비전이 여러분 각자의 전문성을 향한 여정에서 어떤 역할을 할 수 있는지 좀 더 명확하게 인식할 기회를 얻게 될 것이다. 우리의 열망은 프랙티셔너들이 함께 모여서 즐겁고 목적의식 있는 성찰과정을 이어가도록 돕고 영감을 주는 것이며, 이는 결국 전체 공동체에 이로운 영향을 미칠 것이다.

태미, 미셸과 캐롤

참고 문헌

- Clutterbuck, D., Whitaker, C. and Lucas, M. (2016) *Coaching Supervision: A practical guide for supervisees*. Abingdon, UK: Routledge.

권말 부록

역자: 김상복

국제 코칭조직의 코칭 핵심 역량[1]

■ 코칭 협회

모든 코치를 위한 코칭 역량과 지표
Coaching Competencies and Indicators For All Coaches

---

[1] 국제코칭연맹(ICF), 코칭협회(AC), 유럽 멘토링 코칭 회의(EMCC) 등 국제조직은 코칭 역량에 관한 구조 틀, 모델을 제시했고 내용을 갱신하고 있다.
- 이 저서 발행 후 국제 코칭 조직의 역량 모델은 새로운 버전을 발표했다. 새롭게 발표한 코칭 역량의 상세 내용은 홈페이지를 통해 확인 할 수 있다.
- 국제코칭연맹의 11가지 코칭 핵심 역량은 '8가지 역량 모델' 2019년 제시되었다.
  - 한국챕터 홈페이지 참조(www.icfkorea.or.kr)
- 코칭협회(AC)는 코칭역량(2012)을 확립한 이후 그대로 유지하고 있다.
- 유럽 멘토링 코칭 회의(EMCC)는 2023년 새롭게 제시되었다.
  - 각 홈페이지를 통해 확인할 수 있으며, 본 저서의 이해를 위해 일부를 수록한다.

1. 윤리, 법률, 전문가 지침을 준수한다.
Meeting ethical, legal and professional guidelines.

(역량 지표Indicators of competence)

- AC 행동강령과 전문가 기준(코치 및 멘토링을 위한 글로벌 윤리강령 포함)을 준수한다.

  Follows the AC's professional standards and codes of conduct, including the Global Code of Ethics for Coaches & Mentors.

- 윤리적으로 행동하고 최고의 성실성을 유지한다.

  Acts ethically and with the highest integrity.

- 모든 이해관계자를 위해 코칭 전문성을 긍정적으로 홍보한다.

  Promotes the coaching profession in a positive light to all stakeholders.

- 코칭이 이루어지는 국가나 고객 조직이 운영되는 국가의 현행법을 준수하며, 가장 적용 가능하고 엄격한 법을 따른다.

  Complies with the prevailing laws of the country in which the coaching takes place and/or client organisation is operating, whichever is the most applicable and stringent.

- 코칭이 다른 조력 전문직과 어떻게 다른지 명확하게 소통한다.

  Clearly communicates how coaching is different from other helping professions.

- 전문성의 경계를 인식하고, 적절한 경우 다른 전문직에 의뢰한다.

  Is aware of professional boundaries and refers on to another professional as appropriate.

2. 코칭 성과와 동의에 관한 확립한다.
Establishing the coaching agreement and outcomes

(역량 지표)

- 코칭 과정과 자신의 코칭 접근법, 모델, 기법을 명확하게 설명한다.

Clearly explains the coaching process and own coaching approach, models and techniques.

- 고객이 코칭 목표와 결과를 설정하도록 돕고, 이를 달성하기 위한 고객과의 협력 방식을 합의한다.

  Helps the client establish coaching goals and outcomes and agrees an approach to working with the client that will achieve them.

- 고객과 모든 이해관계자와 공식적인 코칭 계약을 체결하고, 명확하고 측정 가능한 결과와 기밀 유지, 코칭의 제공 방식, 코칭 회기(기간, 빈도, 장소), 목적, 우발적 상황, 진행 상황 모니터링 및 보고, 거래 사항을 합의한다.

  Agrees a formal coaching agreement with client and all stakeholders, including clear and measurable outcomes, plus confidentiality, logistics of coaching sessions (duration, frequency, location), purpose, contingencies, monitoring and reporting on progress, and commercial arrangements.

- 코치와 고객, 다양한 이해관계자들 간의 명확한 역할, 책임, 경계를 설정한다.

  Establishes clear roles, responsibilities and boundaries between the different stakeholders, including coach and client.

3. 고객과 신뢰 기반 관계를 구축한다.

Establishing a trust-based relationship with the client

(역량 지표)

- 사람들을 존중과 존엄성을 가지고 평등하고 공정하게 대한다.

  Treats people equally and fairly, with respect and dignity.

- 고객에 대한 긍정적인 태도를 유지하고, 자기-믿음을 북돋아 준다.

  Is optimistic for and encourages self-belief in the client.

- 고객과 열린 대화를 할 수 있도록 높은 수준의 친밀감을 형성한다.
  Establishes a high level of rapport to build an open dialogue with the client.

- 고객을 있는 그대로 받아들여, 고객의 잠재력과 실천능력을 믿는다.
  Accepts the client 'as is' and believes in the client's potential and capability.

- 고객과 어려운 대화도 마다하지 않고, 고객에게 피드백을 제공하기 위해 자기 자신과 개인적 반응을 활용하며, 진행을 방해하는 이슈에 대해 고객과 공모하지 않고, 개방적이고 정직하게 행동한다.
  Acts openly and honestly, including tackling difficult conversations with the client, using self and personal reactions to offer client feedback, avoiding colluding with the client on issues that block progress.

- 합의된 기밀 유지 수준을 유지한다.
  Maintains agreed levels of confidentiality.

4. 자기 관리와 코칭프레즌스를 유지한다.
Managing self and maintaining coaching presence

(역량 지표)

- 고객에게 세심한 주의를 기울이고, 완전히 현재에 집중하며 참여한다.
  Pays close attention to the client, staying fully present and engaged.

- 합의된 고객 의제와 결과에 집중한다.
  Remains focused on the agreed client agenda and outcomes.

- 자신의 코칭 접근 방식에 맞춰 유연하게 행동한다.
  Acts flexibly whilst staying aligned to own coaching approach.

- 고객의 가치를 존중하는 동시에 자신의 가치에 맞춰 행동한다.

  Stays aligned to personal values whilst respecting the values of the client.

- 고객에게 최고의 결과를 가져다줄 수 있는 코칭 개입이 되게 노력한다.

  Works to ensure interventions get the best outcome for the client.

5. 효과적인 의사소통 Communicating effectively

(역량 지표)

- 효과적인 경청과 명확한 의사소통 스킬을 보여주고, 말한 것과 말하지 않은 것의 차이를 구분한다.

  Demonstrates effective listening and clarifying skills and differentiates between what is said and what's left unsaid.

- 고객이 합의된 결과에 도달할 수 있도록 간단하고 이해하기 쉬운 언어를 사용한다.

  Uses straightforward, easy-to-understand language that moves the client towards the agreed outcomes.

- 고객의 요구와 결과를 반영하여 의사소통 스타일을 조정한다.

  Adapts communication style to reflect the client's needs and outcomes.

- 고객의 학습과 목표 달성을 돕기 위해 관련 정보와 피드백을 제공한다.

  Provides relevant information and feedback to serve the client's learning and goals.

- 고객과 명확하고, 자신감 있고 신뢰할 수 있는 의사소통을 한다.

  Communicates clearly, confidently and credibly with the client.

6. 알아차림과 통찰의 향상 Raising awareness and insight

(역량 지표)

- 고객의 가정에 의문을 제기하고/도전하고, 새로운 통찰력을 이끌어 내고, 자기 알아차림을 높이고, 배움을 얻기 위해 질문을 던진다.

  Asks questions to challenge client's assumptions, elicit new insights, raise self-awareness and gain learning.

- 고객 이슈의 인식 범위를 넓히고 도전을 통해 새로운 가능성을 자극한다.

  Helps broaden a client's perception of an issue and challenges to stimulate new possibilities.

- 고객이 합의된 결과를 달성하기 위한 선택지를 만들어 내도록 지원한다.

  Supports the client to generate options to achieve agreed outcomes.

- 관찰적 피드백을 제공하여 고객이 이를 근거로 행동할지 여부를 선택할 수 있도록 한다.

  Provides observational feedback where relevant, leaving client free to choose to act upon it or not.

- '지금 여기'에서 피드백을 제공하여 고객이 자기 알아차림과 배움의 자원으로 '자기'를 활용한다.

  Uses 'self' as a resource for the development of the client's self-awareness and learning by offering 'here and now' feedback.

7. 전략과 행동 설계 Designing strategies and actions

(역량 지표)

- 고객이 목표 달성을 위한 전략을 수립하도록 지원한다.

Supports the client to build strategies to meet their outcomes.

- 고객이 자기 주도적 학습 기회를 파악하고 실행하도록 영감을 준다.

  Inspires the client to identify and implement self-directed learning opportunities.

- 고객이 자신의 행동과 약속을 이행하며 상호 책임을 진다.

  Leaves accountability with the client while following through on own actions and commitments.

- 고객이 목표 달성을 위해 다른 사람에게 지원을 구하도록 격려한다.

  Encourages the client to seek support from others to help achieve the client outcomes.

- 고객이 새로운 작업/행동 방식을 시도하는 동안 지원을 제공한다.

  Provides support while the client tries out new ways of working/behaviours.

8. 추진력의 유지와 평가 Maintaining forward momentum and evaluation

(역량 지표)

- 결과 중심의 접근 방식을 유지한다.

  Maintains an outcome-focused approach.

- 고객이 합의된 결과로 나아가도록 강력한 질문을 제기한다.

  Asks powerful questions that move the client forwards towards the agreed outcome.

- 고객의 진행 상황과 성과를 확인하고 인정한다.

  Checks and acknowledges client progress and achievements.

- 무엇이 효과가 있는지, 무엇이 방해가 되는지, 진행이 부족한 부분을 탐구한다.

  Explores what is working, what is getting in the way and challenges lack of progress.

- 코치에 대한 의존도를 줄이고, 고객이 스스로 코칭을 할 수 있는

능력을 개발한다.

Discourages dependency on the coach and develops the client's ability to self-coach.

- 코칭을 통해 얻은 배움을 적용하려는 고객의 동기를 확인한다.

    Checks the client's motivation to apply learning from the coaching.

- 코칭의 효과성을 측정한다.

    Measures effectiveness of coaching.

9. **지속적인 코치 개발을 수행한다.** Undertaking continuous coach development.

    (역량 지표)

    - 정기적으로 고객에게 피드백을 요청한다.

        Regularly requests client feedback.

    - 코칭 프랙티스와 결과에 대해 적극적으로 성찰한다.

        Actively reflects on coaching practice and outcomes.

    - 스스로 비판적 성찰과 고객의 피드백을 따라 코칭 프랙티스를 개선하기 위해 행동한다.

        Acts on own critical reflections and client feedback to improve coaching practice.

    - 정기적으로 코칭수퍼비전에 참여하여 프랙티스를 성찰하고 개선한다.

        Participates in regular coaching supervision to reflect on, and improve, practice.

    - 전문성의 지속적 개발 활동에 참여한다.

        Participates in continuous professional development (CPD) activities.

임원코칭을 위한 추가 역량 지표

Additional Competencies and Indicators - Executive Coach

10. 조직적 맥락 안에서 작업한다. Working within the organisational context

(역량 지표)

- 고객이 활동하고 있는 조직의 맥락(장기적 비전, 미션, 가치, 전략적 목표 시장이나 경쟁자들의 압력 등) 이해하기

   Understands the organization context in which the client operates (e.g. is aware of the long term vision, mission, values, strategic objectives, market/competitive pressures, etc.)

- 조직 시스템 내에서의 고객의 역할, 포지션, 권한에 대해 이해한다.

   Understands the client's role, position and authority within the organizational system.

- 조직 시스템 내에서 핵심적 이해당사자(내부, 외부)에 대해 인식한다.

   Is aware of key stakeholders (internal and external) within the organizational system.

- 조직의 목표와 목적을 지원하기 위해 코칭 목표를 조정한다.

   Aligns coaching goals to support organizational aims and objectives.

- 코치, 고객 그리고 코칭의 내부 스폰서들의 관계에 대해 이해한다.

   Understands the relationship between the coach, client and internal sponsor(s) of coaching.

- 인적자원과 인사 정책과 관행을 포함해 조직의 가치, 정책과 실천을 인식하고 이에 따라 작업한다.

   Is aware of, and works with the organisation's values, policies and practices, including human resource and people policies and practices.

- 여러 이해관계자의 복잡서, 다양한 관점, 상충되는 우선순위를 포

괄하는 시스템적 접근 방식으로 고객을 코칭한다.

Takes a systemic approach to coaching the client, encompassing the complexities of multiple stakeholders, different perspectives and conflicting priorities.

11. 리더십 이슈를 이해한다. Understanding ledership issues.

(역량 지표)

- 조직에서 일하는 리더들이 직면한 도전에 대한 인식한다.

  Recognises the challenges faced by leaders working in organisations.

- 코칭을 통해 리더십 행동과 자질을 개발하는 기회와 방법을 확인한다.

  Indentifies ways of, and opportunities for developing leadership behaviours and attributes through coaching.

- 조직적인 리더들과 같이 일할 수 있는 경험과 지식을 보여줄 수 있어야 한다.

  Demonstrates knowledge and experience of working with organizational leaders.

- 고객과 조직에 대한 이해를 보여줄 수 있고 잘 알려진 적절한 언어를 사용한다.

  Uses language appropriate for, and recognized by, the client and organization.

- 조직의 핵심영역에서 리더의 기준을 높이기 위해 건설적으로 도전한다.

  Constructively challenges the leader to raise his/her standards in areas key to the organization.

- 리더의 영향력을 발휘할 수 있는 영역에 대해 이해한다.

  Understands the leader's sphere of influence.

12. 조직과 파트너십으로 일한다. Working in partnership with the organization.

(역량 지표)

- 조직의 관련 네트워크와 전략적 파트너십을 개발한다.

  Develops relevant networks and strategic partnerships in the organization.

- 코칭을 위한 정책과 조직적 한도 내에서 고객, 직속 상사, 코칭 스폰서와 정서적 코칭 계약, 상업적 계약, 작업 동맹을 설계한다.

  Designs an affective coaching contract, commercial agreement and working alliance with the client, line manager and coaching sponsor(s) within organizational parameters and policies for coaching.

- 기밀 유지의 합의 된 수준을 유지하면서도 코칭의 평가와 모니터링, 코칭 셋업에 주요 이해관계자를 적극적으로 포함한다.

  Actively involves key stakeholders in the set-up, monitoring and evaluation of the coaching, whilst maintaining agreed levels of confidentiality.

- 기밀유지의 수준과 합의를 유지하면서도 핵심적 이해관계자에게 개방적이고 정직하게 코칭 진행을 소통한다.

  Communicates the progress of the coaching with key stakeholders openly and honestly, whilst maintaining agreed levels of confidentiality.

- 개인과 팀, 조직 수준에 맞는 고객의 가치를 추가하는 방법을 파악한다.

  Identifies ways of adding values to the client at the individual, team and organizational level.

■ 유럽 멘토링 코칭회의 코칭 역량[2]

멘토링, 코칭, 리더십을 위해 사용하는 8가지 핵심 기준
Eight Core Standards for Mentoring, Coaching and Leadership using these skills.

1. 자기를 이해하기 Understanding Self

자신의 가치, 신념, 행동에 대한 알아차림을 실례로 보여 주고, 이러한 것들이 자신의 역할과 실천에 어떤 영향을 미치는지 인식하며, 이러한 자기 알아차림을 활용하여 고객 및/또는 동료의 요구 사항(해당되는 경우)과 스폰서의 목표를 충족하는 효율성을 관리한다.

Demonstrates awareness of own values, beliefs and behaviours, recognises how these affect their role/s and practice, using this self-awareness to manage their effectiveness in meeting the client's and/or colleague's needs as applicable, and where relevant, the sponsor's objectives.

2. 자기 개발에 대해 전념한다. Commitment to Self-Development

프랙티스의 기준을 탐구하고 개선하며 전문직의 명성을 유지한다.

Explore and improve the standard of their practice and maintain the reputation of the profession.

3. 계약 관리하기 Managing the Contract

고객과 필요한 경우 스폰서와의 멘토링/코칭 계약에 대한 기대치와 경계를 설정하고 유지한다.

---

[2] EMCC Global Professional Practice Framework for Mentors, Coaches, and Leaders Specific to Role and Context June 2024

Establishes and maintains the expectations and boundaries of the mentoring/coaching contract with the client and, where appropriate, with sponsors.

4. 관계 구축하기 Building the Relationship

고객 및 적절한 경우 스폰서와 효과적 관계를 능숙하게 구축하고 유지한다.

Skilfully builds and maintains an effective relationship with the client, and where appropriate, with the sponsor.

5. 통찰과 배움을 가능하게 하기 Enabling Insight and Learning

고객과 스폰서와 협력하여 통찰과 배움을 이끌어 낸다.

Works with the client and sponsor to bring about insight and learning.

6. 결과와 실천 지향 Outcome and Action Orientation

고객이 원하는 변화를 이룰 수 있도록 지원하는데 적절한 접근 방식을 보여 주고 기술과 지식, 경험을 활용한다.

Demonstrates approach, and uses the skills, knowledge and experience as appropriate in supporting the client to make desired changes.

7. 모델과 기법을 활용한다. Use of Models and Techniques

통찰과 배움을 이끌어 내기 위해 핵심적인 의사 소통 기술을 넘어 모델, 도구, 기법, 아이디어를 적용한다.

Applies models and tools, techniques and ideas beyond the core communication skills in order to bring about insight and learning.

8. 평가 Evaluation

자신의 프랙티스 효과성에 대해 정보를 수집하고 결과 평가 문화를 확립하는데 기여한다.

Gathers information on the effectiveness of own practice and contributes to establishing a culture of evaluation of outcomes.

색인

A

1년에 한 번 정도는 대면 115
3C 20, 73, 75, 76, 77, 79, 96

ㄱ

'가능성이 큰' 것과 '가능성이 작은' 것 237
가장 잘하는 역할이나 더 발전시키고 싶은 역할 350
간단한 거래형 주제 344
간단한 조언은 "하지 않는 게 좋다!" 340
감각 확인sense-checking 62
감정적 에너지 273
개별적인individual 207
개인 능력 강화 447
개인과 조직의 동기가 서로 상충 249
개인의 성찰적 실천은 그룹 기반의 핵심 190
개인이 발전적인 작업에서 물러날 수 있다 220
개인적인personal 207
거래수단currency 155
건설적인 피드백 316
걷기를 하면서 자신의 일에 대해 생각하기 86
겉으로 보기에 '열린open' 질문은 사실 멘토의 세계관에서 비롯된 것이다 280
경계 관리boundaries 167
경계 설정boundaries 23, 114, 139
경계 설정에 관한 도전을 관리 264
경기장arena의 크기를 늘리는 일 90
경쟁심 조장 336
경험 공유 143
경험 수준이 차등 349
경험 차이 23
경험 과소평가 331
경험적 글쓰기를 열정적으로 지지 87
계약contract 114, 156
계약 체결contracting 209

계약 체결contracting 기술 316
계약 체결 대화가 이를 계속 유지시키는 역할 210
계약 체결은 필수적인 기술 225
계약 체결contracting이란 관계의 경계를 합의하는 과정 209
계약 템플릿 139
계약에 포함되지 않은 관계 변화 212
계약을 통해 리스크를 최소화 341
계약의 다섯 가지 영역 165
계획적 실천dedication 78
고객 관계의 복잡성 36
고객 관계의 상호작용이 다층적multi-layered임 47
고객-프랙티셔너 관계client-practitioner relationship 299
고객과의 친숙함에서 한 걸음 263
고객에게만 집중하는 경향 296
고객을 구성하는 '온전한 사람whole person' 153
고객을 다른 전문가에게 의뢰refer할 시점을 아는 것 381
고객을 위한 작업 방식 개선 168
고객의 특정 이슈에 대한 심층적인 탐구 380
고유성unique signature 95
골칫거리a trouble 291
공동 창출된 권력 50
공동 코칭 삼각구도co-coaching triads 51
공동 코칭co-coaching은 동료 관계, 즉 '코치를 코칭하기coaching the coach' 126
공동 코칭을 하는 주된 이유 51
공모collusion 263, 327

공유 범위 120
공유된 결과 모델 225
공유된 역사 221
공통 용어가 있어도, 각자가 다르게 이해 330
관계 과투자 346
관계 속에서 위험 신호를 포착 326
관계 종료 관리 134
관계 초기에 공동으로 계약서를 작성 123
관계 형성 110
관계에 과도하게 투자하기 345
관계에 대한 성찰하는 수용력capacity to reflect on 85
관계의 동료적 성격 43
관계의 상호성mutuality 49
관계의 평등성 173
관계의 호혜성reciprocal nature 38
교환 가치currency 107
구매자 주의buyer beware 56, 379
구성원 간 경험치 차이 349
'구조자rescuer' 역할 268
굳건함groundedness 230
권력 균형 354
권력 역동 23, 354
규범적normative 44, 52, 63, 394
규범적 기능normative function 23, 376, 377, 382, 394
글쓰기 작업은 내러티브 스타일로 할 필요가 없다 86
글쓰기 자체가 성찰적 실천의 훌륭한 예시 396
기밀 유지confidentiality 22, 62, 141, 164, 170, 238, 240, 242, 243, 254, 255,

256, 265, 267, 279, 280, 281, 340
기밀 유지: 상황에 맞춘 적절한 접근법 243
기밀성 관리 방안 116
기술에 초점을 맞춘 학습 모임learning circles 29
길이 결정 114
끝을 염두에 두고 시작 88

ㄴ

나는 모든 것을 아는 사람으로 보이고 싶지 않다 221
남을 돕고자 하는 열망이 자기 돌봄을 뒷전으로 310
낯선 관점이 지나친 혼란을 야기 330
"내가 이런 상황이라면 어떻게 할까?"라는 간단한 질문 315
내성적이면서도 경험이 많은 멤버 350
내적 나침반internal compass 72
'내용content'이 아닌 '과정process' 관점 281
넘어서는 것going above and beyond 271
네 가지의 주요 윤리적 범주 22
네 가지 기법 130
네 가지 상호 연관된 역량 230
노출에 대한 두려움 366

ㄷ

다른 사람의 '이슈'를 자신의 욕구를 충족시키는 수단 270
당신이 나에게 도전하지 않는다면, 나는 당신에게 도전하지 않는다 50
대충 맞춰주다가 흐지부지되는 편 344

"더는 대안이 없다."라는 가정 342
도덕적 나침반 296, 298
도망가기flight 349
도입 역할arrival role 179
도전과 지원 사이의 긴장감을 유지하는 과정 15
독립적이고 객관적인 태도를 취하는 데 방해 337
돈money보다는 시간time이 주요 교환 대상 37
동등성 349
동등성이 위협받고 있음을 시사하는 경고 349
동등성equity이 유지 332
동등한 입장을 유지하려면, 서로 번갈아 사무실을 사용 115
동료 수퍼비전peer supervision 37, 38
동료 수퍼비전 계약서co-creating a written contract 123
동료 수퍼비전 계약에서 다뤄야 할 다섯 가지 핵심 영역 114
동료 수퍼비전 관계 130
동료 수퍼비전 퍼실리테이팅 127
동료 수퍼비전과 전문 수퍼비전은 서로 구별된다 46
동료 실천 학습 활동peer action learning activity 89
동료 압박peer pressure 274
동료 코칭 환경은 때때로 동료의 검증이 필요한 곳에서 비롯된다 52
동료 학습peer learning 24, 33, 42, 190
동료 학습peer learning의 한 형태 42
동료끼리 '너무 도와주려는' 유혹 143

동료와 계약을 체결할 때 고려해야 할 세 가지 주요 요소 211
동료와 우정 사이의 경계 264
동료인데도 마치 전문 수퍼바이저인 듯 행동 354
동료적 특성collegiate nature 107
두루 살피거나oversees 169
둘 중 한 사람이 더 성장해버리면 상대는 곧 갇힌 기분 342
디스카운팅discounting 383
떠오르는 생각을 바로 말하는 대신 353

ㅁ

마음속 수다mind chatter 379, 381
마음챙김mindfulness 77, 92, 93, 94, 97, 128, 225, 231
마인드맵 기법 86
말과 행동이 일치walk the talk 370
맞닥뜨릴 수 있는 위험 유형은 대체로 유사 326
멘토도 친구가 될 수 있는가 288
멘토링 관계의 초점 284
멘티가 멘토를 자신의 홍보대사ambassador 282
멘티가 모르는 것을 멘토가 알고 있다 281
명확히 하기 위한 질문clarifying questions 198
모든 것이 비밀인가, 아닌 것이 있는가? 279
모른다는 사실은 무지의 표출이 아니라, 배움에 열려 있음 318
무례함보다는 호기심 287
무의식적 편향unconscious bias 222, 261,
333
문제를 인정하고 주차해두는 기법arrival techniques 222
문화적 감수성 258
문화적 만화경 모델 222
문화적 '실수faux pas' 258
문화적 차이를 당황하지 않고 논의할 수 있는 안전한 공간 257
문화적 차이와 개인적 가치 282
문화적으로 유연한 방식으로 자신을 관리 257
미로Labyrinth 글쓰기 도구 87

ㅂ

반복적으로 집단의 관심을 독차지하는 경향 350
발달 침체developmental stagnation 380
발전의 정체developmental stagnation 136
방 안의 코끼리the elephant in the room 267, 296
방법 설계와 숙련의 길 20
방향 감각sense of direction 78
방향 상실/혼란 328
배움은 전혀 다른 차원으로 생각이 도약하는 식 336
배움은 지식이 조금씩 쌓이는 식 336
변질되기 시작하는 순간 328
복잡성에 대한 인식 366
부족部族에서 자유로운 독립 코치 445
분열된 충성심divided loyalty 290
불안이나 불만의 근원 338
불편함을 느끼는 상대와 묶일 수 있다는 단

색인 423

점 343
불편함을 일기에 적어두자 344
비밀이 침해되었을 경우 217
비용cost 29, 30, 58, 59, 60, 61, 115, 157, 162, 189, 215, 248, 337, 389, 398, 399
비위계적인 학습 환경 136
비즈니스 덫을 피하는 자유로운 공터 445
'비지시적non-directive' 접근 방식 245
비지시적 코치 308
비판적인 친구 역할 216
빈 둥지 증후군empty nest 271
빈도 결정 114

ㅅ

사각 지대blind spot 325
사각지대에 위치했을 때 91
사고를 자극하는 방식 107, 155
사례에 대한 가설 205
사생활 침해breach of privacy 275
사소한 이슈 344
사전 회기chemistry session 256
'삶의 기술'이자 개인 프랙티셔너가 성장하는 과정 401
상대가 나와 상호 보완적 334
상향 처리escalation 169
상호 보완적/공생적symbiotic 393
상황에 대한 판단에서 출발하는 이유 312
상황의 복잡성 251
새로운 사고 348
새로운 지식과 성장을 위한 가능성 314
생각 환경 143

생계를 위해 어쩔 수 없다는 현실 310
생성적generative 374
생성적 과정generative process 88
생성적generative 학습 환경 374
선순환적인 사이클 401
'선 아래' 피드백을 '선 위' 피드백으로 변환하는 방법 227
'선 아래'에서 발생하는 두려움 기반의 행동 225
'선 위' 행동 225
성공 지표 337
성인 학습adult learning 72
성장 정체stagnation 333
성장하고자 하는 열망 304
성찰 주기reflective cycle 82
성찰적 공간 80
성찰적 공간reflective space은 공동 창조 41
성찰적 공간은 공동으로 창조 373
성찰적 실천reflective practice 57, 71, 72, 131
성찰적 실천 모델 82
성찰적 학습 환경reflective learning environment 41, 80, 369
소통 속도와 침묵을 견디는 정도 352
수동-공격적 행동 382
수용력capacity 46, 76, 77, 96, 365
수치심shame 61
수치심은 완벽주의의 발상지이다 378
수퍼 사각지대super blind spot 91
수퍼바이저가 업계 표준이나 품질 보증을 준수할 '자격' 374
수퍼바이저도 현재 수퍼비전을 받고 있는지 388

수퍼바이지의 개발 377
수퍼바이지의 지속적인 발전과 위험의 동적
　관리 15
수퍼비전 관계의 협력적 성격 40
수퍼비전 렌즈 184
수퍼비전 필요 최소화 335
수퍼비전 필요성에 대한 긴급성 및 가용성
　156
수퍼비전에 대한 시스템적 저항 370
수퍼비전에 투자한 시간이 가치를 창출 372
수퍼비전의 방법론적 기초만 갖춘 훈련 학
　교 출신인 사람은 주의 388
수퍼비전의 주요 동기 168
수퍼비전의 집House of Supervision 44
수퍼비전의 필요성, 목적, 수용은 국제적으
　로 일관성이 없다 28
수혜자beneficiary 248
숙련mastery 72
숙련도proficiency 55
숙련된 기술의 본질essence of mastery 75
숙련된 기술의 정점summit of mastery 78
순간적으로 떠오르는 직관 351
순진해 보이는 질문 331
시간 관리자time keeper 178
시스템 맹점systemic blind spot 339
시작kick-start 237
시장 성숙도marketmaturity 58
신뢰할 수 있는 조언자 216
신선한 시각을 도입하고 다양한 관점을 반
　영하기 위한 방법 348
실증적 도전과제 15
실천 중 성찰reflection in action 81, 92, 96
실천과 전문성을 지나치게 단순화 375

실천능력capability 27, 46, 72, 76, 96, 380
실천에 대한 성찰reflection on action 81, 92,
　96
실천에 대한 성찰 능력ability to reflect on action
　89
실천적practicalities 166
실패에 대한 두려움 378
심리적 마음가짐psychological mindedness 85
심리적 안전 171
심리적 안전감 346
싸우기fight 349

ㅇ

아무나 있는 것이 없는 것보단 낫다는 마음
　342
악마의 변호인devil's advocate 334
안전지대가 자신감을 높이는 데 도움 327
안전한 공간에서 더 많은 도전 374
양측 모두에게 편리한 '유료 장소' 115
'어딘가에 속하고 싶어 하는' 욕구 347
어떤 눈은 거의 다루지 않았는지 149
어떤 식으로든 계약을 물리적으로 기록 211
어조tone 170
얼어붙기freeze 349
여러 관계의 복잡성을 헤쳐 나가는 어려움
　265
역량competency 27, 46, 76, 96, 307, 365
역량 요구 분석competency needs analysis(CNA)
　259, 260
역량을 다소 부풀려 말하는 것 305
역전이countertransference 47, 92
역할 권력role power 49

역할과 책임의 경계 270
역할의 순환 89
연락하기reach out 158
연례 리뷰 131
'연장자'로부터 의견을 구하는 경향 350
'오염contamination'이 작업의 질을 저해 253
옳은 절차를 밟았는데도 관계가 잘 풀리지 않는 경험 345
외향적 사고extroverted thinker 86
우리만의 리듬 130
원망, 의무감, 회피 같은 감정 334
원형으로 앉아 있을 경우 351
유연성fluidity 77
유용한 피드백 제공을 위해 특별히 훈련 376
유익한 성장 기회를 스스로 포기 291
윤리ethics 295
윤리 강령 300
윤리를 '방 안에 있는 코끼리the elephant in the room'라고 부른다 296
윤리적 결정 298
윤리적 근육ethical muscle 293
윤리적 나침반 321
윤리적 도전이 발생하는 순간 314
윤리적 문제는 인식의 가장자리에서 생겨난다 302
은유 활용 146
응집력cohesion과 위험 감수 161
의도하지 않은 결과 270
의식적 역량conscious competence 408
의식적 역량/능숙함conscious competence을 유지 131
의식적 인식 밖에서 일어나는 이슈를 나타내는 신호 220

의도적인 퍼실리테이션 전략 350
의존 341
의존이 일어나고 있음을 시사하는 경고 신호 342
이슈에 관해 '깊이 들어가고' 264
이슈와 내용이 궤도를 벗어났을 때 172
이중 관계dual relationships 238
이중 관계 경고 신호 340
이해 상충conflicts of interest 238
인내심 352
인내심 부족 23
인재talent 247
인터비전intervision 42
일곱 눈 모델 150
일대일 동료 수퍼비전 107
일시 정지 후 검토 112
일찍 그만두고 다른 시도를 하는 편 345
일치성integrity 305
임상 수퍼비전의 상호작용 모델Interactive Model of Clinical Supervision 376
있는 그대로 이야기한다warts and all 145

ㅈ

자기 결정권의 극대화 447
자기 관리형 계약selfmanaged arrangement 37
자기 규제를 하고 품질 기준을 유지할 수 있는 기회 374
자기 돌봄self-care 309
자기 돌봄을 소홀히 하는 건 309
자기 알아차림self-awareness 360-1
자기 이해self-understanding 72
자기 행동에 대한 궁극적인 책임 42

자기 휴식의 중요성이 무시 310
자기감sense of self 381
자신감confidence 61, 94
자신감이 자기감sense of self을 어떻게 제한 381
자신을 도구self as instrument 361
자신의 반응이 '개인적인 요소your stuff' 258
자신의 습관habits과 선호도preferences, 유발 triggers과 응답responses 92
자신이 가진 경험을 과소평가 331
자연스러운 소통 스타일이 집단 역동에 미치는 영향 351
자유 지대의 지혜 나눔 449
잠재적 정치성potential politics 72-3
잠재적 함정 326
잠재적인 기밀 침해의 대상 242
장점 109
재능 기부pro bono 363
적절한 도전challenge 수준은 어디까지 328
전문 배상 책임 보험 122
전문 분야 계약 체결의 기술 210
전문 수퍼바이저는 코치 또는 멘토 기술을 넘어서는 375
전문 수퍼비전professional supervision 38
전문 수퍼비전은 경력 단계와 관계없이 유용한 지원 380
전문 수퍼비전의 유용성 35-6
전문 영역 밖에 있는 고객 304
전문가 또는 '가르치는' 역할에 빠지지 않도록 206
전문가 배상 책임 보험professional indemnity insurance 175
전문성을 어쩔 수 없이 또는 무심코 왜곡 304
전문성의 지속적 개발continuous professional development(CPD) 38, 118, 355
전이transference 47, 92
전체 시스템을 조망하도록 훈련 376
전체 시스템을 조망할 자격 369
전환transitions 162
절차적 사항 213
점 잇기joining the dots 274
정기 리뷰 131
정기 리뷰를 통해 지속해서 발전시켜 나가는 관계 형성 21
정기적인 재계약 210
정기적인 재계약을 위한 계약 체결 226
정신적 혼란disorientation 387
조각을 맞춰join the dots 256
조력 전문직helping profession 71
조사를 위한 질문probing questions 198
조작manipulation 268
조직 내 코칭Coaching in Organisations 64
조직 시스템의 일부이므로 '익숙한normal' 환경 261
조직을 교육할 책임 302
조직의 가치관과 상충 242
조직의 홍보 대사ambassador 248
조치를 취하는call it 172
조하리 창Johari window 90
좋은 기분을 유지하고 싶은 욕구 356
주권 개인Sovereign individual 446
주권자 개인 446
주된 가치는 연결감connectivity을 높이는 데 있다 144
주제 전환 281

주제별 전문가인 경향 392
주차해두는 기법arrival techniques 222
준비 수준 118
중재자moderator 178
즉석 계약 체결spot contracting 210, 227
지금 이 순간의 집단 역동 분석 376
지리geography 160
지리적 위치geographical location 58
'지시적directive' 접근 245
지우개 버튼 217
지향 권력power-to 50
직감적 반응gut reaction 238
직선적이거나 단방향one-way 358
직접 당사자 의식 446
진공 상태에 존재하는 것이 아니다 153
진정성authenticity과 충성심loyalty 사이에서 어떻게 대응 291
진행 형식 121
질투와 경쟁심 337
집단 함정 347
집단 사고 23, 347
집단 안에서 내가 어떤 행동을 하는지 348
집단 안에서 소수 동맹 354
집단의 단합 347
집단의 세 가지 핵심 원칙 349

촉진자facilitator 178
최고 수준의 실천을 향한 공통의 목표 320
취약성vulnerability 37
침묵을 깨는 타이밍 352

ㅋ

코치 개발 계획 361
코치 성숙도 4단계 359
코치들의 연대 구조 448
코치들의 협력 구조 448
코치를 코칭하기coaching the coach 30, 51, 126
코치에게 코칭하기 216
코치와 고객 사이의 무의식적인 연결 고리 243
코치의 관점과 멘토의 관점 280
코칭 시장에서의 지위가 높다는 이유 354
코칭 작업의 이해관계자stakeholder 248
코칭 제공 계획logistics 157
코칭 프레즌스coaching presence 77
코칭에서의 다중 이해관계자 계약multi-stakeholder contracting in coaching 367
코칭은 소명 그 이상의 것이다 448
쿠시볼koosh ball 351

ㅊ

책임감 부족 343
책임의 양에 공평성 173
청각적 학습자auditory learner 86
체리 피커cherry picker식 관계나 활동 446
초기 계약 21

ㅌ

타인의 행동을 판단하거나 융통성 없는 행동 382
탐구enquiry 314
'통과 의례'를 위한 더 창의적인 해결책을 방해 375

투명성을 역할 모델 251
특정 행동을 할 가능성을 자각하는 순간 313
팀 내에서 '편애favoritism' 271

ㅍ

파트너십이나 그룹에서 긴장감 211
판단, 편향, 선호도, 또는 감정적 반응 297
'판단하지 않는' 태도를 보이는 일 312
편의성convenience 62
편향bias 298, 310
평행 과정parallel process 92, 262, 385
프랙티셔너들은 초기 교육 기관의 영향 366
프리랜서 코치 310
피드백 주제에 관한 계약contract을 체결 255
피드백 주제에 관한 합의agreement 255
피드백을 요청하는 기술 267
필요에 따라 유연하게 재계약re-contracting 356

ㅎ

하나 이상의 수퍼비전 출처 218
학습, 기술 향상study and/or skills-enhancement 63
학습·도전·관점 확장을 받아들이는 자세 356
학습 속도 336
학습 속도가 다른 데에는 여러 이유 337

학습 정체stagnation 356
학습이란 결코 직선적 336
'한 가지만 연마한one discipline' 수퍼바이저는 피해야 388
한계 109
함께 실천을 성찰할 수 있는 힘 369
합의agreement 156
합의/동의agreements와 계약contract을 엄격하게 관리 156
해결 중심의 사고solution focused thinking 88
허위 진술misrepresentation 304
험담gossiping 255
현재 그 자리에서의 경험here and now experience 153
형성적formative 44
형성적 기능formative function 373
호주 표준 핸드북Standards Australia Handbook 64
호혜성reciprocal nature 38
호혜적 관계reciprocal relationship 49
'혼자'라는 느낌을 받을 때 144
확증 편향confirmation bias 222
환자 사냥hunt the patient 182
회복적restorative 44, 52, 63
회복적 기능restorative function 377
회색 지대 300
회피하는 주제 328
희생양scapegoat이나 해결사rescuer를 찾으려 하면서 354

색인 429

저자 및 역자 소개

저자

태미 터너 Tammy Turner

호주 시드니에 거주하며 미국 콜로라도 출신인 타미는 코칭 개발 및 수퍼비전 센터의 설립자이자 TPC 리더십 호주 관리 책임자이다. ICF 마스터 공인 코치(MCC)로 전 세계 주요 업계 및 정부 의사 결정권자들과 협력하고 있다. 수백 명의 조직 내부 코치, 리더 및 HR 전문가와 프리랜서 독립코치, 멘토와 컨설턴트를 교육하고 수퍼비전 해 왔다. 국제 코칭 분야의 선구자로서 코칭, 멘토링, 협업 리더십의 힘에 관한 글과 저서가 있다. 수퍼바이저를 위한 실용적인 안내서(Routledge, 2016)와 아시아 태평양 지역의 코칭과 멘토링(Routledge, 2017)에 관한 내용을 집필했다. 2001년부터 정보 통신 기술 분야의 임원 경력을 활용하여, 불우한 청소년을 위한 기업의 사회적 책임 노력을 지원한다. 리더와 코치를 위한 기업 혁신 프로그램을 위한 맞춤형 해결책도 개발해 왔다. 태미는 코칭의 평판이 향상, 자율적인 코칭 업계의 핵심이 되는 전문성의 지속적 개발(CPD)에 전념하고 있다. 코칭 가이드라인에 대한 전문가 단체 간 토론에 참여하고, 업계 표준으로서 CPD에 대한 ICF의 정책을 정의하는 데 중요한 역할을 해왔다. 그녀의 희망은 전문 코칭 및 멘토링 커뮤니티가 프랙티셔너와 이들이 지원하는 사람들 모두에게 매력적인 가치를 더하는 데 있다. www.developingcoaching.com.au www.tpcleadership.com

미셸 루카스 Michelle Lucas

미셸의 첫 번째 관심사는 심리학이었고 이후 20년이 넘는 HR 경력으로 이어졌다. HR 업무에서 많은 시간을 리더십 전환에 어려움을 겪는 임원들을 지원하면서 코칭에 관심을 갖게 되었다. 2003년에는 코칭 비즈니스인 'Greenfields'를 설립했고, 2006년에 마침내 기업 경력과 인연을 끊었다. CPD에 대한 열정으로 그녀는 뉴베리에서 AC의 코칭 포럼을 공동 설립했다. 이 그룹을 통해 코칭을 시작하려는 사람들을 지원하면서 수퍼비전으로 이끌었다. 워릭대학교 Warwick University에서 MBA를 취득했고, CIPD의 정회원이며, 옥스포드 브룩스와 게슈탈트 센터에서 교육을 받은 AC의 공인 마스터 코치 및 공인 코칭 수퍼바이저이다. 커리어 코치 및 경영진 코치로 일하고 있으며, 비슷한 분야에서 일하는 사람들을 수퍼비전한다. AC에서 자원봉사를 하고 있으며, 수퍼비전 교육 책임자이다. EMCC 저널의 편집 검토 패널의 일원이기도 하다. 집단 수퍼비전 연구 결과를 발표하는 학술 저널에 다수의 논문을 기고했으며, 공동 퍼실리테이션 작업에 관한 저널 기사를 캐롤 휘태커Carol Whitaker와 공동 집필하기도 했다. 데이비드 클러터벅 교수 및 캐롤 휘태커와 공동으로 첫 번째 학술서인 『코칭 수퍼비전 실천 가이드Coaching Supervision: A practical guide for supervisees』(Routledge, 2016 출간, 한글판 2025)를 집필했다. 또한 코칭 수퍼비전을 주제로 활발한 블로거 활동을 하고 있다. www.greenfieldsconsultancy.co.uk

캐롤 휘태커Carol Whitaker

캐롤은 다양한 산업 분야에서 임원급으로 풍부한 비즈니스 경험을 쌓았다. 사람들의 잠재력을 개발하는 일에 항상 열정이었고, 이를 계기로 HR 분야에서 경력을 쌓게 되었고 코칭을 경험하고 코치가 되기로 결심해 옥스포드 브룩스Oxford Brookes를 통해 자격증을 취득했다. 대학원 교육이 거의 끝나갈 무렵, 옥스포드 브룩스에서 자격을 갖춘 수퍼바이저가 된 최초의 코치 집단 중 한 명이 되었다. 이 대학에서 MBA를 취득했으며, 비즈니스 스쿨의 선임 부강사, 영국과 홍콩의 코칭 및 멘토링 석사 과정, 임원 코칭 디플로마, 조직 내부 코칭 풀의 코치/수퍼바이저로 활동하고 있다. 수퍼비전에 관한 학술 저널에 다수의 기사를 기고했고, HR, 리더십, 멘토링의 다양성에 관한 책에 기고했으며, 데이비드 클러터벅 교수 및 미셸 루카스와 공동으로 첫 번째 학술서인 『코칭 수퍼비전 실천 가이드Coaching Supervision: A practical guide for supervisees』(Routledge, 2016 출간, 한글판 2025)를 집필했다. AC와 EMCC의 회원이며 옥스포드 브룩스의 공인 코치이자 CIPD의 정회원이다. 2004년부터 휘태커 컨설팅을 운영하며, 임원 및 팀 코칭, 멘토링, 코칭 수퍼비전을 제공하고 있다. www.whitaker-consulting.co.uk.

역자

김현주

김현주코칭센터 대표, 코어리더십센터㈜ 마스터코치, (사)한국코치협회 인증수퍼바이저코치(KSC), 한국팀코칭학회(KATC) 이사, 팀코칭아카데미(TCA) 전문가과정 트레이너로 활동 중이다. 코치로서 '개인과 조직의 잠재력을 발견하고 내면의 지혜를 찾아가는 여정을 함께하는 일'을 하고 있다. 성장과 변화를 모색하는 중소기업의 대표와 임원들을 대상으로 일대일 코칭, 그룹 코칭을 통해 조직의 변화속에서 필요한 리더십을 효과적으로 갖출 수 있도록 지원하고 있다. 또한 정서적 소진을 겪는 기관의 직원들을 대상으로 1년간 전담 코치로 활동하며 그들이 회복하고 성장할 수 있도록 돕는 조력 활동을 한 경험도 있다.

코치 되기의 과정에서 자연스럽게 수퍼비전과 연결되었고, 수퍼비전을 받으며 전문성을 쌓아온 과정에서 수퍼바이저가 되었다. 일대일 코칭, 그룹 코칭, 팀코칭, 일대일 수퍼비전, 팀코칭수퍼비전을 하면서 스스로도 꾸준히 수퍼비전을 받으며 성장하고 있다. 지속적인 성찰과 학습을 통해 얻은 경험을 살려 코칭 교육 프로그램을 개발하고 전문코치 역량 중심 훈련 과정을 운영하며, 현장에서 활발하게 코치 활동을 하고 있다. 특히 조직 내 내부 코치를 양성하고 훈련하는 과정에서 내부 코치 활동과 조직 문화에 관심을 가지고 있다. 내부 코치는 외부 코치와는 다른 다양한 조직 시스템과 관계적 요인에 영향받는 만큼 윤리적 이유를 포함한 다각적인 접근이 필요하다는 점에서 지속적인 수퍼비전의 중요성을 강조하고 있다. 긍정심리학, 해결 중심, 시스템적 접근 수퍼비전에 관심을 가지고 이론과 적용에 관해 꾸준히 학습하고 있다.

팀코칭 아카데미에서 트레이너로 활동하고 있으며, 조직의 운영 단위인 팀이 한 방향으로 목표를 향해 항해할 수 있도록 시스템적 접근을 적용한 팀코칭을 하고 있다. 코칭 현장에서 일과 삶의 균형을 소망하며, 행복한 직장 생활을 꿈꾸는 많은 고객을 만나면서, 직장에서도 '나답게' 일할 수 있도록 함께 고민하는 과정에서 개인 주도적 맞춤 직무설계에 관심을 갖게 되었고 이에 대한 이론과 실전을 연구하고 있다. 대기업에 20년간 근무하며 팀의 문화가 구성원에게 미치는 영향, 팀리더와 구성원의 관계, 그리고 팀원들 간의 관계가 조직에 미치는 영향에 관한 이해를 바탕으로 조직 문화와 팀의 역동에 깊은 관심을 가지고 있다.

교육학 박사과정을 수료하였고, 전문코치로 활동하면서 삶의 현장에서 부딪히고 넘어지며 배우고 성장하는 '코치됨'의 여정을 지속하고 있다. 코칭을 통해 만나는 사람들에게 잔잔한 울림을 주며, 고운 발걸음을 내딛는 마음으로 코치의 길을 가고 있다. 멀리 돌아 천천히 흐르는 강처럼 나 자신과 관계 맺기를 시작으로 풍요롭고 평안한 관계 맺음이 선한 영향력으로 이어지길 소망하고 있다. 소소한 취미로 질문공장을 운영하고 있다.

저서로는 『세상의 모든 질문』(2018), 『코치 100% 활용하는 법』(2021, 공저), 『코칭 윤리 사례 연구』(2024, 공역), 『관계 중심 팀코칭』(2024, 공역), 『코칭 수퍼비전의 이론과 모색』(2024, 공역), 『해결 중심 팀코칭』(2024, 공역), 『101가지 코칭 수퍼비전 기법: 접근 방식과 실천탐구』(2025, 공역)가 있다.

이메일 문의: together3344@naver.com

질문공장 www.questionfactory.co.kr

박정화

조직웰빙디자인연구소(OWDI) 대표, 팀코칭아카데미(TCA) 대표코치 및 전문가과정 트레이너, 한국팀코칭학회(KATC) 사무국장 및 이사로 활동하고 있다. '사람과 조직의 생명력 넘치는 미적 숭고함, 위대한 가치창조와 행복을 돕는 일'을 하고 있다. 국제뇌교육종합대학원대학교(UBE) 통합헬스케어학과 겸임교수, ICF Korea Charter Chapter 교육위원회 위원을 역임했으며, 현재 (사)한국코치협회 윤리심의단 위원 및 숙명여자대학교 인적자원개발대학원 커리어개발학과에서 '코칭과 퍼실리테이션' 과목을 강의하면서 이론과 실천의 영역을 확장하고 있다. 이화여자대학교에서 인문학 학사, 국방대학교에서 국방관리 석사, 이화여자대학교 경영대학원에서 경영학 석사수료, 국제뇌교육종합대학원대학교에서 뇌교육학 박사학위를 취득했으며, 최근 이화여자대학교 일반대학원 경영학과 경영정보시스템(MIS) 박사과정을 수료하고, 현재 동 대학교 경영예술연구센터에서 경영예술과 미학경영, 마스터피스 전략을 공부하면서 조직 미학 분야에 대한 박사논문을 즐겁게 준비하고 있다. 정예서함께성장인문학연구원에서 동서양 고전을 읽고 글을 쓰는 연구원으로 1년 6개월간 3천여 명에게 주 1회 칼럼을 발송하기도 했던 인문학 칼럼니스트이다.

현재 (사)한국코치협회 인증수퍼바이저코치(KSC), 국제코칭연맹 ICF 인증전문코치(PCC) 및 인증팀코치(ACTC), 한국퍼실리테이터협회/(사)글로벌퍼실리테이션협회 인증전문퍼실리테이터(CPF)의 자격을 갖추고 있으며, 한국코칭수퍼비전아카데미 코칭 스타트업 기초(20시간), 심화(40시간) FT이다. 대한민국 육군 중령으로 전역했으며, 20년간 인사전문인력으로 복무한 경험과 더불어, 개인과 조직을 대상으로 1,400여 시간의 일대일 코칭, 1,500여 시간의 팀/그룹 코칭, 워크숍, 조직개발, 100여 시간의 코칭수퍼비전 등 총 3,000여 시간의 실무 경험을 갖추고 있다. 특히, 임원단, 팀장급 대상 리더십 팀 코칭, 전사 차원에서의 팀 단위 팀코칭, 군 간부 리더십 팀 코칭 등 40여개 팀을 대상으로 진행했으며, 팀코치로서의 경험과 사례 중심으로 제21회 대한민국코칭페스티벌에서 "팀 코치의 윤리와 사례를 통해 본 조직의 행복"

세션을 발표한 바 있다.

(주)쿠퍼실리테이션그룹에서 조직개발 전문가과정(18개월) 1기를 이수했으며, ICF ACTP 2개 과정 283시간, AoEC Systemic Team Coaching Certificate 24시간, CRR Global ORS@work 팀코칭 자격 과정 20시간, CCMI Team Coaching Foundation 24시간, 멘탈력 진단 전문가 과정 MTQ Product Family 20시간, (사)한국코치협회 ACPK 기초, 심화, 역량 과정 528시간 이수, 한국퍼실리테이터협회 인증 기초, 심화, 전문 교육 과정 183시간, 수퍼리더십개발코치 과정 132시간, 코칭슈퍼비전스쿨 150시간, 한국코칭수퍼비전아카데미 ICF Capability, 실전 코칭, 내러티브 코칭, 정신역동 코칭, 10가지 코칭 쟁점, 수퍼비전 이론, 집단 수퍼비전, 수퍼비전의 수퍼비전 과정 등 300여 시간, 팀코칭아카데미(TCA) 128시간 등 총 1,640여 시간을 학습하면서, 코치, 퍼실리테이터, 조직개발 컨설턴트, 시스테믹 팀코치, 코칭 및 팀코칭 수퍼바이저로서의 전문역량 향상을 위해 계속 노력하고 있다. 현재 CCMI Team Coaching Practitioner 과정을 이수중이다. 특히, 동료 코칭수퍼비전 분야를 접목한 코칭 및 팀코칭 프랙티셔너 양성에 관심을 갖고 있다.

저서로『마스터피스 전략: 경영을 예술하라』(2022, 공저),『리더십 팀 코칭: 변혁적 팀 리더십 개발을 넘어』(2022, 공역),『팀 코칭 이론과 실천: 팀을 넘어 위대함으로』(2022, 공역),『리더십 팀 코칭 프랙티스: 매우 효과적인 팀을 만드는 사례 연구』(2023, 공역),『팀 코칭 사례연구』(2024, 공역),『탁월한 팀을 만드는 55가지 기법과 도구』(2024, 공역), 『관계 중심 팀코칭』(2024, 공역), 『해결 중심 팀코칭』(2024, 공역), 『조직개발 중심 팀코칭』(2025, 공역)이 있다. 그 외 현재 리더십, 수퍼비전, 윤리, 조직역할분석(ORA) 기반 코칭 등 다수의 책을 번역 중에 있다. 해외 학술 및 코칭 산업 동향에 대한 연구논문과 저술을 학습하고 번역하면서, 이를 국내 현장에 맞게 적용하고 전파하는 일에 큰 보람과 소명을 느끼고 있다.

팀/조직 창의성, 팀/조직개발과 혁신, 조직 구성원들의 웰빙, 사람과 조직이 행복한 조직문화, AI 지식경영과 혁신, 셀프 리더십을 촉진하는 수퍼리더십, 경영예술과 미학경영으로 열어가는 새로운 경영 패러다임의 마스터피스 전략, 미학 리더십, 미학 코칭에 관심을 두고 있으며, 현장에서 개인과 조직의 변혁적 성장을 돕는 조직웰빙 디자이너이다. 시스테믹 팀 코칭, 그룹 코칭, 조직개발 코칭, 코칭 수퍼비전, 일대일 개인 코칭, 강의(개인/조직 창의성, 조직문화 혁신, 조직 미학, 마스터피스 전략, 미학 리더십과 뇌기반 코칭, 코칭과 퍼실리테이션), 고객 맞춤형 워크숍 기획/진행 전문가이다.

이메일 문의: owdi_designer@naver.com

이서우

이서우 상담코칭센터 대표, (사)한국코치협회 전문코치(KPC), 한국코칭수퍼비전아카데미 파트너 코치, 한국코칭학회 상임이사, 한국코치협회 코치인증 심사위원, 한국코치협회 윤리심의단 위원, 팀코칭아카데미 트레이너, 심리학 박사이며 대전대학교 심리학과 겸임교수이다.

　코칭을 통해 구성원이 행복해지고 성과가 향상되어 조직이 행복해지는, 나아가서 우리나라가 더 행복해지는데 기여하고자하는 사명을 가지고 있다. 코칭 역량 훈련, 실전코칭 경험 및 수퍼비전 경험을 기반으로 한 한국코치협회 인증 프로그램을 개발 및 운영하며 코치들과 호흡하고 코치로서의 성장을 돕고 있다.

　일대일 코칭에서 그룹 코칭으로, 그룹코칭에서 팀코칭으로 영역을 확장하며 코칭을 하고 있다. 이 과정에서 수퍼비전의 중요성이 점점 더 커짐을 발견한다. 2013년에 코칭을 처음 시작하고, 2019년부터 수퍼비전을 받기 시작했다. 전문성과 지속성을 가지고 수퍼비전을 꾸준히 받으면서 수퍼비전이 왜 필요한지, 코치로서 성장하는데 어떤 영향을 주는지 알게 되었고 수퍼비전의 중요성을 더 체감한다. 내가 스스로 해결할 수 없는 내 이슈를 알아차리게 되고, 그것이 고객에게 그리고 그 코칭관계에 어떤 영향을 주고 있는지 배우면서 코치로서의 수용력이 확대됨을 느낀다. 수퍼비전은 고객을 통해 내 모습을 발견하는 시간이자 고객의 성장을 어떻게 도와야 하는지 알아차리는 시간이며, 내 쉼의 자리이다. 이런 의미에서 수퍼비전은 코치로서 성장하는 열쇠 같은 것으로 생각한다.

　코칭에서 수퍼비전 영역은 타 조력분야와의 차별성, 코칭계안에서의 정의, 코더코, 멘토코칭 및 수퍼비전의 명확한 구별 등 아직 풀어야 할 과제가 많은 것 같다. 자격시험을 위한 코더코, 멘토 코칭과 더불어 수퍼비전도 코치들에게 일상적인 배움의 환경이 되길 바라며 수퍼비전 영역으로 활동을 확대해나가고 있다. 역량 중심 수퍼비전, 그룹 수퍼비전에서의 컨스텔레이션 활용에 중심을 두고 활동하고 있으며, 앞으로 동료 수퍼비전, 기업 리더 수퍼비전 영역으로 나아가고자 한다.

저서로는 『코치 100% 활용하는 법』(2021, 공저), 『코칭 윤리 사례 연구』(2024, 공역), 『관계 중심 팀코칭』(2024, 공역), 『해결 중심 팀코칭』(2024, 공역), 『코칭수퍼비전의 이론과 모색』(2024, 공역), 『101 코칭수퍼비전 기법』(2025, 공역)이 있다.

이메일 문의: seowoo7058@naver.com

정혜선

㈜한국코치협회 인증 코치(KPC) 및 심사위원과 국제코치연맹[ICF] 인증 코치(PCC)로서, 18년간 3,000시간 이상의 비즈니스 코칭 경력을 가지고 ㈜인코칭과 CiT 코칭연구소의 파트너 코치이자 퍼실리테이터로 활동한다. TLC 코치 트레이너, SuccessFinder(SF) Expert Debriefer, NLP 프랙티셔너, 그리고 Birkman 프랙티셔너의 역할을 한다.

현재 개별코칭과 그룹코칭, 그룹 디브리핑과 퍼실리테이션 등 다양한 기업의 현장에서 조직문화와 리더십을 돕는 역할을 하고 있으며, 다양한 공동체와 해외 선교사를 통해 크리스천코칭, CMW(Create your Meaningful Work: 천직창조)의 리더로서 워크숍을 통해 삶과 일의 통합을 전하고 있다.

주요 전문 분야는 기업의 임원 리더십 코칭이며, 가업승계 CEO 리더십 코칭과 CMW 천직 창조 - 일과 삶의 통합, 여성 리더십, SF 디브리핑 및 조직문화 워크숍으로, 개인과 조직의 성장을 돕는 다양한 역할을 한다. 공익 코칭을 통한 비영리단체 구성원, 저임금 근로 청년들과 취약층 학부모 및 청소년 코칭 등에도 참여한 바 있다.

교육공학을 전공하고 강의 기법 강의와 퍼실리테이터 역할을 하는 과정에서, 교육을 통한 참가자들의 현장 적용과 변화 및 성과를 궁금해하던 중, 다회기 성과 점검이 가능한 코칭을 만나 제자리를 찾은 경험을 하였다. 2005년 코칭에 입문한 이후, 팀장 코칭을 비롯하여 팀 시너지 창출 그룹코칭, 팀장 리더십 개발 그룹코칭, 핵심 인재 양성을 위한 일대일 코칭, 임원 개인 코칭 등 다양한 코칭 프로그램을 통해 개인과 조직의 성과 창출에 기여하고 있다. 일리노이 대학교에서 유아 및 아동 교육 석사와 교육공학 박사 학위를 취득한 바 있으며, 10여 년간 HRD 컨설팅 회사 경영 경험과 전문성을 바탕으로 'One Team Spirit'을 위한 조직 문화를 만들어가는 조직을 돕는 일에 기쁨을 느낀다.

저서로는 『최고가 되는 여성 리더십 5단계』(공저, 2020), 『그룹 시너지 창출 퍼실리테이션』(역저, 2012), 그리고 『강사, 퍼실리테이터로 거듭나라!』(2005) 등이 있으며, 『해결 중심 팀코칭』(2024, 공역), 『코칭수퍼비전의 이론과 모색』(2024, 공역), 『101 코칭수퍼비전 기법』(2025, 공역) 등을 공역하며 코칭 수퍼비전을 공부하고 있다. 최근에는 특히 Family Business: 가업 승계 코칭에 관심을 갖고, 성공적인 리더십 승계를 위한 연구와 현장 활동에 힘쓰고 있다.

이메일 문의: nowhrd@naver.com

허영숙

지난 10년간 커리어코치로 활동했다. 그 과정에서 Success Finder Expert Debriefer와 버크만진단 등의 자격과정을 거치면서 개인의 타고난 성향이 살아가는 과정에서 어떻게 행동 패턴과 연결되는지 학습하고 코칭에 접목하고 있다. 타고난 성향은 바꾸기 어렵지만 그 성향들은 각기 행동으로 표현되는 것이 아니라 서로 조합을 이뤄 나타나므로, 개별 성향을 이해하면 행동 패턴 또한 성장해 갈 수 있다는 것을 고객과 나눌 때 행복하다.

수학 전공으로 시작해서 경제학 박사 논문을 노후 빈곤 진입 시점으로 쓰게 되면서 개인의 일생을 미분하고 적분하는 관점에 집착한다. 우리는 늘 변화하기를 원하면서 안정을 기대한다. 특히 기업의 임원들을 코칭할 때는 그들이 이미 쌓아놓은 적분값을 자원화하는 데 집중한다. 오랜 기간 안정적으로 자신을 성장시킨 자원들이 각자의 내부에 차곡차곡 쌓여 있으므로 기억하고 꺼내어 사용하기 위해 재정비하는 작업을 진행한다. 또다른 축은 청년층이다. 자신의 직업을 새로운 사회와 날로 발전하는 기술에 맞춰 만들어 나가는 작업을 지원한다. 그들의 힘은 미분값에서 나온다. 어떻게 하면 양의 기울기를 가지고 오늘을 살아갈 것인가. 만약 음의 기울기를 느낀다면 어떻게 그 방향을 틀어갈 것인가. 그런 이야기를 나누면서 커리어를 만드는 과정을 함께한다.

커리어 코치의 노후는 행복할 것이라고 기대하며 살아간다. 코치가 되기 전에는 문화예술인을 지원하는 업무나 공무원이나 교육기관의 일을 했지만 그때의 업무대상자들은 기억에 별로 남아 있지 않았다.

커리어코치를 하는 동안 만난 분들은 거의 다, 세세하게 기억한다. 누군가의 성장을 지원하는 일은 그렇게 늘 살아가는 에너지가 된다. 누군가가 고맙다고 말하면, 나중에 제가 80살이 되면 차 한 잔 사달라고 말해왔다. 코치는 그렇게 말할 수 있어서 행복하다.

그러느라 번역을 한다. 번역해준 책을 읽을 때는 건성건성 읽지만 번역을 하면 꼼꼼하게 읽고 여러 번 읽고 그리고 또 수정작업에 몰두한다. 그렇게 외워진 내용들이 코칭 현장에서 큰 도움이 된다. 혼자 그 모든 상황을 접해보고 정리하고 대비하려면 참 오랜 세월이 걸릴 텐데, 코칭계의 선배들이 힘 모아 그렇게 정리해 주셔서 읽기만 하면 되니 얼마나 좋은가. 그런 작업이 이 책에 담겼다. 번역 기간 내내 즐거웠다. 누군가 어디선가 그렇게 읽어주면 더 좋겠다.

요즘은 코칭수퍼비전 공부에 시간을 꽤 쏟고 있다. 주변의 코치들과 나눌 얘기가 많아져서 좋다. 함께 경험과 의견을 나누면서 함께 성장한다. 그런 시간들이 쌓여 좀 더 세상에 도움이 되는 선배가 되면 참 좋겠다. 오늘도 그런 생각으로 다시 책을 펼친다.

이메일 문의: yshuh5@gmail.com

발간사

호모코치쿠스 59
『동료 코칭수퍼비전: 성찰적 실천을 위한 다양한 지침』

동료 코칭수퍼비전은 한마디로 정의한다면 〈수퍼바이저 없는 수퍼비전〉이다.

  두 단어를 결합한 수퍼-비전(super-vision) 중 무엇을 더 강조하는지 묻는다면 필자는 당연히 뒤에 있는 'vision'을 강조한다. 코칭이 언제나 현재에서 미래(as is_to be)로 향하기에 더욱 그렇다. 보는 방식도 두루 살피듯 위에서-보느냐overseeing와 살피며 돌아보느냐seeing-over를 따져볼 수 있으나 이 역시 선택하라고 한다면 '살펴 돌아보기'로 답한다. 그러므로 코칭수퍼비전이란 현재에 서서 미래를 향해 보는 것이 먼저이며, 이를 위해 현재에 서서 과거를 '무심히' 돌아보는 것이다. 그래야 새로운 것이 보일 것이다.

지난 회기 자신이 해온 일의 '성과'를 정리하고, 다음을 위해 '과제'를 정리하는 일은 코치에게 아주 익숙한 행동이다. 피드백feedback이다. '성과에서 과제로'가 일반적이라면 수퍼비전은 '과제를 위한 성과'로 이 미세한 차이를 중시한다는 입장이다. 먼저 코치는 이 작업을 혼자 할 수 있다. 바로 셀프-코칭수퍼비전이다. 이와 달리 전문가와 함께 살펴보는 것이 흔히 말하는 코칭수퍼비전이다. 그렇다면 동료 코칭수퍼비전이란 무엇인가? 기본적으로 전문가와 전문가 관계인 코치 간에 성찰적 실천을 위해 행하는 '수퍼바이저 없는 수퍼비전'이다.

이 책은 전문가와 전문가 관계에서 진행하는 수퍼비전, 즉 동료 코칭수퍼비전의 모든 것을 빠짐없이 다룬다. 동료 코칭수퍼비전의 정의에서 일대일 동료 수퍼비전, 집단 동료 코칭수퍼비전에 대한 구별, 기존 수퍼비전 모델의 활용, 계약, 윤리, 함정을 포함한다.

동료 수퍼비전은 [1]실전 코칭이 주는 도전에 대한 생생함, [2]전문가 개인의 성찰에 대한 집중, [3]동료 간 연대의 철저성 등이 관건이다. 이런 동료 수퍼비전의 **삼각 구도**만 구비되면 코칭 실천의 대부분을 감당할 수 있다. 특히 부족部族에서 자유로운 독립 코치들 간의 이런 시도는 시너 효과가 클 것이다. 코치를 대상으로 한 내부 시장이 강화되는 현실에서는 비즈니스 덫을 피하는 자유로운 공터가 될 수 있다.

코칭-하기와 코치-되기를 향한 여정에서 코치들은 걷는 속도가 각각 다르다. 또 코칭 현장에서 겪는 우여곡절에 어떻게 대처해 왔는가에 따라 훈련을 같이 출발한 코치들이라도 발걸음은 이내 달라진다. 스스로 변화와 성장을 추구하는 코치들에게 새로운 '만남'은 곧 변화의 계기나 마디가 된다. 만남을 통해 늘 새 출발을 하며 한걸음씩 나간다. 그러나 이는 반대의 역효과도 있다. 자칫 새로운 관계로 늘 이동하면서 정보와 앎의 조각을 탐하고 전달하는 것으로 배움을 대체할 수 있다. 단물만 빨아먹는 체리 피커cherry picker식 관계나 활동이다. 이를 방지하는 길은 전문가 윤리와 코치의 성찰적 실천의 깊이가 유일하며 수퍼비전-구조가 대안이다.

최근 우리가 겪는 헌법 위기에서 '주권자 개인'이라는 표현을 다시 접한다. 이 용어를 동원해 헌법 제정과 결정의 출발이자 최종 결정권자가 누구인지 확인하며 직접 당사자 의식을 강조한다. 국가 주권이 국민 각 개인에게 있다는 사회계약설 이후 근대 민주주의의 핵심 원리를 다시 확인한다. 이 주권자는 계몽-대상이 아니라 계몽의 주인이다. 이미 계몽해 잠시 위임한 것을 주인이 누구인지 다시 분명히 해 두는 말이다. 스스로 주체화-되고 주체-임을 확인하는 의식의 표현이다.

그러나 이런 의식 전환은 정치 행동의 표출에서만 새삼 보이는 것이 아니라 이미 우리 사회 문화에 정착되어 공기처럼 퍼져 있었다고 생각한다. '주권 개인Sovereign individual'이라는 개념으로 새천년을 앞둔 1997년 제임스 데일 데이비슨James Dale Davidson과 윌리엄 리스-모그William Rees-Mogg는 자신의 저서에서 새롭게 주창했었다. 이들의 주권 개인은 '정보 시대의 새로운 현실 속에서 **국가 권력으로부터 상당 부분 독립하고 스스로의 삶과 자산을 통제할 수 있는 개인**을 의미한다.' 또 '정보 기술 혁명이 가져올 미래 사회의 변화를 예측하고, 그 속에서 개인이 어떻게 주체적인 존재로 살아남고 번영할 수 있을지' 통찰했다. 이들은 이런 예측의 세부적 요인을 대략 여섯 가지로 든다. ①정보 기술의 혁명적 영향, ②국가 권력 약화, ③개인 능력 강화, ④탈국가적 정체성, ⑤자산 보호 및 다변화 ⑥자기 결정권의 극대화이다.

이중 첫 번째는 디지털과 AI가 생활화되고 코치의 주요한 파트너가 되는 마당에 언급이 필요 없지만 주목되는 것은 '개인 능력 강화'와 '자기 결정권의 극대화'이다. 이런 통찰이 코칭에 주는 의미는 '주권'이라는 의미가 코칭 고객이 누구인가라는 점과 관련 있기 때문이다.

코치가 만나는 고객이 '상대적으로 건강한', '충분히 기능하는' 사람이라는 표현은 맞다. 그러나 이는 코칭을 자발적으로 선택하고 참여하는 고객에 대한 정의로는 소극적 설명이다. 코칭 고객은 ①지속해서 작동하는 사회 체계 내에서 자기 주체를 확립하(려)는 일종의 '주권 개인 sovereign individual'이다. ②(인간-됨을 가꿔 나가며) 자기 자원에 근거해 잠재력 회복과 가능성을 스스로 확대한다. 당연히 ③개인적 사회적 억압과 고통에 주체적으로 대처한다(인권 보장). 또 필요와 요구가 일치되는 주체들끼리 ④전방위로 연루連累되고 연대하는 그물망에서 움직이고 변화하는 존재이다. 이른바 **능동적 실천 주체**이다.

코칭 고객으로 흔히 말하는 충분히 기능하고 있으나 ①열정이든 역량이든 무엇인가 부족한 사람, ②관계든 성과든 무엇인가 지원이 필요한 사람, ③뒤처진 사람, ④잘 나가던 리더인데 별안간 어떤 부조화를 겪는 사람, ⑤기능과 역기능의 경계에 있는 사람은 단지 현재 코칭 구매자의 특징일 뿐이다.

갈등 사회, 재난 사회, 불안 사회이며, 새로운 세대의 출현 사회라는 상황 안에서 개인의 웰빙과 성숙, 주권적 개인$^{\text{sovereign individual}}$의 출현을 목도하는 이 시대에 코치는 이들 능동적 실천 주체(고객)와 **자유롭게 연대하는 한 당사자**이다. 이는 코치 자신이 이런 사회 변화와 인간 성숙의 능동적 주체이기에 가능한 일이다. 이때 수퍼비전이란 이를 감당하고 있는 코치들의 연대 구조이며 코칭 비즈니스의 침로와 마케팅 전략을 정교화하는 코치들의 협력 구조이다.

코칭의 실전 내용은 이런 현실과 연동되고 연루되지 않으면 안 된다. 현실을 코칭 룸 의자에서 체험하거나, 살아 있는 현실과 마주하지 않고, 코칭 룸에서 들고 온 현실에만 귀 기울이는 베란다에서 바라보는 수퍼바이저는 이런 변화에 활로를 기대하기 어렵다. 이것이 '코칭은 소명 그 이상의 것이다'라고 말한 코치 피터 호킨스가 언급한 말의 의미가 아닌가 한다.

버디 코칭, 동종 업계 코치들간의 학습 구조, 구매한 강의 모임과는 전혀 다른 것이 '동료 코칭수퍼비전'이다. 특히 이것이 앞선 경험자의 자랑이나 길 안내에서 이탈하고, 독립 전문가들이 이 시대와 인간 성숙의 동반자가 되는 것이 유일한 목적이라는 점에서 동료 수퍼비전은 기존의 것과는 다른 형식이다.

능동적 실천 주체가 되어 앎과 경험을 나누는 구조이며, 특히 '수퍼바이저 없는 수퍼비전'이라는 자유 지대의 지혜 나눔이다. 자유 지대에서 새로운 등가적 만남이기에, 새로운 지혜를 만나는 형식이기에… 이 어찌 반가운 일이 아니겠는가.

동료 코칭수퍼비전을 번역하고, 이를 우리 '사이'에 집어넣고 널리 알릴 활동에 애쓸 역자들의 노력에 감사의 마음을 미리 전한다. 이들의 협력과 노력이 없으면 더욱 늦어질 일이었다. 또 이 책을 책상 옆에 두고 동료 수퍼비전을 즐길 코치들에게도 연대의 마음을 전한다.

2025년 4월
이미 꽃향기 넘치는 광화문에서…
코치 김상복

호모코치쿠스

코칭 튠업 21
: ICF 11가지 핵심 역량과 MCC 역량

김상복 지음

뇌를 춤추게 하라
: 두뇌 기반 코칭 이론과 실제
Neuroscience for Coaching

에이미 브랜 지음
최병현, 이혜진 옮김

마음챙김 코칭
: 지금-여기-순간-존재-하기
Mindful Coaching

리즈 홀 지음
최병현, 이혜진, 김성익, 박진수 옮김

코칭 윤리와 법
: 코칭입문자를 위한 안내
Law & Ethics in Coaching

패트릭 윌리암스, 샤론 앤더슨 지음
김상복, 우진희 옮김

조직을 변화시키는 코칭 문화
How to create a coaching culture

질리안 존스, 로 고렐 지음
최병현, 이혜진 외 옮김

내러티브 상호협력 코칭
: 3세대 코칭 방법론
A Guide to Third Generation Coaching:
Narrative-Collaborative Theory and Practice

라인하드 스텔터 지음
최병현, 이혜진 옮김

임원코칭의 블랙박스
Tricky Coaching

맨프레드 F. R. 케츠 드 브리스 외 편집
한숙기 옮김

마스터 코치의 10가지 중심 이론
Mastery in Coaching

조나단 패스모어 편집
김선숙, 김윤하 외 옮김

코칭·컨설팅 수퍼비전의 관계적 접근
Supervision in Action

에릭 드 한 지음
김상복, 조선경, 최병현 옮김

정신역동과 임원코칭
: 현대 정신분석 코칭의 기초1
Executive Coaching:
A Psychodynamic Approach

캐서린 샌들러 지음
김상복 옮김

수퍼비전
: 조력 전문가를 위한 일곱 눈 모델
Supervision in the Helping Professions

피터 호킨스, 로빈 쇼헤트 지음
이신애, 김상복 옮김

코칭 프레즌스
: 코칭 개입에서 의식과 자각의 형성
Coaching Presence: Building Consciousness
and Awareness in Coaching Interventions

마리아 일리프 우드 지음
김혜연 옮김

멘탈력
정신적 강인함에 대한 최초의 이론적 접근
Developing Mental Toughness:
Coaching strategies to improve
performance, resilience and wellbeing

더그 스트리챠크직, 피터 클러프 지음
안병옥, 이민경 옮김

코치 앤 카우치
Coach and Couch

맨프레드 F.R. 케츠 드 브리스 외 지음
조선경, 이희상, 김상복 옮김

리더의 정치학
: 조직개혁과 시대전환을 위한 창발 리더십 모델
Leading Change: How Successful Leaders
Approach Change Management

폴 로렌스 지음
최병현, 윤상진, 이종학, 김태훈, 권영미 옮김

고용 가능성
고용+가능성 업그레이드 전략
Developing Employability and Enterprise:
Coaching Strategies for Success in the Workplace

더그 스트리챠크직, 샬롯 보즈워스 지음
조현수, 최현수 옮김

게슈탈트 코칭
바로 지금 여기
Gestalt Coaching: Right here, right now

피터 브루커트 지음
임기용, 이종광, 고나영 옮김

강점 기반 리더십 코칭
: 조직 내 긍정적 리더십 개발을 위한 가이드
Strength_based leadership Coaching
in Organization An Evidence based guide
to positive leadership development

덕 매키 지음
김소정 옮김

영화, 심리학과 라이프 코칭의 거울
The Cinematic Mirror for Psychology and
Life Coaching

메리 뱅크스 그레거슨 편저
앤디 황, 이신애 옮김

영웅의 여정
자기 발견을 위한 NLP 코칭
The Hero's Journey: A voyage of self-discovery

스테판 길리건, 로버트 딜츠 지음
나성재 옮김

VUCA 시대의 조직 문화와 피어코칭
Peer Coaching at Work

폴리 파커, 팀 홀, 캐시 크램, 일레인 와서먼 지음
최동하, 윤경희, 이현정 옮김

정신역동 마음챙김 리더십
: 내면으로의 여정과 코칭
Mindful Leadership Coaching
: Journeys into the interior

맨프레드 F.R. 케츠 드 브리스 지음
김상복, 최병현, 이혜진 옮김

실존주의 코칭 입문
: 알아차림·용기·주도적 삶을 위한 철학적 접근
An Introduction to Existential Coaching

야닉 제이콥 지음
박신후 옮김

공감으로 완성하는 코칭
: 평범함에서 탁월함으로
Coaching with Empathy,

앤 브록뱅크, 이안 맥길 지음
김소영 옮김

내러티브 코칭
: 새 스토리의 삶을 위한 확실한 가이드
Narrative Coaching: The Definitive Guide to Bringing New Stories to Lif

데이비드 드레이크 지음
김상복, 김혜연, 서정미 옮김

시스템 코칭
: 개인을 넘어 가치로
Systemic Coaching: Delivering Value Beyond the Individual

피터 호킨스, 이브 터너 지음
최은주 옮김

시스템 코칭과 컨스텔레이션
개인, 팀 및 집단에 대한 원칙, 실천 및 적용
Systemic Coaching & Consitellations

존 휘팅턴 지음
가향순, 문현숙, 임정희, 홍삼렬, 홍승지 옮김

유연한 조직이 살아남는다
포스트 코로나 시대
뉴노멀이 된 유연근무제
Flexible Working口

젬마 데일 지음
최병현, 윤재훈 옮김

쿼바디스
: 팬데믹 시대, 죽음과 리더의 실존적 도전
QUO VADIS?: The Existential Challenges of Leaders

맨프레드 F. R. 케츠 드 브리스 지음
고태현 옮김

단일 회기 코칭과
비연속 일회성 코칭
: 30가지 고유한 특징
Single-Session Coaching and One-At-A-Time Coaching: Distinctive Features

윈디 드라이덴 지음
남기웅, 안재은 옮김

ADHD 코칭
: 정신건강 전문가를 위한 가이드
ADHD Coaching: A Guide for Mental Health Professionals

프란시스 프레벳, 아비가일 레브리니 지음
문은영, 박한나, 가요한 옮김

글로벌 코치 되기
: 코칭 역량과 ICF 필수 가이드
Becoming a Coach

조나단 페스모어, 트레이시 싱클레어 지음
김상학 옮김

10가지 코칭 주제와 사례 연구
: 20개 사례, 40개 논평, 720개 주석, 19개 실습 사례
Complex Situations in Coaching

디마 루이스, 폴린 파티엔 디오숑 지음
김상복 옮김

인지행동 코칭
: 30가지 고유한 특징
Cognitive Behavioural Coaching: Distinctive Features

마이클 니난 지음
엘리 홍 옮김

코칭과 트라우마
: 생존 자기를 넘어 나아가기
Coacjing and Trauma

줄리아 본 스미스 지음
이명진, 이세민 옮김

리더십 팀코칭
: 변혁적 팀 리더십 개발을 넘어
Leadership Team Coaching

피터 호킨스 지음
강하룡, 박정화, 박준혁, 윤선동 옮김

코칭과 정신 건강 가이드
: 코칭에서 심리적 과제 다루기
A Guide to Coaching and Mental Health:
The Recognition and Management of Psychological Issues

앤드류 버클리, 캐롤 버클리 지음
김상복 옮김

팀코칭 이론과 실천
팀을 넘어 위대함으로
The Practitioner's handbook of TEAM COACHING

데이비드 클러터벅, 주디 개넌 편집
강하룡, 박순천, 박정화, 박준혁,
우성희, 윤선동, 최미숙 옮김

리더의 속살
: 추악함, 사악함, 기괴함에 관한 글
Leadership Unhinged: Essays on the Ugly, the Bad, and the Weird

맨프레드 F. R. 케츠 드 브리스 지음
강준호 옮김

웰다잉 코칭
생의 마지막 여정을 돕는
Coaching at End of Life

돈 아이젠하워, J. 발 헤이스팅 지음
정익구 옮김

정신역동 코칭
: 30가지 고유한 특징
– 현대 정신분석 코칭의 기초2
Psychodynamic Coaching: Distinctive Features

클라우디아 나겔 지음
김상복 옮김

리더의 일상적 위협
: 모래 늪에서 허우적거릴 때 살아남는 방법
The Daily Perils of Executive Life: How to Survive When Dancing on Quicksand

맨프레드 F. R. 케츠 드 브리스 지음
고태현 옮김

경영자의 마음
: 리더십, 인생, 변화에 대한 명상록
The CEO Whisperer: Meditations on Leadership, Life, and Change

맨프레드 F. R. 케츠 드 브리스 지음
강준호 옮김

리더십 팀코칭 프랙티스(3판)
: 매우 효과적인 팀을 만드는 사례 연구
Leadership Team Coaching in Practice: Case studies on creating highly effective teams

피터 호킨스 편저
강하룡, 박정화, 윤선동, 최미숙 옮김

코칭심리학(2판)
실천연구자를 위한 안내서
Handbook of Coaching Psychology

스티븐 팔머, 앨리스 와이브로우 편저
강준호, 김태리, 김현화, 신혜인 옮김

팀코칭 사례 연구
The Team Coaching Casebook

데이비드 클러터벅, 타미 터너 외 지음
박순천, 박정화, 우성희, 윤선동 옮김

팀코치 되기
: 팀코칭 가이드
Coaching the Team at Work: The definitive guide to team coaching

데이비드 클러터벅 지음
동국대학교 동국상담코칭연구소 옮김

수퍼바이지와 수퍼비전
: 수퍼비전을 위한 가이드
Being Supervised A Guide for Supervision

에릭 드 한, 윌레민 레구인 지음
김상복, 박미영, 한경미 옮김

지혜 방정식
: 불확실한 시대, 지혜로 이끄는 법
Leading Wisely: Becoming a Reflective Leader in Turbulent Times

맨프레드 F. R. 케츠 드 브리스 지음
조경훈 옮김

현대 코칭의 이론과 실천
The SAGE Handbook of Coaching

타티아나 바흐키로바, 고든 스펜스,
데이비드 드레이크 편저
김상복, 윤순옥, 한민아, 한선희 옮김

관계 중심 팀코칭
Relational Team Coaching

에릭 드 한, 도로시 스토펠스 편저
김현주, 박정화, 윤선동, 이서우 옮김

해결 중심 팀코칭
Solution Focused Team Coaching

커스틴 디어롤프, 크리스티나 뷜, 카를로 페르페토, 라팔 스자니아프스키 편저
김현주, 박정화, 이서우, 정혜선,
허영숙 옮김

101가지 코칭수퍼비전 기법
: 접근 방식과 실천 탐구
101 Coaching Supervision Techniques:
Approaches, Enquiries and Experiments

미셸 루카스 편저
김상복, 김현주, 이서우, 정혜선,
허영숙 옮김

동료 코칭수퍼비전
: 성찰적 실천을 위한 다양한 지침
Peer Supervision in Coaching and Mentoring: A Versatile Guide for Reflective Practice

태미 터너, 캐롤 휘태커, 미셸 루카스 편저
김현주, 박정화, 이서우, 정혜선,
허영숙 옮김

코칭 윤리 사례 연구
Ethical Case Studies for Coach Development and Practice

웬디-앤 스미스, 에바 허쉬 폰테스, 두미사니 마가드렐라, 데이비드 클러터벅 편저
김상복, 김현주, 이서우 옮김

탁월한 팀을 만드는 55가지 도구와 기법
: 팀코칭 툴킷
The Team Coaching Toolkit: 55 Tools and Techniques for Building Brilliant Teams

토니 르웰린 지음
박순천, 박정화, 윤선동 옮김

코칭수퍼비전의 이론과 모색
Coaching and Mentoring Supervision
: Theory and Practice

타티아나 바흐키로바, 피터 잭슨,
데이비드 클러터벅 편저
김상복, 김현주, 이서우, 정혜선, 허영숙 옮김

정부 조직에서의 코칭
: 전문 코치를 위한 사례와 팁
Coaching in Government
Stories and Tips for Coaching Professionals

테오도라 J. 피츠시몬스, 메리케이트 비한 도허티, 앨런 리 마이어스 지음
김진경, 박은희, 이인화 옮김

조직개발 중심 팀코칭
: 팀, 리더, 조직, 코치, 수퍼비전 접근
Team Coaching for Organisational Development: Team, Leader, Organisation, Coach and Supervision Perspectives

헬렌 징크 지음
김채식, 박정화, 우성희, 윤선동 옮김

....
(출간 예정)

디지털과 AI 코치 핸드북
The Digital and AI Coaches' Handbook

조나단 패스모어, 산드라 J. 딜러,
샘 아이작슨, 막시밀리언 브랜틀 편저
허영숙 옮김

코칭 윤리 연구와 실천 핸드북
: 윤리적 성숙도와 실천을 위한 가이드
The Ethical Coaches' Handbook

웬디-앤 스미스, 조나단 패스모어, 이브 터너, 이-링 라이, 데이비드 클러터벅 편저
김상복 옮김

코칭수퍼비전 실천 가이드
: 수퍼바이저, 수퍼바이지 모두를 위하여
Coaching Supervision: A practical guide for supervisees

데이비드 클러터벅, 캐롤 휘태커, 미셸 루카스 편저
김상복 옮김

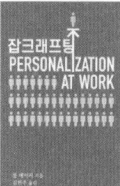
잡크래프팅
Persnalization at Work

롭 베이커 지음
김현주 옮김

인지행동 기반 라이프코칭
Life Coaching: A Cognitive behavioural approach

마이클 니난, 윈디 드라이덴 지음
정익구 옮김

코칭수퍼비전의 핵심
: 성찰과 자기돌봄 다루기
The Heart of Coaching Supervision: Working with Reflection and Self-Care

이브 터너, 스테픈 팔머 지음
정용석 옮김

집단 코칭수퍼비전
: 자원 중심 실천
Coaching Supervision Groups

조 버치 지음
김현주, 박정화, 이서우, 정혜선, 허영숙 옮김

조직 내부 코치 활동의 11가지 핵심원칙
Coaching from the Inside: The Guiding Principles of Internal Coaching

J. 발 헤스팅스 지음
김현주 옮김

생태계와 기후 코칭
Ecological and Climate-Conscious Coaching

앨리슨 와이브로우, 이브 터너, 조시 맥클린, 피터 호킨스 편저
김수진 옮김, 김상복 감수

잡크래프팅
: 자율적 직무 재창조와 실천
ジョブ・クラフティング: 仕事の自律的再創造に向けた理論的・実践的アプローチ

다카오 요시아키, 모리나가 유타 편저
이정숙, 김현주 옮김

조직 역할 분석(ORA) 기반 코칭
Coaching in Depth: The Organizational Role Analysis Approach

존 뉴턴, 수잔 롱, 버카드 시버스 지음
박정화 옮김

해결 중심 코칭수퍼비전
Solution Focused Coaching Supervision: An Essential Guide for Individual, Group, Peer and Team Coaching Supervision

커스틴 디에롤프, 스베아 반 데르 호른, 데비 호건, 제인 투오몰라 편저
김현주, 박정화, 이서우, 정혜선, 허영숙 옮김

호모스피릿쿠스

나르시시스트와 직장생활하기
Narcissism at Work: Personality Disorders of Corporate Leaders

마리 린느 제르맹 지음
문은영, 가요한 옮김

정신분석 심리치료의 기본과 실천
: 정신분석·지지적 심리치료와의 차이

아가쯔마 소우 지음
최영은, 김상복 옮김

조력 전문가를 위한 공감적 경청
共感的傾聴術
:精神分析的に"聴く"力を高める

고미야 노보루 지음
이주윤 옮김

코로나 시대의 정신분석적 임상
'만남'의 상실과 회복
コロナと精神分析的臨床

오기모토 카이, 키타야마 오사무 편집
최영은, 김태리 옮김

트라우마와 정신분석적 '접근'
핵심 이론과 일곱 가지 사례
トラウマの精神分析的アプローチ

마쓰기 구니히로 편집
김상복 옮김

라캉 정신분석 치료
이론과 실천의 교차점
ラカン派精神分析の治療論

아가사가 가즈야 지음
김상복 옮김

코칭 하이브리드

영화처럼 리더처럼
: 크고 작은 시민리더 이야기

최병현, 김태훈, 이종학,
윤상진, 권영미 지음

마음챙김 코칭
: WHO에서 실행까지
Mindfulness Coaching: Have Transformational Coaching Conversations and Cultivate Coaching Skills Mastery

사티암 베로니카 찰머스 지음
김종성, 남관희, 오효성 옮김

사랑하는 사람의 상실로
슬픈 나를 위한 셀프 코칭
슬픈 나를 위한 코칭

돈 아이젠하워 지음
안병욱, 이민경 옮김

고통의 틈 속에서 아름다움 찾아내기
: 슬픔과 미망인의 여정에 대한 회고

펠리시아 G Y 램 지음
강준호 옮김

코칭 A to Z

누구나 할 수 있는 코칭 대화 모델
: GROW_candy 모델 이해와 활용

김상복 지음

세상의 모든 질문
: 아하에서 이크까지, 질문적 사고와 질문 공장

김현주 지음

첫 고객·첫 세션 어떻게 할 것인가
(1) 윤리적 가이드라인과 전문가 기준에 의한 고객 만남
(2) 코칭 계약과 코칭 동의 수립하기

김상복 지음

코칭방법론
: 조직 운영과 성과 리더십 향상을 돕는 효과성 코칭의 틀

이석재 지음

코치 100% 활용하는 법
: 코칭을 만난 당신에게

김현주, 박종석, 박현진, 변익상, 이서우, 정익구, 한성지 지음

실전 코칭 운영과 코칭 스킬
: capability, skill, narrative

김상복 지음

코쿱북스

코칭의 역사
Sourcebook Coaching History

비키 브록 지음
김경화, 김상복 외 15명 옮김

101가지 코칭의 전략과 기술
: 젊은 코치의 필수 핸드북
101 Coaching Strategies and Technique

글래디나 맥마흔, 앤 아처 지음
김민영, 한성지 옮김

리더십을 위한 코칭
Coaching for Leadership

마샬 골드 스미스,
로렌스 라이언스 외 지음
고태현 옮김

호모코치쿠스 59

동료 코칭수퍼비전
성찰적 실천을 위한 다양한 지침

초판 1쇄 발행   2025년 4월 25일

펴낸이	김상복
지은이	태미 터너, 미셸 루카스, 캐롤 휘태커
옮긴이	김현주, 박정화, 이서우, 정혜선, 허영숙
편 집	정익구
디자인	이상진
제작처	비전팩토리
펴낸곳	한국코칭수퍼비전아카데미
출판등록	2017년 3월 28일 제2018-000274호
주 소	서울시 마포구 포은로 8길 8. 1005호

문의전화 (영업/도서 주문)
전화 | 050-7791-2333
메일 | jyg9921@naver.com
편집 | hellojisan@gmail.com

www.coachingbooks.co.kr
www.facebook.com/coachingbookshop

ISBN 979-11-89736-90-3 (93180)
책값은 뒤표지에 있습니다.

코칭북스는 한국코칭수퍼비전아카데미의 코칭 전문 브랜드입니다.